小学数学教师·新探索

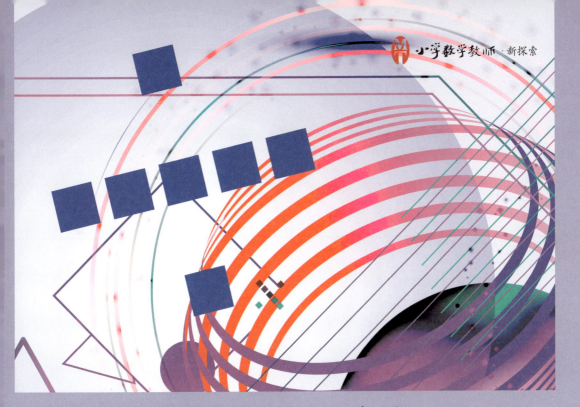

小学数学整体设计的
思与行
——小学除法教学

陈　芳　何雪君　邵汉民 ◎编著

基于单元整体
统整小学除法
呈现"一章一文""一课一文"

上海教育出版社
SHANGHAI EDUCATIONAL
PUBLISHING HOUSE

图书在版编目（CIP）数据

小学数学整体设计的思与行：小学除法教学 / 陈芳，
何雪君，邵汉民编著. — 上海：上海教育出版社，2023.8
（小学数学教师·新探索）
ISBN 978-7-5720-2104-6

Ⅰ.①小… Ⅱ.①陈… ②何… ③邵… Ⅲ.①小学数学
课－教学研究 Ⅳ.①G623.502

中国国家版本馆CIP数据核字(2023)第133689号

责任编辑　王雅凤
封面设计　王　捷

小学数学教师·新探索
Xiaoxue Shuxue Zhengti Sheji de Si yu Xing —— Xiaoxue Chufa Jiaoxue
小学数学整体设计的思与行——小学除法教学
陈　芳　何雪君　邵汉民　编著

出版发行　上海教育出版社有限公司
官　　网　www.seph.com.cn
地　　址　上海市闵行区号景路159弄C座
邮　　编　201101
印　　刷　上海信老印刷厂
开　　本　700×1000　1/16　印张26　插页2
字　　数　480千字
版　　次　2023年9月第1版
印　　次　2023年9月第1次印刷
书　　号　ISBN 978-7-5720-2104-6/G·1886
定　　价　70.00元

如发现质量问题，读者可向本社调换　电话：021-64373213

前 言

    2022 年 7 月,以"小学乘法"为对象的《小学数学整体设计的思与行——小学乘法教学》由上海教育出版社正式出版,标志着我们团队以人教版小学数学教材中的乘法内容为对象的单元整体设计实践研究暂时告一个段落。在此之际,向广大读者介绍我们以除法为对象的相关研究。

    "单元整体教学设计"是 2022 年 4 月颁布的《义务教育数学课程标准(2022 年版)》中提出的重要教学建议,而我们进行的单元整体设计实践研究始于 2018 年 10 月,并逐步形成了"横纵交织"的研究策略,即从某个基本概念出发,梳理教材中与其有关的单元,进行横向沟通,了解每一个单元的学习地位。例如,本书把"除法"作为基本概念对人教版小学数学教材进行梳理,得到十一个与"除法"有关的单元。

    可以把这十一个单元分成两类。第一类与除法的基本意义直接相关,即围绕平均分的除法意义、运算与数量关系的学习,分别是二年级下册"表内除法(一)""表内除法(二)"和"有余数的除法",三年级下册"除数是一位数的除法",四年级上册"除数是两位数的除法",五年级上册"小数除法",六年级上册"分数除法"。随着数的认识的不断深入,除法的学习也随之跟进。第二类与除法的延伸意义相关,即除法由表示"平均分"的含义扩展到"除法比"的含义,分别是三年级上册"倍的认识""分数的初步认识",五年级下册"分数的意义和性质",六年级上册"比"单元中"除法比"含义的形成以及相应的数量关系。具体地,我们从除法的意义、运算与数量关系等三个维度在本书第一章进行了综述。

    在实现横向沟通、理清单元学习内容的基础上,对相应的单元进行纵向剖析,提炼单元学习特色,在此基础上展开实践研究。每一个单元的研究成果成为本书中每一章的内容,用"一章一文""一课一文"的形式记录。其中,三年级下册"倍的认识"的教学实践研究成果已经记录在《小学数学整体设计的思与行——小学乘法教学》中,并将二年级下册"表内除法(一)""表内除法(二)"合并成一个单元。

　　"一章一文"就是对一个单元的学习内容从"梳理""反思"与"实践"等三个方面作纵向剖析。具体地,梳理就是客观地分析本单元教材是如何编排的,既凸显它的优点,也包含可以改进的地方,但在梳理过程中不进行评析;反思就是从单元整体设计的视角,结合自己的理解,指出本单元可以改进的地方;实践就是围绕反思中指出的可以改进之处,对单元的学习内容、学习方式与学习过程等进行改进、优化甚至重构。下面,简要阐述我们在整体设计过程中针对每一个单元所提炼出的学习特色与我们的思考。

　　第二章包括"表内除法(一)""表内除法(二)",其特色概括为"经历操作过程,抽象数学模型"。除法是对平均分这一操作活动的过程与结果的记录。人教版教材在除法学习时经历四个阶段,第一个阶段学习平均分的含义,第二个阶段学习除法的含义,第三个阶段学习除法的运算,第四个阶段用除法数量关系解决问题。在整体设计时,我们把这四个阶段看成一个整体。在平均分含义的构建中,结合具体的操作活动,让学生区分"等分"与"包含",并用相同减数连减进行记录。在学习除法含义时,结合具体的操作活动,在相同减数连减的算式中寻找关键数据,形成除法算式,并用具体的数量关系解释含义;同时,在题组比较中概括出"想乘做除"的表内除法求商方法,从而构建起由平均分的操作活动、除法含义、运算与数量关系组合而成的除法模型。

　　第三章介绍"有余数的除法",其特色概括为"经历操作提炼,体会数学生长"。把有余数除法的学习看成平均分含义的完善,即平均分不仅会出现正好分完的情况,还会出现(整个)平均分后还有剩余的情况。从而感受到有余数除法是对平均分的再认识,不论是其意义、运算还是数量关系,都是对除法的完善,并体会数学的生长。

　　第四章介绍"分数的初步认识",其特色概括为"拓展除法应用,创造新的数系"。把分数作为除法应用范围的再拓展,即创设情境,分别把 4 个、2 个和 1 个月饼平均分给 2 人,求每人各分到多少个月饼。采用类比、迁移的策略,由解决前面两个问题的数量关系列出解决第三个问题的算式"$1÷2$",结合图示得到表示"量"的分数"$\frac{1}{2}$个"和表示"率"的分数"1 个的 $\frac{1}{2}$"。在此基础上进一步提出问题:平均分给 3 人、4 人、5 人……平均每人各分到多少个月饼? 各占一个月饼的几分之几? 由平均分物的操作活动,让学生在除法计算过程中认识表示"量"与"率"的分数,以及它们之间的关系。

　　第五章介绍"除数是一位数的除法",其特色概括为"体现'三算'(口算、笔算、估算)融合,体会完善过程"。按照人教版教材的编排,本单元学习按照口算、笔算与估算的顺序进行;而在我们的整体设计中,努力体现三算融合。具体地,在口算整十数、整百数除以一位数时引入笔算除法,让笔算除法成为口算除法过程的记录;在首位不够除要看前两位的笔算除法学习中,先让学生进行估算,认识到估算实质上是把笔算转化成口算的过程;而在学习除法笔算时,经历除数是一位数除法的计算法则的完善过程。

第六章介绍"除数是两位数的除法",其特色概括为"化繁为简,灵活试商"。除数是两位数的除法笔算的重点与难点都是试商,为了让学生更好地学习试商,人教版教材安排了除数是整十数、"四舍法"取整十数(两位数)、"五入法"取整十数(两位数)和个位是4、5或6的两位数(用"取中法"试商)等四种试商情况。从商的角度看,又分成了商是一位数与两位数这样两种情况。具体编排时,先逐类学习除法试商,再总结出除数是两位数的除法计算法则。我们在进行整体设计时,把试商的学习步骤进行了整合,分成除数是整十数与除数是一般的两位数这样两类情况,让学生体会到试商的本质就是利用取近似数的方法,把每一次的分步除都转化成表内除法。在此基础上,特别突出"同头无除商八九"与"折半商五法"这两种特殊的试商方法。从整体设计的视角,形成了试商的一般策略:先思考是否可以口算,如果不能口算就试商;试商时,先判断是否符合特殊试商方法的特征,如果不符合,再用一般的试商方法。

第七章介绍"小数除法",其特色概括为"渗透思想方法,感悟内在联系"。从除法的意义、运算与数量关系等三个方面与整数除法进行比较,小数除法的意义与数量关系和整数除法相同;而小数除法笔算的计算法则分别采用类比、迁移与转化的思想方法,并结合具体例子总结得出。首先是除数是整数的小数除法运算,依据小数与整数都是十进位值制数的特征,采用类比、迁移的方法在被除数除到个位还需要往后面除时,用与整数除法相同的计算方法继续除。其次是除数是小数的小数除法运算,利用商不变的性质转化成除数是整数的除法后再除。经历这样的两个过程,让学生感悟整数除法运算与小数除法运算的内在联系。

第八章介绍"分数的意义和性质",其特色为"经历分数的产生过程,揭示分数的多元意义"。对于此单元的整体设计,我们把原来的19个课时通过前置与后移两种策略压缩成9个课时。具体地,把最大公因数与最小公倍数的学习前置到"因数和倍数"单元的学习中,把通分与分数的大小比较后移到"分数的加法与减法"单元的学习中,不论是前置还是后移,都结合相应单元的学习内容,提出具体的整体设计建议。对于本单元中的其他学习内容,则分别设计了"分物产生分数""测量产生分数""除法比产生分数"这三节课,把原来以知识点为学习线索的单元结构转化成在经历不同维度的分数产生过程中学习分数知识,并对知识点进行综合整理,使其与小数、整数进一步建立联系,概括出整数、小数与分数的相同知识结构。

第九章介绍"分数除法",其特色是"沟通新旧联系,感受数学生长"。与小数除法的学习相同,也是基于分数的认识学习分数除法。但是,它与小数除法的学习路径完全不同,不是通过类比、迁移或转化的思想方法与整数除法构建联系,而是需要通过结构化思维与分数乘法构建联系。首先,由分数乘法的意义推导出分数除法的意义;其次,利用乘除法的关系与等式的基本性质,把分数除法转化成分数乘法后再计算;最后,利用方程的思想把分数除法的数量关系统一到分数乘法的数量关系中。

第十章介绍"比",其特色是"揭示关系的异同,丰富关系的表达"。在日常用语中,"比"即比较,包括"减法比"与"除法比"两种含义;而在数学概念中,"比"指"除法比"。"比"与"除法"有着密切的联系,即两个数的比就是两个数相除。但是,"比"与"除法"也有明显的区别。例如,将三个或三个以上的数进行连比,就不能写成连除的形式。"比"与"分数"也有密切的联系,"分数"的表达形式也可以看成"比"的表达形式,如"甲数是乙数的 $\frac{2}{3}$"可以看成"甲数与乙数的比是 $\frac{2}{3}$"。但是,"分数"与"比"产生的背景不同,作为"分数"的"$\frac{2}{3}$",是把乙数看成单位"1",甲数有它的 $\frac{2}{3}$;作为"比"的"$\frac{2}{3}$",则是把甲数看成 2 份时,乙数有这样的 3 份。因此,在本单元的整体设计中,我们通过创设情境,让学生在与"减法比"的比较中更好地揭示"除法比"的本质,在与"除法"与"分数"的比较中,感受到"比"学习的独特价值。

"一章一文"是对一个单元的整体设计,那么,如何把整体设计转化成课堂教学实践,形成具有各自特色的一节课呢?"一课一文"就是展示这样的课堂教学设计、实践、修正与再实践的成果,包括每一个课时的教学过程、教学思考等,让读者既能够知其然,也能够知其所以然。"一课一文"中的一课包含两种课型,一种是新授课,一种是单元复习课。特别地,我们提供了单元整体设计中的所有新授课,以利于全面展示基于单元整体设计的教学特色。

以上是对本书的成书背景、研究过程与主要内容等方面的介绍。在实践研究中,我们越来越深刻地认识到以小学数学基本概念的学习路径为线索及横纵交织的策略进行单元整体设计的研究价值。横向沟通,理清单元学习内容,可以使我们的实践研究更有底气;纵向剖析,发现每一个单元的研究特色,可以使我们的实践研究更有品质。希望通过本书能与更多热爱小学数学教学的专家与老师们进行交流,并对我们的研究提出宝贵的意见与建议。

郎汉民

2023 年 3 月 11 日

目 录

第一章
小学除法综述

　　除法是四则运算中最后学习的一种运算。除法的意义是如何形成的？除法的运算是如何编排的？除法的数量关系是如何提炼的？本章将围绕以上三个问题，以人教版小学数学教材中的除法内容为蓝本，对小学除法进行综述，以期实现以下目标。

　　首先，整体理解除法基本意义的形成过程，除法延伸意义的产生背景，以及除法基本意义与延伸意义之间的关系。其次，整体梳理除法运算的学习路径，探寻整数除法口算、笔算、估算、简便计算之间的联系，体会除法笔算是对口算过程的记录，估算是口算价值的体现，简便计算是商的变化规律的应用，感悟小数除法与分数除法学习中类比、迁移、转化等数学思想方法。最后，整体分析基于除法基本意义与延伸意义提炼除法数量关系的过程，体会除法数量关系是衔接除法意义与解决现实问题的纽带。同时，在分层综述除法的意义、运算与数量关系的基础上，分别提出相应的教学建议。

　　我们以人教版小学数学教材为蓝本，按照除法的意义、运算与数量关系这三个板块绘制得到小学除法结构图（图 1 - 1），本章将对这三个板块作分类阐述。

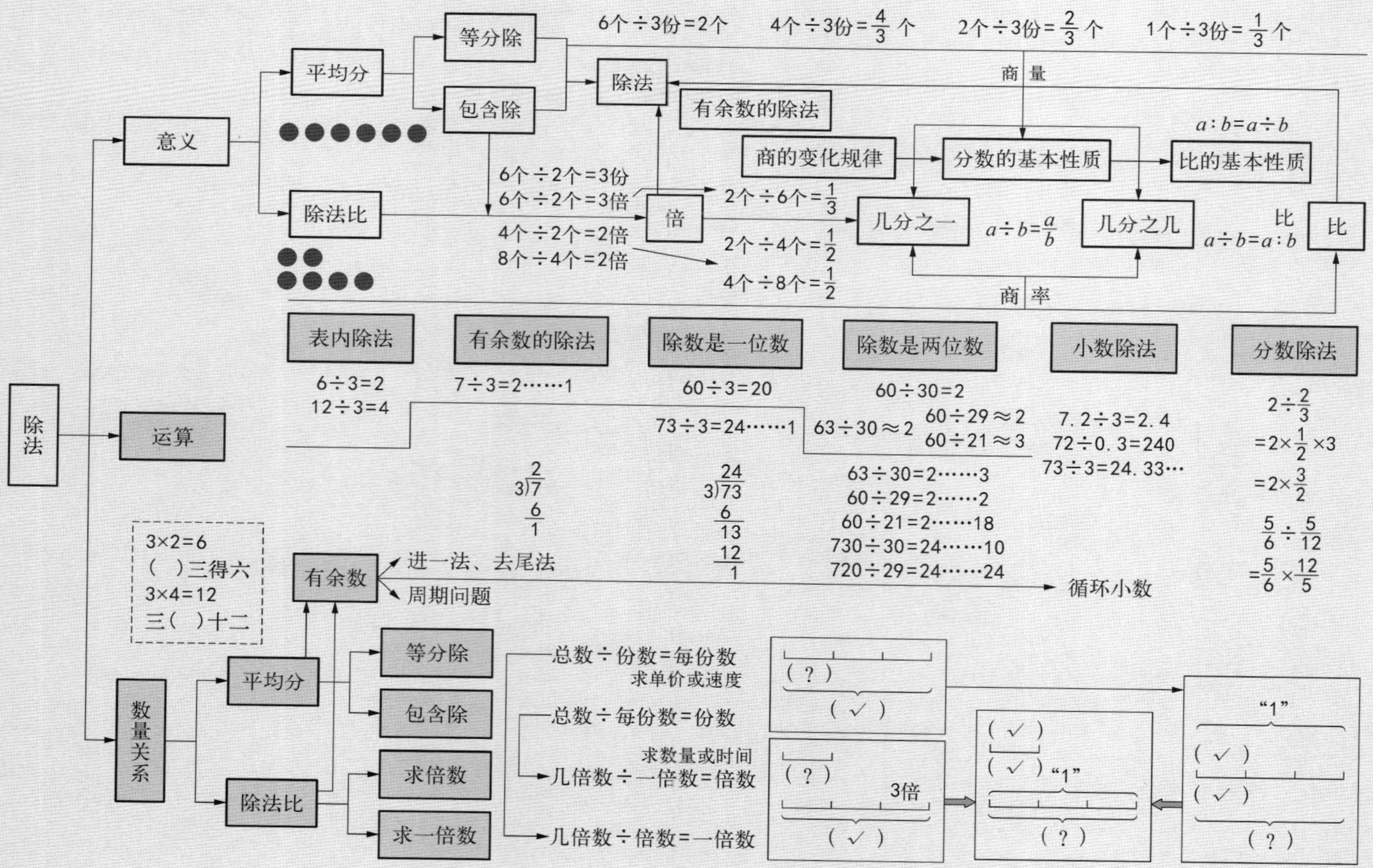

除法

意义　运算　数量关系

平均分　除法比

等分除　包含除

表内除法
6÷3=2
12÷3=4

有余数的除法
7÷3=2……1

除数是一位数
60÷3=20
73÷3=24……1

$\begin{array}{r}24\\3\overline{)73}\\6\\\hline13\\12\\\hline1\end{array}$

除数是两位数
60÷30=2
60÷29≈2　60÷21≈3
63÷30≈2
63÷30=2……3
60÷29=2……2
60÷21=2……18
730÷30=24……10
720÷29=24……24

小数除法
7.2÷3=2.4
72÷0.3=240
73÷3=24.33…

分数除法
$2÷\dfrac{2}{3}$
$=2×\dfrac{1}{2}×3$
$=2×\dfrac{3}{2}$

$\dfrac{5}{6}÷\dfrac{5}{12}$
$=\dfrac{5}{6}×\dfrac{12}{5}$

倍
6个÷2个=3份
6个÷2个=3倍
4个÷2个=2份
4个÷2个=2倍
8个÷4个=2倍

有余数的除法
商的变化规律

分数的基本性质
$a÷b=\dfrac{a}{b}$

几分之一　几分之几

2个÷6个=$\dfrac{1}{3}$
2个÷4个=$\dfrac{1}{2}$
4个÷8个=$\dfrac{1}{2}$

比的基本性质
$a:b=a:b$
$a÷b=a:b$
比

6÷3份=2个
4÷3份=$\dfrac{4}{3}$个
2个÷3份=$\dfrac{2}{3}$个
1个÷3份=$\dfrac{1}{3}$个

商　量
商　率

运算

有余数
$\begin{array}{r}2\\3\overline{)7}\\6\\\hline1\end{array}$

进一法、去尾法
周期问题

3×2=6
( )三得六
3×4=12
三( )十二

平均分
除法比

循环小数

数量关系

等分除 —— 总数÷份数=每份数　求单价或速度
包含除 —— 总数÷每份数=份数
求倍数 —— 几倍数÷一倍数=倍数　求数量或时间
求一倍数 —— 几倍数÷倍数=一倍数

3倍

"1"
"1"
(?)

图1—1

第一节
小学除法的意义

什么是除法？人教版《数学》四年级下册"四则运算"单元中有这样的定义：已知两个因数的积与其中一个因数，求另一个因数的运算。从这个定义出发，可以把除法看作乘法的逆运算。但是，从除法的本质意义出发，应该是平均分，并从平均分的角度，除法的意义可进一步分成"等分除"与"包含除"。在后续学习中，除法的意义还会继续延伸。例如，在倍的认识中延伸出"求一个数是另一个数的几倍""已知一个数的几倍是多少，求这个数"，都包含着除法的意义；"分数"除了具有份的意义外，也有除法的意义；"比"也是除法的特殊表示形式，即两个数的比就是指两个数相除。因此，我们把除法的意义分成两个层次，即除法的基本意义和除法的延伸意义。

一、除法的基本意义

除法的基本意义来源于分物时的平均分。在现实生活中进行分物操作时，要求把一些物体分成若干份，会出现不平均分与平均分两种情况。其中，在对平均分的记录与概括中，自然就产生了除法。依据平均分中已知信息与所求问题的不同，又可以分成"等分除"和"包含除"，它们构建了除法的基本意义。

（一）除法意义的前期渗透

平均分是除法形成的前提，也可以看成相同减数连减的一个过程。依据这样的思路，在一年级下册"100 以内数的认识"与"100 以内的加法和减法（一）"单元的解决问题中，已渗透了平均分的操作过程。

如图 1 - 2，是人教版《数学》一年级下册"100 以内数的认识"单元中的解决问题，这个问题的解决过程可以看成 100 以内数的认识的应用。如何引导学生解决这一问题？教材出示了两种策略（图 1 - 3）：一种是让学生 10 个 10 个地圈一圈，圈了几个圈就表示有几串；另一种是利用数的组成。显然，如果把圈一圈的过程用减法记录下来，就是 58 - 10 - 10 - 10 - 10 - 10 = 8，也就是 58

里面包含了 5 个 10 还余 8。显然，这是有余数除法的模型，也是"包含除"模型。

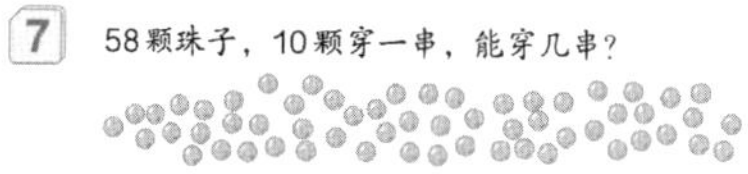

7 58 颗珠子，10 颗穿一串，能穿几串？

图 1-2

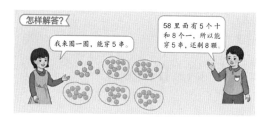

图 1-3

如图 1-4，是人教版《数学》一年级下册"100 以内的加法和减法（一）"中的解决问题。与图 1-2 中的解决问题相比，两者有相同的地方：都有平均分模型，且都是求一个数里面有几个几（还余几）；都可以用圈一圈的方法"圈"出结果。但是，又有不同的地方：图 1-2 解决问题的学习基础是 100 以内数的组成；图 1-4 解决问题的学习基础是减法。因此，教材用分步减 9 的形式记录圈的过程，只要数出"-9"的个数，就可以得到装的袋数（图 1-5）。

5

28 个橘（jú）子，9 个装一袋，可以装满几袋？

图 1-4

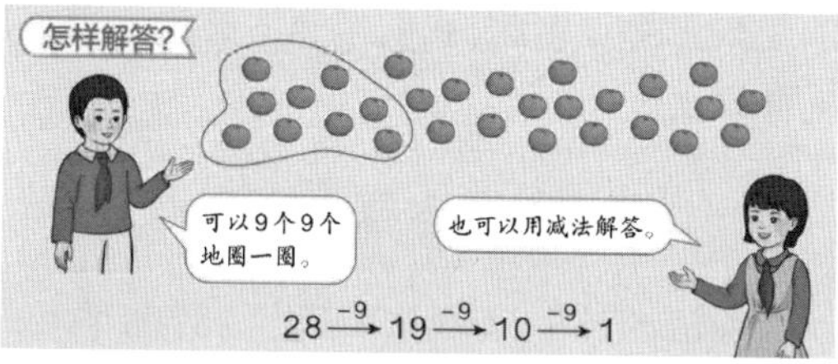

怎样解答？

可以 9 个 9 个地圈一圈。

也可以用减法解答。

$28 \xrightarrow{-9} 19 \xrightarrow{-9} 10 \xrightarrow{-9} 1$

图 1-5

很显然，这两个解决问题利用了本单元的学习内容来解决平均分问题，为后续学习平均分做好了铺垫。

（二）平均分含义的建立

前文说到，除法产生的前提是平均分，而平均分只是所有分的结果中的其中一种。例如，把 6 颗糖果分给 3 人，在每人至少分到 1 颗的情况下，有如下三种分法：1,1,4；1,2,3；2,2,2。其中，前面两种都是不平均分，第三种每人分得同样多，是平均分。

一般地，在分的过程中，不平均分的结果往往有多种可能；而平均分在规定了分的份数或每份数后，就只有一种分的方法。因此，在后续的学习中专门学习平均分问题，并结合具体操作，深化对平均分的认识。

图 1-6、图 1-7 是教材编排的两个平均分问题,结合操作活动,细化平均分。图 1-6 是已知总数和份数,求每份数,就是把 18 平均分成 6 份,求每份是多少,是"等分";图 1-7 是已知总数与每份数,求份数,就是求 8 里面包含了几个 2,是"包含"。依据上述两个平均分的操作活动,虽然没有概括出除法的意义,却为除法意义的学习做好了充分的准备。

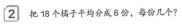

2 把 18 个橘子平均分成 6 份,每份几个?

图 1-6

3 8 袋饼干,每 2 袋一份,能分成几份?圈一圈。

图 1-7

(三)除法意义的建立

有了平均分作基础,教材又是如何引出除法,并说明除法意义的呢? 如图 1-8、图 1-9,是人教版教材中引入除法意义的两个例题,分别可以对应图 1-6、图 1-7 中的"等分"与"包含"。在这里,不能把除法看成一种运算,而是要把它看成对平均分的操作过程与结果的记录。也就是说,此时不能够从计算角度去认识这两个除法算式,而要从平均分的角度去理解。

5 20 个竹笋,每 4 个放一盘,能放几盘?

4 把 12 个竹笋平均放在 4 个盘子里,每盘放几个?

把 12 个竹笋平均放在 4 个盘子里,每盘放(3)个。

$$12 \div 4 = 3$$

可以用除法表示。

除号

读作:12 除以 4 等于 3。

图 1-8

20 个竹笋,每 4 个放一盘,能放(5)盘。

$$20 \div 4 = 5$$

被除数 除数 商

图 1-9

如图 1-8,"$12 \div 4 = 3$"就表示"把 12 平均分成 4 份,每份是 3"。这里的"12"表示"总数","4"表示"份数","3"表示"每份数","÷"表示平均分。如图 1-9,"$20 \div 4 = 5$"就表示"20 里面包含 5 个 4"。这里的"20"表示总数,"4"表示每份数,"5"表示份数。

综上所述,从除法意义的角度,除法是对平均分过程的记录。一年级下册,以100以内数的组成与100以内数的减法为学习基础,在平均分物的过程中自然渗透了平均分的意义;在二年级下册"表内除法(一)"单元的起始课中又进一步细化平均分,在此基础上才引出除法的表达形式,把它分为"等分"与"包含"两类,得到"等分除"与"包含除"的意义。其中,"等分除"指把一个数平均分成若干份,求每份是多少;"包含除"指求一个数里面包含了几个几。当然,人教版教材并没有对这两种意义作出相应的概括,也没有取"等分除"和"包含除"这样的名称,但作为教师,要明确除法的这两种意义,在教学中结合操作活动帮助学生厘清它们之间的联系——都是平均分,并区别两者的不同——平均分的意义不同。

二、除法的延伸意义

二年级下册"表内除法(一)"前5个例题所形成的除法的两种意义,我们称为除法的基本意义。在后续学习中,随着现实情境的不断丰富,它们的具体意义也在不断丰富。例如,行程问题中的已知路程和时间,求速度;商品买卖问题中的已知总价和数量,求单价。但是,如果抽象出它们的本质意义,还是除法中的"等分除"。还有一类情况,指在用数学解释现象或解决问题时产生了新的数学概念,而在这些概念的体系中包含了除法的意义,且此时的除法意义已不能简单归属于"等分除"或"包含除",而是延伸出了新的除法意义。例如,在倍(包含"分率")的认识、分数的认识和比的认识中,都产生了新的除法意义。

(一)倍的认识中的除法意义

三年级上册学习倍的概念,从除法的角度,把除法是对平均分过程和结果的记录,转化成了用除法记录两个数进行比较的过程和结果。倍概念学习中所产生的除法意义,与除法的平均分意义有联系,但已经引申出了新的除法意义。

"倍"在日常用语中表示增加,即成倍增加。因此,这里包含乘法的意义。如图1-10,是三年级上册"倍的认识"中的例题,把2根胡萝卜看成一个整体,那么红萝卜里有3个2根,所以红萝卜的根数是胡萝卜的3倍。同时,这里面也包含了"包含除"的意义,即"红萝卜里面有3个2"就是"包含除"的表达形式。在后续例2的"求一个数是另一个数的几倍"的解决问题(教室里扫地的有4人,擦桌椅的有12人。擦桌椅的人数是扫地的几倍?)中,除法意义得到了真正的延伸,即除法还可以表示"两个数的倍数关系"(图1-11)。

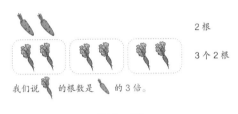

2 根

3 个 2 根

我们说 🥕🥕🥕 的根数是 🥕 的 3 倍。

图 1－10

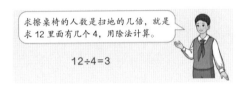

求擦桌椅的人数是扫地的几倍，就是求 12 里面有几个 4，用除法计算。

12÷4＝3

图 1－11

（二）分数的认识中的除法意义

分数来源于平均分，但又不同于之前学习的平均分。例如：

（1）把 6 个月饼平均分成 2 份，每份是多少个？

（2）把 1 个月饼平均分成 2 份，每份是多少个？

这两个问题的数量关系相同，即意义相同，都是"等分除"。但是，第一个问题求得的每份个数是整数个，用自然数"3"表示；第二个问题得到的每份个数不是整数个，需要创造一种新的数——分数"$\frac{1}{2}$"。在这里，分数"$\frac{1}{2}$"比自然数"3"更加能够反映除法中平均分的过程。其中，分子表示分的总数，分母表示平均分的份数，整个分数表示每人分到的个数。依据这样的想法，第一个问题的结果也可以写成分数的形式——$\frac{6}{2}$，这也就是五年级下册"分数与除法"部分例 2 和例 3 概括出的分数与除法的关系（图 1－12）。此时，依据分数可以还原出除法的特点，对应除法中"等分除"的意义。

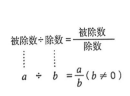

$$被除数÷除数＝\frac{被除数}{除数}$$

$$a ÷ b ＝\frac{a}{b}(b≠0)$$

图 1－12

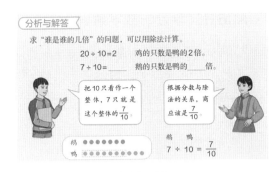

分析与解答

求"谁是谁的几倍"的问题，可以用除法计算。

20÷10＝2　鸡的只数是鸭的 2 倍。

7÷10＝＿＿　鹅的只数是鸭的＿＿倍。

把 10 只看作一个整体，7 只就是这个整体的 $\frac{7}{10}$。

根据分数与除法的关系，商应该是 $\frac{7}{10}$。

鹅 ●●●●●●●
鸭 ●●●●●●●●●●

$$7 ÷ 10 ＝ \frac{7}{10}$$

图 1－13

同样地，倍数关系中的除法意义也可以随着两个数的变化延伸出基于倍概念的分数意义。如图 1－13，是"分数与除法"部分针对例 4（小新家养鹅 7 只，养鸭 10 只，养鸡 20 只。鸡的只数是鸭的多少倍？鹅的只数是鸭的多少倍？）中两个问题的"分析与解答"。显然，第一个问题是三年级上册的旧知；第二个问题与第一个问题的数量关系相同,但出现了"被除数小于除数"的情况,因此在列出算式后,需要用分数与除法的关系推导出商。于是,此时的分数"$\frac{7}{10}$"也有了除法的意义,且对应"包含除"意义的延伸。

(三)比的认识中的除法意义

比与除法也有密切联系:两个数的比,就是两个数相除。因此,比可以看成除法在特殊背景下的表现形式。一般地,在除法中,往往用商表示结果;而在比中,却可以用两个数的除法关系直接表示结果。与商相比,比可以更好地表示两个数之间的除法关系。

例如,人教版《数学》六年级上册"比"单元中有如下问题:

杨利伟展示的两面旗的长都是 15 cm,宽都是 10 cm。怎样用算式表示它们长和宽的倍数关系?

问题中特别强调了用"算式"表示"长和宽的倍数关系",为根据除法算式引出比的表达做好了铺垫。例如,15÷10＝15∶10,在这个式子中,原来除法中的被除数与除数分别变成了比的前项与后项,除号变成了比号,"运算"最终变成了"关系",从而丰富并延伸了除法的表示形式。

除法的延伸意义源于除法应用范围的拓展,但其形成背景并不相同。"倍"中总数与每份数的"包含除"关系变成了两个数之间的"倍比"关系;"分数"中的除法意义可以体现分数与除法之间的对应关系;"比"是直接将除法算式转化成用两个数的比的形式来表示它们之间的关系。

三、除法意义学习的教学建议

除法意义的学习需要经历孕伏、学习与延伸这样三个阶段。教学中,要基于整体设计的思路,明确各个学习阶段的学习任务与学习目标。并且,从除法的意义出发,在深入钻研教材的基础上,对教材内容进行适度加工,以更好地引导学生理解除法的意义。

(一)经历除法的产生过程

二年级下册在学习除法的意义之前,教材编排了一个课时专门学习平均分的含义,以及平均分的两种形式——"等分"(图 1－6)和"包含"(图 1－7)。接着,在第二课时让学生再一次经历"等分""包含"这两种平均分的形式,并引出可以用除法表示两种平均分,得到"等分除""包含除"的意义(图 1－8、图 1－9),让学生充分经历除法形成的过程。但是,是否还需要像一年级下册"100 以内的加法和减法(一)"中的解决问题(图 1－5)那样,让学生用连减的形式记录平均分的过程?如此,也能让学生从联系四则运算的角度经历除法的产生过程。

如果按照运算的意义分类,可以把加法与乘法分为一类,它们是为解决合并问题而产生的;减法与除法可以分成一类,它们是为解决分解问题而产生的。在二年级上册"表内乘法(一)"单元学习乘法时,学生结合具体例子充分认识了乘法就是相同加数连加的简写形式。以此类推,在图1-6、图1-7的平均分操作活动中,也应该模仿图1-5中的连减形式记录平均分的过程。让学生感受到用相同减数连减记录平均分的过程与结果太复杂了,需要提炼出主要信息,用更加简捷的方法记录。于是,除法就在这样的优化过程中产生了。具体见本书第二章"表内除法"的单元整体设计。

(二)沟通各种意义间的内在联系

除法有"等分除"与"包含除"两种基本意义,又在"倍""分数""比"概念的学习过程中,延伸了除法的意义。这些除法意义之间有怎样的内在联系?我们从图1-1中截取得到除法意义部分的学习脉络(图1-14)。首先,以平均分概念的学习为基础,学习除法的两种意义。在此基础上,出现了两个分支:第一个分支是商继续表示具体的量,只是随着商的变化,出现了除后有余数、商用分数表示等新的情况;另一个分支是"除法比",即两个同类量相除,得到它们之间的倍比关系。

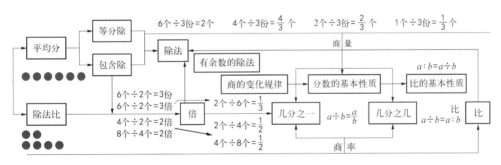

图 1-14

在具体教学中,可以对照图1-14中的学习脉络,明确相应学习内容的具体地位,寻找其前期学习基础,以及后续的发展,使得每一个新知的学习都能够成为除法概念学习链中的一个纽带。

(三)成为数量关系学习的源头

纵观整个除法学习的三个板块,除法意义的学习所占课时比重并不是很大,但其对于其他两个板块的学习却有很大影响,尤其是数量关系,因为解决问题中的数量关系就是依据除法的意义概括出来的。例如,图1-8中例4的学习目标是理解"等分除"的含义,在解释"12÷4=3"的各部分意义时,可以列出相应的数量关系:

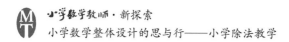
总个数÷盘子数=每盘个数。并且,在后续的练习巩固阶段,结合与"包含除"中除法意义的区分,可以进一步概括出更加一般化的数量关系:总数÷份数=每份数。

除法的延伸意义也是在数量关系中形成的。如图 1﹣11,求擦桌椅的人数是扫地的几倍,就是求 12 里面有几个 4,所以可以用除法计算:12÷4=3。这个算式对应的数量关系是:擦桌椅的人数÷扫地的人数=倍数。从数量关系中可以看到,此时的除法已经有了新的内涵。

除法可以看成数学学习中的一个基本概念。一个数学基本概念的学习往往需要经历一个较长的过程,前有铺垫,后有延伸,不断拓展概念的应用范围。同时,在应用概念解释现象或解决问题的过程中,其外延也在不断地丰富着。

第二节

除法运算

　　除法是已知两个因数的积与其中一个因数,求另一个因数的运算,这一定义反映出除法与乘法之间的关系——除法是乘法的逆运算。虽然这个定义不能反映出除法的本质,但就除法运算而言,却起着十分重要的作用。除法运算本质上是一种推算,即依据乘法口诀推算出商。例如,求"6÷3 的商是多少"是这样想的:因为(二)三得六,所以"6÷3"的商等于 2。同样地,分数除法也不是直接通过除法计算的,而是转化成分数乘法后再计算。因此,我们发现除法运算并不是独立的,而是建立在乘法运算基础上的一种推算。

一、整数除法运算

　　人教版教材将整数除法的学习安排在三册教材中,分别是二年级下册、三年级下册与四年级上册。其中,二年级下册最为集中,包含了"表内除法(一)""表内除法(二)"和"有余数的除法"三个单元。就除法运算而言,这三个单元都是利用乘法口诀求商。而在"有余数的除法"中,由于商乘除数不等于被除数,就有了利用乘法口诀进行试商的意识,且由于计算步骤的增加,本单元还引入了除法笔算。三年级下册学习"除数是一位数的除法",由于除法运算变得更加复杂,因此产生了"分步除再把分步商相加"的计算法则,在解决具体问题时还引入了除法估算。四年级上册"除数是两位数的除法"是整数除法的最后一个单元,不论是口算、笔算还是简算,都是对之前学习的除法运算的总结与延伸。三个学期、五个单元的整数除法运算教学,是一个由简到繁、由易到难的学习过程。

(一)"想乘做除",学习表内除法

　　人教版《数学》二年级下册编排了表内除法,把除法运算放置在除法的意义学习之后,并结合具体情境,逐步从借助操作活动求商过渡到"想乘做除"求商。

"表内除法(一)"单元"用2~6的乘法口诀求商"中有这样一道问题(例1):12个桃,每只小猴分3个,可以分给几只小猴?这是一个"包含除"的解决问题,教材提供了四种求解思路(图1-15):第一种是相同减数连减的形式,第二种是画图圈一圈,显然这两种形式都是从除法的意义出发求出结果;第三种是相同加数连加,第四种是"想乘做除",这两种方法都是依据除法是乘法的逆运算这一关系解答的。如果问学生这四种方法中最喜欢哪一种,显然学生肯定喜欢用"想乘做除",因为更简捷。在此基础上,"用2~6的乘法口诀求商"中的例2和"表内除法(二)"中的例1(图1-16)、例2,均采用"一图三式"的方式,让学生依据一个乘法算式推导对应的两个除法算式,形成表内除法口算的基本思路。

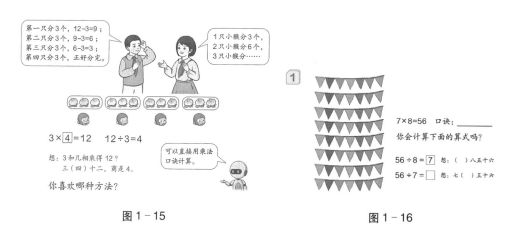

图1-15   图1-16

(二)感知试商,学习有余数的除法

"有余数的除法"是除法意义的完善,就除法运算而言,充分体现了试商的必要性。例如,求"9÷4"的商,采用"想乘做除"的策略时,发现4的乘法口诀中,没有积是9的情况。因此,需要利用"余数要比除数小"的这一规则,思考"( )×4<9,括号里最大能填几",这时就要用4的乘法口诀进行尝试。

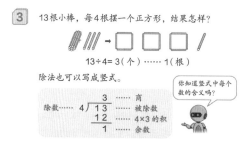

图1-17

显然,有余数除法的计算比表内除法的计算更复杂,增加了求余数的计算步骤。因此,为了更好地记录计算过程,笔算除法的引入就显得十分有必要。如图1-17,出现了三种解决问题的方法。图示法与横式记录这两种形式是学生学习有余数除法的意义时已经掌握了的,在此基础上引入除法笔算,学生能直观

地发现笔算可以更加完整地记录平均分的过程。笔算时为什么商3,需要按照"( )×4<13,括号里最大能填几"的问题解决思路进行试商。

(三)三算结合,学习除数是一位数的除法

"除数是一位数的除法"中的运算包含口算、笔算与估算。其中,口算是笔算的基础,笔算是对分步除法口算过程的记录,而估算是把笔算除法转化成口算除法计算出商的近似数。因此,三种运算有着密切联系。

1. 口算除法

口算除法分两个层次展开。先学习整千、整百或整十数除以一位数的口算,作为后续学习笔算除法中分步除的算理。教材围绕平均分彩纸这一情境,结合具体操作让学生分别计算 60÷3 和 120÷3。根据原有经验,学生先分别计算出 6÷3 和 12÷3 的商,再在末尾添一个 0 口算得出结果,这是表内除法计算在新情境中的应用。接着,学习被除数每一位上的数都可以被除数整除的口算除法,结合具体情境出示口算 66÷3,需要把它分解成 60÷3、6÷3 两部分,分别求出商后再相加。以上过程实则指向算法,可以通过数的意义或操作活动明确算理。

2. 笔算除法

笔算除法是教学的重点,教材一共编排了 7 个例题,这 7 个例题又可以分成两部分。第一部分是例1~例4,通过这 4 个例题的除法笔算教学,逐步概括出除法的计算法则。除法的计算法则可以概括为以下三个方面,共四条。其一,商的最高位:① 先用除数试除被除数的最高位;② 如果最高位上的数比除数小,再试除前两位。其二,分步商的对位:③ 除到被除数的哪一位,就把商写在那一位的上面。其三,分步除时的除数:④ 每求出一位商,余下的数必须比除数小。其中,例1(42÷2)的笔算可以概括出第 1 条与第 3 条;通过例2(52÷2)的笔算补充第 4 条;例3(256÷2)的笔算,从"两位数除以一位数"到"多位数除以一位数",完善除数是一位数的除法笔算;通过例4(148÷6)的笔算补充第 2 条。因此,虽然教材在教学例 4 之后才概括出除数是一位数的除法的计算法则,但是实际教学时,则需要在例 1 的笔算除法中就根据例题的特点逐步作出概括。

第二部分是商中间或末尾有 0 的笔算除法。在什么情况下,商中间或末尾会出现 0 呢? 对此,可以先思考:什么情况下,商是 0? 可以分成两种情况,第一种情况是 $0÷a=0(a≠0)$,第二种情况是 $a÷b=0……a(a<b)$。例5(0÷5)即为概括第一种情况:0 除以任何不是 0 的数,都得 0。例6(208÷2、216÷2)和例7(650÷5、245÷8)分别是商中间或末尾有 0 的笔算除法,在按照原有的笔算除法计算法则进行计算的过程中,发现可以依据上述两种情况的特征,直接在商的相应位置上添 0,从

而补充除法计算法则的第 5 条：⑤ 在求出商最高位上的数后，被除数的哪一位不够商 1，就对着这一位商 0。

3. 除法估算

除法估算是从本单元才开始学习的，而关于估算与用估算解决问题，则在加法与乘法的学习时学生就已经有了相关学习经验。估算实际上是求商的近似数的策略之一，而用估算解决问题也是在求商的近似数，但需要对这个近似数作出够或不够的判断，所以用估算解决问题实质上是一种数学推理。

本单元编排的例 8 是用估算解决问题：

今天一共收了 128 个菠萝。每箱装 6 个，一共有 18 个纸箱，装得下吗？

本题用算式表示为：128÷6○18。如果"○"内填">"，表示 18 个纸箱不够装，此时可以把 128 往小估；如果往小估的商大于 18，那么 128÷6 的商就一定大于 18，说明 18 个纸箱不够装。如果"○"内填"<"或"="，表示 18 个纸箱够装，此时需要把 128 往大估；如果往大估的商还小于或等于 18，那么 128÷6 的商就一定小于 18，说明 18 个纸箱够装。以上是本题通过估算判断 18 个纸箱够不够装的数学推理过程。很显然，对学生来说，比用精算的方法求出商后再比较有更高的思维要求，但可以通过数学推理使计算更简便。

（四）化繁为简，学习除数是两位数的除法

"除数是两位数的除法"的编排结构与"除数是一位数的除法"相似。先学习整十数除以整十数的口算，再学习除数是两位数的笔算，最后学习商末尾有 0 的笔算除法。与"除数是一位的除法"不同的是，此部分还要学习商的变化规律，以及用商不变的性质进行除法的简便计算。

1. 口算除法

"除数是两位数的除法"中的口算指整十数除以整十数，设计了两个例题，分别是例 1 的 80÷20 和例 2 的 150÷50。可以用数的意义把整十数看成几个十，将被除数与除数的计数单位从"一"转化为"十"，从而转化成表内除法进行口算（图 1 - 18）。

图 1 - 18

除了口算除法，还要特别注意"想一想"中的估算题：

（1）83÷20≈   80÷19≈

（2）122÷30≈   120÷28≈

第（1）组中的两道题是例 1 后的"想一想"，分别把两道题中的 83 和 19 看成整十数 80 和 20，就可以估算出它们的商了；第（2）组中的两道题是例 2 后的"想一想",也可以用同样的方法完成。为什么要学习这样的估算呢?实际上是为后续学习笔算除法时的试商做准备。因此,对于这样的估算题也要特别重视。

2. 笔算除法

除数是两位数的笔算除法是本单元的学习重点,其中试商又是笔算除法中的难点。教材安排了7个例题,分门别类,逐步完善除数是两位数的笔算除法的试商类型与调商策略,最后归纳出除数是两位数的笔算除法的计算法则。

除数是两位数的除法的计算法则是由除数是一位数的除法的计算法则迁移而来的。除了第1条与第2条关于商的最高位的确定要看前两位,如果前两位上的数比除数小,要看前三位之外,另外的三条都没有变化。但是,为什么笔算部分的例题数量从"除数是一位数的除法"中的4个变成了本单元中的7个呢?主要原因是对试商与调商的类型进行了细化,分成了以下四类:第一类是"除数是整十数"的试商,包含被除数的前两位大于除数(例1:92÷30)和被除数的前两位小于除数(例2:178÷30)这两种情况;第二类是"四舍法"试商,对应例3中的84÷21和430÷62;第三类是"五入法"试商,对应例4中的197÷28;第四类是"取中法"试商,对应例5中的240÷26。

上述四类中,第一类是除数是两位数的除法笔算的基础,后面的三类都是先把它转化成第一类(指"四舍法"和"五入法"),或者利用第一类的思路(指"取中法"),再进行试商与调商。为了突破试商与调商这一难点,这5个例题的商都是一位数。因此,为了完善除数是两位数的除法的计算法则,例6(612÷18)出现了商是两位数的情况,例7(940÷31)不仅商是两位数,且商的末尾是0,并有余数。

与除数是一位数的除法的计算法则总结过程一样,要把除数是两位数的除法的计算法则进行分解,结合例题特征依次概括,逐步完善。同时我们也要反思,把试商分成四种类型依次教学,虽然对难点进行了分解,但这样的教学不利于整体感知与比较,因此实际教学时可进行适度整合。

3. 商的变化规律

商的变化规律以及应用商的变化规律进行简便计算,可以看成之前除法计算经验的总结与再应用。商的变化规律实际上在之前的除法计算中已有所渗透,就本单元而言,整十数除以整十数的口算算理实际上就包含了商不变的性质,即把"80÷20"转化成"8÷2"就是被除数和除数同时除以10。"四舍法"试商时为什么商容易偏小?"五入法"试商时为什么商容易偏大?实际上可以用被除数不变时商的变化规律进行解释。

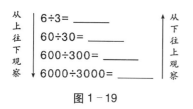

从上往下观察

$6 \div 3 =$ _____
$60 \div 30 =$ _____
$600 \div 300 =$ _____
$6000 \div 3000 =$ _____

从下往上观察

图 1 - 19

因此实际教学时,可以把商的变化规律的内容前置,在第一课时就可以探究商不变的性质,如图 1 - 19 中的后面三题,实际上就是例 1 的学习内容及其拓展。再结合口算题组,总结另外两条商的变化规律。这样,在后续学习四类除法试商与调商时就有理可循了。

利用商的变化规律进行简便计算,是例 9 与例 10 的教学内容。例 9 由一道笔算除法简便计算($780 \div 30$)和一道横式简便计算($120 \div 15$)组成。前者利用商不变的性质,划去被除数与除数末尾同样多的 0 后再相除(图 1 - 20);后者则应用商不变的性质,把它先转化成第 1 题的形式后,再口算得出结果(图 1 - 21)。

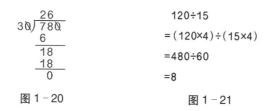

$$120 \div 15$$
$$= (120 \times 4) \div (15 \times 4)$$
$$= 480 \div 60$$
$$= 8$$

图 1 - 20   图 1 - 21

例 10($840 \div 50$)可以像例 9 的第 1 题一样进行简便计算,但出现了余数,此时是余 4,还是余 40 呢?通过验算与说理,发现有余数时要还原划去的 0(图 1 - 22)。

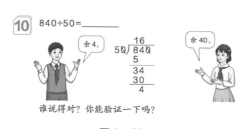

$840 \div 50 =$ _____

余 4。   余 40。

谁说得对?你能验证一下吗?

图 1 - 22

总之,整数除法的运算在除法运算中所占比重较大,年级跨度较长。从整体的视角进行全面梳理,可以清晰地发现二年级下册"表内除法(一)(二)"与"有余数的除法"这两个板块中的除法运算是整个除法运算的基础;"除数是一位数的除法"规范了有分步除的除法笔算的计算法则,又是"除数是两位数的除法"中笔算除法的基础。只有让学生在每一个阶段都打下扎实的计算基础,才可能使后续的计算学习变得轻松。同时,整数的除法运算教学并不仅仅只要学生会算,还要在计算过程中促进学生计算思维能力的发展。

二、小数除法运算

人教版小学数学教材将小数除法编排在五年级上册,采用集中教学的形式,即在一个单元中包含了小数除法的意义、运算与数量关系等方面的内容。小数除法的意义、数量关系这两部分的内容与整数除法相同,而小数除法运算的学习内容和编排体系则与整数除法不同。就小数除法的计算法则而言,主要是利用类比、迁移与转化的思想,有序地组织教学。小数除法中商的不同表达,则是本单元学习的重要方面。教学中需要让学生明白在什么样的情况下取商的近似数;怎样判断笔算除法中的商是否是循环小数;怎样表示循环小数;怎样用计算器探究除法和乘法中的规律;怎样用估算解决问题。

(一)利用数学思想概括计算法则

人教版《数学》五年级上册小数除法计算部分没有编排小数除法的口算内容,而是直接呈现小数除法的笔算。首先学习"除数是整数的小数除法",从一般到特殊编排了三个例题。例1是22.4÷4,通过本题的笔算,可以概括出除数是整数的小数除法一般计算方法的第1条法则:按整数除法的计算法则计算,商的小数点与被除数的小数点对齐。由于小数与整数一样,都是十进位值制数,因此被除数中的小数部分除以除数,与整数部分除以除数的方法相同。教学时,教师可以让学生利用小数的意义和整数除法笔算法则等学习经验自主尝试。例2(28÷26)和例3(5.6÷7)分别是除数是整数的小数除法中的两类特殊情况。通过例2概括得到第2条法则:除到被除数的末尾还有余数时,依据小数的性质添0后再除;通过例3概括得到:整数部分不够商1,在个位上写0,从而完善了除数是整数的小数除法的计算法则。以上学习过程渗透了类比、迁移的思想方法。

接着学习"一个数除以小数"。同样地,从一般到特殊编排了两个例题。通过例4(7.65÷0.85)的计算,可以概括出计算法则:(1)先移动除数的小数点,使它变成整数;(2)除数的小数点向右移动几位,被除数的小数点也向右移动几位;(3)按除数是整数的小数除法进行计算。显然,除数是小数的小数除法笔算渗透了转化的思想,但如果仔细对照这几条法则,我们认为基于例4直接概括法则显得不够典型。由于被除数与除数的小数位数相同,因此先移动被除数的小数点,还是先移动除数的小数点,两者并没有区别。并且,转化后的除法是整数除法,而不是法则中所说的"除数是整数的小数除法"。所以,不宜在教学完例4之后就急于概括计算法则,而是要让学生再计算"做一做"中的0.554÷0.16,此题与计算法则更加匹配,可以让学生计算后再概括计算法则。例5(12.6÷0.28)则利用例4概括出的计算法则进行计算,发现法则第 2 条在应用时还需进一步补充:(2)除数的小数点向右移动几位,被除数的小数点也向右移动几位(位数不够的,在被除数的末尾添 0 补足)。

(二)依据实际需要选择商的表示

小数除法的商很特殊。商的小数位数不能依据被除数和除数的小数位数进行判断,因为商会出现整数、有限小数或循环小数等不同情况。当商的小数位数较多时,依据实际情况可以取近似数;当商是循环小数时,可以用简写的形式表示。所以,我们将教材中例 6 的"商的近似数"(图 1-23)与例 7 的"循环小数"(图1-24)统称为"商的表示"。

图 1-23　　　　　　　　　　　　图 1-24

商的表示指依据实际情况,在解决问题时对小数除法的商进行取近似数或用循环小数等形式表示商的过程。例如,例 6 的问题是"每个羽毛球大约多少钱",不论商是三位小数还是更多位小数,依据人民币的单位与面值限定,商一般取两位小数,或者取一位小数甚至整数。又如,例 7 的问题是"他平均每秒跑多少米",需要一个精确的结果。因此,虽然"400÷75"除到商的小数部分第三位后还没有除尽,却可以断定商的小数部分从十分位起不断重复出现数字"3",所以商可以表示成"5.333…"或其简写形式。

除了以上两种商的表示以外,还有一类很重要的表示法,即用"进一法"或"去尾法"表示商,这是联系实际对用近似数表示商的补充。本单元例 10 就是这样的解决问题,由两个问题组成:

(1)妈妈要将 2.5 kg 香油分装在一些玻璃瓶里,需要准备几个瓶子?

(2)王阿姨用一根 25 m 长的丝带包装礼盒,每包装一个礼盒要用 1.5 m 丝带。这根丝带可以包装多少个礼盒?

可以让学生先自己完成,再评析如何表达商更符合实际,从而发现前者用"进一法",后者用"去尾法"。

（三）结合计算器探索乘除运算中的规律

用计算器进行四则运算可以快速获得计算结果,且在小数乘除法运算中,其优势更加突出。因此,本单元例9及相应的"做一做"分别对应了小数除法和小数乘法中的探索规律。

特别要注意的是,在用计算器计算小数除法时,如果出现循环小数,显示屏上的数是一个近似数,需要依据已知的小数部分依次不断重复出现的数字推断出循环节,如图1-25中的三道除数是11的除法计算题,不仅是让学生用计算器算出商,更是要求学生能根据这三题商中循环节的变化规律,推测出1÷11、2÷11、3÷11、7÷11、8÷11、9÷11、10÷11这几个除法算式的商。上述思路实际上就是用递推法解决问题的过程。

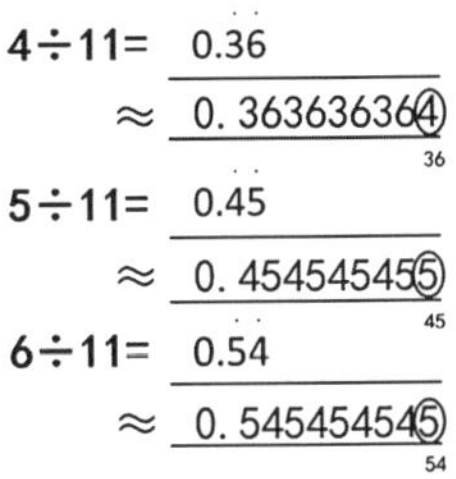

图1-25

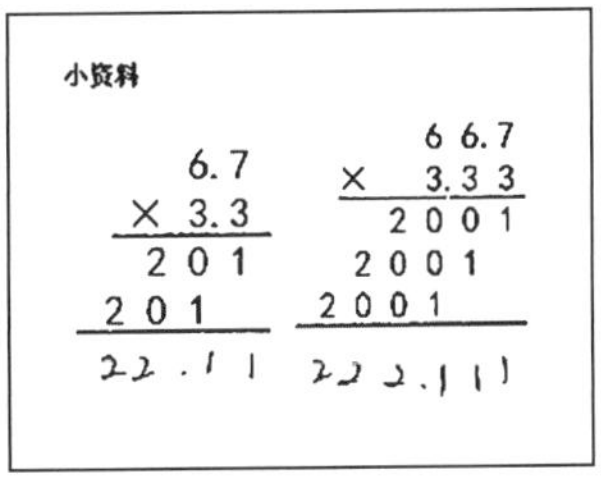

图1-26

在探究小数乘法题组中积的变化规律时,除了先根据其中积与因数的变化特征,用递推法推测出其他小数乘法算式的积之外,还可以提问:为什么会有这样的规律?此时用计算器无法回答,而是需要借助笔算,从分步乘的变化中发现规律。如图1-26,可以发现6.7×3.3、66.7×3.33这些乘法笔算中分步积的变化规律。

除数是整数的小数除法的计算方法由整数除法的计算方法迁移而来,除数是小数的小数除法又可以转化成除数是整数的除法再计算。这样的计算法则的推导过程,充分体现了数学新知学习的层次性。小数除法中商的多样性与复杂性,决定了商的表示要依据实际情况灵活选择。

三、分数除法运算

与小数除法运算不同,分数除法运算不能从整数除法或小数除法运算中类比、迁移得到,也不能转化成小数除法或整数除法后再计算,而是要把它转化成分数乘法后再计算。那么,如何把分数除法转化成分数乘法?其法则十分简单:除以一个数就是乘这个数的倒数。但是,依据怎样的思路实现转化,却成为人们研究的重点。

（一）学习倒数的意义与其求法

分数除法计算法则中有倒数概念，它是把分数除法转化成分数乘法的关键。因此，本单元的起始课就是学习倒数与求一个数的倒数。如图1－27，教材出示四道分数乘法计算题，请学生计算后找一找规律。从结果看，学生可以发现"两个数的乘积都是1"；从两个因数的特征看，可以发现"两个因数的分子与分母正好交换了位置"。前者是倒数的定义，后者是倒数的求法。因此，顺应学生发现两个规律，可以进一步概括出倒数的定义，并利用规律求倒数（图1－28）。

先计算，再观察，看看有什么规律。

$$\frac{3}{8}\times\frac{8}{3} \qquad \frac{7}{15}\times\frac{15}{7} \qquad 5\times\frac{1}{5} \qquad \frac{1}{12}\times12$$

两个数的乘积都是1。

相乘的两个数的分子、分母正好颠倒了位置。

图1－27

1 下面哪两个数互为倒数？你是怎样找一个数的倒数的？

$$\frac{3}{5} \quad 6 \quad \frac{7}{2} \quad \frac{5}{3} \quad \frac{1}{6} \quad 1 \quad \frac{2}{7} \quad 0$$

$$\frac{3}{5} \xrightarrow{\text{分子、分母交换位置}} \frac{5}{3} \qquad \frac{3}{5}\times\frac{5}{3}=1$$

$$6=\frac{6}{1} \xrightarrow{\text{分子、分母交换位置}} \frac{1}{6} \qquad 6\times\frac{1}{6}=1$$

$$\frac{7}{2} \xrightarrow{\text{分子、分母交换位置}} \frac{2}{7} \qquad \frac{7}{2}\times\frac{2}{7}=1$$

所以，$\frac{3}{5}$ 的倒数是 $\frac{5}{3}$，6的倒数是 $\frac{1}{6}$，$\frac{7}{2}$ 的倒数是 $\frac{2}{7}$。

1的倒数是多少？0有倒数吗？和同学交流一下你的想法。

图1－28

我们可以进一步思考：在四则运算中，除了两个数的积是1，还有两个数的和、差或商等于1，它们又有怎样的特征？与其他运算结果等于1的特征相比，积等于1的两个数的特征有什么独特的地方？用这样的思路组织教学，可以凸显乘积是1的两个数的特征更具有独特性。

特别要注意的是，"分数除法"单元练习六的第4题（图1－29），通过三个题组计算，学生可以初步感知除以一个数等于乘它的倒数，只不过此时还不能够体现这样转化的优越性。

❹ 先计算出每组算式的结果，再在○里填上">""<"或"="。

$1 \div 8 = ($ $)$ $6 \div 2 = ($ $)$ $9 \div 4 = ($ $)$

$1 \times \frac{1}{8} = ($ $)$ $6 \times \frac{1}{2} = ($ $)$ $9 \times \frac{1}{4} = ($ $)$

$1 \div 8 \bigcirc 1 \times \frac{1}{8}$ $6 \div 2 \bigcirc 6 \times \frac{1}{2}$ $9 \div 4 \bigcirc 9 \times \frac{1}{4}$

图 1-29

（二）推导分数除法的计算法则

"分数除法"与"小数除法"的例题编排结构相似,先探究分数除以整数的计算法则,再探究一个数除以分数的情况。虽然分数除法也可以转化成小数除法后计算,但由于分数包括无限循环小数,因此这一方法无法成为通用方法。并且,把分数除法转化成分数乘法后计算,比转化成小数除法计算更加简捷。

人教版教材通过画图的方法说明分数除法转化成分数乘法的算理。其中,分数除以整数的计算采用平均分的数量关系,结合图示概括出分数除以整数的计算法则。例 1 是一个题组:

（1）把一张纸的 $\frac{4}{5}$ 平均分成 2 份,每份是这张纸的几分之几?

（2）如果把这张纸的 $\frac{4}{5}$ 平均分成 3 份,每份是这张纸的几分之几?

创设平均分纸的情境,通过被除数的分子能够被除数整除与不能够被除数整除这两种情况,在具体操作过程中（图 1-30）概括出通用的计算法则:分数除以整数,就是分数乘这个整数的倒数。这里强调是一个"整数"的倒数,因为如果除数是分数,图示会更加复杂,需要重新推导。

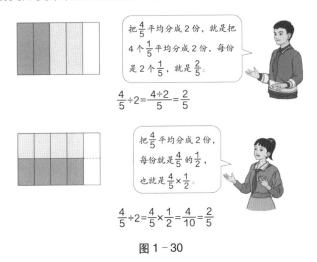

图 1-30

一个数除以分数的算理,人教版教材通过创设速度模型,利用分数的意义,采用画图的形式帮助学生理解算理,进而概括出算法。教材例2创设了比较两位同学速度的情境:

小明$\frac{2}{3}$小时走了 2 km,小红$\frac{5}{12}$小时走了$\frac{5}{6}$km。谁走得快些?

要比较谁走得快些,可以先求出小明与小红的速度,列式分别是 $2\div\frac{2}{3}$,$\frac{5}{6}\div$

$\frac{5}{12}$,并从两个分数除法中可以概括出课题"一个数除以分数"。基于上节课中概括出的分数除以整数的计算法则,学生能够很自然地迁移出一个数除以分数的计算法则:一个数除以分数,可以用这个数乘分数的倒数。但是,如何理解它的算理呢? 教材采用画线段图的形式帮助学生理解(图 1－31)。

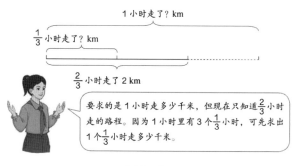

图 1－31

上述分析过程,实际上是对分数意义的理解过程。结合图示可以发现,这条线段具有两层意义。第一层意义是时间,整条线段表示 1 小时,每份就是$\frac{1}{3}$小时,2 份就是$\frac{2}{3}$小时;第二层意义是路程,整条线段表示 1 小时行的路程,平均分成 3 份,其中的 2 份就是$\frac{2}{3}$小时行的路程,正好是 2 千米,那么 1 小时行的路程就是这样的 3 份,求 3 份是多少千米(图 1－32)。列式为:2÷2×3。显然,把 $2\div\frac{2}{3}$ 转化成 2÷2× 3,不仅是为了计算出结果,更是为了验证之前的假设是否正确,所以继续推导:2÷ $\frac{2}{3}=2\div2\times3=2\times\left(\frac{1}{2}\times3\right)=2\times\frac{3}{2}$。至此,验证得到之前的假设是正确的。$\frac{5}{6}\div\frac{5}{12}$实际上也可以像这样找到路程与表示小时数的分数的分子与分母的对应关系,即"$\frac{5}{6}$

千米"对应的是 5 份,1 小时行的千米数对应的是 12 份(图 1-33),因此可进行如

下推导:$\frac{5}{6} \div \frac{5}{12} = \frac{5}{6} \div 5 \times 12 = \frac{5}{6} \times \left(\frac{1}{5} \times 12\right) = \frac{5}{6} \times \frac{12}{5}$。

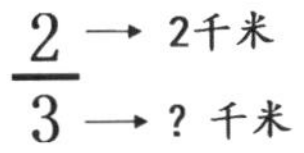

$$\frac{2}{3} \begin{array}{l} \to 2 千米 \\ \to ? 千米 \end{array} \qquad \frac{5}{12} \begin{array}{l} \to \frac{5}{6} 千米 \\ \to ? 千米 \end{array}$$

图 1-32 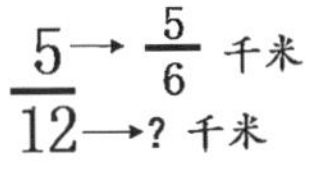　　　　　　图 1-33

(三) 学习含有分数除法的四则混合运算

含有分数除法的四则混合运算可以分成以下两部分:第一部分是除法性质由整数推广到分数;第二部分是一般的含有分数除法的四则混合运算。关于第一部分,教材编排了相应的例题,第二部分则在"做一做"与练习七中体现。

教材例 3 是用数量关系解决的问题:

一盒药共 12 片,每次吃半片,每天吃 3 次。这盒药可以吃几天?

依据"先求这盒药一共可以吃多少次"和"先求每天需要吃多少片"两种思路,得到两种列式:(1) $12 \div \frac{1}{2} \div 3$;(2) $12 \div \left(\frac{1}{2} \times 3\right)$。从中可以发现,整数中的除法性质在分数除法中同样成立。

一般地,含有分数除法的四则运算的运算顺序与整数四则混合运算的运算顺序相同,但在实际计算时,一般会先把其中的分数除法转化成分数乘法,再按照四则混合运算的运算顺序计算。此外,在三角形和梯形面积计算公式中,依据分数除法计算法则,可以把面积计算公式中的"$\div 2$"改为"$\times \frac{1}{2}$",并在解决具体问题时完善面积计算公式。例如,"做一做"中的第 2 题:

一块梯形的玻璃,上底、下底和高分别是 $\frac{3}{5}$ m、$\frac{4}{5}$ m、$\frac{3}{4}$ m。这块玻璃的面积是多少?

此时,梯形的面积计算公式可以写成:$S = \frac{1}{2}(a+b)h$。

从上述梳理与分析中可以发现,就计算法则而言,分数除法的计算就是转化成分数乘法后再计算,学生掌握起来并不困难,难点在于如何推导出计算法则,而这也是教学研究的热点。我们参考各类研究成果,发现除了像人教版教材中的画图策略外,还有其他相关策略,如杭州师范大学巩子坤教授的利用字母表示数,即采用逻辑推理的方法进行推导。

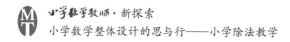

四、除法运算的教学建议

相较于其他三种运算,除法运算不论是理解算理还是掌握算法,都会困难一些。但是,如果我们能够充分利用加法、减法与乘法的计算经验,充分沟通除法与这三种运算之间的联系,巩固口算基础、提炼笔算本质、培养估算意识,就可以相应地提升学生的除法运算能力。

(一)构建口算除法的体系

从教材编排可以发现,口算除法主要是针对整数除法而言的。同时我们也发现,随着学生运算能力的提升,一些除法笔算和除法中的简便运算等也可以列入口算除法的范畴。另外,小数除法与分数除法部分虽然没有专门编排口算例题,但是小数除法中可以直接转化为表内除法的题也可以直接口算,分数除法中可以直接计算或约分的题也可作为口算的内容。

基于这样的思考,我们构建得到如下口算除法的体系:第一类是以表内除法为基础的口算,包括整数除法中被除数和除数末尾有 0 的口算除法,如 $60 \div 3$、$60 \div 30$ 等;分步除时可以直接口算的,如 $66 \div 3$、$612 \div 3$ 等;小数除法中可以转化成表内除法计算的,如 $5.6 \div 7$、$0.56 \div 0.7$ 等。第二类是数据简单且能简便计算的,如 $120 \div 3 \div 4$、$1.2 \div 0.3 \div 4$、$120 \div 2.5$ 等。第三类是有特殊数据或运算的,如被除数是 0 的运算等。第四类是数据简单的分数除法,如 $\frac{1}{2} \div \frac{3}{2}$、$\frac{1}{2} \div \frac{2}{3}$ 等。

(二)养成良好的审题习惯

随着除法计算题型的不断丰富,学生学会了口算、笔算、估算、速算和简便计算等多种计算方法。针对某一道题,选择哪一种计算方法比较合适呢?这就需要学生根据数的特征,合理选择计算方法。

例如,四年级上册复习除数是两位数的除法时,教师可以出示如图 1-34 所示的题组,让学生先思考:哪些题可以口算?哪些题可以简便计算?哪些题可以用"同头无除商八九"或"折半商五法"进行快速试商?并按照口算、简便计算、快速试商等顺序依次选择合适的方法,再计算。

❶ $300 \div 50 =$ ❷ $360 \div 30 =$ ❸ $180 \div 15 =$ ❹ $247 \div 28 =$

❺ $850 \div 50 =$ ❻ $197 \div 38 =$ ❼ $1200 \div 25 =$ ❽ $587 \div 29 =$

图 1-34

（三）学会联系实际，丰富商的表示

在整数除法中，两数相除的商会出现两种情况，一种是刚好整除，一种是有余数。当出现余数时，如何理解余数的意义？如何利用余数的特征解决问题？其中，在二年级下册编排了用"进一法""去尾法"解决问题。余数本质上是商的一部分，只是在二年级下册时还没有学习小数与分数，所以采用了"商……余数"的形式。到了五年级下册，还可以继续除，即把有余数除法转化成小数除法或分数除法，商用小数或分数表示，进一步丰富了商的表示。

因此，教学中要让学生充分感知整数除法中商的表示会随着学习的深入不断丰富、完善，并从不同的商的表示中体会到除法运算的实际意义。

第三节

除法的数量关系

　　《义务教育数学课程标准(2022 年版)》(以下简称"课标 2022 年版")中把"数与代数"学习领域分成两大板块,分别是"数与运算"和"数量关系"。其中,数量关系是指量与量之间相互关系的表达,本章专门指四则运算意义下的数量关系。也就是说,数量关系应该从四则运算的意义中提炼出来,是四则运算意义的具体体现。进一步可以明确,除法的数量关系是从除法意义中提炼出来的。

一、基于除法基本意义概括数量关系

　　人教版小学数学教材中有专门的解决问题板块,一般认为数量关系就包含在这一板块中。但是,如果从数量关系与运算意义之间的关系上看,在数的认识与运算意义的概括过程中,数量关系就已经形成了。在前文中,我们把除法意义分成了基本意义和延伸意义两部分,这里重点阐述基于除法基本意义而形成的数量关系。

(一)从操作活动中概括数量关系

　　平均分是一种操作活动,也是除法基本意义的核心。结合具体平均分的操作活动,用除法记录过程和结果,既形成了除法的两种意义——"等分除"和"包含除",也概括了相应的除法数量关系。

　　如下页图 1–35,就是除法数量关系的形成过程。由具体的操作,并在用相同减数连减记录平均分的过程与结果的基础上,提炼其中的关键信息,进而用除法表示,概括出相应的除法数量关系。

(二)从关键词中提炼数量关系

　　结合具体操作,从除法的基本意义中概括出数量关系后,就可以解决相应的问题。此时,学生需要依据文字叙述中的关键词提炼出数量关系,并在具体数量关系的比较中找到相同点,进而抽象出更具一般性的数量关系。

　　除了从除法的基本意义中概括出数量关系之外,人教版教材在二年级下册还

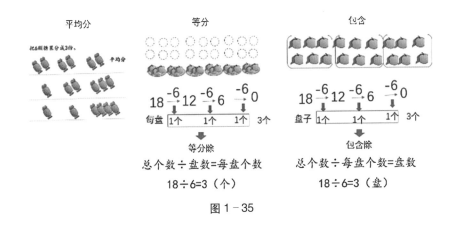

图 1-35

专门编排了利用除法解决问题的例题,我们将其改编如下:

（1）一共有 15 只蚕宝宝,平均放在 3 个纸盒里,每个纸盒放多少只?

（2）一共有 15 只蚕宝宝,每个纸盒放 5 只,需要几个纸盒?

为了凸显关键词对提炼数量关系的作用,我们特意在两个问题中都加上了"一共",让学生通过寻找关键词画出示意图,列出数量关系,最后代入数据列式解答(图 1-36)。

图 1-36

在此基础上,与前几节课中学习的除法数量关系进行比较,说一说用除法计算的数量关系式有什么相同的地方,进而概括出更为一般的表示"等分除"与"包含除"的数量关系:总数÷份数=每份数,总数÷每份数=份数。这两个除法数量关系更具一般性,更能体现除法的基本意义。

除了通过寻找不同除法数量关系中的相同点,抽象出更具一般性的数量关系外,还可以结合具体情境,概括常用的除法数量关系,主要指四年级上册"三位数乘两位数"单元商品买卖中的除法数量关系:总价÷数量=单价,总价÷单价=数量;以及行程问题中的除法数量关系:路程÷时间=速度,路程÷速度=时间。

二、基于除法的延伸意义丰富数量关系

除法的延伸意义与倍、分数、比这三个概念有关。从这三个概念出发,分别提炼出与"等分除"和"包含除"相对应的两个新的数量关系,从而极大地拓展了除法的意义,丰富了除法在现实生活中的应用。

（一）由倍概念延伸出的除法数量关系

在由倍概念延伸出除法意义中,已经阐述了由"包含除"延伸出的"求一个数是另一个数的几倍"的数量关系:几倍数÷一倍数＝倍数,如图1－37中右边的问题,也是三年级上册"倍"单元例2的解决问题。但是,从由倍概念延伸出除法的数量关系角度而言,教材中并没有编排类似图1－37中对应"检验2"的问题,即"已知一个数的几倍是多少,求这个数"。因此,在不增加课时量的情况下,教学中应补充类似"检验2"的问题,形成由"等分除"延伸出的除法数量关系:几倍数÷倍数＝一倍数,从而完善基于"倍"的除法数量关系结构。

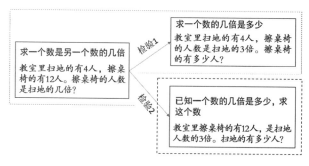

图1－37

（二）由分数概念延伸出的除法数量关系

由分数概念延伸出的除法数量关系可以分成两类。第一类是基于分数"量"的意义而形成的数量关系,这一类的数量关系与整数除法中的数量关系完全一致,如五年级下册"分数与除法"中的例2和例3就是"等分除"的数量关系。第二类是基于分数"率"的意义而形成的数量关系,这一类数量关系由倍概念引申而来,如五年级下册"分数与除法"中的例4,延伸得到"对应量÷单位'1'的量＝对应分率"。六年级上册"分数乘法"中"求一个数的几分之几是多少"和"分数除法"中"已知一个数的几分之几是多少,求这个数"这两类解决问题,就是由这一数量关系延伸而来的。

当然,"分数除法"单元解决问题中的数量关系并不是由五年级下册"分数与除法"例4中的数量关系推导而来的,而是利用"分数乘法"单元解决问题中的数量关系,通过列方程解决,或者推导出分数除法的数量关系后直接列式解答。如图1－38,是解决下面问题的两种不同思路。

根据测定,成人体内的水分约占体重的$\frac{2}{3}$,儿童体内的水分约占体重的$\frac{4}{5}$。小明(儿童)计算后发现,自己体内约有28 kg的水分,小明大约有多重?

在这个分数乘法的数量关系中,小明体内水分的质量是已知的,小明的体重是未知的,因此不能直接用这一数量关系解决问题。小丽的方法是把这个数量关系转化成"小明体内水分的质量$\div\dfrac{4}{5}$=小明的体重",如果进一步一般化,就是"对应量$\div$对应分率=单位'1'的量"。小华的方法是用方程

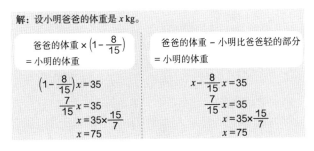

$$\boxed{\text{小明的体重} \times \frac{4}{5} = \text{小明体内水分的质量}}$$

小丽这样想:

$28 \div \dfrac{4}{5}$

$= 28 \times \dfrac{5}{4}$

$= 35（\text{kg}）$

小华这样想:

解:设小明的体重是 x kg。

$\dfrac{4}{5}x = 28$

$x = 28 \div \dfrac{4}{5}$

$x = 28 \times \dfrac{5}{4}$

$x = 35$

图 1-38

解决问题,直接根据分数乘法中的数量关系列出方程,再利用四年级下册学习的除法是乘法的逆运算,推算得到 $x = 28 \div \dfrac{4}{5}$,与小丽的方法实现了一致。

接着学习较复杂的分数除法解决问题:

小明的体重是 35 kg,他的体重比爸爸的体重轻 $\dfrac{8}{15}$。小明爸爸的体重是多少千克?

先根据关键句列出数量关系,再用方程或算术方法解决问题。教材只介绍了用方程解决问题的过程(图 1-39),实际教学中可以依据解决问题的过程,发现右边的数量关系可以通过乘法分配律转化成左边的数量关系,再依据左边的数量关系推导出较复杂的分数除法解决问题的数量关系:小明的体重$\div\left(1-\dfrac{8}{15}\right)$=爸爸的体重。

解:设小明爸爸的体重是 x kg。

爸爸的体重 $\times\left(1-\dfrac{8}{15}\right)$ = 小明的体重

$\left(1-\dfrac{8}{15}\right)x = 35$

$\dfrac{7}{15}x = 35$

$x = 35 \times \dfrac{15}{7}$

$x = 75$

爸爸的体重 - 小明比爸爸轻的部分 = 小明的体重

$x - \dfrac{8}{15}x = 35$

$\dfrac{7}{15}x = 35$

$x = 35 \times \dfrac{15}{7}$

$x = 75$

图 1-39

人教版《数学》五年级上册"简易方程"单元中,有用方程解决和倍问题的内容。在"分数除法"单元的解决问题中,也有用方程解决和率问题的内容(例6):

六年级举行篮球比赛。六(1)班全场得了 42 分,其中下半场得分是上半场的

一半。六（1）班上半场和下半场各得多少分？

　　根据题意，这个问题中含有两个数量关系：上半场得分+下半场得分=总得分，上半场得分×$\frac{1}{2}$=下半场得分。解答时，可以先根据第二个数量关系设未知数，再根据第一个数量关系列出方程（图1-40左）。还可以把"下半场得分是上半场的一半"转化成"上半场得分是下半场的2倍"，从而将第二个数量关系转化成"下半场得分×2=上半场得分"，如此就可以得到图1-40右边的解法。在此基础上，我们也可以引导学生进一步思考：能否依据列方程解决问题的过程，推导出可以用算术方法解决的数量关系？学生分别可以得到如下数量关系：上半场得分×$\left(1+\frac{1}{2}\right)$=总得分，下半场得分×(1+2)=总得分，进一步体会分数除法解决问题中"对应量""对应分率"和"单位'1'的量"之间的关系。

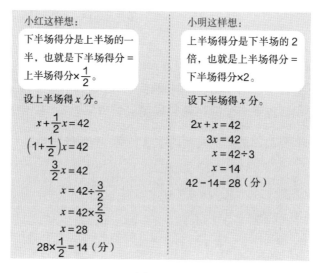

图1-40

　　在"分数除法"解决问题中，还有一个特殊的例题——分数工程问题：

　　一条道路，如果甲队单独修，12天能修完；如果乙队单独修，18天能修完。如果两队合修，多少天能修完？

　　用分析法思考，要求"两队合修多少天能修完"的数量关系是：道路总长÷甲与乙两队合修一天的长度=两队合修的天数。但是，题目中既不知道道路总长，也不知道甲队和乙队每天修的长度，也就是说数量关系中一个已知信息也没有。此时，引导学生通过假设这条路的总长度，发现不同长度下所求得的结果是一样的，进而把这条路假设为单位"1",从而得到了具有分数工程问题特征的算式:$1 \div \left(\dfrac{1}{12} + \dfrac{1}{18}\right)$,对应的数量关系式是:工作总量÷工作效率之和＝工作时间。我们也发现,"分数除法"解决问题中的前三个例题或采用了分数乘法中的数量关系列方程解决,或把数量关系转化成分数除法的数量关系后再列式计算。实际上,分数工程问题也可以按以下思路设计:先出示用"工作效率之和×工作时间＝工作总量"求工作总量的问题,再把题目改编成求工作时间的问题,或利用原数量关系列方程解决,或推导出新的数量关系后列算式解决。

(三) 由比概念延伸出的除法数量关系

比是一个较为特别的概念,集中了除法与分数两个概念的基本特征。就比的形成过程而言,它就是除法:两个数的比,就是两个数相除。就比的组成结构而言,它就是分数:比的前项相当于分子,比的后项相当于分母,比号相当于分数线,且比也可以写成分数形式。

正因为"比"保留着"除法"和"分数"的基本特征,因此在求比值时,可以把比转化成除法,采用除法计算的方式求出比值,此时除数中的数量关系就是比中的数量关系。如图1-41,是六年级上册"比"单元中求长与宽比值的过程,其中15与10分别表示两面旗帜的长与宽,"15∶16"表示长与宽的比。求其比值,需要把它转化成"长÷宽",此时求出的值就表示长是宽的几倍,具体的数量关系为:长÷宽＝长是宽的几倍。求两个数的最简单的整数比,则可以保留两个量之间的数量关系,只是把这两个量以更加简洁的形式呈现而已。例如,学生学习了比的基本性质之后,就可以利用这一性质解决两面旗帜长与宽的最简单的整数比问题:

神舟五号搭载了两面联合国旗帜,一面长15 cm,宽10 cm,另一面长180 cm,宽120 cm。这两面联合国旗帜长和宽的最简单的整数比分别是多少?

如图1-42,是教材中引导学生化简比的过程。最后可以发现,虽然两面旗帜的长与宽不同,但它们最简单的整数比是相同的,都是3∶2。也就是说,如果把长看成相等的3份,宽就是这样的2份,长与宽的和就是这样的5份,这是后续学习"比的应用"时的学习基础。

$$15 : 10 = 15 \div 10 = \frac{3}{2}$$

前　比　后　　　　比
项　号　项　　　　值

图 1-41

$$15 : 10 = (15 \div 5) : (10 \div 5)$$
$$= 3 : 2$$
$$180 : 120 = (180 \div \ \ ) : (120 \div \ \ )$$
$$= (\quad) : (\quad)$$

想:5是15和10的什么数?
为什么要除以5?

图 1-42

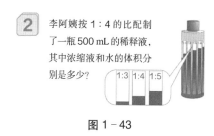

2 李阿姨按 1:4 的比配制了一瓶 500 mL 的稀释液，其中浓缩液和水的体积分别是多少？

图 1-43

如图 1-43，是本单元中的例题。由题意可知，当浓缩液是 1 份时，水就是 4 份，所以 500 mL 稀释液对应的就是(1+4)份。因此，只要知道 1 份的体积，就可以求出浓缩液与水的体积。这一方法实际上是把它看成归一问题来解决。当然，本题也可以依据"浓缩液和水的比是 1:4"求出"浓缩液和水各占稀释液的几分之几"，即把比转化成分率，再用分数乘法解决问题的方法求解。

三、除法数量关系的教学建议

通过对人教版教材中除法数量关系的梳理与阐述，我们对除法数量关系的产生、形成与应用有了一定的了解。那么，在具体教学中要注意什么呢？我们提出如下教学建议。

（一）明确数量关系的源头

除法的数量关系来源于除法的意义。从这一个认识出发，在"除法""倍""分数""比"等概念学习时，要结合具体情境概括出数量关系，用具体的数量关系来进一步明确概念的本质属性。教材编排时，"数与代数"中某一种运算的学习往往是按照运算概念、运算方法、解决问题等这样的顺序编排的。一般地，在概念学习时，先是以定义的形式进行概括，在此基础上从数量关系的角度进行表达，为解决问题时分析信息与问题进而列出数量关系做好准备。

在除法计算学习时，例题中的除法计算一般也是创设具体情境，通过解决问题的形式引入。教学时，要把这样的例题作为对数量关系的复习，让学生先列出数量关系，再列出算式；或者先列出算式，再用数量关系解释题意。在练习巩固阶段，设计用除法解决问题的习题，让学生分析问题并列出数量关系，提升学生解决问题的能力，体会计算的价值。

（二）充分利用几何直观

几何直观主要是指运用图表描述和分析问题的方法。数量关系是构建信息与问题之间联系的表达式。但是，如何找到信息与问题之间的联系，进而建立正确的数量关系呢？我们可以采用几何直观的方式，把文字语言转化成图示语言，从而更好地把握问题的本质，明晰思维的路径。

"图表描述"可以分成图形描述与表格描述两类，其中图形描述主要是指示意图、色条图与线段图的描述。示意图形象直观，依据教材编排体系，从一年级就开始引导学生读图与画图；二年级下册学习表内除法和有余数的除法时，也采用了示意图来描述并分析问题,提炼数量关系(图1-35、图1-36)。二年级下册"混合运算"中的解决问题,采用了色条图分析问题(图1-44),它比示意图更抽象,无法从图示中数出具体个数,而是通过色条的长短表示数的多少。三年级上册"倍的认识"中的例3在分析问题时采用了线段图(图1-45),与色条图相比更加抽象,即用线段的长短表示数量的多少。这三种图示的学习与应用,是依据学生的认识水平有层次地进行的。当然,并不是说学习了后一种几何直观的方式,前一种方式就不采用了,而是要依据实际需要灵活选择。

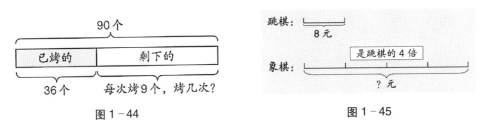

图1-44

图1-45

除此之外,还可以通过表格列举信息与问题,从中发现解决问题的思路。如图1-32,如果纵向与横向进行划分,就是一份表格,从中可以直观地发现已知2份是2千米,要求3份是多少千米。

(三) 沟通与乘法数量关系的联系

除法是对相同减数连减的记录,且除法是乘法的逆运算。前者是除法与减法的联系,体现了除法意义的形成基础;后者则体现了除法与乘法之间的内在联系。就除法数量关系的形成过程而言,后者发挥着更重要的作用。

一般地,在除法解决问题的例题教学中,可以先学习用乘法数量关系解决的问题,再学习用除法数量关系解决的问题,并在不同单元呈现。例如,在二年级上册学习"表内乘法"解决问题后,再在二年级下册学习"表内除法"解决问题;六年级上册第一单元学习了"分数乘法"解决问题后,再在第三单元学习"分数除法"解决问题。这样的编排,可以顺利地把乘法解决问题中的数量关系迁移到除法解决问题中。

总之,除法中的数量关系是除法意义的表现形式,是除法来源于现实又应用于现实的体现。除法数量关系的学习经验,可以从加法、减法与乘法数量关系的学习经验中类比、迁移而来,形成统一的解决问题基本思路。

第二章
表内除法

　　除法是学生继加法、减法与乘法学习之后的最后一种运算,因此对于除法的学习,学生已经有了较为丰富的运算学习经验。同时,相对于前面三种运算,除法更加抽象,也更加复杂,需要沟通与前面三种运算,特别是与乘法、减法之间的内在联系,以统一性与结构化的方式展开学习。

　　人教版教材把除法的起始学习放在二年级下册。第二单元学习"除法的初步认识"与"2~6的乘法口诀求商",前者又分成"平均分"与"除法"两部分,后者分成"利用2~6的乘法口诀求商"与相应的"除法解决问题"。第四单元学习"7~9的乘法口诀求商",也分成"利用7~9的乘法口诀求商"与"商品买卖中的除法解决问题"两部分。把"表内除法"分成两个单元教学,主要是因为若放置于一个单元中,课时数较多,学习的难度也较大,分成两个单元则可以拉长学习周期,分散学习难点。但是,这样安排会造成将原本在同一个学习背景下的内容进行了人为割裂,不利于学生从整体的视角进行学习。因此,我们把这两个单元的学习内容整合成一个单元,并把它分成"除法的初步认识""除法运算"和"除法解决问题"这样三个学习层次进行梳理、反思与实践。在除法含义的学习中,就相应的除法运算渗透除法解决问题的数量关系,实现"含义—算—用"的一致性;在学习除法解决问题时,又与乘法解决问题进行沟通,"由乘引除"实现乘除法解决问题数量关系的结构化;最后在单元复习时,进一步把除法纳入四则运算的体系之中,通过多轮的题组练习,让学生体会四则运算共同的学习结构,即运算的意义、计算与解决问题这三个层次,体会四则运算之间的联系和区别,即加法与乘法都表示"合并",减法与除法都表示"分解",以及"想加做减"与"想乘做除"。

第一节
"表内除法"整体设计

　　人教版《数学》二年级下册"表内除法"分成两个单元,包含三个层次,分别是除法的初步认识、除法的计算与除法解决问题。首先从整体的视角,把这两个单元整合到一起,发现其内在编写结构;然后进行整体设计,提出可以改进的地方;最后把改进之处付诸实践,形成意义、计算与解决问题相互融合的一个整体。

一、梳理——了解教材的编写特点

　　我们从学习内容与情境创设两个方面对教材进行梳理,以了解教材的编写特点。

(一) 单元学习层次清晰

　　把两个单元看成一个整体,并分成除法的初步认识、除法的计算、除法解决问题三个层次。从教材的编排结构看,这三个层次既相互独立,又层层推进,具体结构如图2-1所示,其中打"*"的3个例题是第四单元"表内除法(二)"的内容。

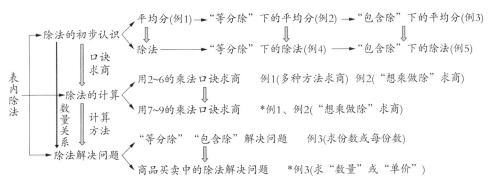

图2-1

从图 2-1 中可以发现,除法三个层次的学习十分清晰。其中,除法的初步认识是其他两个层次学习的基础;除法的计算是把除法的初步认识中用操作方式求商优化成用乘法口诀求商;除法解决问题中的数量关系来源于除法的初步认识,而列式计算求商来源于除法的计算。也可以这样认为,学习除法的最终目标是用除法解决问题,而除法的初步认识与除法的计算的学习,分别从数量关系与计算方法两个方面为用除法解决问题做准备。

(二)联系实际创设情境

仔细分析教材中的例题,每一个例题都创设了贴近学生生活实际的情境,且"平均分物"是它们共同的主题。第二单元"表内除法(一)"创设的是"班级学生春游前平均分食物"的情境,把其中的"分糖果""平均分橘子(等分)"和"平均分饼干(包含)"作为学习"平均分"概念与"等分""包含"两种平均分操作的例题,让学生充分体会到平均分来源于生活。

除法可以看成对平均分过程和结果的记录。因此,教材创设了 12 个竹算和 20 个竹算的情境,分别对应"等分"与"包含"两种平均分操作,用除法表示平均分,初步认识被除数、除数和商在平均分过程中的含义。

除法计算的情境创设分成两类:一类是数数模型下的除法计算;另一类是"排列"模型下的除法计算,用"一图三式(一个乘法算式、两个除法算式)"的方式,由乘法引出除法,用乘法口诀推算除法的商。

两个单元中各有一个例题是关于除法解决问题,这两个例题的情境均独立于前面两个层次中的情境。第二单元中的解决问题是"用笼屉放粽子"的情境,第四单元中的解决问题是商品买卖中求单价或数量的问题。结合具体情境进行抽象概括,得到解决此类问题的数量关系。

(三)情境创设相对独立

分析除法的初步认识、除法的计算、除法解决问题这三个层次中所创设的情境,发现它们是相互独立的。除法的初步认识主要是"平均分食物"的情境,有利于采用实物或学具进行具体操作;除法的计算部分除了第二单元"用 2~6 的乘法口诀求商"中的例 1"分桃子"沿用了之前"平均分食物"的情境外,其他几个例题均采用由数数模型或"排列"模型先用乘法计算出总数,再由乘法算式引出除法算式,最后用统一的乘法口诀计算出结果;除法解决问题中创设的两个情境与前面两个层次中的又完全不同,"用笼屉放粽子"和"商品买卖"这两个情境更具有生活性,贴近日常的劳动与生活。

从以上的单元梳理中可以发现,单元学习层次的清晰性、例题情境设计的多样性与不同学习层次情境的独立性是此单元编排的三个特点。这些特点,既有值得在教学中充分展现的地方,也同样有改进之处。

二、反思——提出改进的具体内容

我们从单元学习层次、情境创设与情境关联度等方面概括了"表内除法"两个单元的编排特点,对于这些编排特点,我们进一步反思,并提出一些可以改进的具体内容。

(一)发现割裂处

从图2-1中可以清晰地看出除法学习的三个层次,它们相对独立,又密切联系。但是,在具体编排时,还不能很好地体现出其中的联系。例如,在除法的初步认识时采用操作活动学习平均分与除法,没有要求说明除法算式中各部分的含义,并以此提炼出数量关系。

除法的计算实际上是依据除法是乘法的逆运算,利用乘法口诀求商,也就是"想乘做除",实现了除法运算与乘法运算的一致性。但是,仔细分析除法解决问题中的两个例题,在分析数量关系时,并没有与相应的乘法解决问题进行沟通,从而不能让学生感受到除法解决问题中的数量关系实质上是对乘法解决问题中的数量关系作逆向思考而得到的。也就是说,没有实现除法解决问题与乘法解决问题在数量关系上的结构化。

(二)实现一致性

从单元整体设计的视角,可以把除法的初步认识、除法的计算、除法解决问题进行整体构思,有机融合。具体地,在除法的初步认识中,可以把相同减数连减与除法构建起联系,把除法作为相同减数连减的一种简便记录与简便运算。用除法表示相同减数连减后,在说明除法中各部分的含义时概括出除法算式所表示的数量关系。计算除法中的商则与乘法口诀相联系,从而实现除法的初步认识与除法的计算的一致性。

如图2-2,从"分物情境"到"除法",实际上也是除法解决问题的过程。因此,把除法概念的学习与除法解决问题融为一体,可以更好地体现除法解决问题中的

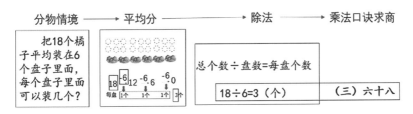

图2-2

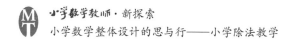
数量关系与除法含义的一致性。

（三）实现结构化

由于在除法概念的学习中,已涉及数量关系及利用乘法口诀的除法计算,因此学习除法解决问题时,就可以把它作为旧知的练习,并重点与二年级上册学习的乘法解决问题构建起联系,形成乘除法解决问题的整体结构。

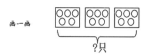

有3个纸盒,每个纸盒里有5只蚕宝宝,一共有多少只?

画一画

?只

列一列　每盒只数×盒数=一共只数

算一算　　　5×3=15 (只)

答:一共有15只。

图 2−3

例如,在除法解决问题中,先创设用乘法解决问题的情境,让学生通过画一画(画出示意图)、列一列(列出数量关系)、算一算(列式解答算出结果)的方法解决问题(图 2−3)。再请学生观察图中的已知信息与问题,提问:能否通过交换其中的信息与问题,把它变成一个用除法解决的问题?请学生自主改编,并按照用乘法解决问题的步骤自主解答。

基于以上思考,使得除法的初步认识与除法解决问题从数量关系的视角实现了沟通;通过乘法口诀,发现除法计算与乘法计算共同的计算方法;在数量关系上找到了除法解决问题与乘法解决问题的联系,从而实现“含义—算—用”这三者在学习上的有机融合。

三、实践——改进后的教学思路

通过反思,找到了单元学习时可以改进的地方,即实现除法的含义、除法的计算与除法解决问题在情境创设、操作活动上的一致性,以及乘法解决问题与除法解决问题在数量关系上的结构化。那么,在实践中如何真正加以落实呢? 我们需要进一步实践改进后的教学思路。

（一）“三者融合”学习含义

如何实现除法含义的初步认识、除法的计算与除法解决问题在情境创设、操作活动中的一致性? 我们以除法问题解决为基础,让学生经历操作活动、连减记录与除法优化等这样三个步骤来学习除法的含义。

教师先板贴 6 颗糖果,并提出要求:把它们分给三位小朋友,可以怎样分? 学生操作后形成(1,1,4)、(1,2,3)和(2,2,2)这样三种分法,比较后概括出“分得一样多”就是平均分。接着,出示“等分”与“包含”两种平均分问题:

(1) 把 18 个橘子平均装在 6 个盘子里,每个盘子可以装几个?

(2) 有 18 个橘子,每个盘子装 6 个,可以装这样的几盘?

按照“分一分”“减一减”“数一数”这样三个步骤,发现“等分”中“分一分”时每次取 6 个橘子,是为了每盘放 1 个;而"包含"中"分一分"时每次取 6 个橘子,是为了装 1 盘。最后数出每盘里面的个数或者装的盘数,就可以得出结果(图 1－35 上半部分)。

显然,如果一直用"相同减数连减"的形式表示平均分,就会十分麻烦,尤其是分的次数增多时。因此,需要从"相同减数连减"的过程中提取出关键数据,并用新的运算符号表示。于是,除法的记录及其数量关系就在这样的过程中逐步形成了,图 1－35 下方的"等分除"与"包含除"模型就是在这样的思路中产生的。

(二)"想乘做除"学习计算

两个单元的标题均叫做"表内除法",这里的"表"就是"乘法口诀表",即利用乘法口诀与乘除法的关系,推算出除法的商。这一种思路,我们在"等分除"的学习时已经让学生结合具体例子进行了尝试。即:当学生利用"分一分"的方法求出 10÷2 和 10÷5 的结果后,让学生想一想是否可以不用画图"分一分",也能够直接得到结果,学生自然地联想到二年级上册学习的表内乘法口诀——"二五一十",进而推算出商。也就是说,在第二课时学习除法的含义时,就开始让学生利用乘法口诀求商。

依照这样的教学思路,在第二课时"等分除"和第三课时"包含除"这两个除法概念的学习过程中,结合除法各部分的含义,学习用乘法口诀计算。其中,第二课时应用"2~6 的乘法口诀",第三课时应用"7~9 的乘法口诀"。这样,使除法的含义与除法的计算相融合,将用操作活动与连减得到结果优化为用乘法口诀推算出商,有效沟通了除法与乘法在计算中的内在联系。

(三)"由乘引除"解决问题

把两个单元整合成一个单元,并把解决问题的两个例题安排在连续的两个课时中,且均由乘法解决问题中的数量关系引入。

例如,在"解决问题(2)"的教学(图 2－4)中,先让学生依据信息求出总价。那么,如何"由乘引除"得到除法解决问题呢?从图中可以发现,还有每个皮球的价格这一信息没有用到,由此可提出问题:

乐乐带的钱可以买多少个皮球?

另外,每辆汽车的价格被乐乐挡住了,也可以添加信息后作为问题提出:

乐乐带的钱可以买 4 辆汽车,每辆汽车多少元?

在解决以上两个问题的过程中,概括商品买卖中基于除法解决问题的数量关系。

添加信息:

乐乐到玩具店买玩具,带去的钱正好能买 3 个地球仪。

提出问题:

(1)乐乐带了多少元?

(2)买 3 个地球仪一共要几元?

图 2－4

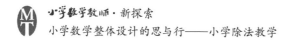
从教学思路中可以发现,除法学习时把三个层次有机融合,使得在每一课时的学习中消除了三个层次之间的界线,让学生经历除法产生、形成、完善与应用的全过程。

本单元的整体设计给我们如下启示:作为四则运算的最后一种运算,除法的学习可以充分利用学生已有的生活经验和知识基础。利用生活经验,安排具体的操作活动,认识除法中平均分的操作方法;利用知识基础,可以更好地学习新知,探寻新旧知识之间的联系,形成内涵更加丰富的除法含义,更好地体会除法与乘法的联系。

第二节
"平均分"教学实践

在分物时,每份分得一样多叫做平均分,这对于二年级下学期的学生来说,课前已经有了丰富的经验。因此,在教学中我们充分利用学生的经验,通过操作活动,让学生认识平均分的两种形式——"等分"和"包含",并用连减的形式记录平均分的过程,为后续抽象出除法的表达,认识除法的两种含义做好铺垫。带着这样的认识,我们进行了教学实践。

一、分物比较,感知平均分

怎样的教学过程能概括平均分的含义? 通过对平均分定义的理解,我们认为可以用具体的情境呈现不同的分法后再进行分类,从而概括出平均分的含义。

(一) 操作比较,发现平均分

教师出示 6 颗糖果,提出要求:把它们分成 3 份,可以怎样分? 同桌交流后指名学生依次上台板演,最后呈现出三种不同的分法(图2-5)。接着请学生观察这三种不同的分法,并把它们分类。学生得到两类分法:第一类是分到的每份一样多,如图 2-5 中的第一种分法;第二类是每份不一样多,如图 2-5 中的后两种分法。

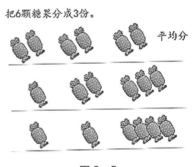

把6颗糖果分成3份。

平均分

图2-5

每份分得一样多,代表着公平,在平时的分物过程中最常见。通过与不平均分的现象进行比较,更可以凸显出平均分的含义。

(二) 观察表达,叙述平均分

结合具体操作,请学生判断是否是平均分,并用规范的语言进行叙述,可以让学生更加深刻地认识平均分。教师出示图2-6,请学生说一说哪些是平均分,并说明理由。

1. 哪些分法是平均分？在括号里打"✓"。

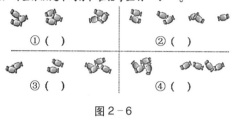

图 2-6

先请学生独立完成，然后同桌互说，最后集体反馈评析。对于是平均分的，要求用如下的格式进行表达：把（　　）颗糖平均分成（　　）份，每份是（　　）颗。第①题，学生表达为把 9 颗糖平均分成 3 份，每份是 3 颗。请学生说一说这两个"3"有什么不同，学生指出第 1 个"3"是分成的份数，第 2 个"3"是每人分到的颗数。教师进一步追问："9 颗"又是什么意思？得到"9 颗"是总颗数。根据这样的思路，请学生说一说第 4 幅图中，"8""2"和"4"的含义。

平均分是除法含义的基础，"总数""份数""每份数"又是表达平均分时需要抽象出的概念。结合具体例子，让学生了解平均分时各个数的含义，为后续概括除法的数量关系做铺垫。

（三）自主操作，实现平均分

依据图示判断平均分，并进行规范表达，丰富了平均分的例子。接着，教师请学生观察图 2-6 中的第 2、3 幅图，想一想：怎样变化，可以把不平均分转化成平均分？学生完成操作后，指名学生反馈。对于第 2 幅图，有学生在第 4 份中添上 1 颗糖，变成"把 8 颗糖平均分成 4 份，每份 2 颗"（图 2-7）。教师顺势请学生与第 4 幅图中的含义进行比较，说一说有什么相同的地方与不同的地方。学生指出都是把 8 颗糖平均分，第 2 幅图是平均分成了 4 份，第 4 幅图则是平均分成了 2 份。第 3 幅图的学生反馈有两种：第一种是把第 3 堆分成相等的 2 份；第二种是把前两堆合并成 1 份。请学生说一说这样的变化分别与哪幅图相同。

图 2-7

把不是平均分的图示转化成平均分，并用联系的视角进行比较，可以更好地认识平均分的具体含义及其规范表述。

二、规范操作，体会平均分

诚然，在本节课学习之前，有部分学生已会用除法记录平均分的过程与结果。但是，这样的过程显然过于抽象，不利用平均分操作过程的记录。因此，我们采用连减的形式记录平均分的过程，让学生能更加具体直观地认识平均分的含义。

（一）操作讨论，规范均分过程

教师出示课件(图2-8)并提问：把一箱橘子平均装在6个盘子里。可以怎样分？

图2-8

学生思考后指出可以3个3个地分，也有学生说可以2个2个地分，还有学生指出可以1个1个地分。教师板书学生的多种分法后，请学生比较哪一种分法更加合理。学生讨论后认识到1个1个地分最合适，因为如果每次分得多了，可能会出现不够分的情况。

在上述情境中，箱子里面具体有多少个橘子是不知道的，因此可以让学生更加直观地认识到1个1个地分的合理性，也为后续用连减的方法记录做准备。

（二）边分边记，记录均分过程

教师板贴18个橘子与6个盘子的图示(图2-9)，并提出问题：把18个橘子平均装在6个盘子里，每个盘子里可以装几个？指名学生演示1个1个地分的过程，教师用连减的形式依次记录（图2-10）。

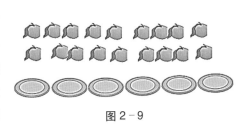

图2-9

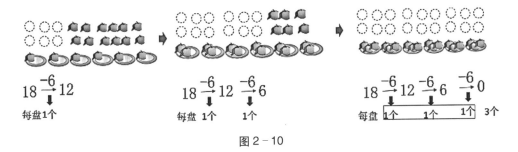

图2-10

如图2-10，"1个1个地分"进行了三轮，每轮都分掉6个橘子，其中每个盘子里正好放1个，用连续减6表示。由题意知，"6"表示有6个盘子。在平均分时，"6"则转化为每轮取6个橘子，每个盘子里正好放1个。因此，每一次"减6"表示的是每个盘子里放1个。这样分三轮，所以每个盘子里正好放3个橘子。

结合操作用连减记录平均分的过程，相比于除法表达，可以更好地体现分的过

程。在此基础上,教师出示文字叙述的平均分问题,要求学生脱离具体操作,用连减的形式记录平均分的过程。问题如下:

今天是三八国际劳动妇女节,插花小队准备把24朵花平均分成8份,让小队的8位成员带回家送给妈妈。每位妈妈将收到多少朵花?

要求学生用连减的形式记录平均分的过程,学生独立完成后反馈,解答过程如图2－11所示。

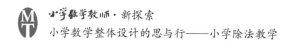

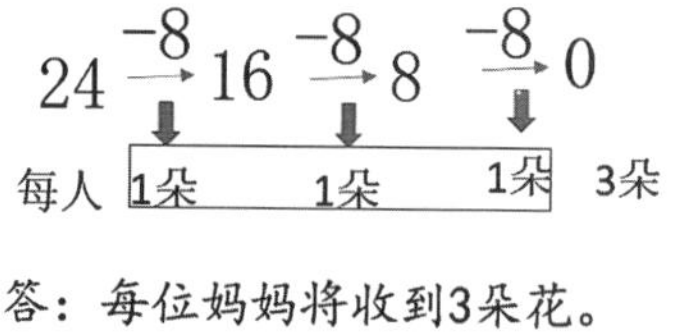

答:每位妈妈将收到3朵花。

图2－11

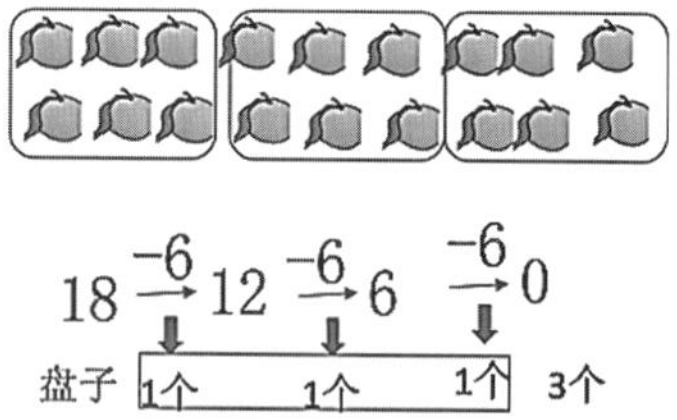

图2－12

(三) 情境变式,区分不同含义

平均分有两种操作形式:一种是"等分",另一种是"包含"。本课前所创设的平均分情境均是"等分",因此在接下来的解决平均分问题时,创设"包含"的问题情境,让学生结合具体操作,用连减的形式记录分的过程。

教师出示如下问题:

有18个橘子,每个盘子放6个,可以放这样的几盘?

相对于"等分"的操作,"包含"的操作更简单,可以直接6个6个地圈,能够圈出几份,就需要几个盘子。用连减记录时,减一个6就表示需要一个盘子。因此,教师让学生一边圈,一边用连减记录,形成如图2－12的板演。

最后,请学生比较图2－10与图2－12中的连减算式,说一说有什么区别。学生交流讨论后,形成两种平均分的含义。依据图2－10,得到"把18平均分成6份,每份是多少",这种叫"等分";依据图2－12,得到"18里面包含了几个6",这种叫"包含"。

三、适度回顾,巩固平均分

平均分是除法概念的基础,不仅出现在日常的分物过程中,还在"乘法含义""100以内的减法"学习时也出现过。教师创设相应的问题情境,在回顾已学知识的过程中,进一步巩固平均分。

(一) 一个整体的平均分

之前创设的平均分情境,均是一些物体的平均分。此处创设一个整体的平均分,让学生更加深刻地理解平均分的内涵。如图 2－13,教师课件出示一张长方形纸条,请学生把它平均分成 3 份。学生操作平均分后,教师出示网格背景图,学生通过数格子发现,1 张纸条有 6 格,平均分成 3 份,每份就是 2 格,从而验证或调整原来平均分的情况。

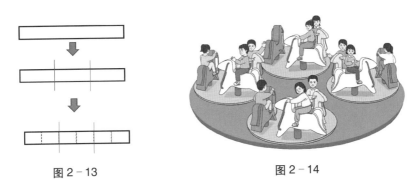

图 2－13   图 2－14

(二) 平均分的逆叙

不仅除法建立在平均分的基础上,乘法的含义中也同样有平均分。通过回顾学习乘法含义时的具体情境,结合具体信息与问题的变化,渗透除法是乘法的逆运算。

教师出示图 2－14,请学生依据图示信息提出问题并解答。学生指出图中有 5 架飞机,每架飞机坐 3 人,提出问题:一共有多少人?学生列出乘法算式:3×5＝15 (人)。教师指出:这是我们二年级上学期学习乘法时的一个问题,从中你能发现平均分吗?学生观察后指出有平均分:把 15 人平均分成 5 份,每份是 3 人;或者说,15 人每 3 人坐 1 架飞机,可以坐 5 架飞机。

(三) 平均分后有余数

"包含"背景下的相同减数连减,在一年级下册"100 以内的减法"解决问题中就已经出现过。因此,教师出示相应的问题(图 2－15),请学生圈一圈、减一减,最后说一说有什么发现。

28个橘子, 9个装一袋, 可以装满几袋?

图 2－15   图 2－16

学生形成如图 2－16 的连减过程,发现最后还有余下的部分。教师进一步指出:这是一年级下册"100 以内的减法"解决问题,说明平均分与减法有联系,也说

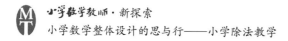
明我们新学习的知识与已学知识之间也有联系。

　　诚然,在本课教学之前,有部分学生已经知道了除法,甚至会列除法算式进行计算。但是,除法是如何产生的？除法含义与哪一种运算有直接联系？对此,学生并不一定清晰。因此,本课教学尽量回避除法的表达,而是通过操作与连减,让学生认识平均分的两种操作性含义,为后续抽象除法的含义做好铺垫。

第三节
"等分除"教学实践

在上一节课中,用相同减数连减的形式表示了平均分,这种方式可以直观地表示平均分的过程,但分得的结果却需要另外计数。而且,当分的次数较多时,书写记录会比较长。对此,学生已有了一定的体会。如何进一步提炼平均分的过程与结果?"除法算式"就是这个优化的结果。因此,本节课中让学生借助"等分除"的连减操作过程,概括出除法的"等分除"含义与表达形式。基于这样的思考,我们进行了教学实践。

一、提炼含义,形成除法模型

教学平均分时,对于采用相同减数连减后数出得数的方法,已经有学生意识到可以用除法进行记录。顺应学生这样的思维提出设想,形成除法模型。

(一)阅读审题,概括信息

教师课件出示信息(图 2 - 17):熊猫分竹笋,24 个竹笋,4 个盘子。要求学生阅读信息并进行概括。教师提问:"24"指的是什么?"4"又指什么?学生指出:"24"是竹笋的总数,"4"是盘子的数量。进一步追问:根据信息可以提哪些数学问题?学生根据经验提出:平均每个盘子里放几个?

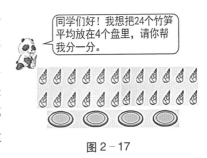

同学们好!我想把24个竹笋平均放在4个盘里,请你帮我分一分。

图 2 - 17

上述信息与问题是人教版《数学》二年级下册第 13 页例 4 的内容,原题中竹笋是"12 个",现在改为"24 个",是为了更好地让学生体会用连减记录平均分过程的复杂性。

(二)连减操作,体会复杂

依据上一节课的经验,解决这个问题可以用连减的形式记录。教师课件依次演示平均分的过程,学生用连减的形式进行记录,形成如图 2 - 18 所示的连减过程。

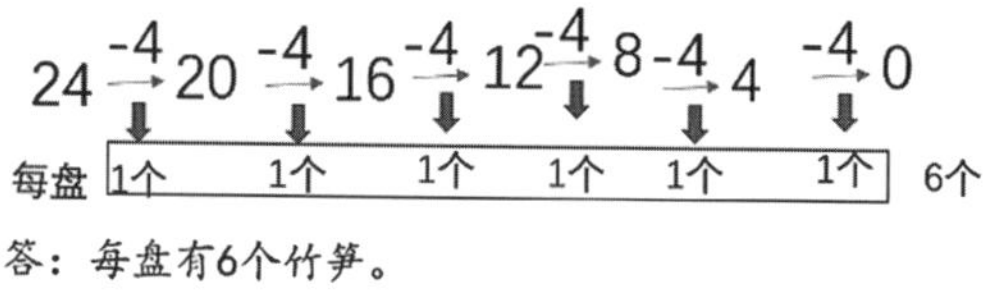

$$24 \xrightarrow{-4} 20 \xrightarrow{-4} 16 \xrightarrow{-4} 12 \xrightarrow{-4} 8 \xrightarrow{-4} 4 \xrightarrow{-4} 0$$

每盘 1个 1个 1个 1个 1个 1个 6个

答：每盘有6个竹笋。

图 2－18

用连减记录平均分,可以直观地展示平均分的过程。但是,当平均分的次数较多时,记录时就比较麻烦,从而引出用除法进行记录的必要性。

（三）优化模型,重构关系

教师请学生观察并提问:在连减的过程中,哪些数特别重要? 分别表示什么意思? 学生观察后,圈出其中的"24""4"与"6"。教师把这三个数用除号与等号连接得到除法算式,并与连减形式中相应的数形成对应关系(图 2－19)。

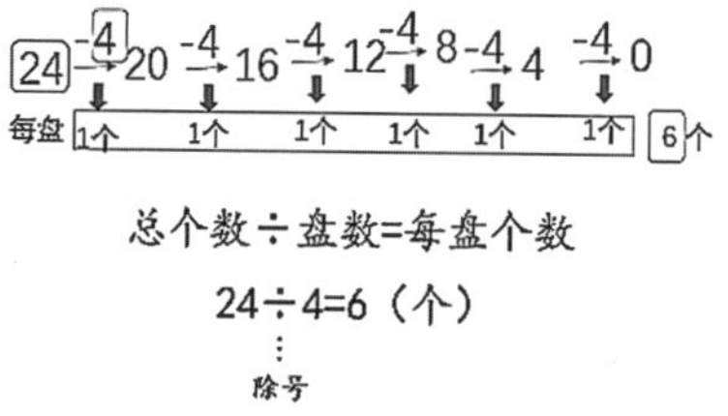

$$\boxed{24} \xrightarrow{-4} 20 \xrightarrow{-4} 16 \xrightarrow{-4} 12 \xrightarrow{-4} 8 \xrightarrow{-4} 4 \xrightarrow{-4} 0$$

每盘 1个 1个 1个 1个 1个 1个 6个

总个数÷盘数=每盘个数

$$24÷4=6（个）$$

除号

图 2－19

教师板书除法算式与数量关系后,请学生进一步说一说每个数的含义,并示范相应的读法。最后,概括出这个除法算式的含义:把 24 平均分成 4 份,每份是多少?

我们认为,此时得到的除法算式并不是一个单纯的算式,而是对平均分操作过程的记录,更是对相同减数连减记录的优化。同时,依据具体情境说明除法各部分的含义,并列出数量关系,使得除法中各部分的含义更加具有现实意义。

二、结合例子,深化除法认识

相对于连减表示平均分的过程,用除法表示更加简捷。但是,由于是新知,因此需要结合例子让学生进一步明白除法中每部分的含义。

（一）回顾旧知,丰富例子

教师依次出示上节课中学习平均分时的两个问题,以及相应的连减算式。请学生重新概括其中每个数的含义,提炼数量关系,并用除法表示。

教师指出:这是上节课我们学习的两个平均分问题,分别用连减表示平均分的过程。请圈出题目中的重要信息,模仿除法的表示形式写出数量关系与除法算式。学生的反馈如图 2－20所示。

对上一节课的平均分问题进行再概括,既丰富了平均分的例子,也可以更好地体现除法是对连减表示平均分问

（1）总个数÷盘数=每盘个数

$$18÷6=3（个）$$

（2）总朵数÷人数=每人朵数

$$24÷8=3（朵）$$

图 2－20

题的优化。

（二）比较归纳，提炼关系

很显然，以上三个平均分问题都是"等分除"问题。教师请学生进一步观察图
2-19与图2-20中的三个除法算式与相应的数量关系，并引导学生思考：这三个
除法算式有什么相同的地方？学生观察后概括，形成"等分除"的一般数量关系：
总数÷份数＝每份数，并形成"等分除"的一般表示形式：把总数平均分成若干份，
求每份是多少，用除法计算。其中，"总数""份数""每份数"分别叫做"被除数"
"除数""商"，像上面这样的关系叫"等分除"。

把"等分除"作为除法学习的切入点，结合具体例子，从除法含义、数量关系与
除法各部分的名称等三个方面进行概括，形成对除法的多层次认识。

（三）运用关系，解决问题

如何省略连减的表达，直接由除法表示平均分的过程？这就要求学生先结合
题意概括各个信息的含义，提炼出数量关系，再列式计算，最后画图验证。

教师出示如下题组：

（1）有10根小棒，平均分成2份，每份是多少根？

（2）有10根小棒，平均分成5份，每份是多少根？

请学生阅读题目，说一说两个问题中有什么相同点与
不同点。学生指出这两个问题都要把10根小棒平均分，
但是分成的份数不同；都可以用"总根数÷份数＝每份根
数"来解决问题。依据列出的数量关系请学生列式解答，
最后画小棒图验证，形成如图2-21所示的解答过程。

总根数÷份数＝每份根数

（1）10÷2＝5（根）

（2）10÷5＝2（根）

通过回顾旧知与题组举例，让学生不断积累由"等分"
到"等分除"的记录过程，丰富"等分除"的例子，理解"等分
除"的含义，概括出"等分除"的数量关系。

图2-21

三、分层练习，加深除法理解

由连减表示平均分，到除法表示平均分，学生逐步理解了除法中"等分除"的
含义。那么，如何计算除法的商？怎样依据已知信息列出除法算式？如何依据除
法算式编出相应的解决问题？我们认为，需要设计相应的练习，加深学生对除法的
理解。

（一）想乘做除，应用联系

教师请学生观察图2-21中两个除法算式的商，想一想：不画图可以直接验证
商是否正确吗？学生观察后联想到了乘法口诀"二五一十"。教师板书乘法口诀

后,让学生说一说口诀中的积和因数分别对应除法中的什么。学生观察后指出,乘法口诀中的"积"是除法中的"被除数","一个因数"是除法中的"除数","另一个因数"是除法中的"商"。利用这样的发现,请学生说一说图 2-19 与图 2-20 中求算式的商时可以分别利用哪一句口诀。学生回答后,教师出示如下除法计算,请学生边想口诀,边填写出结果。

（1）30÷5＝（　　　）　　　（2）30÷6＝（　　　）

（3）36÷6＝（　　　）　　　（4）36÷（　　　）＝（　　　）

其中,第（4）题是开放题,让学生体会到一句乘法口诀一般对应两个除法算式,如"四九三十六"对应"36÷4＝9""36÷9＝4"。

（二）选择信息,提出问题

解决"等分除"问题,其基本结构是已知总数与份数,求每份数。但三者在具体情境中,需要做到前后联系。为提升学生的审题能力,教师出示如图 2-22 的三组问题,请学生先读题,把有联系的信息与问题用线连起来,再列式解答。

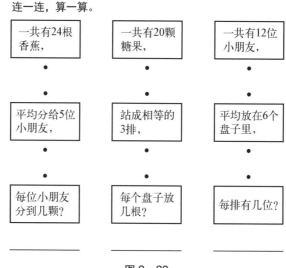

连一连, 算一算。

一共有24根香蕉,	一共有20颗糖果,	一共有12位小朋友,
平均分给5位小朋友,	站成相等的3排,	平均放在6个盘子里,
每位小朋友分到几颗?	每个盘子放几根?	每排有几位?

图 2-22

（三）依据算式,自主编题

依据信息与问题列出数量关系,再代入信息解决问题,这是结合具体例子认识除法含义的过程。在此基础上,出示抽象的除法算式,让学生自主创设情境,编写相应的解决问题,经历由抽象的算式联想到具体数量关系的过程。

教师指出,"12÷3＝4"是图 2-22 中求每排有几位小朋友的算式,想一想:依据这一个算式,还可以解决怎样的问题? 引导学生结合生活实际,根据例题结构特征,模仿着编数学应用问题,体会算式的抽象性与数量关系的具体性。

在练习巩固时,通过有层次的专项练习,让学生能够形成"想乘做除"的除法计算意识,养成"依据关键词发现信息与信息、信息与问题间的联系,提炼数量关系,再列式解答"的解决问题习惯。

总之,从上述过程中可以发现,除法运算是对平均分表达形式的优化。从运算意义上来讲,与减法,特别是相同减数连减有联系;就计算而言,又与乘法有联系。在本节课的教学中,除法含义的表达形式和各部分含义源于对连减过程的提炼,而除法的计算则是让学生联系乘法口诀,用"想乘算除"的方法计算,从而充分体会到除法的产生是建立在对旧知的再认识与再利用的基础之上的。

第四节

"包含除"教学实践

与"等分除"相比,"包含除"的操作相对简单,且学生已有了平均分中分的经验。于是,我们思考:如何利用已有的学习经验,让学生通过"分一分""记一记""列一列",得到"包含除"的表达形式?如何创设情境,使学生在与上一节课"等分除"的比较中,发现同样的除法算式有不同的含义?如何进行比较,抽象出"等分除"的含义(把一个数平均分成几份,求每份是多少)和"包含除"的含义(一个数里包含了几个几),从而构建起除法含义与数量关系的联系?相应的除法计算又可以进行哪些方法上的迁移?需要从哪些角度进行丰富?基于这样的思考,我们进行了课堂教学实践。

一、操作比较,提炼除法含义

平均分有两种含义,一种是"等分",一种是"包含"。第一课时通过具体情境,让学生直观感知了这两种含义;第二课时结合具体操作,把"等分"操作由原来的连减表示转化成了除法中的"等分除"。本节课则通过题组比较,让学生认识除法的另外一种含义——包含除。

(一)阅读审题,发现异同

教师出示如下题组:

(1)24个竹笋,平均放在4个盘子里,每盘有多少个?

(2)24个竹笋,每4个放一盘,能放几盘?

请学生说一说这两个问题有什么相同的地方与不同的地方。学生指出都是把24个竹笋平均分,但是第(1)题是"平均放在4个盘子里",而第(2)题是"每4个放一盘";还有学生指出第(1)题是求每份数,第(2)题是求份数。

教师依据学生的回答进行归纳:第(1)题是已知总数、份数,求每份数;第(2)题是已知总数与每份数,求份数。

（二）操作记录，发现关系

由于学生在上节课中已经有了从连减算式中概括出除法算式与数量关系的经验，因此让学生依据发现的不同点，用连减的形式记录分的过程，并列出数量关系与相应的除法算式。

学生独立完成后反馈评析，形成如图2-23所示的两种形式。

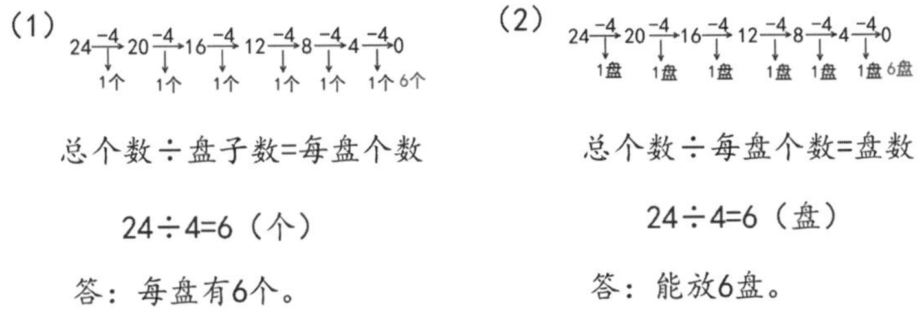

（1）
$24 \xrightarrow{-4} 20 \xrightarrow{-4} 16 \xrightarrow{-4} 12 \xrightarrow{-4} 8 \xrightarrow{-4} 4 \xrightarrow{-4} 0$
1个　1个　1个　1个　1个　1个 6个

总个数÷盘子数=每盘个数

24÷4=6（个）

答：每盘有6个。

（2）
$24 \xrightarrow{-4} 20 \xrightarrow{-4} 16 \xrightarrow{-4} 12 \xrightarrow{-4} 8 \xrightarrow{-4} 4 \xrightarrow{-4} 0$
1盘　1盘　1盘　1盘　1盘　1盘 6盘

总个数÷每盘个数=盘数

24÷4=6（盘）

答：能放6盘。

图2-23

接着，请学生进行比较，说一说有哪些不同的地方。依据学生的回答，教师进一步作出总结：第1个算式是把24平均分成4份，求每份是多少；第2个算式则是求24里面有几个4。由于有上一节课的学习经验，对于第（1）题的总结是复习，而第（2）题中算式的含义则由比较得到。

（三）回顾比较，形成结构

通过题组比较，学生初步感知除法的两种含义。教师进一步引导学生回顾第一节课中的题组并进行比较，让学生依据学习经验，列出数量关系与除法算式，进一步概括除法的两种含义。

教师出示问题：

（1）把18个橘子平均装在6个盘子里，每个盘子可以装几个？

（2）有18个橘子，每个盘子装6个，可以装这样的几盘？

接着，出示图2-24、图2-12中分一分与算一算的过程，指出这是第一节课中关于平均分的两个问题，请学生重新分析信息与问题，说一说各表示什么意思，并列出数量关系与算式进行解答。学生独立完成后反馈辨析，重点辨析"等分除"与"包含除"的区别。

回顾比较操作活动中的"等分"和"包含"，以"等分除"的表达经验引出"包含除"，让学生在具体情境的比较中，通过操作活动、连减记录与数量关系，多角度感知"等分除"与"包含除"的联系与区别。

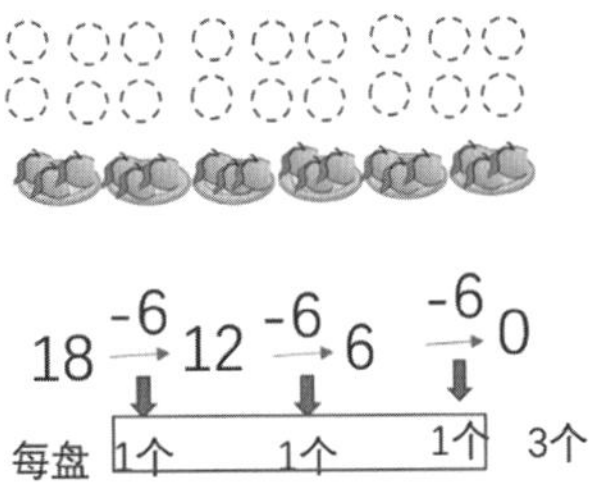

$18 \xrightarrow{-6} 12 \xrightarrow{-6} 6 \xrightarrow{-6} 0$
每盘 1个　　1个　　1个 3个

图2-24

二、看图操作,体会除法含义

结合具体情境,经历具体操作、连减记录与除法概括,学生对于除法的两种含义已经有了一定的认识。下面,让学生结合具体操作图示,总结出其中的信息与问题,概括出相应的除法含义,并列出数量关系与除法算式进行解答。

(一)区别操作,感受不同

教师出示图 2−25,请学生依据图意,说一说已知什么信息以及求什么。学生先独立完成,再同桌交流,最后集体反馈,得到如下两个解决问题:

(1)有 18 个小圆片,把它们平均分成 3 组,每组有多少个?

(2)每 14 个灯泡,每个灯座装 2 个灯泡,可以装几个灯座?

依据图示编写相应的解决问题,进一步感知除法两种含义的区别。即:第(1)题是把 18 平均分成 3 份,求每份是多少;第(2)题是求 14 里面有几个 2。

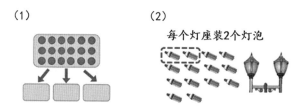

图 2−25

(二)依据特征,自主解答

很显然,学生依据图示提出问题的过程表明他们已经掌握了两类除法解决问题的特征。在此基础上,请学生一边操作,一边依据特征列出数量关系与算式进行解答。学生独立完成后反馈评析,形成如图 2−26 所示的解答过程。

(1)总个数÷组数=每组个数

$18÷3=6$(个)

(2)总个数÷每座灯泡数=灯座数

$14÷2=7$(个)

图 2−26

相对于乘法,除法中的数量关系更加复杂,需要区分两种不同的除法含义。因此,不断地采用题组的形式,让学生结合图示、关键词等逐步发现两类除法含义在表达上的不同点,为进一步概括两类除法的名称做铺垫。

(三)归纳名称,寻找对应

教师引导学生进一步回顾前三个题组,请学生把它们分成两类,并说一说各有什么特征。在上一节课中,学生已经对"等分除"有了特征概括的经验。此处通过对比,可以进一步明确"等分除"的特征,并对另外一类除法作出概括,抽象出其特征,即"一个数里面包含了几个几"叫做"包含除"。

结合具体例子与数量关系,让学生感受到除法就是对平均分过程的记录。在这样的过程中,逐步脱离操作与连减,依据"等分除"和"包含除"的含义列出数量关系,代入信息后用乘法口诀求商的方法进行计算。

三、分层练习,加深除法理解

除法的学习包含含义、计算与解决问题。通过这三节课的学习,学生围绕平均分这一基本概念,对除法已经有了一定的认识。在此基础上,进行专项练习,不断提升学生对除法的理解。

(一) 想乘做除,熟练计算

教师出示如下 8 道除法计算题,请学生利用乘法口诀计算出商。

(1) 48÷8 =　　(2) 63÷7 =　　(3) 42÷7 =　　(4) 54÷9 =

(5) 35÷7 =　　(6) 72÷9 =　　(7) 72÷8 =　　(8) 56÷8 =

学生独立完成后反馈评析,并与上一节课的除法计算比较,说说有什么不一样的地方。学生发现数据更复杂了,教师解释这些题目都是"7~9 的乘法口诀求商",上一节课的除法计算都是"2~6 的乘法口诀求商"。

很显然,在整体设计下,把原来相互独立的除法含义、除法计算与除法解决问题融合在一起。其中,在除法计算中利用乘法口诀求商是乘法口诀的再应用,把它与除法含义的学习相融合,让求商的方法有理可循。

(二) 融入情境,列式释义

教师出示情境图(图 2 - 27),请学生说一说图中有哪些信息,可以提出什么问题。这是一个开放性问题,学生可以提出:

每串香蕉有 5 根,7 串一共有多少根?

学生列式解答:5×7 = 35(根)。

也可以把总根数看成已知信息,提出问题:

图 2 - 27

(1) 一共有 35 根香蕉,平均分成 7 串,每串有多少根?

(2) 一共有 35 根香蕉,每串有 5 根,一共有几串?

学生分别列式解答,并说明每个问题的类型。即:第(1)题是"等分除",第(2)题是"包含除"。

除法是乘法的逆运算。一道乘法算式可以改写成两道除法算式;相应地,一个乘法数量关系也可以对应两个除法数量关系。利用这一关系,可以更好地理解除法的含义,以及乘除法解决问题的结构体系。

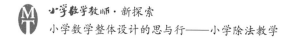

（三）乘除综合，提升能力

把除法含义与解决问题相联系，并把除法解决问题与乘法解决问题相沟通，可以让学生从整体的视角认识除法，且更加深刻地认识除法含义与除法解决问题之间的关系。

教师出示有联系的题组：

二(1)班同学参加春游活动，分成 9 个小组，每个小组 4 人，二(1)班一共有多少人？如果 6 人一个小组，可以分成几个小组？

学生独立解答后反馈评析。在解答第 2 个问题时，关于算式 36÷6＝6(组)，请学生说一说这两个"6"分别表示什么意思，以及这是一道什么类型的除法。学生思考后发现，这两个"6"的含义不同，其中除数"6"表示每份数，商"6"表示份数，因此它是"包含除"。

很显然，本节课的练习巩固并不是简单地对新知"包含除"的巩固，而是从整体的视角，把之前学习的除法计算与除法数量关系进行适当拓展，使除法的计算与乘法口诀建立更加紧密的联系，与乘法形成"一图三式"的结构，为下面两节课从乘法数量关系中延伸出除法数量关系做铺垫。

数学学习的过程是一个不断完善、丰富和形成结构的过程。因此，本节课的学习既要关注新知"包含除"，也要与平均分、"等分除"建立联系，完善学生对除法含义的理解。只有这样，学生所学的知识才是有结构的。

第五节
"除法解决问题(1)"教学实践

除法表示平均分的过程与结果,在日常生活中,有许多这样的解决问题。除法又是乘法的逆运算,因此,除法解决问题又与乘法解决问题有着直接联系。基于这样的思考,如何由乘法解决问题引出除法解决问题? 如何结合图示与关键字词,区分两种平均分的联系与区别? 如何从四则运算的视角,体会除法与减法、除法与乘法的联系与区别? 对此,我们进行了教学实践。

一、由乘到除,整体建构关系

本节课学习的重点是除法解决问题,而在之前的三节新授课中,学生已能够结合除法含义的学习尝试解决相应的除法解决问题。因此,本节课也可以看成一节练习课,从解决问题的视角对除法含义进行再一次认识,对除法的数量关系进行再一次概括。

(一)由乘到除,编制问题

学生在上一节课中已经学习了基于乘法与除法运算的"一图三式"结构。本节课,让学生基于这样的学习经验,依据乘法解决问题自主改编相应的除法解决问题。

教师课件出示如下问题:

有 3 个纸盒,每个纸盒里有 5 只蚕宝宝,一共有多少只?

请学生依据题意先画出示意图,再列出数量关系并列式解答,反馈评析后形成如图 2 - 28 所示的解决问题过程。

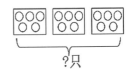

每盒只数×盒数=一共只数

5×3=15(只)

答:一共有15只。

图 2 - 28

乘法不仅是计算除法的一种方法,也是引出除法解决问题的重要途径。解决了乘法问题之后,教师进一步提出问题:你能根据这一个乘法问题,提出用除

法解决的问题吗？学生根据上一节课的学习经验,提出如下两个问题:

(1) 有 15 只蚕宝宝,平均放在 3 个纸盒里,每个纸盒放多少只?

(2) 有 15 只蚕宝宝,每个纸盒放 5 只,需要几个纸盒?

乘法解决问题是二年级上册"表内乘法"单元中学习的内容。因此,让学生按照"画一画""列一列"与"算一算"的步骤解答,表示基于乘法的"每份数""份数"和"总数"的数量关系,在此基础上改编出相应的除法解决问题,与上一节课中学习"一图三式"的思路一脉相承。

(二)画图示意,分析关系

由乘法解决问题改编出除法解决问题后,再画出相应的示意图,并列出数量关系。

教师提出要求:依据提出的问题,把图中的信息与问题进行调整,画出改编后的两个问题的示意图,并列出相应的数量关系后列式解答。学生独立完成后,教师指名学生板演,反馈评析后形成如图 1-36 所示的解答过程。

由于有前面三节课做铺垫,因此在本节课的教学中,充分利用学生已有的学习经验,让学生自主提出问题,画出图示后列出关系式并解答。

(三)比较分析,体会异同

最后,教师请学生比较图 2-28 与图 1-36 中的三个解决问题,说一说它们之间有什么联系。学生观察分析后发现,图 2-28 中是求总数,用乘法计算;图 1-36 中的两个问题分别是求每份数与份数,用除法计算。依据学生的回答,进一步请学生概括:如果把这三个问题分别称为三类解决问题,它们的数量关系分别可以怎样概括?依据前一节课的经验,概括得到:乘法中,每份数×份数=总数;除法中,总数÷份数=每份数,总数÷每份数=份数。

上述环节,由乘法解决问题引出除法解决问题,由乘法的示意图推导出除法的示意图,由乘法的数量关系推导出除法的数量关系,从而形成乘除法解决问题体系。

二、分析比较,体会除减异同

在二年级上册学习乘法解决问题时,对加法解决问题与乘法解决问题进行了比较,体会了两者的区别。在除法解决问题时,也可以把除法解决问题与减法解决问题进行比较,结合具体图示,体会两者的区别。

(一)自主比较,提出问题

教师出示一组信息(图 2-29),请学生依据信息提出问题。学生审题后指出,第(1)题的问题是"可以贴几扇大门",第(2)题的问题是"还剩下几个'福'字"。学生的理由是第(1)题是已知总数与每份数,求份数;第(2)题是已知总个数与用去的个数,求剩下的个数。

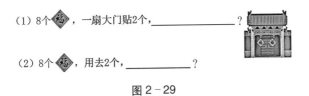

(1) 8个福,一扇大门贴2个,＿＿＿＿＿＿?

(2) 8个福,用去2个,＿＿＿＿＿?

图 2-29

(二) 画图表征,列式解答

教师请学生依据提出的问题画出相应的图示,然后列式解答。学生独立完成后反馈评析,形成如图 2-30 所示的图示与解答过程。反馈后,请学生比较两个问题中的"8"和"2"有什么相同的地方与不同的地方。学生结合图示,发现"8"都是总数,而"2"在第(1)题中是每份数,在第(2)题中是用去的个数。

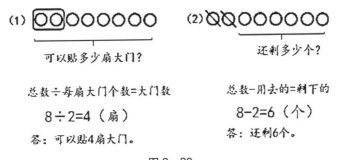

(1) 可以贴多少扇大门?

总数÷每扇大门个数=大门数

8÷2=4(扇)

答:可以贴4扇大门。

(2) 还剩多少个?

总数-用去的=剩下的

8-2=6(个)

答:还剩6个。

图 2-30

(三) 提炼题意,体会差异

教师进一步引导学生思考:为什么第(1)题用除法计算,第(2)题用减法计算?学生思考后指出,第(1)题是求"8 里面有几个 2",用除法计算;第(2)题是求"从 8 里面去掉 2,剩下多少",用减法计算。教师依据学生的回答,分别在图 2-30 的数量关系之前补充上述含义。

"在解决问题时选择什么方法计算"是分析与理解题目中的关键词后的结果。通过对除法与减法解决问题的比较、分析与概括,让学生认识到分析关键词、提炼运算意义的重要性,明白解决问题的具体思路。

三、多层练习,综合数量关系

相对于其他三种运算的解决问题,除法解决问题更加抽象,需要分析关键词才能够确定是否用除法计算。为此,在练习巩固环节,采用题组比较的形式让学生抓住解决问题中的关键词,进而选择合适的方法计算。

（一）文字叙述，提炼结构

文字题是介于计算题与解决问题之间的一类题，它以简洁的语言表述运算的含义；也可以通过关键词的分析发现其中的相等关系，从而确定用什么方法计算。上一个环节中，已结合具体例子，让学生在解决问题中自编文字题。下面，以文字题的形式呈现题组，帮助学生更好地理解除法的两种含义。

教师出示如下文字题：

（1）把 30 平均分成 5 份，每份是多少？

（2）30 里面有几个 5？

（3）被除数是 30，除数是 5，商是多少？

请学生依据题意，列出算式。当学生发现三道题都是用"30÷5"计算，结果都是"6"后，教师提问：这几个除法算式的含义相同吗？学生指出不相同，第 1 个算式是"等分除"，第 2 个算式是"包含除"，第 3 个算式无法判断。

（二）依据含义，再编问题

依据上述第（1）题与第（2）题的含义，请学生自主创设情境，把它们编写成相应的解决问题，要求创设的情境相同，完成后交流评析。反馈时，要求一位学生叙述自己编写的其中一道解决问题，再指名学生说明这是哪一类除法解决问题；接着，再请一位学生通过改变信息与问题，将其改编成另一类除法解决问题。教师指名学生进行示范后，同桌按照这样的流程相互说一说。

（三）回归连减，理解含义

乘法是求几个相同加数和的简便运算，而除法可以看成相同减数连减的简便运算，学生在前面三个课时的学习中对此已经有了很深的认识。因此，教师紧接着出示如下两个问题：

（1）35 里面连续减去 5，减几次正好减完？

（2）38 里面连续减去 5，减几次后还剩下 3？

第（1）题是连减的表述形式，学生会出现两种解决方法。第一种：$35-5-5-5-5-5-5-5=0$，这个方法正好呼应了本单元第一节课平均分的过程，每次都减去 5；第二种：$35÷5=7$，采用这种方法的学生发现了每次都是减去 5，也就是说每份数是 5，求 35 里面有几个 5，充分感受到了除法是相同减数连减的简便计算。

第（2）题是在第（1）题基础上的延伸，学生也有两种解决方法。第一种是通过连减的方式来解决，$38-5-5-5-5-5-5-5=3$；第二种是先把余下的 3 减去，再用除法计算，即 $38-3=35$，$35÷5=7$。采用第二种方法的学生已认识到除法中也有除不尽的情况，为后面有余数除法的学习做铺垫。

基于数量关系的解决问题是连接数学与现实生活的重要纽带，是培养学生应用意识的重要载体。同时,基于数量关系的解决问题,往往与运算的含义相联系,如除法解决问题就是对平均分含义的表达。另外,在本节课的解决问题中,让学生充分认识到除法解决问题并不是独立存在的,而是往往通过交换信息与问题,与乘法解决问题相联系,共同构建起解决问题的结构体系;再与减法相比较,认识到减法与除法的相同点与不同点。

第六节
"除法解决问题（2）"教学实践

与前一节课相比,本节课是用除法解决问题的一个特例——商品买卖中的除法解决问题。学生对此类问题已经有了丰富的经验,我们思考:如何让学生依据这种经验,结合具体情境提出问题,并能根据除法的含义认识"单价""数量""总价"之间的关系?如何结合图示让学生清楚地区分商品买卖问题中的"等分除"与"包含除"?是否有必要进行除法解决问题的再拓展,如行程问题?对此,我们进行了教学实践。

一、依据信息,提出数学问题

相对于上一节课中的除法解决问题,本节课中的除法解决问题具有特殊性。与一般的"每份数""份数"和"总数"相比,不适合用点子图表示各部分之间的关系。同时,在二年级上册乘法解决问题中,也有关于"单价""数量"与"总价"的解决问题。因此,在本课的教学中,先依据信息提出用乘法解决求"总价"的问题,再结合图示提出求"单价"或"数量"的问题。

（一）观察图示,提炼信息

教师出示如图2-31的信息,请学生说一说从图中发现哪些已知信息。学生自然地发现每个地球仪需要8元,每个皮球需要4元。

在这里,不对"单价"这一概念进行概括,但教师可依据学生的回答板书已知信息并进一步指出"大家发现的都是每件商品的价钱"。接

图2-31

着,请学生思考还有什么发现。学生观察后发现,每辆玩具汽车的价钱被乐乐挡住了,不知道具体是多少。

（二）添加信息,回顾旧知

添加信息、提出问题,这一任务可以由学生自主完成。但是,这样也会使得提

出的问题之间的联系不够紧密。因此,教师先作示范,再让学生依据已有信息自主提问,有利于构建起具有相互联系的问题串。

教师创设情境、添加信息:

乐乐到玩具店买玩具,带去的钱正好能买 3 个地球仪。

接着追问:这个信息与图中的哪个信息有联系,可以提出什么数学问题?学生思考后提出如下两个问题:

(1) 乐乐带了多少钱?

(2) 买 3 个地球仪一共几元?

教师请学生思考这两个问题有什么相同的地方与不同的地方,学生思考后指出,这两个问题都是求"总的钱数",但表述方式不同,第 1 个问题是"乐乐带的钱数",第 2 个问题是"3 个地球仪的钱数"。有学生进一步指出,这两个"钱数"是一样的,因为乐乐带的钱"正好"能买 3 个地球仪。

依据发现的相同点与不同点,教师请学生画出示意图,列出数量关系并列式解答,反馈后形成如图 2-32 所示的板书。图示的画法与上一节课有所不同,上一节课中"8"用 8 个小圆点表示,此处则需要把"8"看成一个整体,用一个图形表示。对此,教师要给予学生适当的指导。

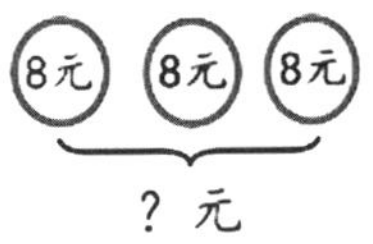

每个钱数×个数=总钱数

8×3=24(元)

图 2-32

(三)依据关系,提出问题

添加信息提出用乘法解决的问题,是对旧知的回顾,也为提出有关除法的问题做好了铺垫。此时教师进一步创设情境,提问:乐乐现在改变主意了,想用这些钱买皮球或玩具汽车中的其中一种,你能提出什么问题?学生观察、审题后,提出如下问题:

用这些钱可以买几个皮球?

教师追问:为什么提出这样的问题?学生指出,因为知道了每个皮球的钱数,就可以求出可以买几个皮球。教师继续追问:关于玩具汽车,又可以提出什么问题呢?学生认为无法提问题,因为还需要其他关于玩具汽车的信息。教师顺应学生的思路添上信息:乐乐带去的钱正好可以买 4 辆玩具汽车。学生顺势提出:

每辆玩具汽车多少元?

上述环节,并没有急于学习本节课的新知,而是让学生在充分回顾旧知的基础上自主提出用除法解决的问题,更有利于构建新旧知识间的联系。

二、综合分析,体会内在联系

提出问题的过程也是梳理数量关系的过程。教师可以让学生依据求总钱数的数量关系,以及前面三节课中用除法解决问题的经验自主解答,体会除法解决问题与乘法解决问题在数量关系上的内在联系。

(一)解答反馈,提炼关系

教师请学生依据图 2－32 中"求总钱数"时"画一画""列一列""算一算"的解决问题过程,同桌合作,各解决其中一个问题,完成后同桌相互交流,最后集体反馈,形成如图 2－33 所示的解决问题过程。

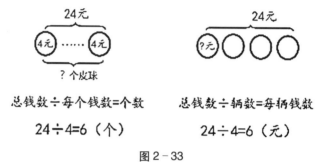

总钱数÷每个钱数=个数　　　　总钱数÷辆数=每辆钱数

24÷4=6（个）　　　　　　　24÷4=6（元）

图 2－33

很显然,我们对两个除法解决问题中的信息进行了特殊设计,两个问题所列出的算式相同,只是数量关系与商的单位不同,有利于进一步比较分析,发现与上一节课归纳的"等分除"与"包含除"之间的联系。

(二)比较分析,发现联系

学生独立完成并反馈两个问题的解答过程后,教师请学生思考:这两个解决问题列出的算式相同,但在意义上有什么不同呢?学生观察后认识到,第 1 个问题求皮球的个数,相当于"包含除",第 2 个问题求每辆玩具汽车多少元,相当于"等分除"。

教师进一步引导学生比较图 2－32 和图 2－33 中的解决问题,说一说它们之间有什么联系。学生分析后发现,求总钱数用乘法,求个数或每辆钱数用除法。有学生进一步发现,这与上一节课的学习内容相同,即:求总数用乘法,求份数或每份数用除法。

(三)组合问题,拓展应用

依据信息,连续提出问题,让学生由乘法解决问题引出除法解决问题。教师进一步引导学生思考乘法解决问题与除法解决问题之间的联系,把两个问题综合成一个问题,培养把简单问题综合成复合问题的意识。

教师请学生观察图 2 – 32 和图 2 – 33,提问:能否去掉第 1 幅图(图 2 – 32)中的问题,把它与第 2 幅图(图 2 – 33)的解决问题进行组合,形成一个问题呢? 学生独立思考后,指名学生回答,形成如下组合问题:

乐乐带的钱正好能买 3 个地球仪。

(1) 如果用这些钱买皮球,可以买几个?

(2) 用这些钱正好可以买 4 辆玩具汽车,每辆玩具汽车多少元?

通过题目的重组,进一步认识商品买卖中"总价""单价"与"数量"之间的关系。

本环节充分利用学生已有的学习经验,通过"画一画""列一列""算一算"这样三个步骤自主解决问题,让学生体会到乘法解决问题与相应的除法解决问题在数量关系上的内在联系。

三、分层练习,提升数学思维

本节课学生学习的是商品买卖中的除法数量关系,四年级上册"三位数乘两位数"单元还将会对这一数量关系作进一步概括。因此,在本节课的学习中,并没有概括出"总价÷单价=数量"等数量关系,而是让学生结合具体情境,概括体现具体情境的数量关系,并在练习巩固环节进一步丰富这样的数量关系。依据后续学习的需要,还可适当渗透行程问题中的乘除法数量关系。

(一) 依据信息,提问解答

教师出示如下信息:

茶杯 9 元一个,帽子 6 元一顶,小红带的钱正好可以买 4 个茶杯。

请学生说一说问题中有哪些信息,可以提出哪些数学问题。这一组信息与前面的问题串有着相同的结构,学生自然地提出"小红一共带了多少钱",并进一步提出"可以买几顶这样的帽子"。提出问题后,请学生独立完成并反馈评析。

(二) 综合应用,深化认识

在现实生活中,一件商品会有多种不同情境下的"单价",这给学生审题分析带来了更多的思考空间。对于这类问题的思考,可以更好地提升学生分析与解决问题的能力。

教师出示如下信息:

面包原来 9 元一个,现在优惠促销,一次买 3 个只要 21 元。

教师请学生读题,让学生说一说有哪些信息。学生指出,已知原来一个面包的价钱是 9 元,现在"3 个只要 21 元"。教师依据学生的回答梳理信息,形成如图

2－34所示的板书。

接着,请学生依据已知信息提出问题,学生提问后教师板书整理,并选择如下三个问题让学生解答:

（1）促销后,每个面包多少元?

（2）促销后,每个面包比原来便宜了多少元?

（3）买4个面包需要多少元?

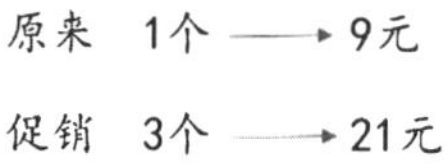

原来　1个 —→ 9元

促销　3个 —→ 21元

图2－34

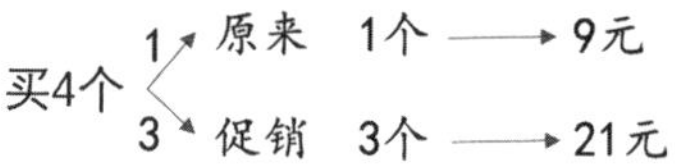

买4个 {
1个 原来　1个 —→ 9元
3个 促销　3个 —→ 21元
}

图2－35

教师指名学生回答,其他学生评析。特别是第3个问题,有学生列式计算为：7×4＝28（元）。组织学生评析,明确其中的3个面包只要21元,而第4个面包需要按照原来每个的价钱来买,由此得到把4个面包分成两个部分的思路图（图2－35）,再依据思路图进行解答：21＋9＝30（元）。在此基础上,教师进一步追问：如果买5个或6个面包呢?请学生按照图2－35的思路先分类,再计算。其中,对于6个面包要多少元,让学生比较"21＋21"和"7×6"两种不同的解题思路。

（三）情境变式,拓展应用

四年级上册学习的常见数量关系中,除了商品买卖中的数量关系外,还有行程问题中的数量关系。对于二年级下学期的学生来说,后者没有前者常用,但也可以结合具体情境展开学习,以丰富除法含义在实际生活中的应用。

教师出示如下问题：

一只乌龟每分钟能爬9米,爬45米要几分钟?

请学生说一说题目中有哪些信息,要求什么问题。学生一边回答,教师一边用色条图（图2－36）表示其中的信息与问题,请学生利用色条图直观反映出的数量关系列式解答。

图2－36

总之,本节课旨在充分利用学生在生活中的购物经验,结合购物这一具体生活情境,让学生有意识地提出问题,并准确地选择有效信息来分析数量关系,从而解决问题。由此,让学生经历解决问题的全过程,建立用除法解决现实问题的模型,深化对除法意义的理解,积累解决问题的方法和经验,提高解决问题的能力。最后,渗透简单的行程问题,让学生感受除法应用的广泛性。

第七节

"表内除法的整理与复习"教学实践

除法是四则运算中最后学习的一种运算。通过本单元的学习,让学生在用连减表示平均分的基础上,用除法进行优化,充分经历除法的产生过程。并且,整个学习过程充分体现了乘法与除法之间的联系,不论是除法的计算,还是除法解决问题,都与乘法相联系,由乘想除,构建起乘法与除法共同的认知结构。顺应这样的学习思路,在本单元复习时,把除法进一步纳入四则运算的意义、计算与解决问题的知识结构中,让学生充分体会到四则运算之间的内在联系。

一、多维提问,梳理数量关系

四则运算按照表达意义的不同可以分成两类:一类是加法与乘法,都表示"合并",其中乘法是求相同加数和的简便表达;另一类是减法和除法,都表示"分解",其中除法表示平均分,是相同减数连减的简便表达。同时,"合并"与"分解"又是对立统一的,可以结合相同的情境让学生得以充分体会。

(一)依据图示,列出算式

教师首先出示图 2-37 上方的点子图。先请学生说一说从点子图中得到哪些信息。有学生指出有 2 个点子图,左边的图中有 3 个点子,右边的图中也有 3 个点子;有学生指出有 2 个点子图,每个点子图由 3 个点子组成。学生用多种方式叙述图中的信息后,教师出示图 2-37 下方的 5 个算式,请学生依据运算的含义,根据图示列出 5 个算式。

在一年级学习加法与减法时,通过"一图四式"表示加法与减法,但由于此图中的两个加数相同,因此对于加法与减法,只有"一图二式"。同时,两个加数相同又可以用乘法表示,再加上与乘法相对应的除法,于是就有了和乘除法相对应的"一图

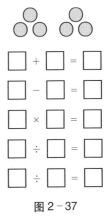

图 2-37

三式"。学生依据图示自主列式,然后反馈评析,形成如下 5 个算式:3+3=6,6-3=3,3×2=6,6÷2=3,6÷3=2。

（二）依据图意,说明含义

反馈算式后,教师请学生结合图示,说一说每个算式的含义。特别地,让学生区分两个除法算式的不同含义,即前一个算式表示"把 6 平均分成 2 份,求每份是多少",后一个算式则表示"6 里面有几个 3"。

接着,依据各个算式的含义,请学生进一步说一说哪些算式之间有联系。有学生指出,第 1 个算式与第 3 个算式有联系,都是"求 2 个 3 是多少",但第 1 个是用加法表示,第 3 个是用乘法表示。有学生指出,第 1 个算式与第 2 个算式有联系,第 1 个算式的问题是第 2 个算式的已知信息,而第 2 个算式的问题是第 1 个算式的已知信息;有学生进一步指出,在计算减法时可以"想加做减";还有学生指出,第 3、4、5 个算式有联系,第 3 个算式的问题,在第 4、5 个算式中是已知信息,而第 4、5 个算式的问题在第 3 个算式中是已知信息,并指出进行除法计算时,可以用"想乘做除"的方法。

（三）依据含义,编写问题

在明确每一个算式的含义以及相互关系之后,教师请学生依据图示,创设具体情境,把每一个算式编写成一道解决问题。要求创设的情境相同,编写的解决问题要体现出联系。先同桌之间相互编题,再请另外两位学生口答自己编写的解决问题,体会算式的抽象性与解决问题的具体性。

把除法的复习置于四则运算之中,把运算的含义、计算的方法与解决问题在相同的学习背景下进行整体复习,有利于学生从整体的视角构建起四则运算的知识体系。

二、多维运算,培养运算能力

计算不仅是一种技能,还可以通过计算培养学生的逻辑推理能力。下面安排三个层次的练习,从不同的视角,让学生利用已有的运算经验获得结果,培养学生的数感与逻辑推理能力。

（一）填运算符号,培养数感

教师出示一组计算题(图 2-38),请学生在"○"里填上"+""-""×"或"÷",使算式正确。先由学生独立完成,再反馈评析,接着请学生把这 8 个题目分成两类。学生指出,得数是 36、30、9、4 的是一类,它们的结果比原来的数大,可

$$8 \bigcirc 2 = 6 \qquad 27 \bigcirc 3 = 30$$
$$42 \bigcirc 6 = 7 \qquad 12 \bigcirc 4 = 8$$
$$4 \bigcirc 9 = 36 \qquad 5 \bigcirc 4 = 9$$
$$4 \bigcirc 2 = 2 \qquad 20 \bigcirc 2 = 4$$

图 2-38

以填"＋"或"×"；另外几题的结果都比运算中的第 1 个数要小,所以应该填"－"或
"÷"。

特别地,对"2○2＝4"和"4○2＝2"这两个题目进行评析,发现前面一题填"＋"
或"×"均可以,后面一题填"－"或"÷"也都正确。教师提问:这是为什么? 还有没
有符合这一规律的其他算式? 学生指出,因为"2＋2"和"2×2"意思相同,都表示"2
个 2 的和"。学生尝试后发现,没有其他符合题意的算式。

(二) 选取数据,体会算法

通过填写合适的运算符号使算式正确,让学生整体感知四则运算计算结果的
变化规律以及各运算之间的内在联系。下面,结合具体例子,让学生进一步感受乘
法与除法在计算上的联系,即均运用表内乘法进行计算。

教师出示如下问题:

把 2、3、4、5、6、7、8、9 分别填入下面的□中,使算式成立。

(1) 12÷□＝□ (2) 27÷□＝□ (3) 28÷□＝□ (4) 40÷□＝□

教师请学生阅读审题后,说一说打算怎样填写。有学生指出,可以根据已知的
被除数想乘法口诀,如第(1)题被除数是 12,就想"三四十二"或"二六十二"。有
学生指出,先把这些除法算式变成乘法算式,再想乘法口诀,如第(1)题可以变成
"□×□＝12"。教师进一步请学生思考:这两种方法有什么共同的地方? 学生发
现都是想乘法口诀填□中的数。教师进一步概括:也就是"想乘做除"。依据这样
的思路,请学生采用后面一位学生的思路,先把它们转化成乘法,再想与积相等的
乘法口诀,最后填□中的数。在填写过程中发现,一句乘法口诀对应两个除法
算式。

(三) 找寻关系,学会转化

在四则运算中,加法与乘法有联系,求相同加数的和的简单运算就是乘
法。乘法又与除法有联系,除法是乘法的逆运算。因此,从相同加数连加的图
示运算入手,让学生通过抽象概括,经历由加法到乘法,再由乘法到除法的转
化过程。

教师出示如下两个问题:

(1) 已知□＋□＋□＝18,那么□＝(   )。

(2) 已知 13＝○＋○＋○＋1,那么○＝(   )。

教师请学生阅读题目后,先让学生完成第(1)题,说
一说怎么求□表示的数。教师依据学生的回答,逐步形
成板书(图 2－39)。显然,图 2－39 中的思考过程是一
种逻辑推理的过程,每一个步骤均要求说明理由。第

□＋□＋□＝18

一改写   □×3＝18

二转化   □＝18÷3

三计算   □＝6

图 2－39

(2)题可以看成有余数除法的前期铺垫,在解答时,先请学生说一说与第(1)题相比有什么不同的地方,又该怎样解答。学生指出,可以把它转化成"○×3＝13-1",教师接着请学生按照图2-39的思路独立完成。

提升运算中的思维含量,有利于培养学生的数感与逻辑推理能力,让学生不仅会算,还会思考。

三、题组比较,提炼数量关系

在上一个环节中,围绕除法计算的专项复习,让学生经历了与其他运算的比较,并在探寻相互关系的过程中,对除法计算有了更加深刻的认识。下面,围绕乘除法的含义与数量关系之间的联系,再次进行除法数量关系的专项复习。

（一）依据题意,列式计算

教师出示如下四个文字题:

（1）被除数是18,除数是2,商是几?

（2）把18平均分成2份,每份是多少?

（3）一个乘数是9,另一个乘数是2,积是多少?

（4）2个9是多少?

教师请学生读题后,指名学生列式计算,教师依次板书。接着,请学生说一说有什么发现。有学生指出,第（1）（2）题的算式相同,但含义不同,第（2）题是除法中的"等分除",第（1）题只是指出除法各部分的名称。依据这样的思路,学生发现第（3）（4）题的算式也相同,但含义不同,第（4）题依据乘法的含义,而第（3）题则是指出乘法各部分的名称。也有学生发现,在计算这四道题目时,只用到了一句乘法口诀——二九十八。

（二）赋予意义,列式解答

与上述的文字题相呼应,教师出示如下两个问题:

（1）每个花瓶插9根羽毛,2个花瓶可以插多少根?

（2）有18根羽毛,平均插在2个花瓶里,每个花瓶插几根?

（1）每瓶根数×瓶数=总根数

$9×2=18$（根）

（2）总根数÷瓶数=每瓶根数

$18÷2=9$（根）

图2-40

请学生独立读题审题后列出数量关系,再代入信息列式解答,反馈评析后形成如图2-40所示的计算过程。

（三）寻找对应,补充关系

教师指出,上述两个解决问题是依据前面的文字题改编得到的,请学生思考分别对应哪两个文字题。学生发现分别对应第(2)题与第(4)题。教师追问：第(1)题、第(3)题的算式分别与第(2)题、第(4)题相同，为什么不选择呢？学生指出，它们只是用运算各部分的名称来表示，并没有说出运算的含义。教师进一步追问：想一想，与第(2)题和第(4)题相对应的，分别还有怎样的乘法与除法含义？学生思考后反馈，指出分别有"9个2是多少"与"18里面有几个2"这样的含义。教师要求学生仍旧用"羽毛插花瓶"这一情境，把它们分别编成解决问题，再列式解答，评析后形成如图2-41所示的解答过程。最后，与图2-40中的两个解决问题进行比较，发现它们算式相同，但意义不同。

（3）每瓶根数×瓶数=总根数

2×9=18（根）

（4）总根数÷每瓶根数=瓶数

18÷2=9（个）

图2-41

　　文字题到解决问题是抽象到具体的过程，体现了除法含义与解决问题的联系，这样的练习有利于学生更好地体会数学的抽象性与解决问题的具体性。

　　本单元的复习给我们如下启示：一个单元的复习可以以单元知识为基础，分析梳理与本单元知识相联系的内容，把有联系的知识以题组的形式，或综合复习，或专项训练，边练习边梳理，形成以单元知识为纽带的数学知识结构。

第三章
有余数的除法

　　有余数的除法是对平均分的进一步完善，即在整数除法范畴下，平均分时出现余下的部分且不能够整个地平均分，于是用"商……余数"的形式进行记录，即"不完全平均分"。

　　我们以人教版《数学》二年级下册"有余数的除法"单元为研究对象，首先对单元学习内容进行梳理，明确教材按照含义、计算与解决问题这样的序列层层递进。接着，结合梳理进行反思，提出可改进之处，包括补充除法的横式计算，让除法的横式计算与笔算构建联系，以及含义、计算与解决问题同步推进等。最后，依据反思进行教学重构：第1课时学习含义、横式计算与"进一法"或"去尾法"解决问题；第2课时进行相应的练习；第3课时结合周期问题学习除法笔算；第4课时对前三节课的学习内容进行综合练习；第5课时从整体的视角对已经学习的四则运算的计算与解决问题进行全面复习，并有层次地学习简单的余数问题。

第一节
"有余数的除法"整体设计

　　除法可以看成对平均分过程与结果的记录。在学习"表内除法"时,概括了平均分后没有余数时用除法。那么,平均分后有余数时又应该怎么表示呢?如何更加细致地记录平均分后有余数的过程呢?"余数"在实际生活中又有什么样的意义?带着这些问题,我们对人教版《数学》"有余数的除法"进行单元整体设计的研究与实践。

一、梳理——分析编排结构

　　人教版《数学》二年级下册"有余数的除法"单元安排了三个学习板块,分别是有余数除法的含义、除法笔算和有余数除法解决问题,三个学习板块相互联系、有序递进。

(一)两轮操作,学习有余数的除法

　　有余数除法含义的形成,是通过两轮平均分的操作活动完成的。

　　第一轮是摆三角形(图3-1)。分别用9根和10根小棒摆三角形,再用除法记录。结合摆的活动,让学生直观地发现平均分除了"正好摆完"外,还有"有剩余"的情况,从而认识有余数的除法。

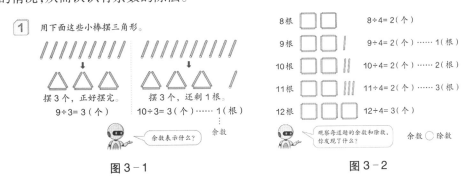

图3-1　　　　　　　　　　　　图3-2

　　第二轮是摆正方形(图3-2)。通过小棒数的不断增加,发现"余数"的大小与

"除数"有联系,进而总结出"余数小于除数"这一特征。

通过操作活动,让学生结合图示,用除法记录平均分后还有剩余的情况,从而完善除法的含义。

(二)逐步抽象,学习除法笔算

在学习"表内除法"时,除法的计算方法是"想乘做除",即用乘法口诀直接计算出商。"有余数的除法"计算中,还是采用"想乘做除",但增加了"试商"和"乘、减两步运算得到余数"这样的计算步骤,也就是说除法的计算变得复杂了,因此需要引入笔算除法。关于除法笔算的学习,人教版教材安排了两个例题。

第一个例题延续上一个例题中用小棒摆正方形的情境:

用 13 根小棒摆小正方形,可以摆几个?

结合具体操作活动,用除法横式记录操作过程与结果后,直接展示除法笔算,并说明除法笔算每一步的含义(图1-17)。

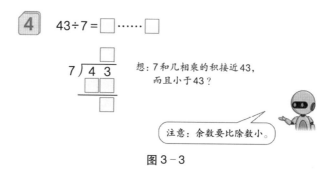

图 3-3

第二个例题则是除法笔算(图3-3)。让学生结合竖式,总结除法笔算的一般步骤,即"一商""二乘""三减"。可以发现,与加法、减法、乘法的笔算相比,除法笔算在书写格式上有着明显的区别,但其作用是完全相同的,即都是对计算过程的逐步记录。

(三)结合具体情境灵活解决问题

有余数除法概念的学习与计算,就是在解决平均分问题中进行的。因此,对于一般的有余数除法解决问题,在学习有余数除法的含义与计算时就已经有所渗透了。这里指的有余数除法解决问题,则是指结合具体情境,通过对余数进行合情处理从而解决的问题,具体有"进一法""去尾法"解决问题以及周期问题,这部分内容分成两个例题。

例5以及其中的"做一做"第2题分别是"进一法"与"去尾法"解决问题:

【例5】烘焙小组做了22块蛋黄酥,要装到盒子里。每个盒子最多装4块,他们至少要准备多少个盒子?

【做一做】小丽有 10 元钱,买 3 元一个的面包,最多能买多少个?

要求学生在用有余数除法列式计算的基础上分析题目中的关键词,并结合生活经验对余数进行处理。

例 6 是周期问题:

按照下面的规律摆小旗(图 3－4)。这样摆下去,第 16 面小旗应该是什么颜色的?

图 3－4

学生在这一问题的解决过程中,可以更加清晰地认识到除法笔算中各部分的含义。

综上,可以发现三个板块有各自明确的学习内容与学习目标,从概念到计算再到应用,逐步递进,形成了有序的学习结构。

二、反思——指出完善之处

通过梳理,理清了教材编排的意图,也为进一步补充、完善与优化学习路径提供了参照。首先,补充有余数除法横式计算,使得除法笔算有相应的横式计算作为学习基础;其次,将横式计算与笔算在运算思路上构建起联系;最后,在同一个课时中把有余数除法的含义、计算与解决问题有机整合,同步推进。

(一) 补充有余数除法的横式计算

分析图 3－1、图 3－2 中有余数除法的学习过程,都是通过直观操作,结合平均分的含义,记录平均分的过程与结果。也就是说,有余数除法的结果是依据图示与操作得到的。

进一步思考:如果脱离图示操作,如何用横式表示有余数除法呢? 例题学习中没有对此作要求。我们知道,表内除法是直接依据乘法口诀推算出结果,有余数除法的计算也要利用乘法口诀,但需要通过试商,找到商与除数的积小于被除数且余数要比除数小的乘法口诀。因此,在第 1 课时可以补充有余数除法横式计算的内容,即通过类比与迁移,逐步脱离图示操作,从表内除法口算方法中迁移得到有余数除法横式计算的方法。

(二) 横式计算与笔算有机联系

除法笔算包含了"整除"与"有余"两类,而除法笔算法则是从有余数除法引入的,因为其计算过程包含乘、减两步,不能直接利用乘法口诀推算出结果,而是需要

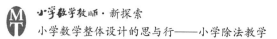

有序地记录计算过程。那么,如何引入除法笔算呢? 教材用"除法也可以写成竖式"这样的表述作为过渡。

但是,按照教材的编排思路,有余数除法是对操作过程与结果的记录,而并没有真正进行有余数除法的计算。此时竖式与横式之间的联系,只是各部分名称之间的联系。因此,我们在笔算除法之前,依据除法笔算的思路补充除

$$11 \div 4 = 2 \cdots 3$$
$$\underset{(8)}{}$$
$$12 \div 4 = 3$$
$$\underset{(12)}{}$$
图 3 – 5

法横式计算,如图 3 – 5 中的第 1 题,把有余数除法计算中"商乘除数"的积标注到被除数的下面,把余数作为被除数减积的差,并把这一思路用于表内除法的计算,说明为什么图 3 – 5 中的第 2 题没有余数。

(三) 含义、计算与解决问题相融合

教材在编排上,有余数除法的含义、计算与解决问题三个板块是层层递进的。我们发现,教材中的两类有余数除法解决问题,其解决过程就是进一步理解余数含义的途径。教材把它们编排在第三板块,使得理解余数含义的价值不能充分地体现。因此,我们把解决问题的两个例题分别整合到有余数除法的含义与计算的学习过程中,使有余数除法的含义、计算与解决问题相互融合、整体推进。基于此,我们把新知学习整合成两个课时(下表)。

课时	课题	学习内容	学习目标
1	有余数的除法 (1)	1. 有余数除法的含义与余数的特征 2. 除法的横式计算 3. 一般的有余数除法解决问题与"进一法""去尾法"解决问题	1. 结合操作活动,认识有余数除法的含义与余数的特征;学会除法的横式计算;能够依据问题用"进一法"或"去尾法"解决有余数除法问题 2. 在学习活动中,培养学生的类比和迁移能力,增强学生的应用意识 3. 在学习过程中,让学生体会到数学知识间的内在联系,培养学生的数学学习兴趣
2	有余数的除法 (2)	1. 周期问题 2. 除法笔算	1. 结合周期问题的解答过程,理解笔算除法的算理,掌握笔算除法的计算方法 2. 在学习活动中,增强学生的模型意识与应用意识 3. 在学习过程中,让学生体会到数学与生活之间的联系,体会数学的应用价值

在每一节新课结束后各安排一个课时的练习巩固,四节课结束后,再安排一节单元复习课。在单元复习课中,回顾已经学习的四则运算的含义、计算与解决问

题,从而把本学期已经学习的"表内除法"与本单元的"有余数的除法"纳入四则运算的结构体系之中。

三、重构——体现数学生长

如何把反思中提出的改进之处转化为具体的教学实践? 需要我们对原有的学习路径进行重构,更充分地利用学生原有的学习基础与认知水平,体现数学知识的结构化与整体性。

(一)补充横式计算,灵活解决问题

在第 1 课时中,与教材编排内容相比,增加了有余数除法的横式计算,渗透了"进一法""去尾法"解决问题。学习内容的增加,需要我们对教材编排的学习思路进行适当整合。

1. 整合操作活动,学习有余数除法的含义

具体地,把第一轮操作活动中通过旧知认识有余数除法整合到第二轮操作中。首先,把用 8 根和 9 根小棒分别摆出小正方形作为第一轮操作活动,让学生通过把小棒每 4 根 一圈,画出有几个小正方形后列出相应的除法算式,即经历"圈一圈""画一画""列一列"的过程。通过比较,发现两个算式都是解决平均分问题,而第二个算式还余下 1 根,从而认识有余数除法的含义。接着,分别把 10 根、11 根和 12 根小棒摆成小正形,用"圈一圈""画一画"和"列一列"的策略分别表示出各可以摆几个小正方形,还余几根小棒。最后,回顾五次分的过程与结果,概括出余数的特征。

2. 类比迁移,学习有余数除法的横式计算

以上是教材中第 1 课时的学习内容。重构后,还需要引导学生进一步思考:如果没有"圈一圈"和"画一画",能否用"算一算"的方法计算出有余数除法的结果? 从表内除法的计算经验中,先通过类比迁移,概括出与笔算除法相一致的有余数除法横式计算的一般步骤;再组织相应的计算练习,进一步巩固有余数除法各部分的含义,在表内除法与有余数除法之间建立一致的计算思路。

3. 解决问题时丰富余数的应用

在学会除法笔算后,教师用"$20 \div 6 = 3 \cdots \cdots 2$"创编三道解决问题,其中的两题分别是"进一法"和"去尾法"解决问题。先请学生读题、审题,分别填写商与余数的单位,再依据题意进行解答。

显然,"进一法"与"去尾法"解决问题只经历这样的练习对学生而言还只是初步感知。在下一节练习课中,进一步用题组的形式让学生形成解决问题的基本思路。

（二）结合解决问题，学习除法笔算

在前面的一节新授课与练习课中，学生主要学习了有余数除法的含义、横式计算与"进一位""去尾法"解决问题，实现了含义、计算与解决问题的同步推进。基于这样的活动经验，在第二节有余数除法的新授课中，首先让学生通过"画一画""列一列"，用图示和列式计算两种形式解决问题；在此基础上，教师再示范除法的竖式计算，并结合横式计算的步骤概括有余数除法的笔算法则。与横式计算相比，有余数除法笔算只是格式上进行了改变，计算步骤则完全一致。在本节课的练习巩固阶段，对已经学习的两类有余数除法解决问题安排了题组练习，并在比较过程中概括出各自的结构特征。

在本节新授课后的练习课中，围绕第 1 课时的学习内容安排了有余数除法的横式计算与有余数除法解决问题两个方面的专项练习。

（三）回顾四则运算，形成结构体系

本单元学习结束后，学生经历了四则运算的第一轮完整学习。因此，在本单元的复习中，围绕四则运算与相应的解决问题组织题组练习，结合具体计算回顾相应的运算法则。而对于有余数除法，回顾"100 以内数的加法与减法（一）"单元"两位数减一位数、整十数"中例 5（28 个橘子，9 个装一袋，可以装满几袋？）用画图与连减的方法解决问题，让学生用有余数除法重新解决，体会除法与相同减数连减之间的联系，认识到除法中"分"的含义。对于解决问题，补充简单的余数问题的学习，让学生进一步感受余数在解决实际问题中的丰富内涵。

总之，本单元是对除法的再认识。在学习中，需要结合具体情境，通过对部分信息的变化，以题组的形式沟通新旧知识的联系，把有余数除法作为平均分的完善。同时，对余数进行合情处理，以丰富除法解决问题，让学生体会数学的生长。

第二节
"有余数的除法(1)"教学实践

有余数除法是在平均分的过程中,依据表内除法学习时形成的数量关系,结合具体情境而形成的新的延伸性的除法表达形式。那么,如何依据旧知——表内除法中的数量关系,并结合数据的变化引出余数? 如何由数量关系抽象出有余数除法的算式表达? 怎样结合题组概括出余数的含义,并结合具体情境灵活处理余数?带着这些思考,我们进行了教学实践。

一、经历操作,感知余数的含义

把有余数除法看成对平均分含义的完善,结合数据的变化,从原有的平均分学习时的数量关系中引出"有余"的情况,在操作、表达的过程中概括余数的含义。

(一)创设情境,复习数量关系

课始,教师板书课题"除法的再认识",然后板贴8根小棒(图3-6),提出要求"摆成用4根小棒组成的小正方形",并请学生提出问题。学生提问:可以摆几个?

8根 |||||||||

图3-6

这是新学习的"表内除法"中的解决问题,让学生口头列式解答。接着,结合"圈一圈"与"画一画"验证结果,再说一说算式各部分的含义,并概括数量关系,形成如图3-7所示的板书。

圈一圈　画一画　总根数÷每个根数 = 个数
8根 |||||||||　□□　8 ÷ 4 = 2(个)

图3-7

通过上述问题解决,回顾了除法的含义及解决问题中"包含除"的数量关系,为改编信息引出有余数的除法做好了铺垫。

（二）变化数据，引出新的关系

教师进一步板贴 9 根小棒，请学生依次用"圈一圈""画一画"与"列一列"的方法分别表示出可以摆几个正方形，交流讨论后形成如图 3－8 所示的板书。

图 3－8

在交流讨论的过程中，首先让学生明确数量关系没有改变，但平均分时出现了"余 1 根"的情况，学生反馈对于"余 1 根"的多种表达（图 3－9），在肯定文字表达正确的情况下，教师说明用"……"表示"余下"并介绍读法。

除法的再认识

图 3－9　　　　　　　　　　　　　　图 3－10

教师请学生观察图 3－8 中的两个算式，说一说哪一个是"除法的再认识"。通过交流讨论，让学生认识到平均分有两种情况，一种是"刚好分完"，一种是"还有剩余"（图 3－10）。

平均分时出现余数是对表内除法中平均分含义的完善，也就是说平均分的含义没有改变，只是平均分的结果发生了变化。

（三）拓展延伸，感知变化规律

在解决前面两个问题的过程中，学生对于平均分的结果有了更加完整的认识，也概括了有余数除法的表达形式。下面就需要积累学习材料，逐步概括出余数的特征。

教师继续板贴 10 根、11 根与 12 根小棒，四人小组分工，通过"圈一圈""画一画"和"列一列"这样三个步骤，解决各可以摆出几个小正方形的问题。完成后，教师请其中一个小组把结果板贴到黑板上，并形成如图 3－11 所示的板书。

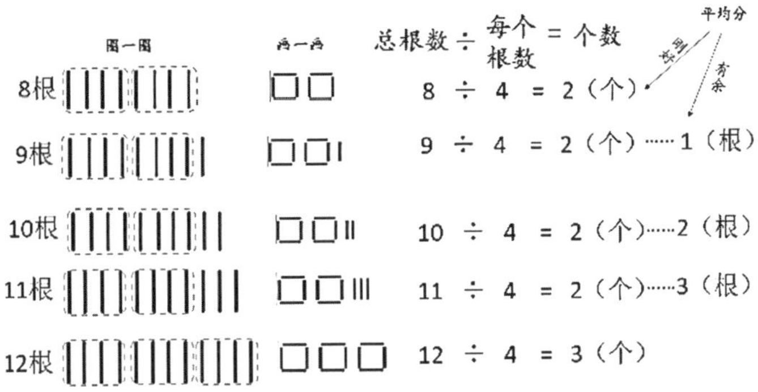

图 3-11

校对各组结果并完成修改后,教师提出问题:解决这五个问题时,有什么相同的地方与不同的地方? 学生指出数量关系不变,但余数在变化。教师进一步追问:那么,余数有什么变化规律呢? 学生发现,余数在依次变大,但都比"4"小;进一步观察"4"在除法算式中的含义,得到"余数比除数小"这一特征。教师板书特征后进一步追问:为什么余数会比除数小? 引导学生利用反证法说理:如果余数和除数相等或比除数大,说明还可以继续分。教师在学生的回答过程中,整体圈出题组中的余数 1、2、3 与除数 4,并标注余数小于除数(图 3-12)。

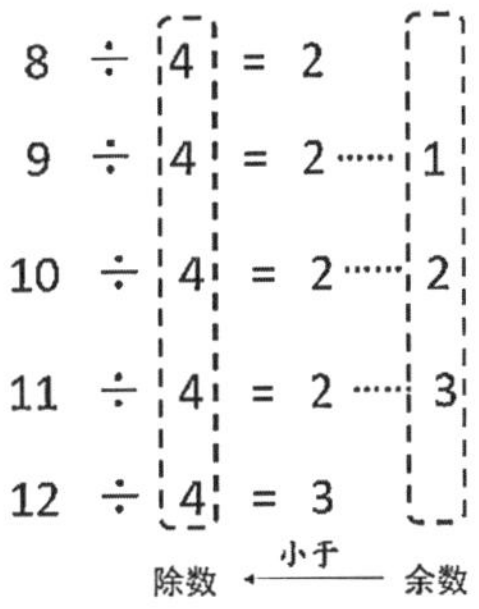

图 3-12

把有余数的除法看成之前学习的表内除法的延续,在学习有余数的除法以及余数的含义时,充分利用原有平均分的含义,并结合操作活动,构建得到平均分结果的两种情况——没有余数和有余数。

二、利用口诀,学会计算方法

有余数除法的含义是表内除法含义的延伸,计算方法也同样是表内除法计算方法的延伸。计算表内除法时,乘法口诀与算式一一对应;而有余数除法中,乘法口诀对应多个除法算式。因此,需要先用乘法口诀试商,再通过乘、减计算出余数。

(一)回顾反思,感知计算方法

上述环节主要是结合操作认识有余数除法与余数,重点是相关概念的学习。因此,虽然学习了有余数除法,但计算结果是基于操作活动得到的。显然,这些有余数除法的计算结果也可以由乘法口诀推算得到。

教师去掉板书中的图示板贴,只留下五个除法算式以及余数与除数的关系表述,请学生观察后把它们分成两类。有学生把前四题分成一类,最后一题为一类,因为前四题的商都是2,最后一题的商是3;也有学生把第1题与第5题分成一类,因为它们没有余数,另一类是余下的三题,它们有余数。教师针对后一种分类方法继续追问:想一想,第1、5题可以怎样计算出结果? 学生指出,可以分别用"(二)四得八"和"(三)四十二"这两句乘法口诀计算出结果。进一步追问:余下的三道有余数除法也能够用乘法口诀进行计算吗? 如果能用,又是怎样用的呢?

学生通过类比迁移,发现都是用乘法口诀"(二)四得八",并举例说明:用"(二)四得八"得到商是2,余数是 $9-8=1$,所以 $9÷4=2……1$。教师根据学生的回答完善板书(图3-13)。

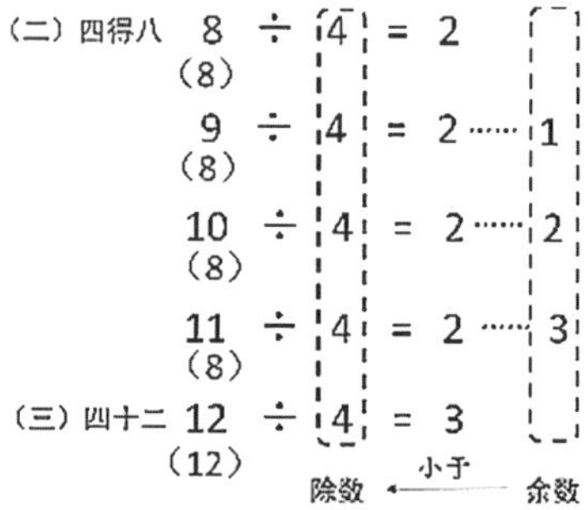

$$
\begin{array}{ll}
\text{(二)四得八} & 8 ÷ 4 = 2 \\
& (8) \\
& 9 ÷ 4 = 2 \cdots 1 \\
& (8) \\
& 10 ÷ 4 = 2 \cdots 2 \\
& (8) \\
& 11 ÷ 4 = 2 \cdots 3 \\
& (8) \\
\text{(三)四十二} & 12 ÷ 4 = 3 \\
& (12)
\end{array}
$$
除数 ← 小于 → 余数

图3-13

(二)总结经验,归纳计算方法

完成三道有余数除法的具体计算后,教师进一步追问:有余数除法可以怎样算? 讨论后概括出有余数除法的计算方法:一想——乘法口诀,二乘——商×除数,三减——被除数-商×除数=余数。

在此基础上,请学生把两道没有余数的除法计算题也用同样的思路进行计算,并思考与有余数除法相比,有什么相同的地方和不同的地方。学生发现只是在"三减"时差是0,说明没有余数,从而进一步完善了表内除法计算的一般步骤。

教师在横式中被除数的下方添上"商乘除数的积,再加余数",不仅细化了计算步骤,帮助学生提升计算的准确性,还为后续学习除法笔算做好了铺垫。

(三)应用法则,进行题组计算

在归纳总结了除法横式计算的三步法后,教师出示四道计算题(图3-14),请学生先独立完成,再集体反馈校对。对于第(4)题,展示学生的三种不同填法,既

(1) $30 ÷ 6 = (\quad)$　　　　　(2) $35 ÷ 6 = (\quad)……(\quad)$
　　　( )　　　　　　　　　　　　　( )

(3) $35 ÷ 5 = (\quad)$　　　　　(4) $(\quad) ÷ 5 = 7……(\quad)$
　　　( )　　　　　　　　　　　　　( )

图3-14

复习了有余数除法中"余数小于除数"的特征,又概括了已知商、除数与余数求被除数的关系式。

有余数除法的计算拓展了乘法口诀的应用范围,也增加了除法计算的难度。在回顾没有余数的表内除法计算方法的基础上,运用类比与迁移,结合具体例子逐步概括出有余数的表内除法的计算方法。并且,从整体设计的视角,在横式中标注计算的中间过程,为横式计算与笔算构建起更加紧密的联系。

三、巩固拓展,增强应用意识

除法解决问题时出现余数,极大地提升了分析与解决问题过程中的思维深度。依据具体问题,需要对余数进行合理处理,初步感知有余数除法解决问题中联系实际的重要性。

(一)自主填空,区分不同含义

同一道有余数除法计算题,如果赋予不同的现实情境,对余数的处理会有不同方式。针对"$20÷6=3……2$",教师创编了以下三道解决问题。

(1)王老师有 20 本笔记本,平均分给 6 位同学,每位同学可以分到几本?还余下几本?

$20÷6=3($ 　　　 $)……2($ 　　　 $)$

答:每位同学可以分到＿＿＿＿本,还余下＿＿＿＿本。

(2)有 20 位学生去划船,每条船最多可以坐 6 人,至少要租几条这样的船?

$20÷6=3($ 　　　 $)……2($ 　　　 $)$

答:至少要租＿＿＿＿条这样的船。

(3)小红有 20 元钱,买 6 元一个的面包,最多可以买几个这样的面包?

$20÷6=3($ 　　　 $)……2($ 　　　 $)$

答:最多可以买＿＿＿＿个这样的面包。

为提高效率,对数量关系作集中分析,重点要求学生依据题意在算式中填写单位,并在答句中填写合适的结果。

(二)反馈评析,灵活处理余数

学生独立完成后,教师一边校对一边提出问题,请学生交流评析。其中,将第 1 题与例题进行比较,讨论为什么商与余数的单位相同;思考第 2 题中的结果为什么是"商+1",而第 3 题中的结果要去掉余数。教师让学生寻找题目中的关键词进行解释,并画图说明。

(三)归纳特征,丰富相应例子

依据第 2、3 题的解答过程概括出"进一法"和"去尾法",并让学生想一想:生活中哪些情况下要用到"进一法"？哪些情况下要用到"去尾法"？学生回答后教师评析归纳。

很显然,本节课只是让学生初步感知用"进一法"与"去尾法"解决问题。在第二节练习课中,还需要进一步以题组的形式巩固上述三类有余数除法解决问题,从而提升学生的审题意识。

数学学习的过程是数学知识不断完善的过程。学习"表内除法"时,选择的是没有余数的数据;在学习"有余数的除法"时,选择的是有余数的数据。本节课将两类情况组合,从而完善了平均分的除法表征形式,总结了有余数除法横式计算法则,了解了解决问题中对余数的灵活处理情况。

第三节
"有余数的除法（2）"教学实践

有余数除法既是一种运算，也是一种数量关系的表达。它不仅表示平均分过程中的数量关系，还可以表示周期问题中的数量关系。那么，如何结合具体情境下的操作活动，概括出除法表达时各部分数的具体意义？并且，上一节课学习了用画图与口算的形式求出除法计算的结果，如何在此基础上引导学生学会用竖式计算，并形成规范的思考流程与书写格式？如何结合具体的问题情境，梳理除法解决问题中的不同数量关系？带着这样的思考，我们进行了教学实践。

一、探究周期问题，学习除法竖式

周期问题是一类特殊的平均分问题，目的不是为了求得商——重复出现了几次，也不是为了求出余数——还余下多少，而是判断最末尾的情况如何。要得到这一结果，不仅要关注被除数与除数，更要关注其中的变化规律。用解决此类问题作为除法笔算的现实情境，可以更好地分析笔算除法中各部分之间的联系。

（一）创设情境，探究变化规律

教师课件出示如图3-4所示的彩色小旗图，提出问题：从左往右观察，这些小旗在排列上有什么规律？学生观察后指出，按照"黄、红、红"为一组重复出现。教师追问：如果按照这个规律继续摆下去，第13面小旗是什么颜色？提出问题后，请学生独立完成，并说明理由。

教师收集学生典型做法，为有序评析做准备。学生有两种方法：第一种是"画一画"——按照规律画到第13面；第二种是"算一算"——列出除法算式13÷3＝4（组）……1（面），再判断出第13面是什么颜色。

教师首先展示第一种"画一画"的方法，并请学生简单说明；然后展示列式计算的方法，请学生依据算式说明理由。学生在说理时，教师结合图示进行补充，指出最后一面是第5组第1面，应该与第1组第1面小旗的颜色一样。按照上一节课有余数除法横式计算的做法，添上"二乘"的结果，并请学生说明"12"指的是完整的4组的面数。

$14 \div 3 = 4（组）\cdots\cdots 2（面）$
$\underline{12}$
第5组第2面是红色

教师进一步追问：照这样摆下去，第14面小旗是什么颜色？第15面呢？请学生口头列式计算，并说明判断过程。教师板书算式，并简单说明理由（图3-15）。

$15 \div 3 = 5（组）$
$\underline{15}$
第5组第3面是红色

图3-15

从图3-16中的第2题不难看出，周期问题不仅对应有余数的除法，当除法中没有余数时，根据"依次不断重复出现"的现象，也可以作出相应的判断。

教师请学生观察这3个问题，提问：这一类解决问题有什么特点？学生交流回答后，教师揭示课题"周期问题"。

（二）竖式表达，明晰变与不变

教师一边请学生再次观察有余数除法算式，一边作出解释，指出这样的算式形式叫横式计算，它与加法、减法一样，还有竖式计算的形式。教师边说边在横式上进行补充，使其变成竖式计算的形式（图3-16左侧部分），并在原来的横式下方加上下划虚线。

$3\overline{)13} \div 3 = 4（组）\cdots\cdots 1（面）$
位于上方 $\frac{4}{}$，$\underline{12}$，1

图3-16

教师板演后请学生比较：除法的横式与竖式有什么相同点与不同点？学生讨论后发现，横式计算中的每一个数与符号都可以在竖式中找到，但是写法变了：横式中除号变成了"$\overline{)}$"，省略号改成了横线；写的方向变了：原来"从左往右写"，现在"从上往下写"。

（三）示范笔算，归纳笔算法则

在比较中，学生已经感受到了有余数除法的笔算与横式有着直接的联系。那么，笔算除法的计算法则是否与横式计算过程一致呢？答案是肯定的。并且，以整体设计的思路，在前一节课的横式计算时就特别关注对计算步骤的概括。此时，可以通过示范笔算过程，实现法则的迁移。

教师以"$14 \div 3 = 4（组）\cdots\cdots 2（面）$"为例，在回顾横式计算法则的基础上，一边板演示范，一边与横式计算步骤比较，概括出除法笔算的计算步骤（图3-17）。

$14 \div 3 = 4（组）\cdots\cdots 2（面）$
$\underline{12}$
一想　　三减
二乘

$3\overline{)14}$
$\frac{4}{}$　二试　用乘法口诀试商
一摆　摆成竖式
$\underline{12}$　三乘　商×除数
2　四减　被除数-商×除数

图3-17

可以发现，除法笔算中除了第一步外，余下的几个步骤均与横式计算的步骤一一对应。接着，请学生模仿这样的计算步骤,把"15÷3＝5(组)"用竖式重新计算,完成后说一说与前面两题有什么不同的地方。学生指出,计算步骤相同,但这一题的余数是0,即没有余数,与横式计算的表示形式也是一样的。

从表内除法的口算到有余数除法的横式计算,再到表内除法的笔算,是逐步完善除法计算的过程。在口算表内除法时,只要想乘法口诀就可直接写出得数。在有余数除法的横式计算中,除了想乘法口诀写出商,还要用"被除数－商×除数"求出余数,且除法的横式计算让两类除法实现了计算步骤的统一。

二、题组计算,形成计算技能

结合周期问题学习表内除法的笔算,虽然数据较小,学生计算时没有多大困难,但由于这是学生第一次学习,因此需要通过有层次的题组计算练习,帮助学生形成除法笔算的计算技能与计算习惯。

(一) 自主计算,规范计算思维

除法计算的难点是试商,而其相应的专项训练是乘法不等式中"因数最大可以填几"。把这一类专项训练与笔算除法组合成题组,让学生先判断再计算,感受提高试商能力的方法。

先想一想□里最大能填几,再完成竖式计算。

(1) □×8<21　　(2) 5×□<42　　(3) □×9≤72("≤"叫小于或等于号)
　　21÷8＝　　　　　　42÷5＝　　　　　　72÷9＝

出示上面的题目请学生独立完成,完成后交流评析,并说一说每组中的两个题目之间有什么关系。学生发现,"试商"实际上就是"找最大能填几"。

(二) 专项训练,提升试商能力

由上述题组计算中,学生体会到"找最大能填几"是提高试商能力的重要手段。因此,下面专门安排了一组这样的题组,让学生利用乘法口诀准确快速地填出方框中的数,形成试商的一般思路。

想一想乘法口诀,说一说□里最大能填几。

(1) □×7<48　　(2) □×8<68　　(3) 53>□×9　　(4) 53>□×6

对于每个算式,学生利用相应的乘法口诀,通过变化□中的数得到正确结果。例如,第(1)题,首先想到的乘法口诀是"七七四十九",因为49接近48,但比48大,所以应该用"六七四十二",且42比48小,所以□里填"6"。第(2)题也可以用同样的方法,利用乘法口诀进行尝试,但更容易想到从小到大试。第(3)(4)题首先想到的乘法口诀都是"六九五十四",但调整后的乘法口诀却各不相同,第(3)题是"五九四十五",第(4)题则是"六八四十八"。

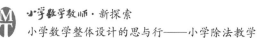
很显然,这样的填数过程不仅是对学生试商能力的训练,还是培养数学推理能力的重要载体。

(三)评析错例,规范除法计算

在表内除法笔算过程中,学生会出现一些典型错例。教师出示如下典型错例,请学生找出错误并订正,以提升除法计算的正确性。

指出下列各题错误的地方,并在右边的方框中订正。

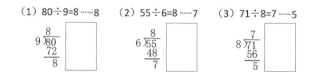

上述三个除法算式中的被除数相对较大,计算时更加容易出现错误。第(1)题错在商写在了十位上,第(2)题余数比除数大,第(3)题退位减法计算错误。在后续计算时,也要求学生像这样收集错例,边订正、边反思,提升计算的正确率,培养计算后及时检查的习惯。

表内除法的笔算整合、完善并细化了原有的除法计算方法,后续学习的多位数除以一位数的笔算可以看成若干个表内除法笔算的组合。因此,作为除法笔算的起始课,需要让学生明确算理,规范计算步骤。

三、解决问题,整理数量关系

本节课中的周期问题与上一节课中的"进一法""去尾法"解决问题,充分体现了有余数除法解决问题与现实生活的密切联系。对此,本课沿用上节课的教学思路,用同一个有余数除法的算式编制出不同的解决问题,让学生在解决问题的过程中体会有余数除法解决问题的多样性。

(一)自主解答,体会结构特征

教师出示"31÷7"这一道计算题,请学生用笔算的方法计算出结果。校对评析后,出示如下三个解决问题。

(1)31个同样大小的小球,每袋最多装7个,可以装满几袋?

(2)31个同样大小的小球,每袋最多装7个,装完至少需要几个袋子?

(3)1月有31天,已知某一年1月的第一天正好是星期一,那么这一年1月的最后一天是星期几?

教师谈话引入:这是三道与"31÷7"有关的解决问题,请分别给商和余数加上单位,再依据问题直接答题。

（二）评析交流,体会变与不变

完成后,教师请学生分成两轮反馈。首先请学生观察除法算式,说一说哪两个问题的解答过程完全相同,但结果为什么不同。学生指出,第(1)(2)题填写的单位相同,算式都是$31÷7=4$(袋)……3(个),但根据题意,第(1)题要用"去尾法",第(2)题则要用"进一法"。评析时,要求学生特别注意对其中关键字词的分析。

接着请学生说一说第(3)题有什么特点,又是怎样思考的。学生指出,这是日期中的周期问题。学生完成解答后,教师出示图3-18,以验证解答过程中每个数的含义。

一	二	三	四	五	六	日
1 元旦	2 十四	3 十五	4 十六	5 十七	6 小寒	7 十九
8 二十	9 廿一	10 廿二	11 廿三	12 廿四	13 廿五	14 廿六
15 廿七	16 廿八	17 廿九	18 三十	19 初一	20 大寒	21 初二
22 初四	23 初五	24 初六	25 初七	26 初八	27 初九	28 初十
29 十一	30 十二	31 十三	1 十四	2 十五	3 十六	4 立春

图 3-18

（三）依据算式,自主提出问题

上述过程中,让学生体会到算式的抽象性与解决问题的具体性,进一步让学生依据"$31÷7=4……3$",赋予被除数与除数以具体含义,编写出以上三类有余数除法解决问题。完成后交流评析,进一步体会有余数除法解决问题的一般性,即可以联系实际,用同一个算式解决不同类型的问题。

数学学习是学生不断积累、丰富并完善数学认知的过程。有余数的除法是在表内除法的基础上学习的,在学习了有余数的除法后,要及时与表内除法进行融合,形成除法在数量关系、计算方法等方面的认知结构。

第四节
"有余数的除法的整理与复习"教学实践

到本单元为止,学生第一轮四则运算的学习已经结束。因此,本单元复习时,应结合具体练习,从四则运算的视角整体复习。运算的学习包括运算的意义、运算的方法、运算的应用等三个方面。在单元复习时,需要把这三者看成一个整体,并通过实际例子,让学生逐步感知整体中各部分之间的关系。基于这样的理解,我们进行了教学实践。

一、回顾学习,理解除法的意义

有余数除法的雏形实际上在一下"100 以内数的认识"与"100 以内的加法和减法(一)"中就已经出现了,只不过是解决问题的方法有所不同而已。回顾这一学习过程,可以让学生更好地体会有余数除法产生与形成的过程。

(一)出示问题,回顾学习

课始,教师课件出示图 2 - 15,请学生读题审题后,提问:你认为应该用什么方法解决这个问题? 学生均回答用除法解决。教师追问:这是一年级下学期学习"100 以内的加法和减法(一)"中的例题,想一想,当时是怎样做的?

学生结合图示回忆,教师归纳总结并板书记录两种方法。方法 1 是"圈一圈,数一数",方法 2 是"减一减,数一数"。

四则运算是为了解决基于数量关系的问题而产生的,加法与减法分别代表了"合并"与"去掉"这两种最基本的数量关系。在此基础上,对于相同加数连加和相同减数连减,就分别出现了它们的优化表达形式——乘法和除法(包括有余数除法),且人教版《数学》在一年级下册学习加法与减法时就已经出现了相同加数连加和相同减数连减。因此,教师在单元复习时,可以让学生对此进行回顾,从连减的视角认识有余数除法的含义。

(二)除法记录,渗透联系

在上述环节的基础上,教师进一步追问:大家一开始都说用除法计算,那么用除法又是怎样记录这个过程的呢?

学生独立完成后集体反馈,并在上一环节的基础上完善板书(图3-19)。

图一图

减一减 $28 \xrightarrow{-9} 19 \xrightarrow{-9} 10 \xrightarrow{-9} 1$
              ①   ②   ③

除 法 $28 \div 9 = 3(袋) \cdots\cdots 1(个)$

$$
\begin{array}{r}
3 \\
9\overline{\smash{)}\,28} \\
\underline{27} \\
1
\end{array}
$$

图3-19

此处,特别强调"用除法记录",以体现除法的本质是"相同减数连续地去掉",即对平均分过程的记录。

(三)沟通关系,理解意义

教师请学生进一步观察板书,寻找除法横式、竖式与连减表示三者之间的关系。

教师依据学生的回答,在除法竖式中标出各个数据的含义,并用箭头将三种方法对应的部分连接起来(图3-20)。

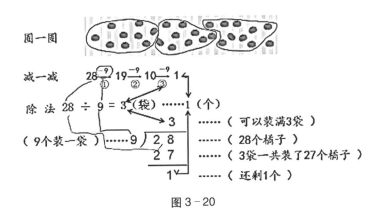

图3-20

四则运算的抽象性与操作过程的直观性,是数学学习过程中既矛盾又统一的存在。其中,"从直观到抽象"是数学化的过程,"从抽象到直观"是赋予数学知识现实意义的过程。如图3-20,从上往下是数学化的过程,从下往上就是赋予其现实意义的过程。

二、基本练习,夯实学习基础

上述环节,回顾了本单元最基本的内容——有余数除法的学习过程。在此基础上,还需要把它纳入四则运算的结构中,从计算、意义与应用三个维度,结合具体练习,发现其区别与联系。

(一)题组练习,培养习惯

本环节利用计算题组,让学生结合具体运算,整体感知四则运算的计算方法。教师出示如下题组,请学生独立计算,其中带星号的要求用竖式计算。

1. (1) 6+2 =　　(2) 6-2 =　　(3) 6×2 =　　(4) 6÷2 =

2. (1) *65+7 =　　(2) *65-7 =　　(3) *65÷7 =　　(4) 7×9+2 =

学生独立完成后校对结果。接着,请学生观察第1组算式,说一说它们有什么相同的地方与不同的地方。学生观察后发现,四道题目的数据相同,运算符号不同。这时,教师展示如下错例请学生辨析:6-2=3。这是学生的常见错误,即把"-"与"÷"混淆了,以提醒学生运算时要先看清符号再运算。

进一步让学生观察第2组中的第(3)(4)题,说一说这两题之间的联系。依据学生的回答,归纳出两个关系式,即第(3)题的"被除数÷除数 = 商……余数",第(4)题的"除数×商+余数 = 被除数",并指出第(4)题也是有余数除法的一种表示形式,再从有余数除法的视角说一说其各部分的名称。

在单元复习时,不仅要基于单元内部展开复习,还要把单元学习内容放置于已经学习的数学体系之中,实现数学知识的结构化。

(二)列式计算,体会意义

列式计算是对四则运算的文字化表述,包含运算的基本含义或各部分之间的关系。把上述运算中的部分题目改编成列式计算题,具体如下:

1. (1) 6与2的和是多少?(2) 从6里面去掉2,结果是多少?(3) 6个2是多少?(4) 2个6是多少?(5) 把6平均分成2份,每份是多少?(6) 6里面包含多少个2?

2. (1) 把65平均分成7份,每份是多少?还余下多少?(2) 65里面有多少个7?还余下多少?(3) 被除数是65,除数是7,商是多少?还余下多少?(4) 65比7多多少?

学生独立完成后集体校对。接着,请学生结合两组列式计算分别谈一谈自己的发现。学生指出,第1组的第(3)题和第(4)题虽然所列算式相同,但意义不同;

第 1 组的第(5)(6)题,以及第 2 组的第(1)(2)(3)题也是如此。教师进一步总结:一个算式可以有多种意义。进一步地,让学生圈出每题中表示运算意义的词,并把题目齐声读一遍,特别地,重读圈出的词,使学生从列式计算问题中体会四则运算的含义。

列式计算问题是沟通算式与应用问题的中介,需要引起重视。通过以上任务,让学生充分体会到算式的抽象性与意义的多样性。这两组题目间还可以通过同一种运算的对比,丰富运算的意义。例如,第 1 组的第(2)题与第 2 组的第(4)题,是减法算式下的两种不同含义。由此还可以联想到加法算式中也有加法背景下的含义,如"比 6 大 2 的数是多少"。接着,让学生根据列式计算中的算式自主编题,拓展学生思维。

(三)解决问题,理解关系

教师创设情境,为列式计算中的算式提供现实背景,请学生读题、审题,然后说一说它们分别对应哪一种含义。

针对列式计算的第 1 组,教师创设了"大门贴'福'字"的情境:有 6 个"福"字,平均贴在 2 扇大门上,每扇大门贴几个? 要求学生审题后,找一找它对应列式计算中的哪一题,关系式是怎样的。对于第 1 组中的其他算式,也请学生依据意义编写出相应的解决问题,先独立口答,再集体交流,教师选择其中的典型作品板书记录。

对于第 2 组,教师出示其中一个信息:有 65 个橘子。请学生依据第 2 组算式的含义自己添加信息,编出相应的解决问题。进一步提炼发现,此处被除数表示"橘子总个数",除数可能是"每份个数",也可能是"份数",但余下的都是"个数"。

数学学习的重要目的是解决现实生活中的问题,而"计算"与"意义"则是其重要的工具,前者可以顺利地得到结果,后者则是建立数量关系的基础。以上三个层次的练习各有侧重,让学生感受到"意义""计算""应用"是一个有机的整体,使学生能基于其中一个方面,联想到其他两个方面。

三、适度拓展,提升数学思维

如果将有余数除法的算式看成一个模型,那么随着除数的变化,被除数也会发生变化,且这一变化过程具有周期性。依据这个特征,设计得到余数问题,教材中展示了这一类问题较简单的例子(图 3 - 21)。如何引导学生解决此类问题呢? 我们认为,可以通过渗透模型思想让学生逐步形成解决问题的思路。

这袋糖果有多少块?

图 3-21

(一)图形算式,构建模型

余数问题是较难的一类题,结合二年级学生的年龄特点,需要拉长思维过程,设计中间步骤,其中通过构建有余数除法的模型展开思考是重要环节。

1. 初步感知模型

教师出示如下两个算式(图 3-22),请学生观察这两个算式有什么相同的地方。学生观察后发现,这两个算式都是有余数除法,余数都是 1,都要求被除数。接着,请学生独立完成后再集体校对。

求"□"中的数。   求"□"中的数。
(1)□÷3=4……1;   (1)□÷3=△……1;
(2)□÷5=2……1   (2)□÷5=△……1

图 3-22   图 3-23

先让学生观察这一组题目,发现算式结构特点,为进一步变式做结构上的铺垫。

2. 比较分析模型

教师接着出示图 3-23 中的两个算式,请学生与前面的两题进行比较,说一说有什么相同的地方和不同的地方。学生发现这两题也是有余数除法,被除数未知,商也未知。教师进一步追问:这时的被除数也都只有一个答案吗?怎样有序求出被除数?学生独立思考后,先在四人小组中交流,再指名学生汇报。学生发现,需要先确定商是多少,然后就可以求出被除数。

有难度的数学思维题,也可以由最基本的数学模型逐步变化得到。第 1 组中的两题建立了有余数除法中求被除数的算式模型;第 2 组则是商也未知,但基本的数量关系没有变,求被除数的关系式分别是"△×3+1=□"和"△×5+1=□"。

3. 积累探究数据

依据学生交流的结果,教师在表示商的"△"下方分别添上 1、2、3。请学生求出相应的被除数,并把被除数的结果在下面的自然数中依次圈出(图 3-24)。

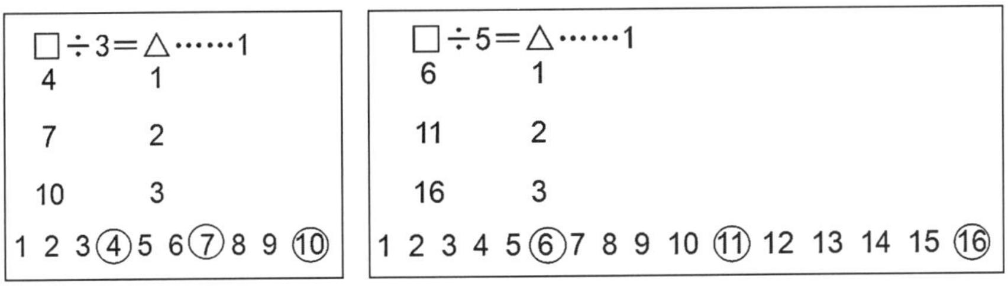

图 3－24

依据二年级学生的学习基础,商没有从 0 开始,而是从 1 开始逐步增大,并在从 1 开始的自然数数列中将被除数依次圈出,有利于学生逐步发现被除数的变化规律。

(二) 探究规律,提出问题

在小学数学学习中,数学规律的获得实则上是从具体的例子中发现共同点,进而提出猜想。余数问题的基本形式就是在两个或两个以上的有余数除法算式中,求相同的被除数(图 3－23)。对此,是否可以让学生自己发现并提出呢?

教师引导学生进一步观察图 3－24 中被除数的变化,说一说有什么发现。

生 1:被除数都是越来越大。

生 2:第 1 题前一个数加上 3 就是后一个数,第 2 题前一个数加上 5 就是后面一个数。

教师依据生 2 的说法在图 3－24 中添上相应的箭头,并分别标注"+3"和"+5"(图 3－25)。

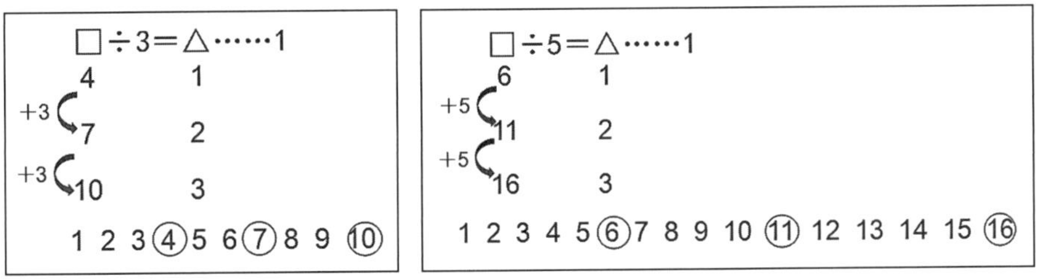

图 3－25

接着,教师指着自然数数列中被圈出的被除数,让学生说一说有什么新的发现,可以提出哪些新的问题。

生 3:继续下去,有许许多多这样的被除数。

生 4:那这样下去,它们是不是会有相同的被除数呢?

以上是学生的典型回答。通过观察,学生逐步找到了被除数的变化规律,并能

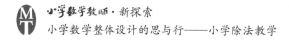

提出有思维含量的问题。

（三）尝试解决，赋予意义

针对学生提出的问题，让学生继续举例，发现"16"是符合要求的被除数。教师随后出示图3-21中的思考题，请学生读题、审题，并要求学生把"平均分给3人，还剩1块"和"平均分给5人，也剩下1块"这两句话用算式表示。学生发现，它们分别对应图3-23中的两个算式，而糖果的颗数就是二者相同的被除数。最后，教师引导学生回顾整个解决问题的过程，形成解决同余问题的基本思路：一列算式，二举例子，三找相同被除数。

为了让数学思考过程更加生动，往往会把数学思维赋予具体的现实情境，如在上述余数问题中增加"分糖果"这一现实情境。在此基础上，教师可进一步将其变成"分苹果""站队列"等情境，让学生感受到余数问题基本模型的应用背景。这样的学习方式，同样适用于后期学习的鸡兔同笼问题、打电话问题等。

构建数学模型，是利用数学知识解决问题的基本策略。把文字语言转化成数学语言，是建立数学模型的基本方法。因此，要让学生一边读题，一边用数学符号、数学运算表示题目中的文字信息，在此基础上对问题进行分析，即转化成对数学符号与数学运算的思考。

总之，数学学习的过程是一个不断丰富、形成数学结构的过程。单元复习不仅是复习本单元的知识，还要与之前的学习内容进行沟通，形成新的数学认知结构。同时，对于同一个数学知识，也可以从多个维度进行理解，体会数学知识与生活等之间的联系。

第四章
分数的初步认识

　　把"分数的初步认识"放在除法的研究范畴内，体现了分数含有除法的含义。在平均分物时，当每人分到的不足一个时，无法用整数表示分得的结果。在之前的学习中，对此不再进行平均分，而是直接用余数表示；而学习了分数之后，就可以继续进行平均分，用分数表示分得的结果。例如，把一个月饼平均分给 2 人，每人分到 $\frac{1}{2}$ 个。此时的" $\frac{1}{2}$ "表示的是具体的数量。并且，如果与整个月饼进行比较，" $\frac{1}{2}$ 个"就是"一个月饼的 $\frac{1}{2}$ "，此时的" $\frac{1}{2}$ "表示的是抽象的关系，是部分与整体之间的关系。

　　从上述分析中可以发现，分数与除法一样，都是为了解决平均分物问题而产生的。除法是从运算的视角记录平均分的过程和结果，分数则是从"量"和"率"的视角记录平均分的过程与结果。分析人教版《数学》三年级上册"分数的初步认识"单元中的分数，发现它们都表示"率"，且都是部分与整体之间的关系。另外，在认识分数的过程中也没有与除法构建起联系。因此，对本单元的整体设计，拟在达成本单元教学目标的基础上，能够让分数与除法构建起联系，增加分数表示"量"的含义，以及分数表示"量"与表示"率"之间的内在联系。

第一节
"分数的初步认识"整体设计

人教版《数学》三年级上册"分数的初步认识"是学生分数知识学习的开始,是数概念的一次扩展。一般地,"分数的初步认识"的教学往往是从平均分物的角度来引出分数。平均分物也是除法引入时的操作活动,因此我们思考:能否与除法相联系,先列出除法算式,然后用平均分物的方法得到结果? 这样,既拓展了除法的应用范围,也赋予分数新的产生背景。同时,除法有两类意义,一类是平均分(包括"等分除"与"包含除"),一类是"除法比",倍就是在"分数的初步认识"之前学习的其中一个"除法比"概念。如果在倍的背景下调换标准量,那么就要用(整数)倍的倒数来表示,即几分之一,从而沟通了分数与倍的联系。基于这样的思考,我们以"拓展除法应用,创造新的数系"为主题,对人教版《数学》三年级上册"分数的初步认识"进行单元整体设计的实践研究。

一、梳理——理清单元编排特色

人教版《数学》三年级上册"分数的初步认识"由三个板块组成。第一个板块是分数的初步认识,分成"几分之一"和"几分之几"这两类分数分别展开学习;第二个板块是分数的简单计算,主要是结合具体情境学习简单的分数加减法;第三个板块是分数的简单应用,首先把原来平均分的对象由一个物体拓展到一些物体,再利用分数的含义解决"求一个数的几分之几是多少"的问题。那么,这三个板块具体是如何编排的? 又有哪些编排特色呢? 我们进一步对此展开梳理。

(一)结合操作与图示认识分数

分数的初步认识传承了自然数的认识的基本流程,即先学习计数单位与数的读写,再进行数的大小比较。其中,"几分之一"就是分数计数单位的学习;同时,把它看成一般的分数,学习分数的读写与"几分之一"分数的大小比较。"几分之几"的学习建立在"几分之一"学习的基础上,感受到几分之几可以分解成几个几分之一;反之,几个几分之一可以组合成几分之几。以上学习过程,始终在操作活动与图形表征的基础上进行。

在认识几分之一时,首先结合主题图引出 2 人平均分一个月饼的情境,概括为"把一个月饼平均分成 2 份,每份是这个月饼的二分之一,写作 $\frac{1}{2}$";再以同样的方式,结合实物与图形,分别得到 $\frac{1}{4}$、$\frac{1}{3}$、$\frac{1}{5}$;进而概括出几分之一的含义(图 4-1)。

为进一步理解几分之一的含义,让学生用不同的方法折出正方形纸的 $\frac{1}{4}$,感受到只要把正方形纸平均分成 4 份,每份就是它的 $\frac{1}{4}$,与每份的形状并没有关系。最后,结合图示比较两个几分之一的大小,并总结出规律。

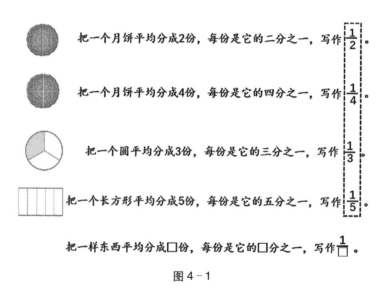

图 4-1

"几分之几"的学习同样也是通过操作活动与图示,按照"每份是它的几分之一,几份就是它的几分之几"的思路认识几分之几,会读写几分之几,能结合图示比较"同分母分数的大小"。不同的是,还编排了一个计量单位的几分之一与几分之几(图 4-2)。

这两个内容的学习,不仅在例题中是结合操作或图示来认识分数的,练习中的每一个分数也都有其对应的图示,体现了直观认知分数的特点。并且,此时认识的分数都是体现部分与整体关系的表示"率"的分数。

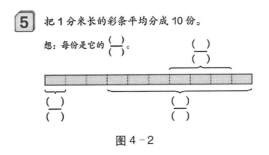

5　把 1 分米长的彩条平均分成 10 份。

想：每份是它的 $\frac{(\ )}{(\ )}$。

图 4-2

（二）依据含义与图示学习分数加减法

"分数的简单计算"实际上是简单的同分母分数的加法和减法,借助直观图示与操作理解算理、掌握算法,其目的之一是加深对分数的认识。这部分内容设计了三个例题,除了例 1 是解决问题,其他两个例题都是纯计算题。在说明算理时,依据加法表示"合并"、减法表示"去掉"这样的含义展开,并组织操作活动,利用分数的含义学习分数加减法。

【例 1】一个西瓜,哥哥吃了 $\frac{2}{8}$,弟弟吃了 $\frac{1}{8}$。兄弟俩一共吃了这个西瓜的几分之几?

这是一个同分母分数相加的解决问题。人教版《数学》五年级下册"分数的加法和减法"中"同分母分数加、减法"部分例 1 第(1)题是这样的:

爸爸吃 $\frac{3}{8}$ 张饼,妈妈吃 $\frac{1}{8}$ 张饼。爸爸和妈妈一共吃多少张饼?

这两题的情境与数量关系相似,算理也相同,但计算过程不同。前面一题只要求直接写出得数,后面一题则要求记录"分母不变,分子相加"这一步骤(图 4-3)。所以,本单元的同分母分数加减法只要求学生能依据算理进行计算,不要求概括出同分母分数加减法的计算法则。这也要求学生在本节课分数加法与减法的计算中有规范的思考过程,并作为分数加法与减法计算的基本思路,具体如图 4-4 所示。

$$\frac{2}{8} + \frac{1}{8} = \underline{\qquad}$$

$$\frac{3}{8} + \frac{1}{8} = \boxed{\frac{3+1}{8}} = \frac{\frac{1}{4}}{\frac{8}{2}} = \frac{1}{2}$$

（　）个 $\frac{1}{8}$　　　（　）个 $\frac{1}{8}$　　　（　）个 $\frac{1}{8}$

想：2 个 $\frac{1}{8}$ 加 1 个 $\frac{1}{8}$ 是 3 个 $\frac{1}{8}$,就是 $\frac{3}{8}$。

图 4-3　　　　　　　　　　图 4-4

算理往往是从数的意义与运算的意义出发形成的,总结算理也有利于学生对相应的数与运算的理解。而计算法则是一种计算程序,去掉了其中"繁琐"的思考过程,形成能计算出结果的几个简捷的步骤,如同分母分数加减法的计算法则是"分母不变,分子相加减"。显然,这样的计算法则无法反映出分数的含义,教学中如果用这样的方法让学生计算,不利于学生认识分数的含义。

(三)进行分数的简单应用,加深对分数的认识

"分数的简单应用"是对分数表征对象的新一轮拓展。原来是把一个物体或一个计量单位平均分成若干份,其中的一份或几份可以用分数表示;而在"分数的简单应用"中,需要把一些物体看成一个整体,再平均分成若干份,每一份占它的几分之一,几份就是几分之几(图4-5)。

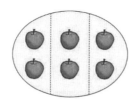

6个苹果平均分成3份:

1份苹果是总数的 $\frac{1}{3}$;

2份苹果是总数的 $\frac{2}{3}$。

图4-5

在此基础上,进一步引导学生解决如下问题:

有12名学生,其中 $\frac{1}{3}$ 是女生,$\frac{2}{3}$ 是男生。男、女生各有多少人?

在六年级上册,这是"求一个数的几分之几是多少"的分数乘法解决问题,在本单元中,却是对分数的再认识,即认识 $\frac{1}{3}$ 和 $\frac{2}{3}$ 中的分母"3"表示把12名学生平均分成3份,因此分母对应的就是12名学生,分子"1"与"2"分别表示女生和男生的份数,也就是女生占1份,男生占2份。依据上述理解,问题可以表述为:

把12名学生平均分成3份,其中女生占1份,男生占2份。男、女生各有多少人?

如此,就把它转化成归一问题了。为了让学生按照上述思路解决问题,教材采用图示的形式引导学生思考(图4-6)。

从单元整体梳理中可以发现,"分数的初步认识"虽然只是"初步认识",但涵盖的内容却十分全面,分别认识了"分数单位""由分数单位的累加而形成的分数""同分母分数的加法和减法""一个物体、一个计量单位或几个物体均可以看成一个整体,这个整体就是单位'1'""求一个数的几分之几是多少"等内容,且都是在具体的操作活动、图示表征等背景下学习的。

怎样求女生的人数呢?

12÷3=4(人)

怎样求男生的人数呢?

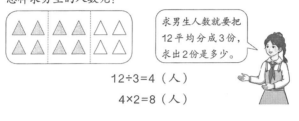

12÷3=4(人)

4×2=8(人)

图4-6

二、反思——提出可以改进之处

通过梳理,我们对人教版《数学》三年级上册"分数的初步认识"有了较为细致的了解,也明晰了教材编排特色。在此基础上,比照分数的产生背景、分数的多种含义、分数知识之间的联系,以及本单元学习内容与后续小数的意义等与分数相关的知识之间的联系,进一步提出了可以改进的建议。

(一)需要关注分数"量"的含义

本单元中出现的所有分数都是表示"率"的分数,即这些分数都表示了部分占整体的几分之一或几分之几。然而我们发现,这些分数实际上还有表示"量"的含义。例如,把一个月饼平均分给2人,对"每人一人一半"的解释,除了可以表示"每人吃的占整个月饼的$\frac{1}{2}$",还可以表示"每人吃了$\frac{1}{2}$个"。

如图4-7,上面是三年级上册分数初步认识时把计量单位等分后得到的"率"意义下的分数;而到了三年级下册,就转化成了"量"意义下的分数。我们思考:是否可以在三年级上册时一并教学"量"意义下的分数,即"1分米的$\frac{1}{10}$"就是"$\frac{1}{10}$分米",也是1厘米,也就是说"1厘米=$\frac{1}{10}$分米",从而在现实背景下让学生感受在测量中产生分数。这样,到三年级下册教学小数时,就更容易从"量"的角度实现分数与小数的沟通。

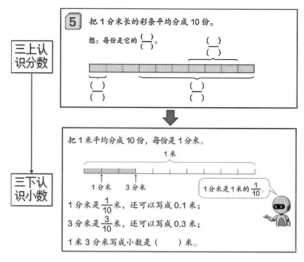

图4-7

（二）可以与除法中的平均分构建联系

平均分既是分数产生的基础,更是除法形成的关键。从平均分的角度思考,早在学习有余数除法时,就已经出现了"把一个月饼平均分成2份"的情况:

把7个月饼平均分给2人,每人分到多少个? 还余下多少个?

利用有余数除法的数量关系列式解答为: $7÷2＝3$(个)……1(个)。教师可以进一步展开: 余下的1个如果再继续分,就是"把一个月饼平均分成2份,求每人分到多少个",依据"等分除"的数量关系列式为"$1÷2$",得到的结果可以用分数来表示——$\frac{1}{2}$个,也就是"1个的$\frac{1}{2}$"。

也就是说,把分数中的平均分与除法中的平均分进行联结,先用除法表示平均分的过程,再结合具体图示记录平均分的结果,并解释这一结果的含义。如此就很好地实现了表示"量"的分数与表示"率"的分数之间的相互转化。

（三）板块内容可以适度整合与补充

三个板块体现了数学学习的一般顺序,即先学习分数的含义,再学习分数的简单计算,最后把几个物体看成一个整体,对分数进行再认识。其中,第二个板块可以整合到第一个板块"几分之几"的认识中。即: 在比较两个分数大小之后,可以让学生结合图示提出相差问题与求和问题,使原来的定性比较转化成定量刻画。如此,可以更好地体现分数加法与减法的学习价值。

一般地,我们认为整数只表示"量",不用来表示"率"。但实际上,整数也可以表示"率"。例如,三年级上册"倍的认识"中的"倍数"是一个整数,就表示一种"率"。

如果把比较中的标准量交换一下，又会是怎样的情况呢？教师出示图 4‐8 请学生观察，并提出如下两个问题。

图 4‐8

问题 1：梨的个数是苹果的(　　)倍。

问题 2：苹果的个数是梨的(　　)。

再列举类似的例子，让学生结合图示与题组中两个问题的关系，总结出"倍"与"几分之一"之间的关系。并且，此时表示的"率"由本单元教材中部分与整体的关系拓展为两个并列量的关系，是教材分数内涵的补充。

另外，在"分数的简单应用"中，除了可以利用分数的分子、分母与具体量的对应关系解决"求一个数的几分之几是多少"的问题，还可以补充"已知一个数的几分之几是多少，求这个数"的问题，因为后者可以用与前者相同的解题思路来解决。

三、实践——更加全面地认识分数

通过梳理，理清了单元编排特色，并经历反思，指出了可以改进之处。基于此，我们重构了本单元的学习路径，以期实现"量"与"率"的相互转换，"含义"与"计算"的整合，以及"部分"与"整体"的相互联系。

（一）"量"与"率"相互转换

分数有两层含义：一层是表示具体的"量"；一层是表示两个量之间的"率"，在本单元中特指表示部分与整体之间的关系。这两层含义是可以相互转换的，如"$\frac{1}{2}$ 个月饼"就是"一个月饼的 $\frac{1}{2}$"，前者表示"量"，后者表示"率"，两者表达了同一个意思。

为了让学生明白分数"量"与"率"的这一联系，我们在第 1 课时结合图示创设平均分月饼的情境，由整数除法中的平均分过渡到对一个月饼的平均分，用分数表示商"$\frac{1}{2}$ 个"，并结合图示解释"$\frac{1}{2}$ 个"就是"一个月饼的 $\frac{1}{2}$"。进一步增加平均分的人数，依据"$1 \div 2 = \frac{1}{2}$（个）　1 个的 $\frac{1}{2}$"这样的思路，对更多的几分之一进行解释，最终形成如图 4‐9 所示的板书。

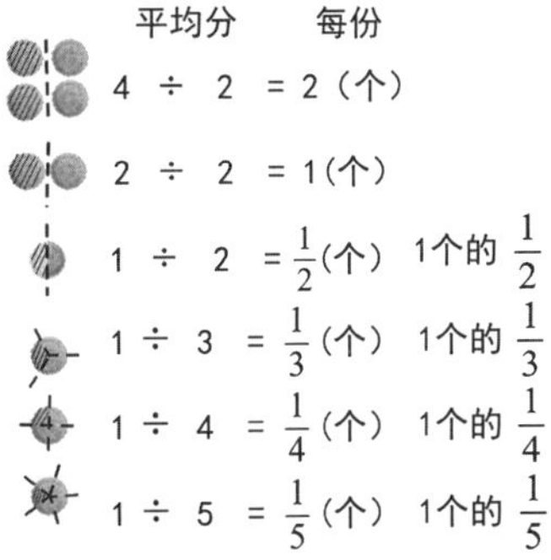

	平均分				每份		
	4	÷	2	=	2	（个）	
	2	÷	2	=	1	（个）	
	1	÷	2	=	$\frac{1}{2}$	（个）	1 个的 $\frac{1}{2}$
	1	÷	3	=	$\frac{1}{3}$	（个）	1 个的 $\frac{1}{3}$
	1	÷	4	=	$\frac{1}{4}$	（个）	1 个的 $\frac{1}{4}$
	1	÷	5	=	$\frac{1}{5}$	（个）	1 个的 $\frac{1}{5}$

图 4‐9

在第 1 课时的练习中,还设计了分别把一条彩带、一个立方体的平均分转化成对 1 米、1 千克的平均分的图示,使得每份由分数表示关系转化成用同样的分数表示的数量,进一步体现分数"量"与"率"之间的联系。

(二)"含义"与"计算"的整合

几分之几表示几个几分之一的累加。在认识相同图示或情境下的几分之几时,请学生提出问题,并利用原有加法与减法中的数量关系列出分数加减法算式进行解答,进一步加深对分数的认识。

教学"几分之几"时,在学生已经认识了几分之几,学习了几分之几的大小比较之后,教师出示如图 4 - 10 的问题。学生依据经验填写出分数后,教师赋予这两个分数相应的意义:第一次剪去 $\frac{1}{10}$ 分米,第二次剪去 $\frac{7}{10}$ 分米。进一步提出要求:依据这两个信息,可以提出什么问题?学生提出:两次一共剪去多少分米?第一次比第二次多剪去多少分米?还剩下多少分米?教师请学生列式解决以上几个问题,并在解决以上问题的过程中,利用分数的含义进行推算,形成基于算理的分数加法与减法计算思路。

把1分米长的一条彩条平均分成10份。

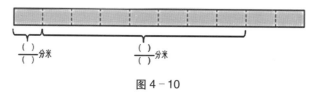

图 4 - 10

上述问题是结合图示对具体数量进行加法与减法运算,可以更好地与学生认知中的加法与减法意义相衔接。在此基础上,再出示"分数的简单计算"例 1 中的信息:

一个西瓜,哥哥吃了 $\frac{2}{8}$,弟弟吃了 $\frac{1}{8}$。

请学生说一说这两个信息与上一题中的信息有什么不同。学生指出,上一题中的分数表示具体数量,而此题中的分数表示一种关系。接着,教师请学生依据信息提出可以用加法与减法计算的问题。学生提出:

(1)兄弟俩一共吃了这个西瓜的几分之几?

(2)哥哥比弟弟多吃了全部的几分之几?

(3)还剩下这个西瓜的几分之几?

依据之前的经验,指名学生列出算式,学生独立完成计算后全班反馈评析。

（三）"部分"与"整体"相互解答

"分数的简单应用"中，将"认识把几个物体看成整体后平均分得到的分数"与"用分数的含义解答'求一个数的几分之几是多少'"这两个内容整合为一节课，在此基础上增加用分数含义解答"已知一个数的几分之几是多少，求这个数"的问题，并专门用一课时展开学习。

首先，教师出示图 4 - 11，指出看到的 6 个桃子占桃子总数的 $\frac{3}{5}$，并请学生思考依据信息可以提出什么问题。学生提出如下两个问题：

（1）一共有多少个桃子？

（2）被盖住的桃子有几个？

请学生依据上节课中"求一个数的几分之几是多少"的学习经验找对应关系，列式计算并说明理由。在此过程中，让学生感受到不论是求

图 4 - 11

部分——被盖住的个数，还是求整体——总个数，都要先求出 1 份是多少。进一步思考：如果已知总个数，要求被盖住的桃子数，又该怎么求呢？学生发现思路相同，也要先求出 1 份是多少。

接着，出示题组对比练习：

（1）学校饲养组养了 15 只兔子，其中 $\frac{3}{5}$ 是白兔，白兔有多少只？

（2）学校饲养组养了一些黑兔和白兔，其中白兔 9 只，是所有兔子的 $\frac{3}{5}$。一共有多少只兔子？

让学生再一次体会到，不论是求总数还是部分数，都要先找到份数与具体量的对应关系，再用解决归一问题的方法计算。

本单元的整体设计给我们如下启示：数学概念的学习不仅要联系生活，安排操作活动，也需要寻找与已学数学知识之间的联系，让新知建立在旧知的学习基础之上，在问题解决过程中学习新知。同时也要认识到，数学概念的认识是分层展开、逐步深化的，在概念的初步学习阶段，需要强调从多维度对概念进行感知，为后续对概念的再认识与再应用做铺垫。

第二节
"认识几分之一"教学实践

"认识几分之一"是人教版《数学》三年级上册"分数的初步认识"单元的起始课,教材通过平均分物的情境,让学生在操作中概括得出"把一个物体平均分成几份,每份是它的几分之一"。显然,这样得到的"几分之一"表示"率"。但是,学生之前学习平均分物时,每份所表示的是"量"。例如,把 4 个月饼平均分给 2 个小朋友,每个小朋友分到多少个? 可以列成除法算式 $4 \div 2 = 2$(个)。因此,如何顺应除法的含义学习几分之一,把几分之一所表示的"量"与"率"这两种含义进行沟通,让学生更加全面地认识几分之一? 带着这样的思考,我们进行了教学实践。

一、分一分,"量""率"融合

按照弗赖登塔尔的观点,个体(学生)的认知过程和人类知识的发展过程是相似的:一方面,学生学习的过程在一定程度上遵循知识发展的过程;另一方面,在学习过程中所出现的相似问题可以用类似的办法解决。当所分配的物品少于需要分配的对象时,就无法得到整数的结果,于是产生了用分数来表示结果。因此,借助学生熟悉的平均分物的情境学习分数,既遵循了分数的发展过程,也符合学生的认知发展过程。

(一) 认识二分之一

$\frac{1}{2}$ 是学生最具生活经验的一个分数。半个就是 $\frac{1}{2}$ 个,一半就是 $\frac{1}{2}$。学生在生活中已经有了关于半个或一半的经验,所以将二分之一作为学生认识的第一个分数是比较合适的。

1. 多个月饼平均分,复习除法含义

学生在二年级下学期已经学习了平均分和除法的含义,因此,本课以"4 个月饼平均分给 2 位小朋友,每人得到几个"和"2 个月饼平均分给 2 位小朋友,每人得到几个"

这样的问题情境导入,引导学生分一分、涂一涂,并用算式表示(图4-12)。结合分月饼的情境,复习除法算式中被除数、除数和商的具体含义,让学生回忆已学的除法算式可以表示像这样平均分物的情况,为下面学习不一样的除法算式和二分之一做铺垫。

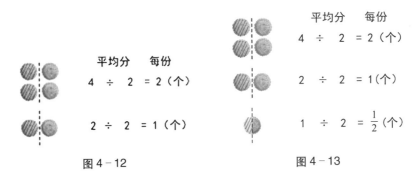

图4-12   图4-13

2. 一个月饼平均分,引申除法含义

在解决了上面两个问题后,教师提问:如果现在是一个月饼,也要平均分给2个小朋友,每人得到几个? 学生根据已有的生活经验,回答"半个""0.5个""$\frac{1}{2}$"等,对此教师都给予肯定。接着,教师追问:这个问题如果也用一个除法算式来表示,你觉得算式应该是怎样的? 学生通过类比说出"1÷2",教师请学生说说是怎么想的。学生根据前面的两个情境说出该算式的含义,教师进一步引导学生比较该算式和以前学的除法算式有什么不同(图4-13)。此处,算式"1÷2"的引入让学生认识到"被除数小于除数"也可以用除法表示。

3. 借助经验,引出二分之一

在理解了除法算式的意义之后,教师引导学生动手折一折、分一分,体会将一个月饼一分为二,并强调平均分。接着,引导学生比较刚才提到的"半个""0.5个""$\frac{1}{2}$"等回答中,哪个数更能表示出分月饼的过程。学生纷纷选择"$\frac{1}{2}$",教师引导学生思考:这个数中蕴含哪些信息? 学生结合分月饼的情境,初步解读$\frac{1}{2}$的含义。接着,教师介绍二分之一的写法、读法及其各部分的名称。最后,引导学生明确每人得到的月饼数量是"$\frac{1}{2}$个",板书算式"1÷2=$\frac{1}{2}$(个)",并请学生结合分月饼的过程完整地说出"$\frac{1}{2}$个"的含义,这是从"量"的角度来认识$\frac{1}{2}$。

4. 动手操作,"量""率"融合

在学生折一折、分一分的基础上,请学生涂色表示$\frac{1}{2}$个月饼,并认识到没有涂色的那一部分也是$\frac{1}{2}$个月饼。结合手势,引导学生发现$\frac{1}{2}$个月饼是整个月饼的多少。学生自然想到用生活用语"一半"来表示。教师继续引导学生思考:也就是一个月饼的——学生顿悟:还可以用今天学习的$\frac{1}{2}$这个数来表示。教师结合图示,引导学生发现$\frac{1}{2}$个月饼是整个月饼2份中的1份,同时完成板书(图4-14)。

$$1 \div 2 = \frac{1}{2}(个) \quad 1个的\frac{1}{2}$$

图4-14

学生在原有的生活经验中,已经有"量"与"率"的意识和区别。比如,在表示每人得到几个时,学生想到了"半个",即"$\frac{1}{2}$个"的生活原型;而在表示$\frac{1}{2}$个月饼是整个月饼的多少时,学生想到了"一半",是"$\frac{1}{2}$"的生活原型。"半个"是"量","一半"是"率"。借助图示和教师的手势,既让学生知道每人得到的月饼数量可以用"$\frac{1}{2}$个"来表示,也让学生初步感知"$\frac{1}{2}$个月饼"就是"1个月饼的$\frac{1}{2}$",实现"量"与"率"的融合。

(二) 认识几分之一

上述环节都是基于学生原有生活经验进行的数学学习。在此基础上,我们通过在同一材料下变化情境,进一步引申除法的含义,拓展对分数的认识。

1. 变换情境,认识几分之一

在教学了二分之一之后,继续引导学生思考:一个月饼平均分给3个小朋友,每人得到几个?请学生分一分、涂一涂。学生根据操作过程,列出算式"$1 \div 3 = \frac{1}{3}(个)$"。学生根据图示,观察发现"$\frac{1}{3}$个月饼"就是"1个月饼的$\frac{1}{3}$"。接着,把情境变成"一个月饼平均分给4个、5个小朋友,每人分别得到几个",学生容易得到相应的算式和分数(图4-15)。这样的过程是学生不断积累几分之一的过程,也是学生运用知识理解算式和分数的过程。学生在对同一个月饼"分"和"涂"的过程中,积累关于几分之一的图示表征、符号表达和语言表述的经验。

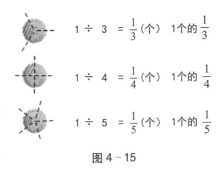

$$1 \div 3 = \frac{1}{3}（个）\quad 1个的 \frac{1}{3}$$

$$1 \div 4 = \frac{1}{4}（个）\quad 1个的 \frac{1}{4}$$

$$1 \div 5 = \frac{1}{5}（个）\quad 1个的 \frac{1}{5}$$

图 4 - 15

2. 结合情境,体会分数含义

借助分月饼的情境,学生依据不同的除法算式认识了几分之一。针对板书(图4-9),引导学生观察算式和得数,说一说发现了什么。教师根据学生的回答,从三个方面进行概括:其一,当月饼的数量少于平均分的人数时,被除数就小于除数,商可以用分数表示;其二,除数是几,分数的分母就是几;其三,分子都是1。教师接着引导学生思考:为什么除数是几,分母就是几?学生联系分月饼的过程,解释除数是几就是平均分成几份,所以分母就是几。教师追问:如果分母是8,就表示什么?学生发现就是把一个月饼平均分成8份,从逆向思维的角度体会分数的含义。进一步引导学生思考:为什么分子都是1?学生联系分月饼的情境和除法算式,发现它们都表示其中的1份。这样的过程,帮助学生从除法意义、均分角度来体会分数的含义。

3. 利用图示,比较分数大小

在多角度理解了分数的含义后,比较几分之一的大小已是水到渠成的事了。教师提问:这些数中,哪个数最小?为什么?学生都选择 $\frac{1}{5}$,理由是一个月饼平均分给5位小朋友,每人得到的就比较少。进一步概括得到:把一件物品平均分,分的份数越多,每份就越小。材料的结构化和统一性给了学生很好的直观感受。在学生比较了不同分数的大小后,教师进一步引导学生思考:比一比,$\frac{1}{2}$ 和1谁大?学生联系分月饼的过程比较它们的大小,发现这些分数都比1小。

二、变一变,由"率"到"量"

分数表示"量"时,具有具体性;表示"率"时,具有抽象性,表示部分与整体、整体与整体之间的关系。为了帮助学生进一步丰富和加深对几分之一的认识,教师设计了在不同图形中用分数表示涂色部分的练习,主要从"率"的角度认识几分之一。同时,赋予其中两个材料以具体的生活情境,从而自然引入"量"的含义。

（一）填一填，在不同图形中认识几分之一

先借助实物初步体会分数的含义，再通过图形进一步认识几分之一。数形结合，感受图示表征的直观性。

教师出示多种图形(图4－16)，让学生数一数、填一填并说一说分数的含义，在多种表征中体会它们的一致性，即：把一个物体或图形平均分成几份，分母就是几；涂色部分是其中的1份，分子就是1，从而体会几分之一的具体含义。其中，第(4)(6)题都可以用 $\frac{1}{3}$ 来表示，引导学生说一说它们的共同点，体会分数的本质。

用分数表示下面图形中的涂色部分

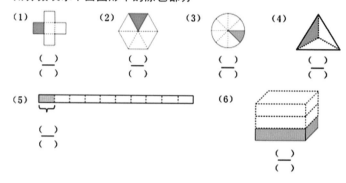

图4－16

（二）变一变，在具体情境中由"率"转化成"量"

虽然分数"率"的含义更具有一般性，但学生在遇到表示"量"的分数时，容易形成思维定势，并非真正理解其具体含义，由此也会影响学生三年级下学期认识小数的学习。因此，我们赋予图4－16中的第(5)(6)题以具体的生活情境，引导学生结合推理，实现"率"与"量"之间的来回转换。例如，对于第(5)题，我们赋予原图总长度为1米的情境，先引导学生用两手之间的距离回忆生活中1米有多长，再让学生思考涂色部分具体有多长。1米是学生感受得到的具体量，学生根据前期对 $\frac{1}{10}$ 的理解，自然利用长度单位之间的进率，用"1分米""10厘米"等小的长度单位来表示。教师借机提出：如果仍然用"米"作单位，可以怎么表示？学生认为是 $\frac{1}{10}$ 米。接着，教师借助图示，引导学生说一说 $\frac{1}{10}$ 米表示的含义，沟通" $\frac{1}{10}$ 米"和"1分米""10厘米"之间的关系，更具体地理解 $\frac{1}{10}$ 米所表示的长度(图4－17)。

在此基础上,赋予第(6)题"1千克黄油用去了一部分(空白部分),剩下部分(阴影部分)重多少"的生活情境。学生借助推理得到"$\frac{1}{3}$千克"后,再请学生说说$\frac{1}{3}$千克的具体含义(图4–18)。

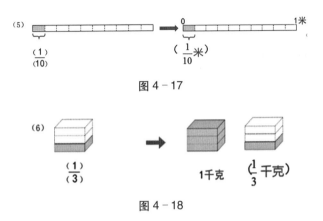

图 4–17

图 4–18

三、画一画,区分"量"与"率"

分数"量"和"率"的含义既有联系又有区别,需要通过丰富的素材让学生感悟两者之间的关系。通过"画一画",比较不同学生表达相同分数时的共同点和不同点,从而感悟"量"和"率"的关系。

(一)画二分之一分米

延续之前从"率"到"量"的转化,随即出示"$\frac{1}{2}$分米"这个分数,让学生通过迁移思考其含义。接着,引导学生思考:如果让你画一画表示$\frac{1}{2}$分米,你觉得可以怎么画?学生在$\frac{1}{10}$米的基础上,容易想到$\frac{1}{2}$分米就是把1分米平均分成2份,一份就是$\frac{1}{2}$分米。观察不同的学生作品(图4–19),学生发现每个人画的$\frac{1}{2}$分米的长度是一样的,都是把1分米平均分成2份,一份就是$\frac{1}{2}$分米。特别地,有学生直接画了5厘米,教师请该生说一说自己的想法。虽然他画的结果中没有表示出平均分成2份的含义,但他的说理中也体现了这一含义,并通过比较,进一步沟通了$\frac{1}{2}$分米和5厘米之间的关联。

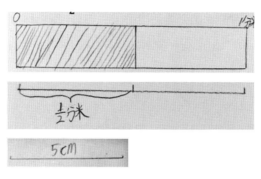

图 4 - 19

（二）画二分之一

教师出示 $\frac{1}{2}$ 这个分数,提问:如果也用图示表示 $\frac{1}{2}$,你觉得可以怎么画?通过比较不同的学生作品(图 4 - 20),引导学生思考:大家画的都不一样,为什么都表示 $\frac{1}{2}$? 学生通过比较,发现都是把一个图形平均分成 2 份,涂色的 1 份就是这个图形的 $\frac{1}{2}$。

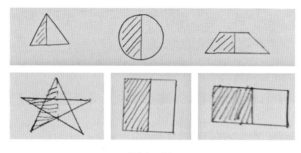

图 4 - 20

（三）"量""率"不同

通过画一画,学生初步感受了 $\frac{1}{2}$ 分米和 $\frac{1}{2}$ 的含义。教师进一步引导学生观察 $\frac{1}{2}$ 分米和 $\frac{1}{2}$ 的作品,思考:$\frac{1}{2}$ 分米和 $\frac{1}{2}$ 一样吗? 学生很自然地回答"不一样"。教师追问:哪里不一样呢? 学生用自己的语言说道:$\frac{1}{2}$ 分米只能是把 1 分米平均分成 2 份,1 份就是 $\frac{1}{2}$ 分米,它是有固定长度的。$\frac{1}{2}$ 可以表示把任何物体平均分成 2 份,1 份就是它的 $\dfrac{1}{2}$。 由此,通过丰富的素材,让学生初步感受到分数"量""率"的不同。

　　考虑到知识之间的前后联系和学生的认知特点,本节课从学生已有的平均分物的经验出发,引申除法的含义,初步建立除法与分数的关系。在具体情境中,既让学生体会分数可以表示具体的量,也可以表示两个数量之间的关系,实现"量"与"率"的融合。特别地,让学生充分感知分数作为"量"的含义,为后续学习小数的初步认识弥补了认知上的断层。

第三节
"认识几分之几和简单计算"教学实践

    人教版教材把本节课的内容分为两个课时教学,一课时是认识几分之几,包含分数的大小比较,另一课时是同分母分数加减法的简单计算。这两个课时都包含了"几分之一"的累加,即"几分之几"可以看成"几个几分之一",因此分数的简单计算也就是"几分之一"个数的加或减。基于此,我们认为把两个课时进行合并,更有利于学生对几分之几的认识。并且,结合具体情境,从"量""率"两个视角帮助学生认识几分之几并进行简单计算,体会分数表示具体量与表示关系两者的联系与区别。

一、结合图示认识几分之几

    考虑到单元整体设计的连贯性,在认识几分之几时,仍旧沿用上节课分月饼的情境,从分数"量""率"融合的视角对各种情形展开探讨,引导学生认识几分之几。

(一) 提出问题,引出新知

    教师从复习引入,巩固上节课学习的"平均分月饼,每人分到多少个"这一内容(图4-21)。教师先出示平均分成3份的月饼图,提问:3人平均分,每人分到多少个? 学生回忆每人分到 $\frac{1}{3}$ 个月饼。教师追问: $\frac{1}{3}$ 个月饼也就是一个月饼的——学生自然地说出 $\frac{1}{3}$ 个月饼也就是1个月饼的 $\frac{1}{3}$。教师紧接着出示平均分成4份、5份的月饼图,并分别提问:4人平均分,每人分到多少个月饼? 也就是1个月饼的——5人平均分,每人又分到多少个? 也就是1个月饼的——学生对应说出 $\frac{1}{4}$ 个月饼也就是1个月饼的 $\frac{1}{4}$, $\frac{1}{5}$ 个月饼也就是1个月饼的 $\frac{1}{5}$。教师归纳得出:这些都表示1人分到的月饼数量(图4-22),并继续追问:1个月饼,平均分给3个人,2人分到多少个？3 人又分到多少个？自然而然地由几分之一引出几分之几的学习。

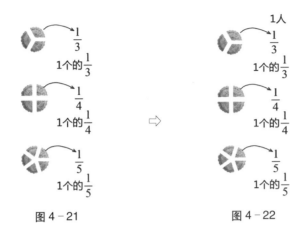

图 4－21　　　　　　　　　　图 4－22

（二）尝试解决,体会关系

分数"量"的教学,需要有"形"的有效支撑。既然分数能表示一个事物的大小,那么有必要让学生感知体会到这种大小。

当学生说出"1 个月饼,平均分给 3 个人,2 人分到 $\frac{2}{3}$ 个月饼"时,教师先请学生指一指 $\frac{2}{3}$ 个月饼有多少,并涂出 $\frac{2}{3}$ 个月饼,说一说是怎么想的。学生能从分数单位累加的角度来理解,即 $\frac{1}{3}$ 个 + $\frac{1}{3}$ 个 = $\frac{2}{3}$ 个,并知道 $\frac{2}{3}$ 个月饼也就是 1 个月饼的 $\frac{2}{3}$。

教学了 $\frac{2}{3}$ 之后,教师继续引导学生思考: 1 个月饼,平均分给 3 个人,3 人能分到几个？同样用指一指、涂一涂、说一说的方法,让学生理解 3 个 $\frac{1}{3}$ 个是 $\frac{3}{3}$ 个。教师追问: $\frac{3}{3}$ 个月饼也就是几个月饼？学生根据图示,明确 $\frac{3}{3}$ 个月饼就是 1 个月饼,初步感知分子、分母相同的分数可以用"1"表示,为后续"1 减去几分之几"的计算做好铺垫。最后,让学生观察发现, $\frac{3}{3}$ 个月饼也就是 1 个月饼的 $\frac{3}{3}$（图 4－23）。

图 4－23

改变情境:1个月饼,平均分给4个人,2人、3人和4人分别分到几个月饼?1个月饼,平均分给5个人,2人、3人、4人和5人分别分到几个月饼?有了3人平均分月饼的经验,这时学生能较快地类推出4人、5人平均分月饼的情况,并依次得到分到几个月饼,以及分到1个月饼的几分之几。

通过出示这样三组同类型的情境,学生从操作体验、得出结论到同理类推,充分感知用分数单位累加的方法可以得到"量"意义下的分数,并能转化为"率"意义下的分数。

(三)"量""率"同行,完善思路

人教版教材"分数的初步认识"单元中出现的分数都表示"率",没有表示"量"的分数。这可能导致学生在高段学习分数时,片面地认为分数只可以表示"率",能表示"量"的只有整数和小数。

因此,我们选择在三年级上册"率"的教学中引入"量"的学习,做到"量""率"同行。在表达几分之几时,将"量"和"率"作对比,上面一行都是"量",表示数量大小,下面一行都是"率",表示部分占总数的几分之几,从而实现"量"与"率"的融合(图4-24),让学生从"量"中能看到"率",从"率"中能想到"量"。例如,看到 $\frac{2}{3}$ 个,能想到是1个的 $\frac{2}{3}$;看到 $\frac{2}{3}$ 米,能想到是1米的 $\frac{2}{3}$;看到1千克的 $\frac{2}{3}$,能想到是 $\frac{2}{3}$ 千克。

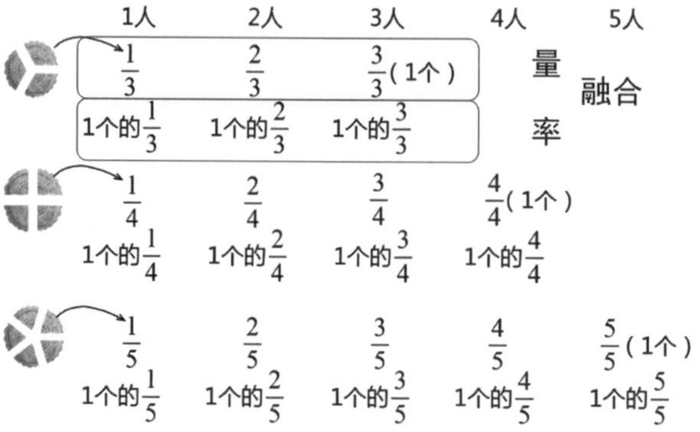

图4-24

二、利用图示进行大小比较

三年级上册教材中,只有简单的同分母分数的大小比较。但根据生活实际和

分数知识体系的连贯性,适当加入了同分子分数大小比较的学习,以及在"分数的基本性质"背景下对分数大小比较的感知。

（一）同分母分数大小比较

教师出示图 4-25（隐去最下方的文字）。横向看,让学生先观察第一行,比较 $\frac{1}{3}$ 和 $\frac{2}{3}$,以及 $\frac{2}{3}$ 和 $\frac{3}{3}$ 的大小,并说说是怎么想的。学生看图都能得出 $\frac{1}{3} < \frac{2}{3}$,

$\frac{2}{3} < \frac{3}{3}$,但表述方法不同。第一种表述:因为 $\frac{1}{3}$ 是 1 份, $\frac{2}{3}$ 是 2 份, $\frac{3}{3}$ 是 3 份,

所以 $\frac{1}{3} < \frac{2}{3}, \frac{2}{3} < \frac{3}{3}$。第二种表述:因为 $\frac{1}{3}$ 是 1 个 $\frac{1}{3}$, $\frac{2}{3}$ 是 2 个 $\frac{1}{3}$, $\frac{3}{3}$ 是 3 个

$\frac{1}{3}$,所以 $\frac{1}{3} < \frac{2}{3}, \frac{2}{3} < \frac{3}{3}$。虽然两种表述方法不同,但都是从分数单位累加的角

度感知并比较大小的,这其实是对几分之几的再认识。例如,同样是 $\frac{2}{3}$,之前是"1个的 $\frac{2}{3}$",这里则说成"2 个 $\frac{1}{3}$"。可见, $\frac{2}{3}$ 在不同情境下有不同的应用:表示意义时,说成"1 个的 $\frac{2}{3}$",大小比较时,说成"2个 $\frac{1}{3}$",但都是丰富对三分之二的认识。

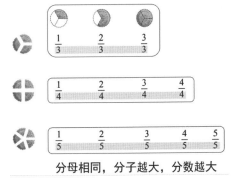

分母相同,分子越大,分数越大

图 4-25

接着,引导学生比较第二行 $\frac{1}{4}$、 $\frac{2}{4}$、 $\frac{3}{4}$ 和 $\frac{4}{4}$ 的大小,以及第三行 $\frac{1}{5}$、 $\frac{2}{5}$、 $\frac{3}{5}$、 $\frac{4}{5}$

和 $\frac{5}{5}$ 的大小。这里虽然没有呈现图示,但通过第一行分数大小比较的经验,学生也能用分数单位累加的方式比较出这些同分母分数的大小。

比较完这三行分数的大小后,教师提问:你发现了什么? 学生通过观察,发现分子越大,分数越大。三年级学生受思维水平的限制,他们只关注了分子的变化,没有看到分母的变化。因此,教师在教学这部分内容时特意把分母用黄色突出显示,让学生观察发现在比较分子前,先要保证分母不变。最后师生共同总结得出:分母相同,分子越大,分数越大。

在比较分数大小的过程中,教材虽然没有将分数单位作为重点,但我们认为,

通过"分数单位的累加"来理解分数还是很有必要的,可以为后续学习分数的加减运算奠定坚实的基础。即:有助于学生真正理解同分母分数加减法为什么只需要"分子相加减而分母不变",而异分母分数为什么要先通分,从而认识到不论是自然数、分数还是四年级学习的小数加减法,其计算本质都是相同计数单位相加减,最终建立完善的认知结构。

（二）同分子分数大小比较

纵向看,让学生先观察第一列,比较 $\frac{1}{3}$、$\frac{1}{4}$ 和 $\frac{1}{5}$ 的大小。部分学生受同分母分数比较时"分子越大,分数越大"的影响,错误地认为分母越大,分数也越大,得到 $\frac{1}{3} < \frac{1}{4} < \frac{1}{5}$。而细心的学生能根据图示,发现分的人数越多,每人分到的就越少,从而得出正确结果 $\frac{1}{3} > \frac{1}{4} > \frac{1}{5}$,这其实就是第 1 课时中几分之一的分数大小比较。

继而从几分之一的分数大小比较过渡到几分之几的分数大小比较（图 4-26）。教师请学生观察第二列,比较 $\frac{2}{3}$、$\frac{2}{4}$ 和 $\frac{2}{5}$ 的大小,并说说是怎么想的。有学生是这样比较的:因为 $\frac{1}{3} > \frac{1}{4}$,所以 2 个 $\frac{1}{3}$ 也大于 2 个 $\frac{1}{4}$,所以 $\frac{2}{3} > \frac{2}{4}$。

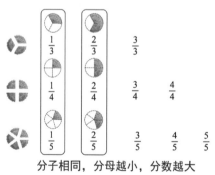

分子相同,分母越小,分数越大

图 4-26

当然,也有学生比较得出 $\frac{2}{4} > \frac{2}{5}$,$\frac{2}{3} > \frac{2}{5}$。学生的方法大致相同,都是通过分数单位累加的方式进行比较。最后,教师引导学生观察第一列和第二列,说说有什么发现。有了同分母分数大小比较的经验,学生注意到同一列中的分子相同,从而顺利得出结论:分子相同,分母越小,分数越大。

这部分内容是人教版教材中所没有的,所以我们只作适当渗透。但这样的学习,我们认为是很有必要的。一方面,课后练习中安排了同分子分数大小比较的习题;另一方面,也能培养学生知识的迁移类推能力,感知分数大小比较的意义。

（三）"分数的基本性质"背景下的分数大小比较

紧接着,教学"分数的基本性质"背景下的分数大小比较（图 4-27）。"分数的基本性质"是五年级下册的内容,这里只作适度渗透,不作为比较的重点。

对于第(3)题,学生有 4 种不同的结果:

① $\frac{3}{6} > \frac{2}{4}$;② $\frac{3}{6} < \frac{2}{4}$;③ $\frac{3}{6} = \frac{2}{4}$;④ $\frac{1}{2} =$

$\frac{1}{2}$。教师让学生辨析哪个答案是正确的,学

生认为是 $\frac{3}{6} = \frac{2}{4}$,因为 2 个圆中的涂色部分

大小相等。教师追问:那为什么不是 $\frac{1}{2} =$

(1) 　(2)

(3)

图 4-27

$\frac{1}{2}$。学生解释:$\frac{1}{2}$ 表示把一个圆平均分成 2 份,涂其中的 1 份。而第 1 个圆涂了 6

份中的 3 份,第 2 个圆涂了 4 份中的 2 份,所以应该是 $\frac{3}{6} = \frac{2}{4}$。

通过辨析,学生进一步理解了分数的含义。教师总结:当分子、分母不相同
时,表示的分数大小也可以是相同的。并且,在这一过程中,让学生对"分数的基本
性质"有初步的感知。

三、结合情境学习简单的分数加减计算

三年级上册学习简单的同分母分数加减法,通过数形结合,理解算理、掌握算
法,并基于"量"和"率"的背景学习分数的简单计算,目的是再次加深对分数含义
的理解。

(一) 基于"量"的含义学习简单的分数加减计算

教师出示情境图(图 4-28):把 1 分米长的一条彩带平均分成 10 份。

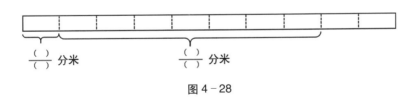

图 4-28

教师引导学生发现这条彩带被分成了三段,请学生填写给出的两段,并根据信

息列出加减算式,说一说算式所表示的意思。有的学生列出算式:$\frac{1}{10} + \frac{7}{10} =$

$\frac{8}{10}$(分米),表示第一段和第二段的长度之和。有的学生列出算式:$\frac{7}{10} - \frac{1}{10} =$

$\frac{6}{10}$（分米），表示第二段比第一段多 $\frac{6}{10}$ 分米。教师追问：这个算式还可以表示什么？学生思考后，发现还能表示第一段比第二段少 $\frac{6}{10}$ 分米，或表示第一段和第二段相差 $\frac{6}{10}$ 分米。

有的学生甚至还想到了连减算式：$\frac{10}{10} - \frac{1}{10} - \frac{7}{10} = \frac{2}{10}$（分米），表示第三段的长度。教师追问：这里的 $\frac{10}{10}$ 分米也可以看作几分米？有了前面的经验，学生马上想到 $\frac{10}{10}$ 分米也可以看作 1 分米，所以这个算式也可以写成：$1 - \frac{1}{10} - \frac{7}{10} = \frac{2}{10}$（分米）。

教师最后引导学生观察这些加减算式，说一说都是如何计算的。有学生观察发现，这些算式都是几个 $\frac{1}{10}$ 相加减。例如，$\frac{1}{10} + \frac{7}{10}$ 是 1 个 $\frac{1}{10}$ 分米和 7 个 $\frac{1}{10}$ 分米的和，$\frac{7}{10} - \frac{1}{10}$ 是 7 个 $\frac{1}{10}$ 分米和 1 个 $\frac{1}{10}$ 分米的差，这其实就是同分母分数加减法的算理。还有学生总结得到"分母不变，分子相加减"，这其实就是同分母分数加减法的算法。

上述学习过程是基于"量"的含义学习简单的分数加减计算。学生通过分数单位累加或减少的方法计算同分母分数的加减法，不仅掌握了简单的分数加减计算，还进一步体会了几分之几与相关分数单位的内在联系，再次加深了对分数含义的理解。

（二）基于"率"的含义学习简单的分数加减计算

教师出示练习题：

一个西瓜，哥哥吃了 $\frac{3}{8}$，弟弟吃了 $\frac{2}{8}$。兄弟俩一共吃了这个西瓜的几分之几？还剩下这个西瓜的几分之几？

教师提问：你知道了哪些信息？要解决什么问题？学生发现，题目给出的信息有"哥哥吃了一个西瓜的 $\frac{3}{8}$""弟弟吃了一个西瓜的 $\frac{2}{8}$"；要解决的问题有两个，第一个问题是兄弟俩一共吃了这个西瓜的几分之几，第二个问题是还剩下这个西瓜的几分之几。如何解决这两个问题？学生认为可以先画图,再列算式。于是,教师请学生用"圆"代替"西瓜",画一画、涂一涂、算一算。学生把圆平均分成 8 份,3 份涂成黑色,2 份涂成阴影(用斜线表示)。容易得到涂色部分之和就是一个西瓜的 $\frac{5}{8}$,也就是兄弟俩一共吃了这个西瓜的 $\frac{5}{8}$;未涂色部分是一个西瓜的 $\frac{3}{8}$,即 $1 - \frac{3}{8} - \frac{2}{8} = \frac{3}{8}$,且这里的 1 可以看作 $\frac{8}{8}$。

学生解决了这个问题后,再次提问:比较分彩带和分西瓜这两道问题,你发现有什么相同点和不同点？有学生发现,它们都是分数加减法;而细心的学生发现,第一题的分数有单位,第二题的分数没有单位。所以,第一题是基于"量"的背景学习分数的简单计算,第二题是基于"率"的背景学习分数的简单计算。虽然两题代表的含义不同,但分数加减法的算法和算理是一致的。可见,我们在分数计算的教学中,也力求做到"量""率"的融合。

回顾本节课的思考与实践,让我们认识到"顺应数学发展的规律""尊重学生已有的学习和生活经验"是进行课堂教学设计的两个重要准则。本节课是在分数单元整体设计背景下对"几分之几"的学习,我们打破了教材的束缚,始终做到"量""率"融合。"量"意义下的分数表示物体的大小,只是这 1 份小于完整的"1 个";"率"意义下的分数表示一种关系,它能够把物体许多不可比的状态变成可比的状态。"量"和"率"同样重要,且相互关联。这样"量""率"并行的教学,让学生对分数含义的认识更加深入,为理解分数的意义奠定了基础。

第四节
"分数的简单应用(1)"教学实践

　　分数的简单应用是在学生学习了分数的初步认识、分数的大小比较和分数的简单计算的基础上学习的内容,即解决实际问题。由于"分数的简单应用"例1、例2都是通过分数除法的算式表达沟通"量"与"率"之间的关系,以丰富分数的含义,且为了给"分数的简单应用(2)"更多的教学时间,我们将例1、例2整合成一个课时来教学。如何从用分数表示一个物体或图形的平均分过渡到几个物体的平均分? 如何沟通分子、分母与具体量之间的对应关系? 对此,我们进行了教学实践。

一、经历操作,发现表达异同

　　教师创设情境,让学生先通过分一分、涂一涂的自主操作活动表示出不同单位"1"中的"$\frac{1}{4}$",从"一个物体中的 $\frac{1}{4}$"到"多个物体中的 $\frac{1}{4}$";再引导学生列出相应的除法算式,通过比较,发现分数和除法算式的异同。

(一)经历操作,表示不同含义的四分之一

　　在学习分数的初步认识、比较大小、简单计算时,都是以"一个物体"为整体来表示分数;而在"分数的简单应用"中,出现了"几个物体"作为整体的情况,学生容易受思维定势的影响,对于这样的整体较难理解。因此,我们创设了三盒个数不同的月饼,由易到难、层层递进,从"一个物体"过渡到"多个物体"。

　　课始,教师出示三盒个数不同的月饼(图4-29),并提出问题:老师这里有三盒个数不同的月饼,你能表示出每盒月饼的 $\frac{1}{4}$ 吗? 请学生在练习纸上独立完成,在图中分一分并涂色表示出每盒月饼的 $\frac{1}{4}$。

1、请你分一分，并涂色表示出 $\frac{1}{4}$。

图 4－29

在题组的对比操作中，第 1 题"1 个月饼的 $\frac{1}{4}$"，学生能运用旧知解决；第 2 题

"4 个月饼的 $\frac{1}{4}$"，学生需要通过迁移类推和经验直觉来解决，但"$\frac{1}{4}$"对应的具体

"量"是"1 个月饼"，因此问题也不大；第 3 题"8 个月饼的 $\frac{1}{4}$"是进阶提升，需要重

点突破。

（二）交流反馈，初步感知不同整体中的"率"

集体交流反馈，让学生表达自己的想法，培养学生的语言表达能力，并在说理

过程中培养学生的逻辑思维能力。

在巡视的过程中，教师发现第 3 题出现的问题最多，要重点辨析。学生完成

后，集体交流反馈。对于第 1、2 题，先让学生说一说自己的想法，以及对 $\frac{1}{4}$ 的理

解，为后续重点辨析第 3 题做铺垫。教师出示最具代表性的不同学生作品（图

4－30），让学生进行辨析。学生发现，生 1 对于分母 4 的意义理解是不到位的，

$\frac{1}{4}$ 所对应的量也是错误的；生 2 对分母的意义理解错误，但具体所对应的量是正

确的；生 3 对分母的意义理解正确，且具体所对应的量也正确。通过对三幅学生作

品的辨析，学生能逐渐深入地理解和掌握 $\frac{1}{4}$ 的含义，并能把相应的"率"和"量"对

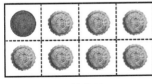  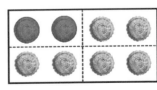

生1的作品 　　　　　　生2的作品 　　　　　　生3的作品

图 4－30

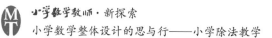

应起来。

由简单到复杂,从"一个物体"到"多个物体",由浅入深。通过题组对比,以及学生作品的对比分析,使学生深入理解分数的含义,初步感知当"率"相同时,"量"可能会不同。

(三)表达异同,辨析感知分数和除法算式的异同

平均分物既是分数引入时的操作活动,也是除法引入时的操作活动,分数与除法之间具有一定的联系。因此,可以借助除法算式进一步理解分数的含义。

教师追问:都是表示每盒的 $\frac{1}{4}$,为什么这三题的涂色部分不一样呢?通过讨论,明确第 1 题是表示"一个物体"的 $\frac{1}{4}$,第 2 题是表示"4 个物体"的 $\frac{1}{4}$,第 3 题是表示"8 个物体"的 $\frac{1}{4}$,它们的整体(单位"1")是不一样的。紧接着提问:你能用除法算式表示出涂色部分的数量吗? 根据学生的回答,得到如图 4 - 31 所示的结果。

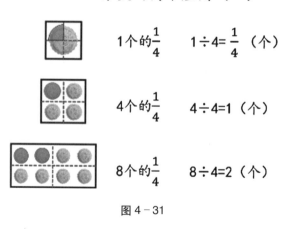

分数的简单应用(一)

1 个的 $\frac{1}{4}$ $1 \div 4 = \frac{1}{4}$(个)

4 个的 $\frac{1}{4}$ $4 \div 4 = 1$(个)

8 个的 $\frac{1}{4}$ $8 \div 4 = 2$(个)

图 4 - 31

从图 4 - 31 中可以看出,"1 个的 $\frac{1}{4}$"中的"$\frac{1}{4}$"是"率","$1 \div 4 = \frac{1}{4}$(个)"中的"$\frac{1}{4}$"是"量"。在用除法算式解释"不同整体"中的"$\frac{1}{4}$"所代表的具体"量"时,也进行了一次"量"与"率"的融合。

二、操作提炼,感知"量""率"关系

单位"1"可以是"一个物体",也可以是"几个物体"。同样地,涂色部分可以是"1份",也可以是"多份"。在前面的学习过程中,在涂色部分都是"1份"的基础上,重点探究了不同整体作为单位"1"的情况。因此,接下来重点研究涂色部分的份数不同时的情况。

(一)经历操作,感知过程

在学生感知了分数和除法算式的异同后,可以设计题组进行对比练习,进一步探讨分数和除法算式的联系与区别。

课件出示如图4-32的题组,请学生在练习纸上写出涂色部分所代表的分数。学生完成后,集体反馈交流,重点辨析后面两题。

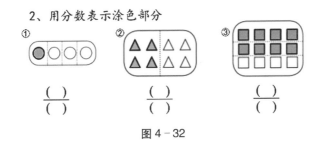

图 4 - 32

其中,第①题和第②题的涂色部分都表示"1份",但所对应的具体"量"不一样,第①题的"1份"对应"1个",而第②题的"1份"对应"多个";第②题和第③题中"1份"所对应的"量"都是"多个",但涂色部分所表示的"份数"不一样。这三题既有联系,又有区别。

(二)算式归纳,表达过程

通过前面用分数表示涂色部分的练习,学生能初步感知"量"与"率"之间的关系。通过计算涂色部分的具体个数,进一步沟通了"量"与"率"之间的联系,以及分数与除法算式之间的联系。

解决完这一问题后,追问学生:请你观察一下,涂色部分到底有几个呢?可以怎样列式?(图4-33)根据学生的回答,发现前面两题只需用1个除法算式就能表示出涂色部分的"量";而第③题需要2个算式,先求出每份的"量",再求多份的"量"。

涂色部分的个数从"1个"变成"多个",份数从"1份"过渡到"多份",相应的算式也从"1个"变成"2个",这三题的难度螺旋上升,既是对前面知识的复习,也

是进一步的拓展提升。

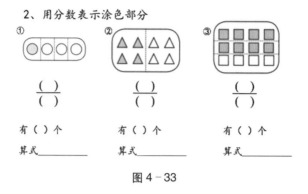

图 4 - 33

(三) 解决问题,丰富含义

分数的简单应用离不开现实情境,如何在具体情境中灵活运用分数的相关知识解决实际问题? 我们沿用了教材第 101 页的例 2 作为学习材料。

课件出示问题:

有 12 名学生,其中 $\frac{1}{3}$ 是女生,$\frac{2}{3}$ 是男生。男女生各有多少人?

提问:$\frac{1}{3}$ 和 $\frac{2}{3}$,看到这两个分数中的分母"3",你想到了什么? 根据学生的回答,得到:这里的"3"与"12 名"相对应,表示把"12 名"平均分成了"3 份"。接着,请学生在练习纸上分一分、涂一涂、列一列(图 4 - 34),学生完成后集体反馈。

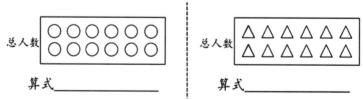

图 4 - 34

分数中,分母对应整体量,分子对应部分量。在求部分量时,要先得到每份的量,这就要求学生理清整体与部分的关系,沟通"量"与"率"之间的联系,为下一课时学习"已知部分求整体"做铺垫。

三、沟通联系,追溯分数本源

分物中产生分数,是教材中分数最基本的表现形式。在分物过程中,"分母"表示"平均分"的结果,而"分子"则表示"其中的一份或几份"的结果。在用"率"求"量"的过程中,不仅沟通了"量"与"率"之间的联系,还沟通了分数与除法之间的联系,进一步深化了分数的含义。

(一) 经历操作,感知联系

创设情境,让学生动手操作,再一次感知"量"与"率"之间的联系,感知分数与除法之间的联系。出示问题(图 4–35):

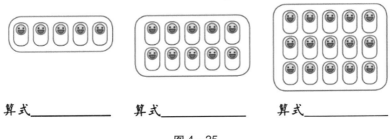

图 4–35

请学生在练习纸上涂一涂,并用算式表达。

这一组题都是关于"$\frac{3}{5}$"的练习,三题之间形成对比。第 1 题的"每份"对应"1个",第 2、3 题的"每份"对应"多个"。同时,整个题组与课始关于"$\frac{1}{4}$"的题组形成对比:之前的分数是"几分之一",而此处的分数是"几分之几"。

(二) 沟通交流,实现互译

通过前面的学习,学生能熟练运用所学知识解决上述问题。完成后请学生交流自己的想法,进一步巩固所学知识,理解分数的含义。

学生完成后集体交流反馈,根据学生的回答,得到如图 4–36 所示的结果。在交流分析的过程中,引导学生理解分母对应整体、分子对应涂色部分,同时能找准"3"所对应的具体量。

这一组题中,以"率"求"量"的算式与关于月饼的题组不同,这里的算式需要两步,即先求出每份所对应的"量",再求出 3 份所对应的"量"。

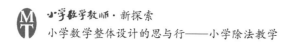

4、在每幅图里涂上颜色,分别表示出它的 $\frac{3}{5}$,并用算式表示。

算式 5÷5=1（个）　　算式 10÷5=2（个）　　算式 15÷5=3（个）
　　　 1×3=3（个）　　　　　 2×3=6（个）　　　　　 3×3=9（个）

图4－36

（三）分析比较,发现异同

教师进一步追问学生:与课始关于月饼的题组相比较,你发现了什么相同点和不同点? 根据学生的回答,可以知道:两个题组都是通过"率"来求"量",都是已知"整体"求"部分",都要先求出每份对应的量;两个题组中所取的份数不一样,前面是1份,后面是3份;相应的除法算式也不同,前面是一步除法,后面是两步除法。

通过比较分析,交流各自的观点,总结出两个题组之间的相同点和不同点,从而归纳出解决这类问题的方法,熟练掌握解题技巧。同时,进一步加深了对分数含义的理解,沟通了分数与除法之间的联系,以及"量"与"率"之间的联系。

从本节课的教学过程中可以看出,每一组题的内部之间都有联系和提升,题组与题组之间也有联系和提升。但是,解决问题的思路是一样的,都需要理解分数的含义,理解分数中的"分母"代表"平均分"的结果,对应"整体的量";"分子"表示"其中的一份或几份"的结果,对应"部分的量"。所有题组都沟通了分数与除法之间的联系,以及"量"与"率"之间的关系。

第五节
"分数的简单应用(2)"教学实践

　　人教版三年级上册"分数的初步认识"中,"分数的简单应用"部分的例2是"求一个数的几分之几是多少"的解决问题,用归一问题的思路进行解决,即把分母看成一个数所对应的份数,要求的数所对应的份数是分子,形成归一问题中的数量关系。顺应这样的脉络,很自然地想到"已知一个数的几分之几是多少,求这个数"的解决问题,也可以用解决归一问题的思路来解决,即把分子看成已知数所对应的份数,要求的这个数所对应的份数是分母,从而更加完整地认识分数中分母、分子与具体量之间的对应关系。

一、依据信息,提出新的问题

　　课始出示情境图,请学生依据图示与信息提出问题。

(一)依据图示,提出问题

　　学生根据情境图(图4-11)提出问题:被遮住的桃子有多少个？一共有多少个桃子？要解决这样的问题似乎还少了一个信息。教师再次出示信息:看到的桃子是全部桃子的$\frac{3}{5}$。

　　学生通过交流发现,只要解决"一共有多少个桃子"这个问题,那么"被遮住的桃子有多少个"这个问题也就自然而然地解决了。引领学生把问题聚焦到"一共有多少个桃子",有利于构建起分子、分母相对应的关系。

(二)交流反馈,发现问题

　　由于分数具有高度的抽象性,且在学生现有的认知水平之上,这类问题的解决没有现成的求解模式可以模仿,需要独立思考,通过自己的探索获得解决问题的途径。

　　学生通过画一画、列一列解决"一共有多少个桃子"的问题,反馈如图4-37所示。学生解释道：看到的桃子是全部桃子的$\frac{3}{5}$，说明我们看到的 6 个桃子是 5 份里面占这样的 3 份，可以求出这样的 1 份是 6÷3＝2（个），总共有这样的 5 份，就是 5×2＝10（个），所以一共有 10 个桃子。

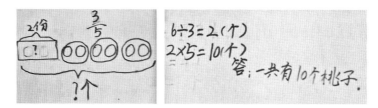

图 4－37

解决了"一共有几个桃子"的问题后，"被遮住的桃子有多少个"这个问题又该怎么解决呢？学生想到了两种方法。第一种方法：一共有 10 个桃子，直接减去看到的 6 个，列式为 10-6＝4（个）；第二种方法：先求出这样的 1 份是 6÷3＝2（个），总共有这样的 5 份，被遮住的份数是 5-3＝2（份），对应的个数是 2×2＝4（个），所以被遮住的桃子有 4 个。

学生能把分数中的分子、分母与算式中所对应的份数联系起来，也是与归一问题的初步联系。

（三）反思比较，提炼结构

接着，让学生对答案进行检验。本题的检验过程，也是对上节课"分数的简单应用（1）"内容的复习。学生独立检验后，指名学生说出检验思路。教师进一步请学生观察解决这两个问题的板书（图 4－38），说一说有什么发现。学生发现，都是先求 1 份是多少，再乘对应的份数，从而提炼出它们相对应的关系（图4－39）。

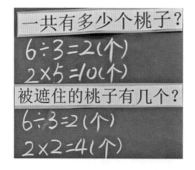

图 4－38

图 4－39

在这一环节中,学生不断经历了发现问题、提出问题、分析问题、解决问题的过程,学生的数学素养得以不断提升,体会到数学知识的不断生长。

二、解决问题,沟通新旧联系

本节课与上节课学习的"分数的简单应用(1)"可以分别对应六年级上册的分数乘法与除法解决问题,两类问题的数量关系是逆运算的关系。但是,在本单元学习中,却都是依据分数的含义用解决归一问题的方法来解决的,且解决问题的思路是一致的。

(一) 画图操作,分析梳理

教师出示如下两个问题,请学生阅读理解,并指导学生用线段图的形式分析已知哪些信息,要求什么问题。

(1) 学校饲养组养了 15 只兔子,其中 $\frac{3}{5}$ 是白兔,白兔有多少只?

(2) 学校饲养组养了一些黑兔和白兔,其中白兔有 9 只,是所有兔子的 $\frac{3}{5}$。

一共有多少只兔子?

第(1)题,请学生读题后说一说已知哪些信息,要求什么问题。指名学生回答时,教师板演线段图(图4-40)。接着,请学生阅读并分析第(2)题,模仿图4-40的形式,自主画出线段图(图4-41),然后交流反馈。画线段图分析问题是本册"倍的认识"解决问题中所学的分析问题的方式。在前一个环节用示意图分析问题的基础上,本环节用线段图梳理信息与问题,可以更好地凸显两个问题之间的联系与区别,并为六年级上册分析分数乘法与除法解决问题做铺垫。

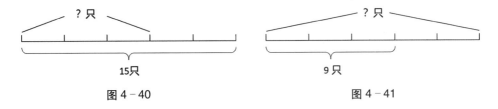

图 4-40   图 4-41

(二) 分析关系,形成结构

依据线段图中体现出的数量关系,请学生自主解答,完成后反馈评析,算式如下:(1) $15÷5×3=3×3=9$(只),(2) $9÷3×5=3×3=15$(只)。结合线段图与解答过程,让学生说一说有什么发现。学生发现,虽然两题所求问题不同,但思考过程是一样的,都是先求出 1 份数,再求出几份数。教师进一步提炼:先求出 1

份数,再求几份数,实际上就是三年级上册学习过的一类解决问题——归一问题。

教师引导学生思考:思考归一问题的关键是找到已知量被平均分成了几份,所求的量又表示几份,线段图可以很清晰地帮助我们找到这一种关系。如果不画线段图,能够从哪里找到这一种关系呢?引导学生发现分数的分子、分母与具体量之间的对应关系,即分子"3"表示白兔的份数,分母"5"表示白兔和黑兔一共的总份数(图4-42)。

3→白兔
—
5→总量

图4-42

（三）举一反三,相互检验

教师将原问题进行适当改编:

学校饲养组养了 15 只兔子,其中 $\frac{3}{5}$ 是白兔,剩下的是黑兔。黑兔有多少只?

此题根据已知的分数不能直接得到具体量与份数的对应关系,需要进一步进行推理。要求学生与上一环节中的第(1)题进行比较,并画出相应的线段图(图4-43)。接着,请学生依据图示与之前解决问题的经验独立完成,之后反馈评析。学生发现 3 份对应的是白兔的只数,总共有 5 份,要先求出黑兔对应的份数(5-3),并根据归一问题的解题思路列式解答:15÷5×(5-3)= 3×2 = 6(只)。

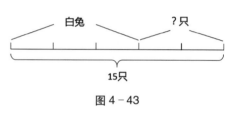

图4-43

解决问题中需要学生掌握的不仅是解题技巧,更重要的是思维过程。回顾这三道题,都是围绕"15 只兔子,9 只白兔,6 只黑兔"这三个信息和一个分数 "$\frac{3}{5}$" 展开的,让学生更好地认识到了分数中分子、分母与具体量之间的联系。

三、题组比较,沟通数量关系

用解决归一问题的思路解答分数乘法与除法解决问题是"分数的简单应用"的特色。与其说是解决问题,不如说是利用解决问题,进一步加深学生对分数各部分含义以及相互关系的认识。因此,我们把三年级上册学习的归一问题与本节课学习的"分数的简单应用"以信息关联的形式组成题组,让学生在分析、比较的过程中沟通新旧知识间的内在联系,从而更好地理解分数的含义。

（一）题组阅读,画图标注

教师出示如下三个问题:

（1）买 3 个碗需要18 元,照这样计算,买 5 个碗需要多少钱?

（2）有一本绘本，小明已经看了 18 页，是整本绘本的 $\frac{3}{5}$。 这本绘本一共有几页？

（3）下图（图 4-44）中的阴影部分表示 18，整个色条图表示多少？

图 4-44

教师请学生整体阅读后画出线段图，并分别标注出题目中的信息与问题。学生独立完成，教师巡视指导并收集典型例子。

（二）展示分析，形成结构

教师展示学生作品，请学生进行评析，最后形成如下三幅图示（图 4-45）。通过图示来表征三个解决问题中的信息与问题，去掉了其中的情境，可以直观地发现三个问题之间具有共同的数量关系与结构特征。

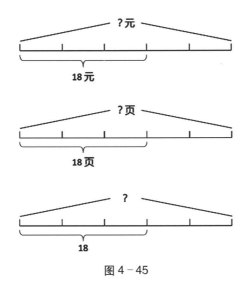

图 4-45

教师展示三幅图示后，请学生说一说这三个问题有什么相同的地方。学生直观地发现，它们都是"已知其中几份是多少，求总数"的问题，都可以先求出 1 份是多少，再求出 5 份是多少。

发现了三个问题的相同点后，请学生列式解答，并思考又有什么新的发现。

（三）交流讨论，明晰关系

学生独立完成后反馈评析，发现这三个问题的算式居然是一样的，都可以用 18÷3×5 这个算式来解决问题。教师追问：为什么会这样呢？学生指出，三道题都

与 $\frac{3}{5}$ 有关系：第(1)题其实是已知 $\frac{3}{5}$ 是 18 元，求一共多少元；第(2)题已知 $\frac{3}{5}$ 本

是 18 页，求整本绘本是几页；第(3)题已知整个图形的 $\frac{3}{5}$ 是 18，求整个图形表示

多少。通过交流，发现明确了分子、分母所对应的份数后，求相对应的数量就显得

非常简单。尽管换了三种情境，但模型的本质依然不变。

（四）梳理沟通，建立模型

用前面学的知识解读后面学的知识，用后面学的知识深化前面学的知识，形成知识结构，是一种非常好的学习方法。

上述环节通过出示三个不同问题的线段图，引导学生发现各个问题之间的异同：不同的数量关系，却有相同的问题结构，以及相同的问题解决策略，即都要先求 1 份量，再根据数量求出相应的总量，初步构造"归一"模型。

纵观整个学习过程，每一次的学习探究，学生都在体会题目的结构特点，都在感悟数学思想、数学模型，建模思想得到了有效渗透。在学生解决问题的过程中，有效引导学生经历知识的产生与形成过程，对现实问题进行观察、分析、归纳、抽象、概括或探索推理，在知识学习过程中渗透思想方法。

第六节

"分数的初步认识的整理与复习"教学实践

"分数的初步认识"单元虽然课时数不多,却是学生学习分数知识的开始,是数概念的第一次扩展。因此,在单元复习时,既要有对分数含义的回顾,也要有对分数大小比较的巩固;不仅要有对分数简单运算的复习,更要有对分数简单运用的巩固。并且,还要把分数"量"与"率"的含义贯穿其中。我们思考:如何在对单元内容作全面复习的基础上,构建起含义、运算、解决问题之间的联系? 如何在"量"与"率"的不断沟通中,厘清"量"与"率"的联系和区别? 对此,我们进行了教学实践。

一、看图写数,梳理单元结构

分数单元的复习,包括分数的含义、运算、解决问题等。同时,分数既可以表示"量",也可以表示"率"。如何在复习巩固旧知的基础上,清楚梳理单元结构,沟通"量"与"率"之间的联系呢? 我们采用对比练习的教学策略。

(一) 依据图示写分数,认识分数"率"的含义

分数中平均分的对象既可以是"一个物体",也可以是"几个物体"。分数的初步认识中,既有几分之一,也有几分之几。基于此,可以用题组的形式帮助学生复习巩固。

课始,教师出示题组(图4-46)并提问:小明和小红分别要完成这两道题,小明写左边的题目,小红写右边的题目,你能帮他们填上合适的分数吗? 先让学生独立完成,再反馈交流。集体校对后,发现分别都是 $\frac{2}{5}$ 和 $\frac{3}{5}$,教师先让学生思考 $\frac{2}{5}$:小明的涂色部分和小红的涂色部分都是 $\frac{2}{5}$,这两个 $\frac{2}{5}$ 表示的含义相同吗?

为什么？在辨析过程中,引导学生得出：左边的 $\frac{2}{5}$ 是"1 条"彩带的 $\frac{2}{5}$,右边的 $\frac{2}{5}$ 是"15 个"三角形的 $\frac{2}{5}$（图 4 - 47）。同理可得左边的 $\frac{3}{5}$ 是"1 条"彩带的 $\frac{3}{5}$,右边的 $\frac{3}{5}$ 是"15 个"三角形的 $\frac{3}{5}$。虽然分数相同,但由于整体不同,因此其代表的含义就不同。这里的分数,可以看成是"（　　）的 $\frac{（\quad）}{（\quad）}$"（即"率"）这样的形式。

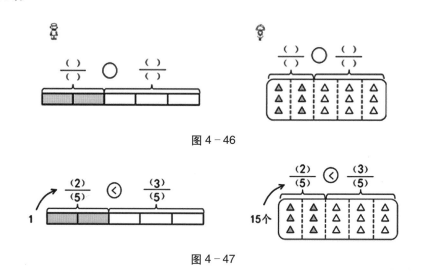

图 4 - 46

图 4 - 47

这里出现的分数都是"率",且左右两边的分数相同,但左边的整体是"一个物体",右边的整体是"几个物体"。通过左右两边的对比练习,学生对于整体的理解更清晰了,对分数含义的理解也更到位了。而"（　　）的 $\frac{（\quad）}{（\quad）}$"分数模型的建立,也为五、六年级继续学习分数奠定了基础。另外,在练习的过程中也对分数的含义、同分母分数大小比较进行了复习。

（二）添加具体数量,认识分数"量"的含义

通过表示"率"的分数,求表示"量"的分数,是培养学生运算能力的良好载体,也是沟通"量"与"率"的重要途径。

教师进一步提问：15 个的 $\frac{2}{5}$ 是几个？学生通过数一数、算一算,得出每份是 15÷5＝3（个）,涂色部分占了其中的 2 份,就是 3×2＝6（个）,即 15 个的 $\frac{2}{5}$ 是 6 个

（图 4-48）。同理,空白部分 $\frac{3}{5}$ 对应的是 9 个。

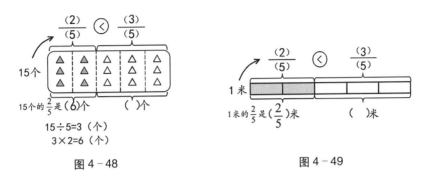

图 4-48

图 4-49

同样地,右边一题如果也要得到相应的"量",可以假设彩带的长度是 1 米,并提问:涂色部分和空白部分分别是多少米? 得到涂色部分是 $\frac{2}{5}$ 米,就是 1 米的 $\frac{2}{5}$（图 4-49）;空白部分是 $\frac{3}{5}$ 米,就是 1 米的 $\frac{3}{5}$。 最后,可以将 $\frac{2}{5}$ 米和 $\frac{3}{5}$ 米概括成" $\frac{(\qquad)}{(\qquad)}$（ ）"（即"量"）这样的分数模型。

从中我们可以发现:由于整体的"量"不同——左边是 15 个、右边是 1 米,在以"率"求"量"时,左边可以直接得到,右边则需要运用"分数的简单应用"中的知识计算后才能得到,左右两个题目既有联系又有区别。当整体不同时,即使"率"相同,"量"也不一定相同。在这个过程中,既沟通了"量"与"率"的联系,也复习了分数的简单应用。

（三）换算计量单位,使"量"与"率"融合

转化思想是数学思想的核心和本质。通过换算计量单位,实现"量"与"率"之间的转化,让学生体会两者的联系,渗透转化的数学思想。

在图 4-49 的基础上继续问学生:如果变成以"分米"作单位,涂色部分的 $\frac{2}{5}$ 米和空白部分的 $\frac{3}{5}$ 米分别是多少分米?（图 4-50）请学生独立思考后回答,得到 $\frac{2}{5}$ 米就是 1 米的 $\frac{2}{5}$,1 米等于 10 分米,就是 10 分米的 $\frac{2}{5}$,计算可得

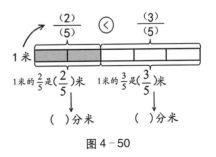

图 4-50

$\frac{2}{5}$ 米等于 4 分米。同理可得空白部分是 6 分米。

这里的 $\frac{2}{5}$ 米是"量",把它看成 1 米的 $\frac{2}{5}$ 时,$\frac{2}{5}$ 就是"率"了,且 1 米的 $\frac{2}{5}$ 即

10 分米的 $\frac{2}{5}$,又可通过计算得到相应的"量"。从"量"到"率"再到"量",又一次

将"量"与"率"进行了融合,也进一步复习巩固了"分数的简单应用"。

最后教师总结:从这个题组中,我们得到了分数的两种表达

方式——"(　　)的 $\frac{(　　)}{(　　)}$"和"$\frac{(　　)}{(　　)}$(　　)"(图

4-51),当分数是"$\frac{(　　)}{(　　)}$(　　)"的形式时,比如 $\frac{2}{5}$ 米,可

以将其看成"(　　)的 $\frac{(　　)}{(　　)}$",即 1 米的 $\frac{2}{5}$;而当分数是

"(　　)的 $\frac{(　　)}{(　　)}$"的形式时,可以是"1 米的 $\frac{2}{5}$",也可以是

"15 个的 $\frac{2}{5}$"。

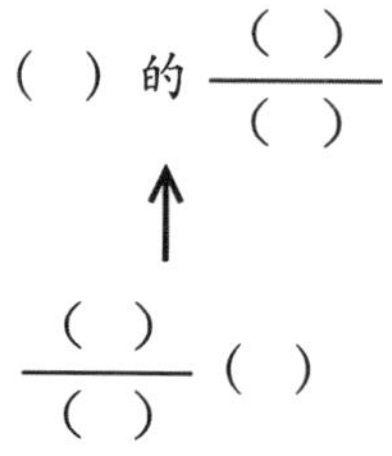

图 4-51 附近文字:

(　　)的 $\frac{(　　)}{(　　)}$

↑

$\frac{(　　)}{(　　)}$(　　)

图 4-51

二、"量""率"互译,解决实际问题

在题组的对比练习中,主要探讨了分数"量"与"率"之间的联系,接下来可以创设情境,重点体会它们的区别。基于此,我们认为可以让学生依据信息提出问题,再对问题进行分类整理,寻找联系,形成问题串。在解决问题的过程中,深入探讨分数"量"与"率"之间的区别与联系,实现两者的互译。

(一)依据信息,提出数学问题

数学问题的提出有利于理解和解决数学问题,开发学生的创造潜能。因此,我们在接下来的练习中创设了现实情境,给出数学信息,让学生根据信息设计数学问题,培养学生的问题意识。

教师出示信息(图 4-52),学生读完后教师提问:这里缺少的问题你能补充完整吗?指名学生回答,并互相补充完善,得到如下问题:① 两人一共吃了多少个? ② 谁吃得多? ③ 小明吃了多少个? ④ 还剩下全部的几分之几?

这里给出的信息都有 $\frac{1}{2}$,一个是"全部的 $\frac{1}{2}$",是"率";另一个是"$\frac{1}{2}$ 个",是

盘子里面有两个同样的蛋糕。小明吃了全部的 $\frac{1}{2}$，小红吃了 $\frac{1}{2}$ 个，_____？

图 4-52

"量"，两者性质不同。在提出问题的过程中，学生需要对给出的数学信息进行提炼，初步判断得到"全部的 $\frac{1}{2}$"和"$\frac{1}{2}$ 个"是不同的。

（二）评析问题，梳理关系

上述四个问题中，问题③是解决其他问题的前提，且问题④最有价值。对以上问题进行评析、归类，可逐步理顺这些问题之间的关系。

请学生观察这些问题并提出要求：这些问题之间是有联系的，请你找一找，哪个问题要先解决？学生回答"小明吃了多少个"要先解决，这个问题解决了，"谁吃得多"也就解决了。这两个问题解决了，还可以解决"两人一共吃了多少个"和"还剩下全部的几分之几"。最后，得到如图 4-53 所示的问题解决顺序。

① 小明吃了多少个？

② 谁吃得多？

③ 两人一共吃了多少个？

④ 还剩下全部的几分之几？

图 4-53

通过评析问题，发现问题之间的联系，并按照问题的难易程度、复杂程度对问题进行分类，培养学生的逻辑思维能力。

（三）画图操作，实现"量""率"互译

数形结合的思想方法可以使复杂的问题简单化，抽象的问题具体化。因此，可以让学生尝试借助图示解决问题。

先解决第一个问题"小明吃了多少个"。教师提出要求：在练习纸上独立解决，可以在图中画一画或者列式算一算。学生完成后全班反馈，课堂上出现了两种不同的意见：$\frac{1}{2}$ 个、1 个。教师请学生进行辨析，辨析中引导学生结合图示表述"1 个的 $\frac{1}{2}$ 就是 $\frac{1}{2}$ 个"，即解释了"小吃了 $\frac{1}{2}$ 个"这个信息；2 个的 $\frac{1}{2}$ 就是 1 个，因为 $2 \div 2 = 1$（个），即解决了"小明吃了多少个"这一问题（图 4-54）。

这里，要让学生理解"全部的 $\frac{1}{2}$"中的"全部"是指"盘子里的全部蛋糕"（2 个）。

在给出的数学信息中,"小明吃了全部的 $\frac{1}{2}$"里的 "$\frac{1}{2}$"是"率",而"小红吃了 $\frac{1}{2}$ 个"里的"$\frac{1}{2}$"是 "量",两者是不同的,要明确两者的区别。仔细观察图 4 - 52 可以发现:整体不同时,同样都是 "$\frac{1}{2}$","量"也不同,即存在"率"一样,"量"可能不一样的情况。在解决这一问题的过程中,经历了 "量"与"率"的互译,沟通了"量"与"率"之间的联系。

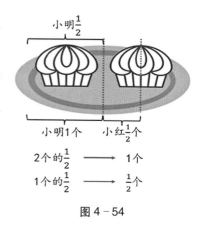

图 4 - 54

这个问题解决后,"谁吃得多"也就可以解决了。而在解决"两人一共吃了多少个"这一问题时,出现了分数新的表示:有学生说出是"$1\frac{1}{2}$ 个"。这里,让学生初步感知带分数。

接着,重点解决"还剩下全部的几分之几"这一问题。先让学生尝试独立解决,再反馈交流。有学生反馈:平均分的时候要分得一样多,因此需要先把这盘蛋糕平均分。因为是以小红的"$\frac{1}{2}$ 个"作为 1 份,所以小明的"1 个"需要平均分成 2 份,这样整盘蛋糕才是平均分了(图 4 - 55)。最后,通过图示知道剩下的 $\left(\frac{1}{2}\text{ 个}\right)$ 占全部(2 个)的 $\frac{1}{4}$(图 4 - 56)。

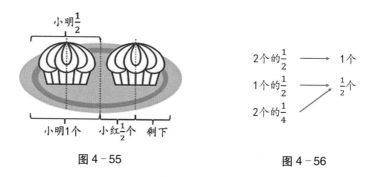

图 4 - 55   图 4 - 56

同样都是 $\frac{1}{2}$ 个,当整体是"1 个物体"时,它就是 1 个的 $\frac{1}{2}$;当整体是"几个物体"时,比如这里的"2 个",它就是 2 个的 $\frac{1}{4}$,存在"量"一样,"率"可能不一样的情况。

教师最后总结:分数的这两种表示方法——"(　　　)的 $\dfrac{(\quad\quad)}{(\quad\quad)}$"和

"$\dfrac{(\quad\quad)}{(\quad\quad)}$(　　　)",不能直接进行比较。如果是带单位的,像本题中的"$\dfrac{1}{2}$个",

可以看成1个的 $\dfrac{1}{2}$;如果是 $\dfrac{1}{2}$ 米,就是1米的 $\dfrac{1}{2}$;等等。当分数的这两种表示方

式同时出现时,需要分辨清楚。

三、"量""率"比较,构建数量关系

整个单元都是围绕分数的"量""率"进行教学的,"量""率"之间既有联系,又

有区别。当它是"$\dfrac{(\quad\quad)}{(\quad\quad)}$(　　　)"的形式时,表示具体数("量"),体现了平均

分;当它是"(　　　)的 $\dfrac{(\quad\quad)}{(\quad\quad)}$"的形式时,表示非具体数("率"),体现了对比关

系,是一种新的数量关系。因此,在沟通"量""率"的基础上,初步尝试构建这一数

量关系。

(一)依据信息,提出猜想

给出数学信息,让学生进行猜想,激发学生的学习兴趣,并在思考过程中感受

"量""率"的特点。

教师出示问题(图4-57)后提问:你认为谁得到的多?课堂上反馈得到如下

几种猜想:一样多;小红得到的多;不能比较。

一条彩带,小明剪去 $\dfrac{2}{5}$,还剩下 $\dfrac{2}{5}$ 分米给小红。谁得到的多?

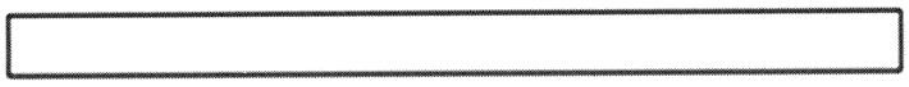

图 4-57

给出的数学信息中,"小明剪去 $\dfrac{2}{5}$"中的"$\dfrac{2}{5}$"是"率","还剩下 $\dfrac{2}{5}$ 分米给小

红"中的"$\dfrac{2}{5}$"是"量",两者有本质区别,不能直接进行比较。

(二)画图操作,验证猜想

学生提出多种猜想后,需要具体分析并加以判断。先让学生自主画图、操作分

析,再列式计算,之后集体讨论辨析,验证自己的猜想正确与否。

学生有不同意见,教师提出要求:请在练习纸上画图分析原因。学生画图后

交流反馈,最后得出结论"小红得到的多"(图4-58)。同时,在争论中发现要判断"谁得到的多","$\frac{2}{5}$分米"没有用,"$\frac{2}{5}$"有用。

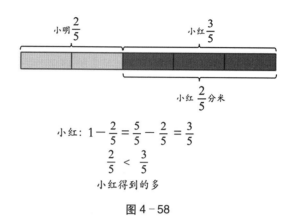

小红:$1 - \frac{2}{5} = \frac{5}{5} - \frac{2}{5} = \frac{3}{5}$

$\frac{2}{5} < \frac{3}{5}$

小红得到的多

图4-58

通过画图,学生容易发现小红的那段是"$\frac{3}{5}$",且已知"还剩下$\frac{2}{5}$分米给小红",以形成对比,产生认知冲突,从而厘清"量""率"的区别。同时,在列式计算时复习了"分数的简单运算"。这里的"$\frac{2}{5}$分米"是具体长度,而"剪去$\frac{2}{5}$"中的"$\frac{2}{5}$"表示一种关系,即小明剪去的那段和整体的关系。

(三)通过追问,重构关系

要知道"谁得到的多",可以将"率"$\left(剪去\frac{2}{5}\right)$与"率"$\left(还剩下\frac{3}{5}\right)$进行比较,也可以将"量"与"量"进行比较。根据现有的知识,学生不能计算得到剪去的具体量,但是通过探究两者之间的关系,可以估计出结果。

于是,教师追问:小明得到的这段具体是多少分米呢?学生无法计算出结果,但能依据前面的结论判断出它一定比"$\frac{2}{5}$分米"短。再问:小明得到的这段是小红的多少?学生在辨析的过程中,结合图示操作移动小红的部分,与小明那部分进行上下对比,得到"小明的这段是小红的$\frac{2}{3}$"(图4-59)。

通过探究两个"量"之间的关系,让学生再一次体会了"率"体现对比关系的特点。当分数表示"率"、体现对比关系时,比如这里的"剪去$\frac{2}{5}$",不仅能知道部分和

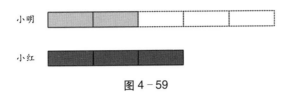

图 4 - 59

整体的关系,也能依此推断出另一部分和整体的关系,更能重构出部分和部分的关系(小明那段和小红那段的关系),在推导过程中培养学生的推理能力。

回顾本节课的教学过程,三大板块、三道关卡,都有一个共同的目标,即:结合具体情境,在解决问题的过程中进行"量"与"率"的沟通,逐步理清"量"与"率"的联系和区别,体会到"分"的对象、"分"的份数以及"数"的份数不同,表示的分数含义也就不同。本课教学为后续学习分数的相关知识做准备,也为学习另一类数——小数做铺垫。

第五章
除数是一位数的除法

　　本单元是小学除法学习的第四个单元。在二年级下学期,学生已经学习了"表内除法(一)""表内除法(二)"以及"有余数的除法",初步认识了除法的含义,表内除法的口算、笔算,有余数除法各部分的含义,以及除法的笔算(包括没有余数和有余数两种)。与前面三个单元的除法学习相比,本单元在除法的含义与数量关系方面没有新的知识。但是,除法的口算、笔算与估算却提升到了一个新的高度,即出现了需要"分步除"才可以得到商的情况。因此,本单元的除法计算是除法学习的重点与难点。教材对此进行了精心编排,先学习整十数、整百数除以一位数的口算,以及多位数除以一位数的口算,且都是分步除时没有余数的情况。接着,学习除数是一位数的笔算除法,经历首位够除、首位不够除与商中间或末尾有0的除法这样三个阶段,且这三个阶段都是由一般到特殊、层层递进的学习过程。最后学习估算,包括用估算的方法求商的近似数,以及用估算解决问题。其中,用除法估算解决问题的推导思路延续了之前在用加法与乘法估算解决问题时的思路。并且,在用除法估算解决问题中,出现了往大估或往小估时,与原有学习时所形成的推断结果不同的情况,可以让学生进一步明白估算解决问题时要联系实际,有理有据地展开分析。

　　在对本单元进行梳理的过程中也发现,教材在编排时,除数是一位数除法的口算、笔算与估算是相互独立、层层递进的。但是,比较之前学习的加法、减法与乘法的口算、笔算与估算,发现除法笔算与口算具有高度的一致性,因为它们都是从高位除起,都要分步除,然后把分步除的商相加。

　　因此,我们提出了"三算融合"的单元整体设计策略。首先,把本单元的除法笔算与口算有机融合,把笔算除法看成口算除法的记录,特别是在第1课时的学习中,要求用笔算的方式记录类似

60÷3 和 66÷3 这样的口算过程；在后续两个阶段的笔算学习中，也不断寻找涉及口算除法的内容。其次，把估算与口算有机融合，用估算的方式求结果的近似数或用估算解决问题。对此，学生在之前加法与乘法的估算中已经有了相应经验，形成了较为规范的估算方法，以及用估算解决问题的步骤。因此，教师可以创设情境，让学生比较求精确数、近似数以及定性判断这三类问题之间的区别，让学生能够从问题出发，选择合适的问题解决思路。

本单元的学习将为后续学习"除数是两位数的除法"打下扎实的基础。特别地，除数是两位数的笔算除法的法则就是由此迁移而来的。

第一节
"除数是一位数的除法"整体设计

　　人教版《数学》三年级下册的"除数是一位数的除法"是学生在二年级下学期学习了"表内除法"与"有余数的除法"之后教学的,包含相应的口算、笔算与估算解决问题这样三个板块的内容。我们试图通过梳理、反思与实践这样三个步骤展开研究。通过梳理,理清本单元的学习路径,理解教材是如何组织学生学习每一个知识内容的;通过反思,探寻三算(即口算、笔算与估算)融合的策略,即在同一课时的学习中,能够把口算与笔算、口算与估算的内在联系充分体现出来;通过实践,检验"三算融合"策略的可行性。

一、梳理——明晰学习路径

　　由易到难,由形象到抽象,是学生数学学习的基本学习路径。本单元可以分成三个板块,首先是除数是一位数除法的口算,接着是除数是一位数除法的笔算,最后是用除法估算解决问题。这三个板块相互独立,又层层递进,形成了本单元的基本学习路径。

(一) 结合操作活动提炼口算思路
　　如图 5-1,是教材中例 1 的学习路径。创设问题情境,首先依据原有"等分

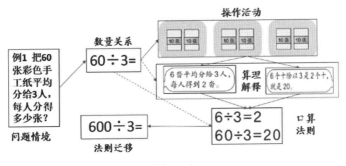

图 5-1

除"的数量关系列出算式,发现出现了新的问题——整十数除以一位数;接着通过操作活动进行说理;最后用算式"6÷3=2"这一表内除法推算出"60÷3"的结果。

紧接着的例2(120÷3)与例3(66÷3)也创设了平均分彩纸的情境,运用了同样的学习路径。其中,例2与例1的思路完全相同,但是要把被除数的前两位看成一个整体与除数相除,即"把12个十平均分成3份"。例3则首先把66分成"60+6",再分别除以3,即转化成整十数除以一位数与表内除法,最后把两个分步商相加。可以发现,以上的口算思路由于有操作活动作为基础,可以让抽象的思维过程变得形象直观。

诚然,这是教材安排的学习路径,在实际教学过程中,当列出算式后,学生也可能直接从算理解释甚至口算法则入手进行思考,这时的操作活动可以看成一种验证。

很显然,这三个例题也是相互联系、层层递进的。例1和例2是利用表内除法学习整十、整百数除以一位数的口算除法;例3则是在此基础上,利用转化思想把"66÷3"转化成"60÷3"和"6÷3",即整十数除以一位数与表内除法。因此,教学中可以让学生结合操作活动,利用原有的表内除法计算经验自主探究。

(二)在层层递进中完善除法笔算法则

除数是一位数的除法笔算是本单元学习的重点与难点,因此教材对这部分内容采取了层层递进、不断完善笔算法则的学习路径。

首先,利用操作活动学习"两位数除以一位数,商是两位数"的笔算除法,重点掌握分步除时商和分步余数的意义以及相应的计算方法。如图5-2,是例1的学习路径。其中,实线箭头是教材中的学习路径,与口算相比,操作活动更加具体,且与除法算式中的两次均分相对应。但是,如果与前面的口算相比(尤其是例3),是否可以增加口算的过程,即借助操作活动,先用口算来记录,再转化成用竖式记录。对于部分优秀的学生,也可以直接按照虚线箭头的学习路径,直接由口算到竖式计算。

接着,由简到繁地呈现除数是一位

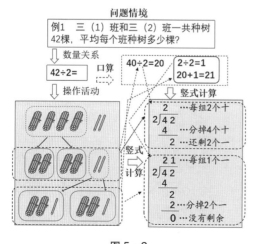

图5-2

数的除法计算,在解决问题的过程中不断优化计算方法,最终形成"除数是一位数的除法"的一般计算方法。具体如图 5-3 所示,例 1 到例 2,主要变化是十位上除后有余数;例 2 到例 3,被除数和商分别由两位数增加到三位数;例 3 到例 4,从被除数最高位够除到最高位不够除要看前两位。由此可知,计算法则的学习是可以分解的。通过分解,以适合学生的学习水平,并结合直观形象,让每一位学生都能够在理解意义的基础上逐步构建起法则。

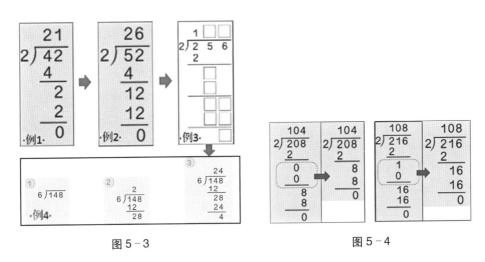

图 5-3　　　　　　　　　　　　　　图 5-4

最后,学习商中间有 0 的笔算除法计算方法(图 5-4),这一环节,教材按照从一般到特殊的学习路径。在总结了"0 除以任何不是 0 的数,都得 0"的基础上,让学生利用这一规律学习商中间有 0 或末尾有 0 的除法笔算,从而补充除法法则:哪一位上不够商 1,用 0 占位。

(三) 在解决问题的过程中体会估算价值

口算、笔算是两种精算的方法。估算则是在不需要精算的情况下,把需要笔算的问题转化成与之结果相近的口算,利用口算得到的结果对问题作出解答,这在我们日常生活中经常出现。

教材围绕除法估算安排了如下例题:

【第 13 页例 4】李叔叔骑车旅行,3 天一共骑行 267 千米。估计一下李叔叔平均每天大约骑行多少千米。

【第 27 页例 8】今天一共收了 128 个菠萝。每箱 6 个,一共有 18 个纸箱,装得下吗?

例 8 依据判断够还是不够的情况进行估算,是计算推理。

对于本单元的学习路径,从计算方法上来说,从口算到笔算再到估算,环环相扣;从数学应用上来说,三种计算都是为了解决现实中的相应问题。教师在教学设计时,需要理清教材编排中的学习路径,领会编写意图,为进一步反思与实践并形成具有自己特色的单元整体设计打下扎实的基础。

二、反思——探究三算融合

从单元梳理中可以发现,教材是按照口算、笔算与估算这样三个板块编排的。其中,口算是其他两种计算的基础;笔算是把复杂的除法通过数的分解与数的意义,用分步除的形式求出商;估算则是利用口算来培养学生数感的重要手段。要让学生在计算时能够体会到这些含义,就需要探究三算融合的设计思路。

(一)口算与笔算同步

口算"60÷3(例1)"和"120÷3(例2)"的思路相同,但如果用笔算的方法记录,计算法则却不相同,例1是首位够除的情况,例2是首位不够除的情况。因此,如果要在一节课中同时教学除法的口算与笔算,体现口算是笔算的学习基础,需要寻找口算与笔算在法则上的对应关系。

从除法笔算出发,将其分成"首位够除"与"首位不够除"两类。前者笔算除法的例题是"42÷2(例1)""52÷2(例2)"和"256÷2(例3)",对应的除法口算例题是"60÷3(例1)"和"66÷3(例3)";后者对应的笔算例题是"148÷6(例4)",对应的口算例题是"120÷3(例2)"。可以根据口算与笔算除法的对应关系,分成如下三个课时的学习:第1课时分别计算60÷3、66÷3,构思为先,结合操作分别口算出结果,并尝试用笔算的方法进行记录,从而体会笔算与口算在算理与法则上的内在联系;第2课时笔算42÷2、52÷2以及256÷2,重点学习首位够除的情况下分步除中有余数的除法的算理与算法;第3课时教学例4"大约骑行多少千米",依据题意列出算式267÷3,再分析问题,由于只要求出大约值,因此可以用估算把267看成270,进而求商的近似值。

(二)估算与口算互联

我们把例4"大约骑行多少千米"解决问题的过程称为估算解决问题,因为它不是算出商后再求商的近似数,而是通过改变被除数,让原来的笔算除法改为口算除法。具体地,把"口算除法"例2(120÷3)与例4(大约骑行多少千米)中的新知进行融合,以解决"大约骑行多少千米"为学习背景,把267÷3转化成270÷3,并口算出270÷3的商,既丰富除数是一位数除法的口算题型,也避免过早学习例2(120÷3)会对首位够除的笔算除法法则的概括产生干扰。

而例8则是规范的除法估算解决问题,把被除数估大还是估小需要联系实际来决定。基本思路是把原来需要笔算的除法转化成可以口算的除法,得到商的近似数,并依据近似数的大小进行推断。

(三) 一般与特殊相连

这里的"一般"指教材中除数是一位数的除法计算法则,"特殊"是指商中间或末尾有 0 的除法计算法则。第 1 课时在整十数或整百数除以一位数的笔算中,已经出现了商末尾有 0 的情况,但那时是从数的意义视角来进行解释的。本节课商中间或末尾有 0 的除法主要从运算的视角进行解释,即"$0 \div a = 0 (a \neq 0)$"和"$a \div b = 0 \cdots \cdots a (a < b)$"。

"$0 \div a = 0 (a \neq 0)$"和"$a \div b = 0 \cdots \cdots a (a < b)$"这两种情况,在之前的表内除法与有余数除法计算,以及"0 乘任何数都等于 0"等知识的学习中,已经有了学习经验。因此,可以不对"0 除以任何不是 0 的数,都得 0"这一规律作专门学习,而是在计算"$208 \div 2$"时引导学生发现规律,再举例验证。

以上探究三算融合的思路,更好地顺应学生的数学思维,有利于建立三算之间的联系,更好地体现了笔算是对口算过程的记录与优化,估算是基于口算的逻辑推理。整个除法笔算法则的形成过程就是一个不断结合具体计算例子、不断完善的过程。

三、重构——实现三算融合

三算融合的基本思路可以分成两个视角的融合:首先是口算与笔算的融合,把笔算作为对口算过程的记录;其次是估算与口算的融合,把估算作为口算价值的体现。而要实现三算融合,首先要对单元学习路径进行重构。

(一) 重构单元学习路径,体现三算融合

在反思中,已经比较明确地把本单元的学习内容分成新的两大板块:首先在口算与笔算的融合学习中,在形成了除数是一位数除法的一般笔算法则的基础上,补充商中间有 0 的除数是一位数除法的特殊笔算法则;其次是估算与口算的融合学习,即求商的近似数以及用估算解决问题。重构后,形成如下五节新授课以及相对应的学习特色。

板　块	课　时	主要学习内容	学习特色
口算与 笔算融合	第 1 课时	首位够除的整十、整百数除以一位数的口算与笔算,分步均可以整除的两位数、三位数除以一位数的口算与笔算	运用迁移策略 体会优化过程
	第 2 课时	首位够除,分步除时有余数的除数是一位数除法的笔算	运用类比迁移 完善除法法则

（续表）

板　块	课　时	主要学习内容	学习特色
口算与笔算融合	第3课时	首位不够除的笔算除法计算法则,以及首位不够除的整十数除以一位数的口算	结合具体情境灵活制定策略
	第4课时	商中间有0的笔算以及口算	结合具体例子合理优化笔算
估算与口算融合	第3课时	通过取整,把笔算除法转化成口算除法求商的近似数	结合具体情境灵活制定策略
	第5课时	用除法估算解决问题	合理组织信息规范估算算理

在上述表格中可以看到,第3课时包含了笔算、口算与估算,先学习首位不够除的除数是一位数的笔算除法,再在进一步提出问题与解决问题的过程中,学习首位不够除的口算除法,以及求商的近似数的基本方法。

（二）把笔算作为对口算过程的记录与完善

与其他三类运算中的笔算与口算计算方法相比,除法笔算和口算的计算方法更具有一致性。一般地,其他三种运算中的口算均从高位算起,而笔算则从低位算起。但是,除法的笔算与口算却都是从高位算起,除法口算的过程就是笔算的思路。因此,在学生口算出商后,自然地可以把它与除法的笔算过程进行对照,发现它们之间的一致性。

具体地,第1课时整十数除以一位数,让学生先口算再笔算,形成如图5-5所示的口算与笔算形式,从口算除法中总结出"一除二添"的笔算法则。接着,创设情境列式解答66÷3,从中概括出多位数除以一位数、分步除没有余数的除法笔算方法(图5-6),并得到除法笔算的前两条法则:从高位算起;除到哪一位,商就写在那一位的上面。第2课时,在掌握了笔算方法后,再以题组的形式让学生笔算42÷2和52÷2,从52÷2(图5-7)以及后续的模仿练习中概括出笔算除法的第三条法则:每次除得的余数都要比除数小。第3课时,笔算256÷2和148÷6,以旧引新,从第2题的笔算除法(图5-8)中概括出第四条法则:首位不够除看前两位。至此,除数是一位数除法的计算法则随着计算题型的不断丰富而形成了。第4课时,先让学生自主笔算208÷2、650÷5,从笔算过程中发现"0除以任何不是0的数,都得0"这一规律;再笔算216÷2和245÷8。综合两组计算,补充第五条法则:在求出商的最高位数以后,被除数的哪一位不够商1,就对着这一位商0。同时,对于两组笔算中的第1题,都可以用口算的方法解决,因为每一次分步除时没有余数或直接商0。

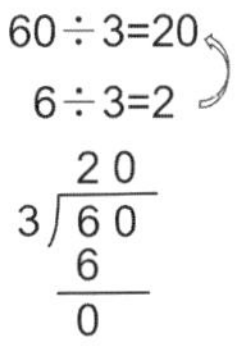

图 5-5 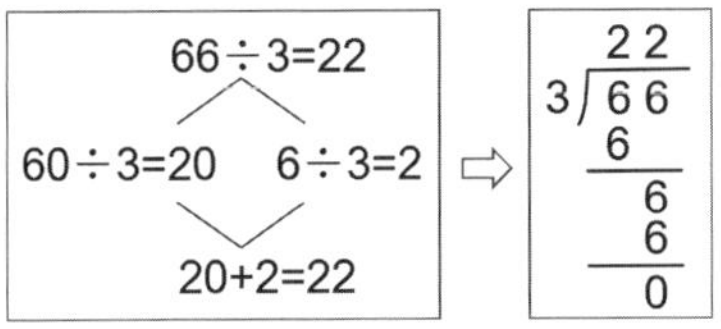　　　　　　图 5-6 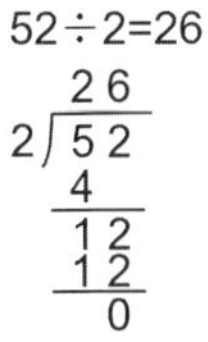　　　　　　图 5-7 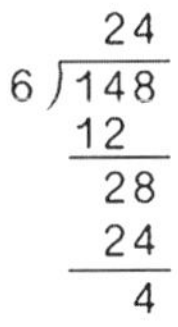　　　图 5-8

(三)把估算作为口算价值的体现

从前面的表格中可以发现,本单元的估算有两种功能:第一种是利用估算求商的近似数,这是第3课时中第二部分的内容;第二种是利用估算进行判定,即用估算解决问题。

在第3课时学习了首位不够商看被除数前两位的笔算后,出示如下信息:

李叔叔骑车去旅行,3天一共骑行了263千米。

依据信息,学生一般会提出"李叔叔平均每天骑行多少千米"。实际计算后发现有余数,所以需要对问题进行调整,即:平均每天大约骑行多少千米?重点对解决问题的方法进行讨论,得到如图5-9所示的两种估算形式。其中,第2种估算形式中还出现了把前两位看成一个整体的口算除法,从而补充了"120÷3"的除法口算,由此得到在小数除法学习之前求商的近似数的基本方法:把笔算除法转化成口算除法。

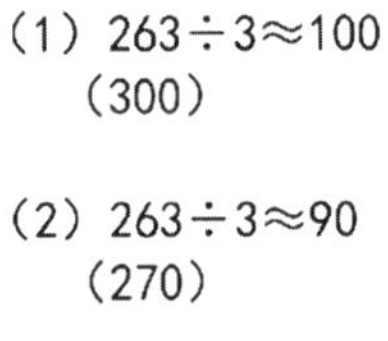

图 5-9 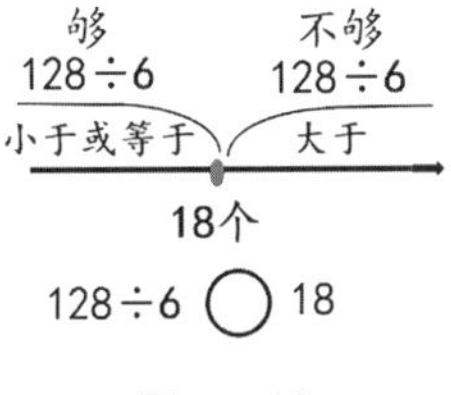　　　　　　图 5-10 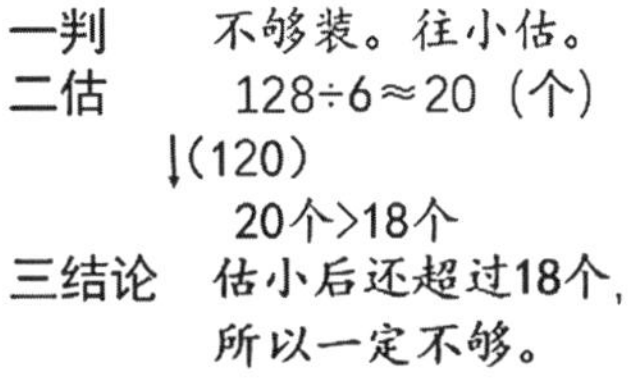　　　　　　图 5-11

第5课时是用估算解决问题,实际上是利用估算的方式进行判断推理。教师出示例8,先请学生读题、审题,教师依据学生的回答,把文字信息与问题转化成相应的图示与表达式(图5-10),接着请学生利用三上学习用加法或乘法估算解决问题时归纳的估算解决问题三步骤自主解决问题并交流讨论,形成如图5-11所示的解答过程。

从单元整体设计的视角展开教学实践,把原来泾渭分明的口算、笔算与估算进

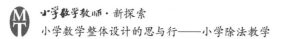
行了三算融合,提升了课堂教学的效率,也更有利于单元知识结构的构建,让学生更好地体会知识间的内在联系。

综合上述梳理、反思与重构三个维度的单元整体教学实践研究,给我们如下启示:单元整体教学设计的研究,要把寻找知识间的内在联系放在第一位,通过寻找知识间的内在联系,可以适当整合知识点,从而提升教学效率;可以适当调整学习路径,更好地体现数学知识产生、形成、发展与应用的过程。

第二节

"除数是一位数的除法(1)"教学实践

当被除数每一位上的数都正好是除数的整数倍时,可以直接用乘法口诀一位一位地除,即可直接口算。而当出现像"52÷2"这样的除法,某一位或几位除后有余数时,用笔算记录更合理。如此,使得口算与笔算之间仿佛有了一层界限。其实,除法的笔算与口算有着密切联系。首先,除法的口算与笔算都是从最高位开始除;其次,除法口算就是把被除数分解成可以用表内除法计算的几部分,再依次把分步计算得到的商相加,除法笔算亦如此。带着这样的思考,我们对"除数是一位数的除法(1)"进行了重构,把原来的口算除法调整为口算与笔算相融合。

一、运用迁移,学习整十数除以一位数

本单元"口算除法"例1是整十数除以一位数,我们在整体设计中把它作为多位数除以一位数笔算除法的起始任务,实现笔算与口算算理、算法的融通。

(一) 结合情境,口算整十数除以一位数

教师课始出示例1:

把60张彩色手工纸平均分给3人,每人得到多少张?

这是一个"等分除"问题,学生在二年级下学期学习"表内除法"时已获得了提炼相应数量关系的经验,因此教学时要求学生审题后列出算式、说明数量关系,并说一说此题与之前学习的除法之间有何区别。教师依据学生的回答,板书课题"整十数除以一位数"。

接着,教师出示图5-12,请学生自主计算,并结合图示说一说是怎样想的。学生完成后,先同桌交流,再集体反馈评析,得到计算的两种思路(图5-13)。思路一:把60看成6个十,6个十除以3等于2个十,2个十就是20。思路二:因为6÷3=2,所以60÷3=20。显然,思路一指向算理,思路二指向算法。

1 把60张彩色手工纸平均分给3人，每人得到多少张？

$$60 \div 3 =$$

| 10张 | 10张 | 10张 | 10张 | 10张 | 10张 |

图 5 - 12

图 5 - 13

（二）竖式记录，体会笔算的优化过程

人教版教材在"整十数除以一位数"部分并没有安排笔算，而学生在二年级下册"有余数的除法"单元已学习了笔算除法。依据这样的经验，教学中让学生自主用笔算的方法计算整十数除以一位数，并与口算的两种思路进行比较。

教师提出要求：在二年级下学期时，我们已经学习了除法笔算，依据刚才的口算思路，把60÷3用笔算的方法记录下来。

学生独立完成后，教师展示两种不同的笔算方法，并请学生对照口算除法的思路，说一说分别与哪一种口算思路对应，最终形成除法口算与笔算一一对应的板书（图5-14）。

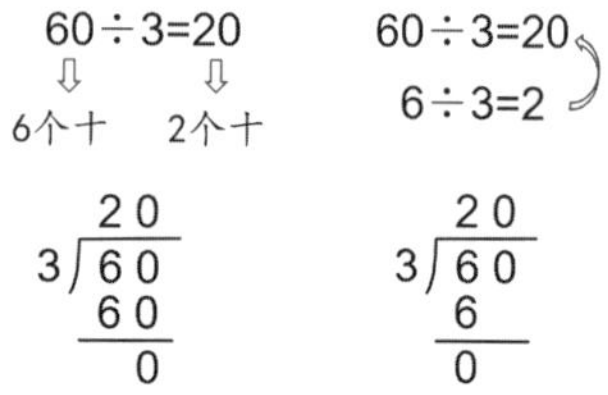

图 5 - 14

最后，请学生比较两种竖式计算，说一说哪一种更简便。学生比较后发现第二种方法更简便，因为可直接转化成表内除法计算，再在商的个位上添0。教师依据学生的回答，概括得到"一商（用被除数十位上的数除以除数，商写在十位上）二添（在商的个位上添0）"。

（三）适度迁移，首次形成笔算法则

由于除法口算与笔算的方法完全一致，因此在后续的巩固练习与变式练习中，要求学生采用笔算的方法求商。教师出示如下三道计算题，请学生观察，并与前面的例题比较，说一说有什么相同处和不同处。

（1）80÷2　（2）600÷3　（3）6 000÷3

学生指出，第（1）题是整十数除以一位数，第（2）题是整百数除以一位数，第（3）题是整千数除以一位数。接着，让学生用"一商二添"的步骤进行笔算。完成后，出示学生的典型作品（图5-15），引导学生观察，并进一步概括这些笔算除法的共同点，将"一商二添"一般化。学生反馈得到：都是先用最高位上的数除以除数；都能除尽；被除数的末尾有几个0，商的末尾

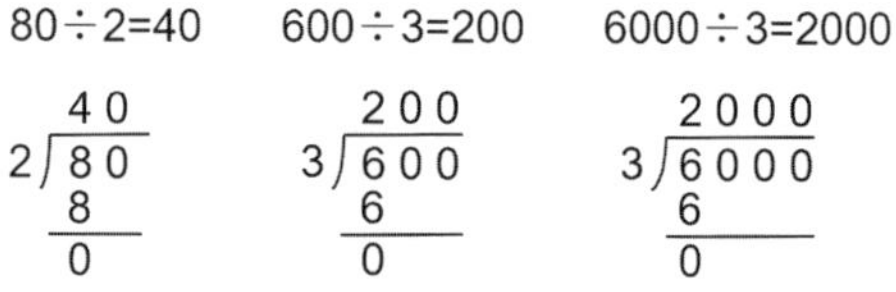

图 5 - 15

也添几个 0。

上述环节,使得除法口算与笔算成为一个算理相通、算法一致的整体,在后续"多位数除以一位数"的计算中也可以采用这样的思路展开学习。

二、自主尝试,学习多位数除以一位数

特别地,这里的"多位数除以一位数"指被除数的每一位除以除数后没有余数的情况,即可直接利用数的组合,把被除数按数位进行分解,求出分步的商,再把商相加。这一思路在除法口算与笔算中均适用。

(一)独立解答,用口算方法计算

教师把之前例题中的总数 60 改为 66,请学生比较两者的区别与联系。学生指出,因为只是把"60 张"改为"66 张",所以算式是 66÷3。有学生脱口而出"商是 22",教师追问"你是怎样想的"。学生指出,把 66 分成 60 和 6,先算 60÷3 = 20,再算 6÷3 = 2,最后把两个商相加,得到 20+2 = 22。教师依据学生的回答,形成如图 5-16 所示的板书。

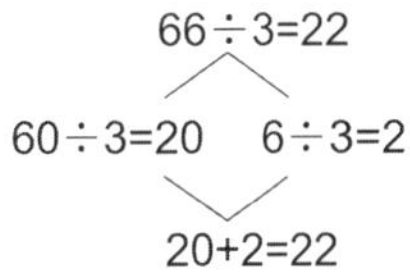

$$66÷3=22$$
$$60÷3=20 \qquad 6÷3=2$$
$$20+2=22$$

图 5-16

(二)笔算记录,经历过程优化

教师进一步提出要求:把口算的过程用笔算的方法记录下来。学生独立完成后,教师展示学生典型作品(图 5-17),让学生辨析,说一说哪一种笔算方法与口算过程最一致,且最简捷。学生讨论后发现,第一种笔算方法虽然简捷,但无法看出口算过程;第二种笔算方法中,第一条横线下的"0"可以不写;第三种笔算方法与口算过程一致,且最简捷。

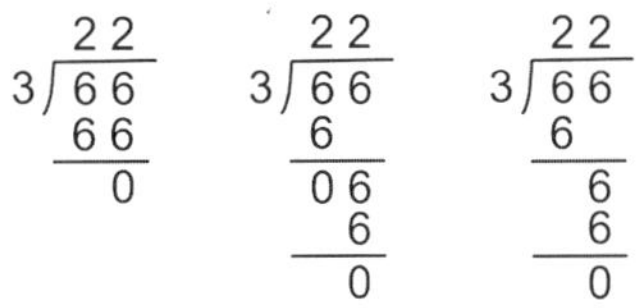

图 5-17

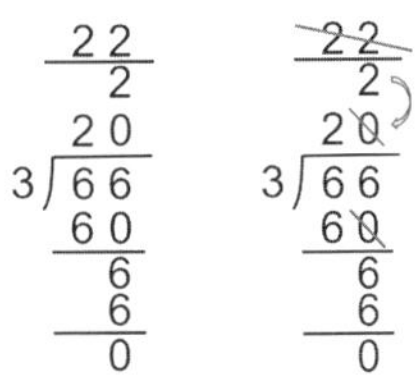

图 5-18

学生统一思路后,教师边板书边提问:如果按照口算过程来记录,除法笔算应该这样写(图 5-18 左),想一想,它是怎么变成第三种笔算方法的?学生观察讨论后指出,十位上"6÷3 = 2",表示 2 个十,只需在商的十位上写"2",不用在商的个位上添 0;个位上"6÷3 = 2",表示 2 个一,直接在个位上写"2"即可;同时,省去了"两个商相加"的步骤(图 5-18 右)。

（三）独立计算,概括笔算法则

归纳并理解 66÷3 的笔算方法后,教师请学生用口算(要求写出过程)与笔算的方法独立计算 42÷2 和 428÷2。学生能用分解与合并的方法正确写出两题的口算过程,也能模仿 66÷3 的笔算过程完成 42÷2 的笔算,但在笔算 428÷2 时,出现了如图 5－19 所示的笔算。因此,教师在反馈评析环节,请学生对照口算过程,思考可以怎样改进。学生指出,计算十位上的"2÷2"时,不需要把个位上的"8"照抄下来,因为它此时并没有参与运算(教师顺势划去对应的"8")。

图 5－19

教师进一步引导学生观察 42÷2、66÷3 和 428÷2 的笔算过程,思考它们有什么相同的地方。学生交流讨论后,总结得到这三个除法算式的计算方法:从高位除起,除到哪一位,商就写在那一位的上面。显然,这三题的口算与笔算过程完全一致。其中,口算过程更易理解;笔算过程是对口算过程的进一步优化,直接转化成表内除法计算,并在对应的被除数上方写商即可。这样的学习过程,把除法笔算与口算看成一个整体,可以更好地体会除法笔算与口算之间的内在联系。

三、分层练习,提升计算思维

从整十(整百或整千)数除以一位数到多位数除以一位数,前者是后者的学习基础。于是,我们在练习设计时更多地关注笔算方法,把口算融入笔算中。

（一）分类比较,选题计算

教师出示如下三道计算题,要求学生先口算得到结果,再笔算。

(1) 400÷2　(2) 96÷3　(3) 848÷4

学生独立完成,教师巡视,并对典型问题进行评析。如图 5－20,是一位学生的做法,显然是受后来学习多位数除以一位数的负迁移。教师引导学生比较辨析,明确像这样的整百数除以一位数,若百位上除后没有余数,就不用往下除,直接在商的十位与个位添 0 即可。

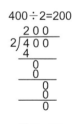

图 5－20

（二）题组练习,比较异同

除法笔算与乘法笔算不论是笔算格式还是笔算顺序都有明显的区别,为了让学生直观地发现这一差异,更好地体会四种笔算的相通之处,我们在除法口算与笔算的专项练习后安排了如下四道解决问题。

① 把一些手工纸平均分给 4 个班级,每个班级分到 84 张。一共有多少张手工纸?

② 把 84 张手工纸平均分给 4 个小组,每个小组分到多少张手工纸?

③ 三(1)班有手工纸 84 张,三(2)班有手工纸 96 张。两个班级一共有多少张手工纸?

④ 三(1)班和三(2)班一共有手工纸 180 张,其中三(1)班有 84 张。三(2)班有多少张手工纸?

先请学生独立审题,依据题意列出算式;再引导学生发现四个问题分别涉及加、减、乘、除四种运算;然后请学生一一笔算;最后反馈评析,说一说这四种运算有什么相同和不同之处。学生发现,加法、减法和乘法的笔算都是从低位算起,而除法是从高位算起。教师进一步指出:不论是哪一种笔算,都是把计算过程分解成相应的口算过程,并一步步把口算过程记录下来。

(三)结合填数,寻找联系

数字谜是明晰算理、理解算法,培养学生观察推理能力的较好题型。在具体设计时,要面向全体学生,让每一层次的学生都能积极思考,有所收获。结合本课的笔算内容,我们设计了数字谜(图 5-21),以期让学生明晰除法笔算中各部分的关系,进一步巩固算法。

图 5-21

本课教学给我们如下启示:除法笔算就是对相应口算过程的记录与优化。口算除法时,先把被除数分解成整个、整十、整百……再分别除以除数,最后把分步的商相加。笔算除法就是把上述除法口算过程以位值制的形式直接看成表内除法,从被除数的高位起"边分边除"。

第三节
"除数是一位数的除法(2)"教学实践

本课时是对第 1 课时"除数是一位数的除法(1)"中除法笔算的完善,即在第 1 课时被除数每一位上的数都可以被除数整除的基础上,出现分步除时有余数的情况。因此,如何通过变换数据,引出新的除法笔算? 如何进行新旧除法笔算的比较,以完善除法笔算法则? 如何设计有层次的练习,提升学生的除法运算技能? 围绕对这些问题的思考,我们进行了教学实践。

一、运用类比策略,操作感受差异

上节课中学习的除法笔算为本节课的除法学习提供了基本算理与算法的支撑。因此,本节课采用类比策略,在新旧计算的比较中,通过具体操作,让学生感受到具体的差异。

(一) 新旧比较,体会异同

教师出示如下两个问题:

(1) 三年级 2 个班一共植树 42 棵,平均每班植树多少棵?

(2) 四年级 2 个班一共植树 52 棵,平均每班植树多少棵?

请学生读题、审题后列出算式,并说一说相应的数量关系,得到如下除法算式:(1) 42÷2,(2) 52÷2。教师请学生观察这两道计算,并与上节课学习的"除数是一位数的除法(1)"作比较,说一说有什么不一样的地方。学生发现,第(1)题是上节课学习的内容,但第(2)题不一样,被除数十位上的数除以 2 后有余数。

(二) 自主尝试,迁移法则

对于第(2)题,教师没有作为例题组织教学,而是让学生利用第(1)题的活动经验,自主尝试独立完成,并要求学生先口算出结果,再用笔算的方法记录。教师巡视,选择典型做法进行展示,并对个别笔算第(2)题有困难的学生进行适当指导。过程中,教师提供小棒等学具(图 5 - 22),学生可以先操作,再笔算记录操作过程,也可以笔算后用操作进行验证。

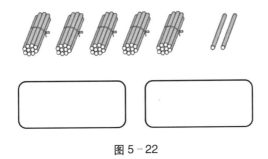

图 5 - 22

总之,以上教学过程试图迁移上节课中的计算经验,利用有余数除法的笔算方法以及数的组合等知识,让学生自主解决新的计算问题。

(三)结合操作,理解算理

上述两题中,第(1)题的算理学生已能理解,而要理解第(2)题的算理,可以结合学生的操作,并与相应的口算、笔算过程建立联系,从而理解算理,完善法则。

在校对第(1)题后,首先评析学生第(2)题的口算与笔算方法,接着请学生用教具演示两次平均分的过程,并在口算、笔算中找到与操作活动相对应的算法(图5 - 23)。在理解算理、明确算法的基础上,请学生再一次用规范的笔算方法计算52÷2。

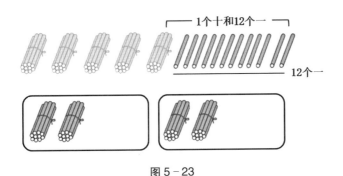

图 5 - 23

通过比较、尝试和操作,学生成功地从旧知迁移到新知,在掌握了"除得的余数要比除数小"这个计算法则的同时,理解了"十位余下的数和个位落下的数组成一个新数再继续除"的算理。

相对于 42÷2,52÷2 的难点在于"十位上的数除以一位数后有余数"。教学中,采用题组比较、迁移法则与操作验证等步骤,让学生迁移算法、理解算理,清晰地认识到两种除法计算有算法上的相同点以及算理上的不同点。

二、运用迁移，延伸法则

上述学习环节，从一个典型的例子中理解算理，形成算法。在后续的练习中，逐步丰富例子，让学生在变式练习、错题辨析中，延伸除数是一位数的除法的笔算法则。

（一）迁移算法，自主计算

教师出示如下三道计算：

（1）95÷5＝　　（2）95÷3＝　　（3）953÷3＝

这三道计算题对应三种不同的情况。第（1）题是模仿练习，与前面52÷2的计算方法完全一致；第（2）题是变式练习，是一道有余数除法计算；第（3）题是基于第（2）题的变式练习，既是一道有余数除法计算，同时出现了"三位数除以一位数"。

教师先请学生独立笔算，完成后观察分析：与例题相比，有什么相同的地方与不同的地方？

（二）分层评析，完善法则

学生独立完成后，教师展示学生正确做法（图5-24），先小组交流，说一说有什么相同的地方与不同的地方，再集体反馈评析。学生发现，与上节课中总结的笔算除法法则相同，即：从高位除起，除到哪一位，商就写在那一位的上面，且在分步除的过程中都出现了余数；不同的地方是，第（2）（3）题是有余数除法计算。

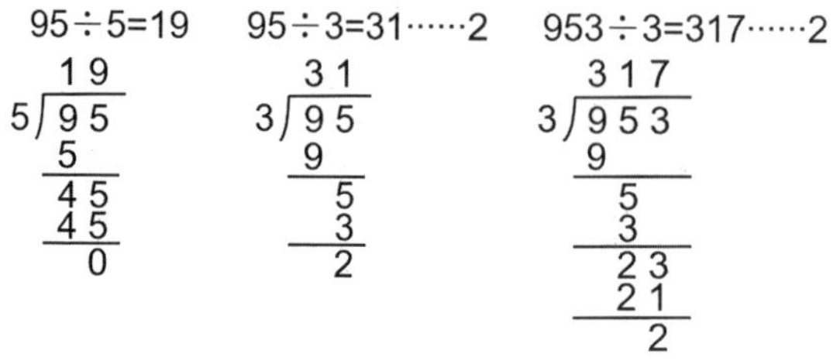

图5-24

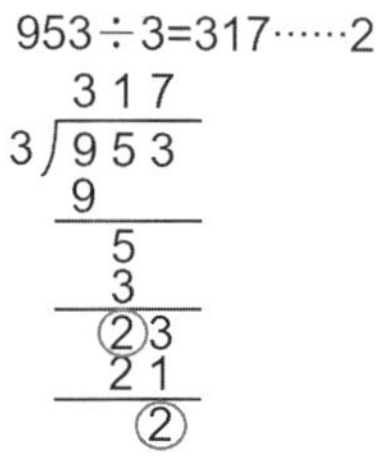

图5-25

围绕笔算中的余数，教师进一步请学生观察第（3）题，找一找分步除后的余数并把它圈出来（图5-25），说一说这里的两个余数"2"有什么不同的地方。学生指出，从上往下的第1个"2"表示"2个十"，而第2个"2"表示"2个一"。依据学生的回答，教师指出余数的计数单位与被除数相对应的位置一致。教师进一步追问：那么又有什么共同的地方呢？学生思考后指出，它们都比除数小。教师请学生圈出另外两个算式中的余数,说一说它们是否也符合这样的要求。在得到学生肯定的回复后,教师总结:每次除得的余数都要比除数小。从而完善了计算法则,并让学生按照总结出的计算法则重新笔算原来笔算过程不规范或者有错误的题。

(三)题组练习,纳入结构

教师出示如下计算题:

(1) 900÷3 =   (2) 900÷5 =   (3) 963÷3 =   (4) 963÷5 =

学生整体观察后教师提问:如果把它们分一分类,可以怎么分?有学生指出可以分成两类,一类是整百数除以一位数,是第(1)(2)题;第(3)(4)题是一般的三位数除以一位数。也有学生把第(1)(3)题分成一类,这两题是上节课学习的,每次除后都没有余数,可以直接口算;第(2)(4)题为一类,分步除时都有余数。

通过分类,让学生既区分了它们的不同之处,也认识到了相同的地方。因此,教师进一步指出:不论是哪一道除法,如果笔算,它们的计算方法都是一样的,都是从高位除起,除到哪一位,商就写在那一位的上面,每次除得的余数要比除数小。

接着,让学生依据法则,笔算第(2)题和第(4)题,口算第(1)题和第(3)题。最后,请学生反馈评析。特别是第(2)题,可以引导学生评析为什么被除数十位上的 0 要移下来,个位上的 0 却不用。让学生用前面总结的计算法则进行解释,即:前一位有余数,要移下来;前一位如果没有余数,就不用移下来。

三、分层练习,提升思维

如何提升学生的除法运算能力?如何提升学生的应用意识?如何体现数学运算中的思维性?我们围绕以上三个问题,分别进行了专项练习。

(一)最大填几,熟练试商

本节课所学习的除数是一位数的除法中,试商是计算中的难点。因此,我们设计了"括号里最大能填几"的专项练习(图5-26),让学生先依据乘法口诀独立填写,再集体校对,最后提问:这样的练习对于巩固我们今天学习的除法计算而言,有什么好处?学生思考后指出,可以在除法计算时能够更快地试出商。在结束例2和例3的学习之后安排这一"括号里最大能填几"的专项练习,有助于学生熟练试商。

( ) 里最大能填几?

29> ( ) ×8   21 > ( ) ×4   46 >9× ( )

( ) ×4<29   7× ( ) <30   ( ) ×8<55

60> ( ) ×9   ( ) ×6<38   7× ( ) <43

图 5-26

（二）看图提问，学会应用

教师出示图5-27，请学生说一说图中有哪些信息，可以提出哪些用除法解决的问题。学生观察后提出：小芳能摆几个这样的图案？小军能摆几个这样的图案？接着，请学生列式解答，完成后反馈评析。这两个问题包含了"括号里最大能填几"练习中的分步除，因此评析时可以让学生寻找两者的对应关系，进一步明确通过专项训练提升运算能力的重要性。

有96盆花

图5-27

（三）结合填数，寻找联系

数字谜是运用计算法则、提升学生推理能力的重要载体。因此，我们安排了与本课新知相对应的数字谜（图5-28），请学生独立完成，思考哪些位置可以直接填写，哪些位置需要依据前后联系填写。评析时，重点让学生说明填写思路。

图5-28

由易到难，由点到面，是从课时学习转型成单元整体学习的基本特征。由于已经有了前一节课的铺垫，因此本课教学中，先放手让学生自主尝试，再集体讲评，让学生发现与上节课不同的地方，从而完善法则。最后，在有层次的练习中提升学生的运算能力，培养应用意识与推理意识。

第四节

"除数是一位数的除法(3)"教学实践

除数是一位数的除法笔算法则的学习,是在有序的组织过程中,随着计算式子的不断变化而逐步完善形成的。在本节课之前,学生已经掌握了首位够除的情况下,如何分解被除数,并分别相除再相加的算理与法则。本节课只要求解决首位不够除时,如何处理这一情况。同时,为了体现除数是一位数的除法笔算法则是对口算过程的记录与优化,因此此前没有出现像"120÷4"这样的口算。那么,如何在本课中引入这样的口算?如何结合具体情境,利用口算进行估算?带着这样的思考,我们进行了教学实践。

一、题组比较,完善法则

在前面两节课的学习中,不论是口算还是笔算除数是一位数的除法,都是首位够除的情况。本节课通过题组比较,出现首位不够除的情况,让学生在自主尝试中发现新知,完善法则。

(一)题组比较,自主尝试

教师出示如下两个问题:

(1)一名快递员 2 天投递了 256 件快递,平均每天投递多少件?

(2)学校的石榴树结了 148 个石榴,平均分给 6 个年级。每个年级分得多少个? 还剩几个?

请学生读题列式,得到算式:(1)256÷2,(2)148÷6。接着,请学生自主计算,并回答问题。

我们把教材第 19 页的例 3、例 4 作为题组整体呈现,其中第(1)题是上节课中已经学习的笔算除法,而第(2)题则包含了本节课的新知——最高位不够商 1,让学生依据上节课概括得到的计算法则自主计算。

(二)比较差异,完善法则

教师展示笔算过程(图 5－29),请学生说一说有什么相同的地方。学生指出两题的计算法则有一样的地方,都是从高位除起,除到哪一位,商就写在那一位上面,且每次除得的余数都要比除数小;不同的地方是第(2)题被除数百位上的"1÷6"不够商1,要看前面两位。教师依据学生发现的不同点,进一步概括得到:首位不够除,就看前两位。

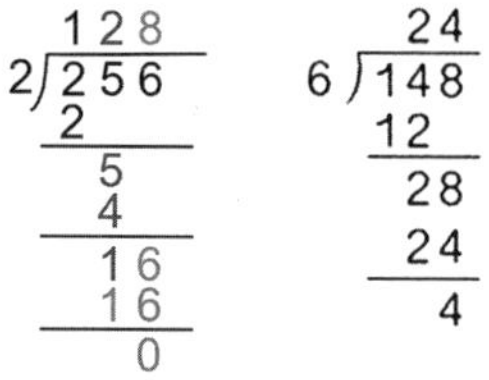

图 5-29

通过题组比较,在概括相同点时回顾了原有的笔算除法法则,并在寻找不同点的过程中完善了除法的计算法则。在此过程中,没有过多地强调从算理的视角对每一步的除法含义进行解释,而是结合具体例子,寻找相同点实现法则的迁移,寻找不同点实现法则的完善。

（三）审题计算,优化策略

除法计算法则的完善过程,也是笔算策略的优化过程。由于有了"首位够除"与"首位不够除"这两种情况,因此计算前需要先审题判断。教师出示如下四道计算:

(1) 848÷4　(2) 366÷6　(3) 459÷3　(4) 3616÷5

请学生观察后,分别说一说它们的商是几位数,有什么规律。学生观察后作出判断,交流总结如下:第(1)(3)题是"首位够除"的除法,商的位数与被除数的位数相同;第(2)(4)题是"首位不够除"的除法,商的位数比被除数的位数少一位。最后,请学生独立笔算第(3)题和第(4)题,计算速度快的学生同时计算第(1)题和第(2)题。

全体完成第(3)(4)题的笔算后,全班进行校对评析。评析第(1)题与第(2)题时,请学生想一想:这两题用什么方式计算比较合理? 为什么? 学生观察后指出:这两题可以直接口算,因为每一次除时都没有余数,可以一边除,一边把商写下来。

从整体的视角,把新知与旧知建立起联系,用已有的学习基础尝试解决新的问题,并在解决新问题的过程中完善数学知识结构。这样的学习过程,既体现了数学学习的整体性,也体现了学习过程的阶段性。

二、依据信息,提问解答

在第 1 课时学习"除数是一位数的除法"的口算时,没有出现类似例 2"120÷3"这样的口算题,因为此题如果用笔算,就是"首位不够除"的情况,而这是本节课的新知。因此,从整体设计的视角,我们把这一类口算后移到本课的学习中,并由教材中解决第 13 页例 4 的问题引出,让学生体会到用估算解决问题时,需要把其中的一些数据进行适当变化,使其变为既适合口算,又可以解决问题的情况。

（一）提问解答，完善问题

教师出示如下信息：

李叔叔骑车旅行，3 天一共骑行 263 千米。

本题是对教材例题的改编，即将"267"改为"263"，以凸显求积的近似数的必要性。请学生依据信息提出问题，学生自然地提出"李叔叔平均每天骑行多少千米"。学生列式计算后，发现计算结果有余数：$263 \div 3 = 87$（千米）……2（千米），因此需要把问题进行修改。

在实际教学中，有学生提出可以改为"李叔叔平均每天骑行多少千米，还剩多少千米"，但读题后觉得这样修改不是很贴切，可以改为"每天骑行多少千米多一些"，但阅读后感觉还是不贴切。

此时，有学生提出"平均每天大约骑行多少千米"。学生依据计算结果，指出平均每天"大约骑行 87 千米"，也有学生认为"大约骑行 90 千米"。很显然，这是一个"好问题"。然而，之前是用精算的方法得到结果，再取结果的近似数，还可以从改变解决问题思路的角度，引导学生用估算的方法解决问题。

（二）比较问题，完善思路

教师进一步引导学生比较下面两个问题：

（1）李叔叔平均每天骑行多少千米？

（2）平均每天大约骑行多少千米？

请学生说一说有什么不同的地方，学生指出第（2）题是"大约"骑行多少千米，因此不需要得到精确的结果，可以估算。依据学生的回答，教师请学生再次观察 $263 \div 3$，思考怎样改变被除数可以用口算的方法得到估计值。接着，指名学生口头回答，教师板书（图 5 - 9，其中括号内的数在后面环节中添加）。

（三）比较思路，形成策略

教师请学生比较以上两种思路，说一说有什么相同的地方与不同的地方。学生观察后发现，都用约等号连接，都看成整十数或整百数，从而让除法算式可以直接口算；不同点是估算的结果不同，估算成整十数时结果更接近准确值。

教师进一步追问：263 更接近整十数 260，为什么还是看成 270？学生指出，如果看成 260，$260 \div 3$ 则不能口算。教师进一步总结估算步骤：一取整（把被除数看成可以直接口算的整十数或整百数），二口算（用口算的方法估算出商）。

上述学习过程的基本思路是依据信息提问并解答，发现问题后再次提问，最后在解决问题的过程中获得新知。这样的学习，把精算、估算与口算看成一个整体，明确在解决不同问题时需要采用不同的方法，形成不同的策略。

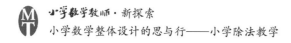

三、分层练习,形成技能

本节课可以看成对前两节课的补充与完善。因此,在练习巩固阶段,在巩固本节课新知的同时,还要与相应的旧知进行融合,从提升运算能力、培养应用意识与形成推理意识等角度设计练习。

(一)依据要求,补充算式

教师出示如下一组计算题:

(1) 372÷3　(2) 372÷4　(3) 685÷5　(4) 3685÷5

先请学生判断商各是几位数,再估算出商,最后笔算出结果。学生笔算的同时,教师布置如下一道机动题:

计算□76÷6,如果商是两位数,□里最大填(　　　),商大约是(　　　),商是(　　　)。

学生完成后,首先校对四道计算题,然后请已经完成机动题的学生说一说结果与思考过程。接着,教师提问:机动题还可以改成怎样的问题?学生回答后,教师记录:

计算□76÷6,如果商是三位数,□里最小填(　　　),商大约是(　　　),商是(　　　)。

这是围绕除数是一位数除法的计算法则所形成的题组,先指名学生口头回答前两个空后,再请学生独立计算第3空,计算后发现有余数,要把第3空改为"商是(　　　),还余(　　　)"。

依据已知的题目编写与之相对应的题目,让学生可以从"类"的视角看待一道数学题,培养学生举一反三的意识。

(二)题组训练,灵活选择策略

依据问题选择合适的解决问题策略,也是本节课重要的教学目标。教师出示如下问题:

学校举行3分钟剥毛豆比赛,每班派4人参赛。301班4人共剥了388克毛豆,302班由于1人临时退赛,最后3人共剥了336克毛豆。

(1) 你觉得哪个班的参赛选手剥毛豆水平更高?

(2) 301班和302班平均每名参赛选手各剥了多少克毛豆?

请学生依据问题的特点,说一说解决问题的策略。学生思考后发现,第(2)题需要计算出准确的结果;而第(1)题可以用估算解决。

口算、笔算与估算是三种基本的计算方法,在解决问题的过程中需要合理选择、综合应用。一般地,首先要对问题进行判断,如果要求出精确值,就需要笔算或口算;如果不需要求出精确值就能解决问题,则可以用估算。

(三) 补充竖式,发现联系

利用数字谜培养学生的推理意识,是本单元计算练习设计中的一个系列活动。围绕本节课中的除法新知——首位不够除看前两位,设计了如图 5-30 所示的练习。依据前两节课的活动经验,让学生先尝试填写,再交流评析。评析中,重点让学生认识到除法数字谜要依据已知数与竖式的结构特点,先填除数与商,其余的方格可以用"被除数=商×除数"填写被除数与分步积等。

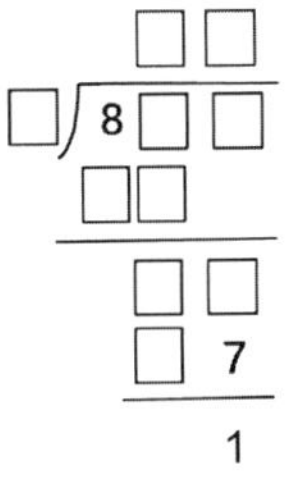

图 5-30

除数是一位数的除法笔算是对口算过程的记录,就是把被除数进行分解,使其转化成表内除法;估算是将被除数转化成整十、整百等的数后除以一位数的口算。因此,在教学中我们努力寻找三者之间的联系,让学生体会笔算是对口算过程的记录,估算就是把复杂的除法计算转化成可以口算的除法,三算有机统一,并在解决问题中结合具体情境,合理选择算法,灵活选择策略。

第五节
"除数是一位数的除法（4）"教学实践

在本单元的整体设计中,除数是一位数的除法计算法则的形成是一个循序渐进的过程。本节课出现了商中间或末尾有 0 的情况,因此在前几节课的基础上,还要继续完善法则。同时分析发现,同样是商中间或末尾有 0 的除数是一位数的除法,在分步除的过程中又有两类不同的情况:一类是 $0 \div a (a \neq 0)$;一类是 $a \div b (a < b)$。它们都是在原有法则——一位一位往下除时出现的情况。于是我们思考:如何在本节课中引出这两类不同的情况,让学生在自主探究的过程中完善法则? 对此,我们进行了教学尝试。

一、发现问题,优化笔算

通过分析教材,发现"208÷2"和"650÷5"这两个算式的被除数中都有 0,并且在笔算过程中都出现了与 0 有关的除法。因此,我们认为可以把这两个例题放在一起,并把与 0 有关的除法规律的探究渗透在笔算中。

（一）审题列式,尝试解答

课始,教师出示如下问题:

学校要组织春游,301 班买了 2 箱饼干,用去 208 元。302 班买了 5 箱面包,用去 650 元。每箱饼干多少元? 每箱面包多少元?

请学生找出其中的数学信息并列式解答。根据学生的回答,可以得到这样两个算式:208÷2 和 650÷5。通过解决实际问题,从而引出 208÷2 和 650÷5 这两个算式,培养学生自觉、主动地应用数学知识解决现实生活问题的意识。同时,为学习新知提供实际背景,帮助学生理解算理。

在依据数学信息列出相应的算式后,还需要得到最终的计算结果。因此,让学生自己尝试用笔算的方式计算这两个算式,并在自主尝试的过程中发现可能存在的问题。

学生独立计算。在笔算过程中,学生不仅应用了前面一节课中总结的法则,还发现在笔算中出现了"$0 \div a(a \neq 0)$"这种情况。"$0 \div a(a \neq 0)$"的情况,其实是例5(图5-31)的知识点。教材在编排时,先学习例5有关0的除法,总结出计算规律后,再应用规律计算相关的题目。而我们认为,对于"$0 \div a(a \neq 0)$",学生能够依据除法的含义,凭直觉认为应该是0,所以把例5的教学后置,让学生在计算以上两个题目的过程中自然地发现计算规律。

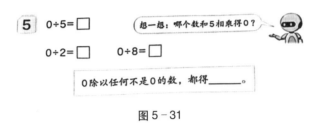

图5-31

(二) 发现新知,优化笔算

通过尝试、探究、讨论等方式组织学生学习,在不断思考、辨析的过程中理解有关0的除法的笔算算理,进而掌握算法。在获得基本计算方法、写出完整笔算过程后,进一步优化得到正确的、最简捷的书写格式,实现算法的优化。

学生独立完成上述两道计算,教师巡视,并选择其中的典型例子进行评析。首先评析三位学生笔算 $208 \div 2$ 的作品(图5-32),说一说这一道除法计算中出现了什么新情况。学生指出,十位上出现了"$0 \div 2 = 0$"。教师追问:是怎样想的?有学生根据除法的含义进行解释:有0个物品,平均分给2人,每人得到0个。也有学生根据"想乘做除"说明理由:因为 $0 \times 2 =$

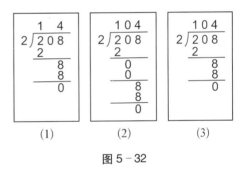

图5-32

0,所以 $0 \div 2 = 0$。进一步让学生举例并计算 $0 \div 3$、$0 \div 4$、$0 \div 1$,学生发现都等于0,进而归纳总结出0除以任何数都等于0。

显然,这一结论还不完善,教师进一步举例"$0 \div 0$",有学生认为商是0,也有学生认为商是1,因为 $0 \times 1 = 0$。学生进一步思考,发现商还可以是 2、3、$4 \cdots \cdots$ 商可以是任何一个数。教师指出:在计算中,商的个数应该是唯一的,但这里有无数个,所以除法中除数不能是0。接着,把前面总结的规律补充为"0除以任何数(0除外)都等于0"。

依据总结出的结论,再请学生评析图5-32中的三种笔算,说一说哪一种算法是不正确的,哪一种最简捷,并说明理由。学生指出,算法(1)不正确,十位上是

"0÷2＝0"，所以商的十位上要添0。与算法（2）相比，算法（3）更简捷。在此基础上，教师请做错的学生仿照算法（3）把这道题重新做一遍，已经正确的学生选择合适的方法计算下面两题：906÷3和9006÷3，完成后评析。有学生认为，这两题也可以口算，因为每次除后都没有余数。

（三）迁移规律，自主评析

对于第2题650÷5，笔算过程中虽然也出现了"0÷5"，但是由于它处于个位，因此学生可以依据第1课时学习整十数除以一位数的经验，用数的意义进行解释。当然，在本节课中还可以用"0÷5＝0"进行解释。

教师展示学生的两种典型做法（图5－33），请学生依据前面的学习经验，说一说两种方法的联系与区别。学生指出，两种都正确，但算法（2）更简捷，65个十除以5等于13个十，所以在商的个位添0。也有学生指出，因为0除以任何数都等于0，所以"个位上的0除以2"这一步计算可以省略，直接在商的个位添0。

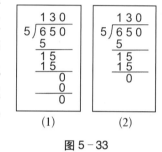

图5－33

在解决问题的过程中发现新知、探究规律，可以更好地体现新知学习的价值，即为了解决问题。同时，充分利用学生的学习经验，让学生在自主尝试的过程中，自主发现问题、提出问题、分析问题并解决问题。

二、变化信息，完善法则

在计算208÷2和650÷5的过程中，获得新知识：0除以任何数（0除外）都等于0，并应用这一规律优化了除数是一位数除法的计算过程。在此基础上，还需要解决分步除时不够商1用0占位的特殊情况。

（一）分析问题，自主解答

延续前面的情境，教师出示如下信息与问题：

两个班买了一些零食后，301班还剩下216元，他们打算去买水，每瓶水2元，能买多少瓶水？302班还剩下245元，他们打算去买果汁，每瓶果汁8元，能买多少瓶果汁？

与前面一样，学生先列出216÷2和245÷8这两个算式，再自主尝试用笔算的方法计算结果。

216÷2和245÷8，被除数中都没有0，但商中都有0，本质上都是"小的数除以大的数，不够商1，用0占位"的情况。让学生自主解答，可以更好地培养学生的探究能力。

（二）评析作业，发现新知

在本单元第 3 课时的学习中，当首位不够商 1 时要看前两位，把这一思路迁移到分步除中时，要改为"不够商 1 用 0 占位"，从而完善法则，优化笔算。

教师在学生独立解答时，收集学生的典型作品，并整体展示其中的一类做法（图 5-34），请学生说一说有什么发现。学生指出，第（1）题十位上"1÷2"和第（2）题个位上"5÷8"的商都是 0。

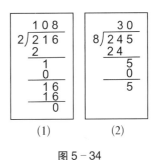

图 5-34

教师依据学生的回答，再次展示学生的第二类做法（图 5-35），请学生说一说与图 5-34 中的方法比较，有什么不一样的地方。学生发现，当分步除中出现被除数比除数小时，直接在商的对应位置上添 0。依据学生的回答，教师示范笔算过程（图 5-36）。

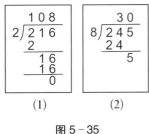

图 5-35

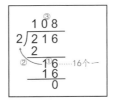

图 5-36

（三）归纳算法，完善法则

教师整体展示从第 1 课时开始学习的"除数是一位数的除法笔算"的例题，并整体回顾之前的计算法则：（1）从高位除起，一位一位地往下除；（2）除到哪一位，商就写在那一位的上面；（3）每次除得的余数都要比除数小；（4）如果首位不够除，就看前两位。请学生依据原有的法则，观察本节课学习的四道除法计算，想一想是否符合这四条法则。学生认为符合后，教师追问：依据这四个例题，需要对计算法则作什么补充？学生讨论后得出：（5）某一位上不够商 1，就在那一位上商 0。

从一般到特殊，由易到难，通过 4 个课时的学习，形成了完整的除法竖式计算法则。但此时学生头脑中的法则是零散的，需要帮助学生形成完整的脉络。于是，教师整体出示学习过的例子（图 5-37），回顾计算法则的学习过程，帮助学生完善认知结构，形成完整的思维脉络。

$$
\begin{array}{r}
22 \\
3\overline{)66} \\
6 \\
\hline
6 \\
6 \\
\hline
0
\end{array}
\qquad
\begin{array}{r}
21 \\
2\overline{)42} \\
4 \\
\hline
2 \\
2 \\
\hline
0
\end{array}
\qquad
\begin{array}{r}
214 \\
2\overline{)428} \\
4 \\
\hline
2 \\
2 \\
\hline
8 \\
8 \\
\hline
0
\end{array}
\qquad
\begin{array}{r}
26 \\
2\overline{)52} \\
4 \\
\hline
12 \\
12 \\
\hline
0
\end{array}
\qquad
\begin{array}{r}
128 \\
2\overline{)256} \\
2 \\
\hline
5 \\
4 \\
\hline
16 \\
16 \\
\hline
0
\end{array}
$$

$$
\begin{array}{r}
24 \\
6\overline{)148} \\
12 \\
\hline
28 \\
24 \\
\hline
4
\end{array}
\qquad
\begin{array}{r}
104 \\
2\overline{)208} \\
2 \\
\hline
8 \\
8 \\
\hline
0
\end{array}
\qquad
\begin{array}{r}
130 \\
5\overline{)650} \\
5 \\
\hline
15 \\
15 \\
\hline
0
\end{array}
\qquad
\begin{array}{r}
108 \\
2\overline{)216} \\
2 \\
\hline
16 \\
16 \\
\hline
0
\end{array}
\qquad
\begin{array}{r}
30 \\
8\overline{)245} \\
24 \\
\hline
5
\end{array}
$$

图 5-37

三、分层练习,培养能力

本节课是本单元计算部分的最后一节新授课,因此本节课的练习巩固部分,从口算、笔算与估算等三个维度进行计算练习,把本节课的新知纳入单元计算结构中。

(一)口算除法,回顾学习历程

在第1课时与第3课时的学习中,分别学习了除数是一位数除法的口算;而在本节课的学习中,也有可以直接口算的题型。因此,把可以口算的除数是一位数的除法看成一个整体,用题组的形式请学生口算。

教师出示如下5道口算:

(1) $900÷3$　(2) $930÷3$　(3) $906÷3$　(4) $936÷3$　(5) $924÷3$

先请学生口算出结果,反馈评析后请学生说一说这些口算题有什么特点。学生指出,每一次分步计算都没有余数。

(二)题组比较,辩证关系

先估算再笔算,把估算看成对笔算的检验。教师出示如下题目(图5-38),请学生先估算出结果,再笔算。

先估算,再笔算。

(1) $516÷5≈$　(2) $6308÷9≈$　(3) $6308÷7≈$
　　(　　)　　　　(　　)　　　　(　　)
　　$516÷5=$　　　$6308÷9=$　　　$6308÷7=$

图 5-38

以上三个题目,是本节课学习的笔算除法的内容。完成后请学生校对评析,并结合计算过程,说一说估算与口算、笔算与口算之间的关系。学生交流讨论后,教师总结:估算就是把需要笔算的除法转化成可以口算的除法;笔算就是对口算过程的记录。

（三）结合填数,提升思维

延续前面 3 课时的数字谜,并结合本课时的知识点,教师设计了一组对比填数练习,引导学生反思商中的 0 的产生原因,从而提升学生的数学思维。

教师出示如图 5–39 的两个数字谜,请学生说一说这两个数字谜有什么相同的地方。学生观察后,发现这两个笔算中的被除数与除数分别相同,且都是商中间或末尾有 0 的除法。教师在肯定学生回答的基础上,进一步质疑:被除数真的相同吗? 请依据已知信息把竖式补充完整。同桌合作,各完成其中一题,完成后同桌相互交流,最后集体反馈。

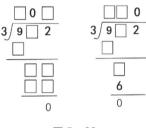

图 5–39

回顾本节课的教学过程,不管是"$0 \div a\,(a \neq 0)$"这种情况,还是"$a \div b\,(a < b)$"这类情况,都是在不断对比、辨析的过程中概括得出"在求出商最高位上的数以后,除到被除数的某一位不够商 1,就在那一位商 0",从而帮助学生完善认知结构,形成完整的计算法则,加深学生对算法的理解。通过几组有对比性的题组训练,让学生正确、熟练地掌握有关商中间或末尾有 0 的除数是一位数除法的笔算方法,为后续学习除数是两位数甚至多位数的除法笔算奠定扎实的基础。

第六节
"解决问题例8"教学实践

本节课学习用估算解决问题——例8"够不够"问题。学生在三上万以内的加减法与多位数乘一位数等学习中,已经有了在加法与乘法解决问题背景下进行估算的学习经验。因此,本节课的学习既有本单元求商的近似数的经验,也有之前用估算解决问题的经验。

一、自主尝试,反馈交流

学生在具体情境中删选信息、分析问题的能力对其能否有条理地解决问题有着重要的影响。在图文结合的问题情境中,学生通过自主梳理信息,根据相关信息提炼出数量关系并进行独立解答的学习活动,能提升学生分析问题的能力。

(一)阅读审题,梳理思路

教师出示信息与问题:

今天一共收了128个菠萝。每箱装6个,一共有18个纸箱,装得下吗?

先请学生读一读,然后说一说如果要判断"够不够装",可以怎样想。学生指出,先求出收了的菠萝可以装几个纸箱,再和18作比较,看是比18多还是少,还是相等。教师追问:怎样求可以装的纸箱个数?教师依据学生的回答,得到如下思路:128÷6○18。如果128÷6大于18,说明不够;如果小于或等于18,说明够。

在之前的用估算解决问题中,学生已经有了通过"画一画"与"理一理"(图5－10)的方法对题目中的信息与问题进行梳理的经验,为本节课的解决问题提供了思维基础。

(二)回顾经验,自主尝试

在之前的用估算解决问题中,主要是加法或乘法的估算解决问题。这两类运算代表合并,只要运算中的加数或乘数变大或变小,和或积也随之变大或变小。而

182

在除法运算中就比较复杂,因为如果除数不变,被除数变大或变小,商也变大或变小;如果被除数不变,除数变大或变小,商反而变小或变大。因此,在除法估算问题中,需要先确定谁没有变,谁发生了变化。而本节课重点学习除数不变,被除数变化的情况,此时被除数与商的变化方向是一致的。

教师首先引导学生回顾在之前的估算学习中,一般是怎样估算并作出判断的,即让学生说一说用估算解决问题的基本步骤。学生回答后,教师总结如下:一判断(判断是够还是不够),二估算(根据判断结果进行估算),三结论(够还是不够)。接着,让学生结合梳理,按照原有用估算解决问题的思路自主尝试解答此问题。

(三) 交流评析,完善思路

学生独立完成,教师巡视,并选择典型作品进行展示。完成后评析,最后形成如图5-11所示的估算过程,这是三年级上册"多位数乘一位数"单元用估算解决问题中估算步骤的再应用。为什么判断"不够装"要"往小估"?要结合实际,特别是图5-10中的图示进行推断,可以在图中标注出往小估的值与精确值(图5-40)。

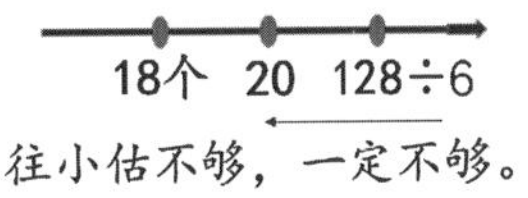

图 5-40

在之前的用估算解决问题中,大多数情况下解决"够不够"问题时,往往是"往小估够就一定够""往大估不够就一定不够"。但是在本题的情境中,却是"往小估不够就一定不够""往大估够就一定够"。因此,这里只能迁移估算步骤,而不能照搬具体思路。

二、丰富思路,比较异同

本题除了可以用除法进行估算外,还可以用乘法进行估算。因此,教师可以进一步展示用乘法估算解决问题的思路,并与用除法估算解决问题的思路进行比较,寻找它们的相同点与不同点,从而概括乘法与除法估算解决问题的共同策略与不同特点。

(一) 图式互译,理解题意

教师出示图5-41,请学生观察并提问:这样的估算方法是把什么作标准?又把什么与它进行比较?学生观察后指出,这里把"收的个数"作标准,把"18个箱子可以装的个数"与它进行比较,如果比"收的个数"多,说明够,反之就是不够。

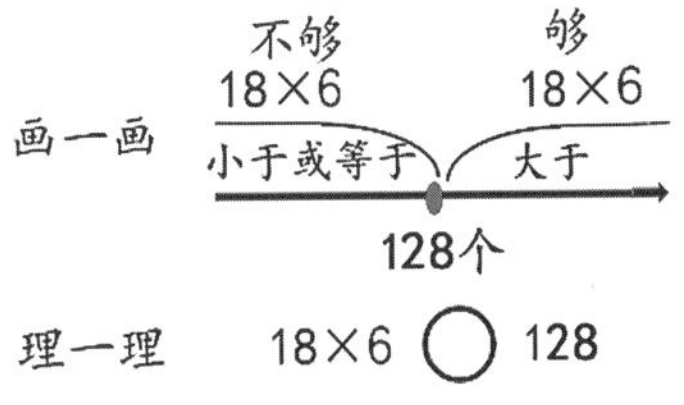

图 5-41

（二）自主解答，实现迁移

在理解题意的基础上，教师请学生自主解答，然后反馈评析，形成如图5－42所示的板书。由于有前面的学习经验，因此可以让学生自主完成。在评析时，可以在图5－41中的数线上点出"120"和"18×6"的大致位置（图5－43）。其中，表示"120"的点指往大估后的估算值，表示"18×6"的点指精确值。从而直观地发现估大后不到128个，所以一定不够装。

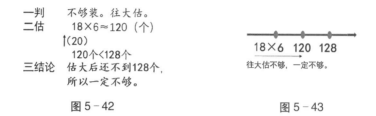

图5－42   图5－43

（三）乘除比较，培养估算意识

可以发现，用除法或乘法估算解决问题的估算步骤相同，但是具体的估算思路却正好相反，这是培养学生应用意识很好的例子。

请学生观察图5－42与图5－11两种不同的估算思路，说一说有什么相同的地方与不同的地方。学生观察后，发现相同的地方是估算的步骤相同，估算的结论相同。但是，图5－11是用除法估算，往小估；图5－42是用乘法估算，往大估。教师进一步总结：用估算解决问题时，一定要审清题意，先确定思路后再按步骤进行推理。

用估算解决问题的过程，实质上是合情推理的过程。以上过程，记录的是理想中的教学过程，实际教学中，学生可能会出现按照估算思路而不能推导出结论的情况。此时，需要修改判断，再进行推导。

三、适度变式，比较提升

联系具体情境，先明确思路再按步骤进行推导是用估算解决问题与一般估算问题的不同之处。接着，把例题进行适当改编，并与例8的估算解决问题进行比较，学生发现相同的估算过程却得到不同的结论，从而进一步提升学生的应用意识。

（一）同桌分工，合作解答

教师出示如下问题：

今天一共收了128个菠萝，平均分给6个小组。每个小组有18人，每人至少分到一个，能够做到吗？

先引导学生阅读审题,依据信息与问题,把文字语言梳理成数学语言,即图 5 - 41 中的"理一理",得到如图 5 - 44 所示的两种表达式。接着同桌合作,各完成其中的一题,完成后同桌相互批阅。

思路1：

$128 \div 6$ ◯ 18

思路2：

18×6 ◯ 128

图 5 - 44

（二）交流评析,巩固思路

同桌批阅后,教师展示学生的作业并组织评析,形成如图 5 - 45 和图 5 - 46 的板书。在问题解决之前或之后,可以用画图的方式帮助学生理清思路或进行验证。完成后比较两种思路,说一说有什么发现。学生观察后,发现估算的思路正好相反,图 5 - 45 是往小估,图 5 - 46 是往大估,但解决问题的步骤是相同的。

理一理1：$128 \div 6$ ◯ 18

一判　　够分。往小估。
二估　　$128 \div 6 \approx 20$（个）
　　　　↓(120)
　　　　20个>18个
三结论　估小后还大于18个,
　　　　所以一定够。

图 5 - 45

理一理2：18×6 ◯ 128

一判　　够分。往大估。
二估　　$18 \times 6 \approx 120$（个）
　　　　↑(20)
　　　　120个<128个
三结论　估大后还不到128个,
　　　　所以一定够。

图 5 - 46

（三）整体比较,提升估算意识

教师请学生整体比较解决例 8 的两种思路与解决变式问题的两种思路,说一说有什么发现。学生观察后,发现在除法估算解决问题中,同样是往小估,例 8 得到的结论是"一定不够装",而变式问题得到的结论却是"一定够分"。在乘法估算解决问题中,同样是往大估,得到的结果也正好相反。依据学生的回答,教师再一次指出：在用估算解决问题时,往大估还是往小估,需要依据实际情境合理确定。

知识求多更求联。在本节课的学习中,只解决了两个估算解决问题,但在学习过程中,充分利用了原有的学习经验,使自主探究与交流讨论交替进行。一般地,先交流讨论用估算解决问题的基本思路,然后让学生自主尝试,最后交流评析。在不断对比建构中,规范用估算解决问题的基本步骤与表达形式。

第六章
除数是两位数的除法

　　"除数是两位数的除法"是小学整数除法学习的最后阶段,相较于之前学习的"除数是一位数的除法",就除法运算而言,它们的运算法则基本相同,但除数是两位数除法的笔算更为复杂,因为要把分步除中的"三位数(或两位数)除以两位数"转化成"表内除法"进行试商时,可能会出现商过大或过小而要进行调商的情况。由于在学习了除数是两位数的笔算除法之后,后续学习中不再出现其他整数除法笔算,因此还要结合具体例子,让学生发现除数是三位数甚至四位数的笔算除法的运算法则与除数是两位数笔算法的运算法则是一致的,从而概括出更为一般的笔算除法运算法则。

　　在人教版《数学》四年级上册"除数是两位数的除法"单元中,没有安排专门的除法解决问题。但是,这并不意味着没有相应的除法解决问题,只是涉及的数量关系在前期已经学过了,如该册"三位数乘两位数"单元所学的商品买卖和行程问题中的数量关系,在本单元的例题情境创设以及练习设计中都有呈现。因此,我们在教学中也需要结合具体情境,让学生列出数量关系,再代入信息列出除法算式。

　　商的变化规律是本单元学习的新知,也是对旧知的再探究与再发现。我们把商的变化规律分为商的大小变化与不变两类,其中商不变的规律称为商不变的性质。通过除法题组计算,以发现被除数、除数与商中变与不变的规律。由于商不变的性质可以成为本单元第1课时"整十数除以整十数"口算除法的算理,而商的变化规律又可以成为调商的依据,因此可以把商的变化规律前置到第1课时的学习之中,并在利用商不变的性质进行除法简便运算时,通过题组比较与一题多解,渗透转化思想。

第一节
"除数是两位数的除法"整体设计

人教版《数学》四年级上册"除数是两位数的除法"是小学整数除法学习的最后阶段,是在学生学习了除数是一位数除法的基础上进行教学的。我们将本单元的教材内容进行梳理,以了解其编排特点,再结合整体设计理论与新课程理念,指出可改进之处,最后进行教学实践。具体地,把商的变化规律的学习前置,使得商不变的性质成为整十数除以整十数口算的算理,使商的变化规律成为试商与调商的依据;探寻除数是两位数笔算除法中试商的共同特征,整合试商方法,形成规范的笔算除法步骤;在利用商不变的性质进行简便运算时,凸显数学思想方法的渗透,感受转化思想在除法简便运算中的运用。

一、梳理——理清教材的编排特点

人教版教材中"除数是两位数的除法"单元安排有 12 个例题,其中有 11 个例题是关于口算、笔算与简便运算,还有 1 个例题是探索商的变化规律。因此,除数是两位数除法的运算是本单元学习的重点,笔算除法中的试商又是其中的难点,集中安排了 7 个例题。仔细钻研本单元的例题,发现有以下几个方面的编排特点。

(一) 层次清晰,重点突出

本单元可以分成三个板块,分别是除数是两位数除法的口算和笔算,以及商的变化规律及其应用。本单元的学习重点是除数是两位数除法的笔算,前两个板块以及第三个板块中利用商的变化规律进行简便运算,都是围绕除数是两位数除法的笔算展开的。

第一个板块中,口算除法的内容为笔算除法做准备,例 1、例 2 是笔算除法的算理,且例题后面的"想一想"是为笔算除法中的试商做铺垫。为了突出重点,第二个板块笔算除法安排了 7 个例题,前 5 个例题按照除数的不同类别学习除数是两位数除法的试商和调商,而例 6、例 7 则由原来商是一位数的除法变成了商是两位数的除法,从而完善并总结出计算法则。第三个板块是商的变化规律及其应用,以题组的形式,利用原有的除法口算经验计算出结果后,比较概括得到商的变化规律;商的变化规律的应用主要指利用商不变的性质进行除数是两位数除法的简便运算。

(二)细分类型,注重技能

除数是两位数除法的笔算是本单元的教学重点,而试商与调商又是其中的学习难点。教材为突破难点,采用细化类型、注重技能的策略,依据除数的特征,或用"四舍法""五入法"取整十数,或用"取中法"化为"几十五"。除此之外,练习中还编排了依据被除数与除法的特征,用"同头无除商八九"或"折半商四五"快速试商。

另外,依据商的位数的不同,分成商是一位数的笔算除法与商是两位数的笔算除法。商是一位数的笔算除法,重点学习试商与调商;商是两位数的笔算除法,重点完善运算法则。

(三)专项研究,发现规律

教材在本单元的编排上,商的变化规律是相对独立的一个内容,通过观察不同题组的特征,让学生归纳出除数(或被除数)不变时,商与被除数(或除数)的变化规律,以及商不变时,被除数和除数的变化规律。

显然,在除数是两位数的笔算除法学习之后学习商的变化规律,是为了在后续学习时运用商不变的性质进行除数是两位数除法的简便运算,并作为小数除法运算法则的依据。同时,也可以将其作为本单元第1课时学习的整十数除以整十数口算的算理。因此,相较于商的变化规律,商不变的性质的应用范围更广。

从梳理中可以发现,本单元围绕除数是两位数的笔算除法进行了精心设计,努力分解除数是两位数除法的试商难点,每一课时学习其中一种类型,在不断积累不同类型试商经验的过程中,提升学生的除法运算能力。

二、反思——提出可改进之处

通过对教材的梳理,发现了本单元的编排特色。在理清单元编排结构的基础上,也发现一些可以改进的地方。我们对这些可以改进的地方进行反思,以期为本单元的整体设计提供改进策略。

(一)理解笔算是对口算过程的记录

为了让学生能准确迅速地对除数是两位数的除法进行试商,教材仅针对笔算除法就安排了7个例题,学习用"四舍法""五入法""取中法"(以上商都是一位数)试商,紧接着学习商是两位数的除法,即以小步子、多循环的方式组织教学。但是,对于计算能力薄弱的学生而言,还是跟不上节奏,甚至还是从1、2、3……来试商。

究其原因,是因为受到"除数是两位数的除法"试商时数据复杂的影响,认为是一种新的、复杂的试商,没有找到与原来"除数是一位数的除法"试商方法上的联系,更没有想到要还原成最基本的乘法口诀。

以除数是两位数除法笔算中例6"612÷18"的笔算除法为例(图6-1),分解出如下口算内容。

第一类试商:61÷18   72÷18

第二类乘法:18×3   18×4

第三类减法:61-54   72-72

$$
\begin{array}{r}
34 \\
18{\overline{)612}} \\
\underline{54} \\
72 \\
\underline{72} \\
0
\end{array}
$$

图6-1

第一类试商,在教学笔算之前,教材中就安排了相应的口算,即例1及其"想一想":83÷20,80÷19,例2及其"想一想":122÷30,120÷28。这些题目在试商过程中,本质上要还原为口算8÷2与12÷3,即还原为表内除法。

第二、三类并不在除法系列的学习中,体现了除法学习的综合性。其中,第二类"两位数乘一位数"不仅包括了乘法运算,还包括了乘加混合运算。

综合上述除法笔算,实际上包含了加、减、乘、除四类口算,既有精算又有估算,其复杂性可以想象。因此,在教学中,提高学生的除法笔算水平需要从相应的口算出发,进行专项练习。同时,要规范思路,让学生学会有序地思考,规范地运算。

在本课题的研究中,我们通过对除法计算作系统分析,去除其外在的不同,找到试商本源——乘法口诀与有余数除法,以期形成更为一般化的试商过程。

(二)商的变化规律可尽早探究

教材将商的变化规律放在了整数除法学习的最后一个环节,即在总结除数是两位数除法的运算法则之后。这时,除了之后一个课时的简便运算,对于本单元而言,此内容已经没有其他"用武之地"了。

其实,在前期学习除法运算时,就可以渗透商的变化规律。也就是说,在学习表内除法与除数是一位数的除法时,就可以以题组的形式让学生感知商的变化规律,如表内除法计算时可以出示题组6÷2、12÷4、24÷8,学生计算后发现商都等于3,再引导学生反思三个除法算式的特点。

在本单元第1课时的练习阶段,可以出示图6-2中的三个题组,均是除法口算题。其中,第1组是除数是一位数的除法口算,第2、3组是本单元第1课时中的除法口算内容。学生口算出结果后,让学生分别说一说有什么发现,从而归纳出商的变化规律。学生在本册"三位数乘两位数"单元中已有归纳积的变化规律的经验,因此这里可以让学生独立完成后集体反馈,并用其中的商不变的性质解释之前学习的整十数除以整十数的算理。并且,第1课时学习了商的变化规律后,在之后的笔算除法试商时,可以作为解释"为什么用'四舍法'试商时,商容易偏大,而用'五入法'试商时,商容易偏小"的理由。

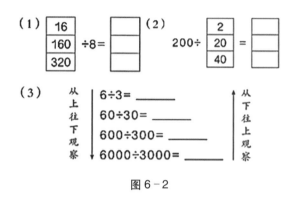

图6-2

(三)注重运算审题习惯的培养

本单元内容,教材是按照先学习口算,再学习笔算,最后利用商不变的性质学习简便运算的顺序编排的。过程中,要让学生逐步养成选择合适的方法进行运算的习惯。特别是随着除法计算题型的不断丰富,采用题组比较的形式,让学生先选择合适的方法,再计算。

例如,在第1课时除法口算中,可以出示如图6-2所示的题组,让学生结合题组计算寻找规律。又如,在单元复习课中,出示如图6-3所示的题组,请学生按照口算、简便计算、快速试商后笔算这样的顺序,判断每一道题的计算方法。

①300÷50=　　②360÷30=　　③180÷15=　　④247÷28=

⑤850÷50=　　⑥197÷38=　　⑦1200÷25=　　⑧587÷29=

图6-3

通过反思,找准了除数是两位数除法试商的本质,即转化成表内除法试商,前置了商的变化规律的学习,注重除法运算中审题意识的形成。以上策略,是为了更好地提升学生除数是两位数除法的运算能力。

三、实践——注重数感与推理意识的培养

通过梳理,明晰了教材编排特点,再结合反思指出了改进之处。那么,这些

改进之处如何在实践中得到落实呢？具体地，我们重构了单元学习路径，将商的变化规律前置，整合笔算的试商过程，在教学中注重对学生数感与推理意识的培养。

（一）前置商的变化规律

第1课时原来安排的是被除数和除数末尾有0的口算除法，以及相应的估算。通过重构，将第1课时的学习内容调整为学习被除数和除数末尾有0的口算除法以及商的变化规律。

教师出示如下题组：

（1）有8本书，每班分2本，可以分给几个班？

（2）有80本书，每班分20本，可以分给几个班？

（3）有800本书，每班分200本，可以分给几个班？

学生读题后列式计算，通过计数单位的变化，把第（2）（3）题转化成第（1）题表内除法的形式并口算出结果。在此基础上，整体观察三个算式的变化（图6-4），说一说有什么发现，从而归纳出商不变的性质。在后续练习中，也采用题组的形式（图6-5、图6-6），在口算出结果后，进一步观察表格中被除数、除数与商的变与不变，概括出商的变化规律。

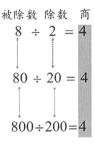

图6-4

王老师用1200元去书店买书，如果只买其中一种书，每种书各能买多少本？

书籍名称	连环画	故事书	科技书	大百科
总价	1200	1200	1200	1200
单价	10	20	30	40
数量				

图6-5

小明家附近有学校、书店、超市。如果小明以同样的速度前往，分别需要几分钟？

目的地	家到学校	家到书店	家到超市
路程	120	240	480
速度	60	60	60
时间			

图6-6

（二）整合笔算的试商过程

本单元除法笔算分为五节课：先按照除数的特征，以"整十数""取整十数（包含'四舍法''五入法'）"以及"取中法"这样三个层次共四课时学习除数是两位数除法的试商与调商，最后安排一课时学习商是两位数的除法笔算，从而概括出除数是两位数除法的计算法则。这样的安排虽然分散了难点，但不能整体感知试商的一般方法。基于整体设计的视角，我们将其整合成三课时进行教学，具体如下：

课时	课　题	主要学习目标
1	除数是整十数的笔算除法	沟通口算、笔算和估算三者的关系,明确除数是整十数除法的笔算算理,掌握其运算法则
2	除数是两位数除法的试商与调商	题组比较,发现"四舍法"与"五入法"试商的策略——除数取整十数,再转化成表内除法进行试商与调商;总结不同的调商策略:"四舍法"试商,商容易偏大,"五入法"试商,商容易偏小
3	特殊的试商技巧	通过题组的对比练习,理解"同头无除"和"除数折半"的原理,能依据数的关系灵活进行试商与调商

第 1 课时"除数是整十数的笔算除法"中,包含了商是两位数的笔算除法,可以完整地概括出除数是两位数除法的笔算法则。第 2 课时"除数是两位数除法的试商与调商"中,删除了"取中法"试商这一种特殊的试商策略,因为它在试商时计算要求较高,不符合"试商时转化成表内除法"这一统一要求。第 3 课时通过题组练习,让学生在利用"四舍法"和"五入法"试商的过程中,观察被除数、除数与商的特征,概括出"同头无除商八九"和"折半商五法"这两种快速试商的规律,并以此培养学生笔算前先审题的习惯。在第一节和第三节新授课后,各安排一节相应的练习课,以进一步巩固新授课中形成的试商与调商策略。

（三）凸显简算中的转化思想

不论是除数是两位数的口算还是笔算中的试商,它们的基本思想方法都是转化,即把较复杂的除法转化成表内除法口算出商或进行试商。进一步地,利用商的变化规律进行简便运算,实际上也渗透了转化思想。

在第 1 课时中,学生已经学习了商的变化规律。因此,在笔算除法之后安排了一节利用商的变化规律进行简便运算的课。教师出示如下信息与问题:

（1）学校准备购入一批新的教师用笔,总预算为 780 元,每套笔的价格为 30 元,可以买几套?

（2）学校还准备购入一批新的会议室桌椅,预算总共是 8400 元,每套桌椅 500 元,可以买几套? 还剩多少钱?

先让学生读题、审题,列出数量关系与算式,说一说这两题有什么相同的地方。接着,请学生尝试用笔算的方法计算,利用商不变的性质概括出被除数与除数末尾均有 0 的笔算除法简便运算的方法。完成后反馈评析,说一说有什么相同的地方与不同的地方。学生发现,都是把它们转化成更为简单的除数是一位数的除法进行计算;不同的是第（2）题有余数,且余数需要还原成原来的大小。

在进行了上述题型的模仿练习之后,教师出示 120÷15 这一道计算题,并指出:

这一道除法计算题也可以利用商不变的性质进行简便运算,想一想可以怎样思考?学生自主尝试后交流反馈,形成如下两种思路:(1)$120÷15=(120÷3)÷(15÷3)=40÷5=8$;(2)$120÷15=(120×2)÷(15×2)=240÷30=8$。说明各自的思考过程后,说一说两者又有什么相同的地方。学生发现,都是利用商不变的性质把原题转化成可以口算的题目。

"除数是两位数的除法"的单元整体设计给我们如下启示:利用转化思想,把复杂的、尚不知解题思路的数学问题转化成简单的、已知解题思路的数学问题,从而找到解决复杂问题的基本思路,这是归纳运算法则的重要思路。后续学习的小数乘法与除法、分数乘法与除法,都需要利用转化思想,把新的计算问题转化成与它相应的已知运算法则的计算。转化的过程,就是这一类计算题的算理形成过程,进一步程序化后,就概括得到相应的运算法则。

第二节
"口算除法与商的变化规律"教学实践

在"除数是两位数的除法"单元整体设计中,我们将例1、例2的口算除法和例8的商的变化规律整合为一课时作为单元起始课。这样的编排,一是除数是整十数的口算除法中蕴含着商的变化规律。结合学生访谈及其相关经验,学生在进行除数是整十数的口算除法时通常会忽略被除数和除数末尾的0而直接口算,其本质就是被除数和除数同时除以10,商不变,这与算理相一致。二是在口算除法中渗透商的变化规律,有助于学生理解算法,探索口算方法的多样化。

一、解决问题,概括商不变的性质

由于商的变化规律是在观察对比中发现和理解的,商不变的性质的归纳概括也离不开题组的创设,因此课始通过解决系列问题,让学生列式并口答,形成对照式题组,明确算理和算法,概括商不变的性质。

(一)结合图示,感知变与不变

教师出示如下三个问题:

(1)有8本书,每班分2本,可以分给几个班?

(2)有80本书,每班分20本,可以分给几个班?

(3)有800本书,每班分200本,可以分给几个班?

请学生口头列式计算。学生读题后,列式并口答:(1)$8 \div 2 = 4$;(2)$80 \div 20 = 4$;$800 \div 200 = 4$。

不变的情境,变化的数据。对于这三道题,学生明确都用除法解决,且能直接口算出它们的商。结果的得出固然重要,但算理的理解是计算教学必须经历的过程。为帮助学生理解和有效表达算理,教师出示课件(图6-7),将书本转化为小棒,引导学生结合图示,利用圈一圈、说一说的方法来理解算理。

师:如果我们用1根小棒表示1本书,你能用圈一圈的方法来说明为什么$8 \div 2 = 4$吗?

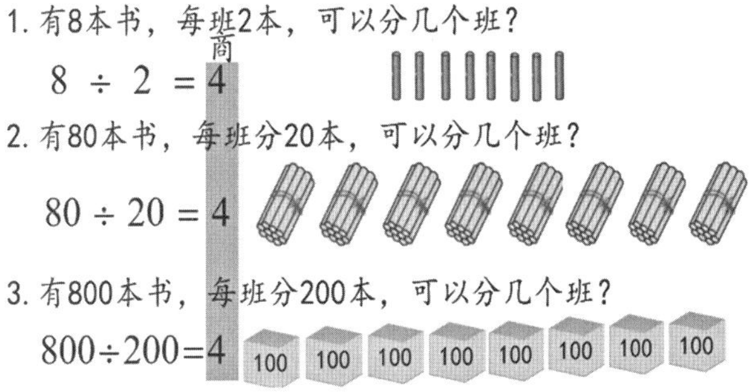
1. 有8本书，每班2本，可以分几个班？
商
8 ÷ 2 = 4
2. 有80本书，每班分20本，可以分几个班？
80 ÷ 20 = 4
3. 有800本书，每班分200本，可以分几个班？
800÷200=4
100
100
100
100
100
100
100
100

图 6－7

生：2 根 2 根地分，8 里面有 4 个 2 根。

师：也就是说 8 个一÷2 个一＝4。

师：那 80÷20＝4 可以怎么理解呢？

生：把 80 看成 8 个十，把 20 看成 2 个十，8 个十÷2 个十＝4。

通过第(1)题的板演说理后，第(2)题教师请学生一边圈，一边数出有几个 20。有了前两题的铺垫，第(3)题全班口答，形成从几个一除以几个一，到几个十除以几个十，再到几个百除以几个百有层次的表达。

(二）发现变化，概括商不变的性质

教师引导学生观察三道题及其图示表征，提出问题：这三题的商都是 4，这三个 4 的意义相同吗？在教学实践中，我们发现学生能够将圈图理解与之前“想乘做除”的经验进行联系和沟通，从而得到这样的理解：第一个 4 表示 4 个 2，第二个 4 表示 4 个 20，第三个 4 表示 4 个 200。这其实也是学生口算除法的一种算法和对运算结果的进一步验证。

教师课件隐去问题情境，只留下三个算式，引导学生观察除法算式，从不同的角度观察题组中被除数、除数、商的变化规律。

师：观察三道除法算式，它们的商都是 4，对比被除数和除数，你有什么发现？

生：被除数和除数依次多 1 个 0。

师：你是从上往下观察，被除数从 8 变成 80，多了一个 0，也就是乘 10；除数从 2 变成 20，也多了一个 0，也是乘 10。那第(1)题和第(3)题比呢？

生：被除数从 8 变成 800，多了 2 个 0，是乘 100；除数从 2 变成 200，也多了 2 个 0，也是乘 100。

师：是的，从上往下看，被除数和除数同时乘 10、乘 100，商都是 4。那从下往上观察，我们又可以怎么说？

生：从下往上看，被除数从 800 变成 80，少了 1 个 0，就是除以 10；除数从 200

变成 20,少了 1 个 0,也是除以 10。

在学生观察、表达的基础上,教师引导学生概括得到:被除数和除数同时乘10、乘 100,或者同时除以 10、除以 100,商不变。教师指出,这个规律叫做商不变的性质,具体例子在后续学习中再逐步丰富。

(三)应用性质,优化计算方法

在练习运用的过程中,让学生进一步巩固商不变的性质,是优化运算方法的基本思路。同时,不同的学生对于方法习得的水平是不一样的。因此,教师可以设置不同层次的练习和组织方式,注重在交流互动中让学生形成有规律的表达。

教师课件出示口算题组:

(1) 90÷30　(2)1200÷300　(3) 1200÷30

学生口头完成。

师:刚才老师发现,有同学把 1200÷30 的商写成了 4。你觉得他当时是怎么想的?

生:可能是把 1200÷30 看成了 12÷3。

师:为什么是 40,不是 4?

生:因为 4 个 30 等于 120,要 40 个 30 才等于 1200。

生:1200÷30,被除数和除数同时划去 1 个 0,变成的是 120÷3,所以等于 40。

教师继续引导学生思考:口算除法是不是去掉末尾的 0 就可以了? 在这里,学生在运用商不变的性质时,要明确被除数和除数同时乘或除以的必须是同一个数。

二、依据经验,概括商的变化规律

利用运算解决具体问题,形成经验并从中归纳商的变化规律是学习这一内容的主要形式。结合图表,发现变化中的不变,可以更好地促进学生对商的变化的理解。为此,我们整合了第四单元中关于总价、单价、数量和路程、速度、时间的练习题,类比引出被除数、除数和商的变化,分析概括商的变化规律。

(一)解决问题,概括被除数不变时商的变化规律

教师出示课件(图 6-5),要求学生自主解决问题后全班交流,并完成填表。

师:观察表格,你有什么发现?

生:我发现"总价"不变,单价增加,数量减少。

生:我发现"总价"不变,单价乘几,数量反而要除以几。

依据学生的回答,教师引导学生横向观察,沟通总价、单价、数量与除法各部分名称之间的关系,并形成板书:总价不变就是被除数不变,单价变大就是除数变大,数量变小就是商变小。

（二）解决问题，概括除数不变时商的变化规律

通过问题解决和图表的直观，学生能发现数学知识的内在联系和变化规律。教师继续变化问题情境（图6-6），引出关于行程问题的解决问题。学生完成填表后，教师引导学生寻找规律，并与之前的规律进行对比。依据之前的学习经验，学生得出：速度不变，就是除数不变，路程（被除数）扩大，时间（商）也扩大。学生也容易得到：除数不变时，被除数乘2或乘4，商也随之乘2或乘4。从而概括得到除数不变时商的变化规律。

（三）结合情境，归纳商的变化规律

依据不同的数量关系，借助图表的直观，在丰富学习材料的同时，经历数学探究过程。教师可进一步总结：总价和路程相当于被除数，单价和速度相当于除数，数量和时间相当于商。被除数不变时，除数变化，商也随之变化；除数不变时，被除数变化，商也随之变化。从而结合之前商不变的性质，形成商的变化规律三种变与不变的表达。

三、学会审题，灵活运用规律计算

口算除法作为学习除数是两位数笔算除法的重要基础，其熟练程度将对学生后续的计算产生一定的影响。教师将商的变化规律前置于口算除法部分进行教学，就是让学生亲身经历探索的过程，能灵活运用多种方法。

（一）自主计算，提倡方法多样化

设计开放性的变式口算练习，在口头交流和书面表达中，激发学生主动探索口算方法。教师首先呈现一道除数不是整十数的变式练习题120÷5，放手让学生自主计算，强调要记录思考过程，并利用多种方法解决。在交流反馈中，学生大致出现了以下三种方法（图6-8、图6-9、图6-10）。

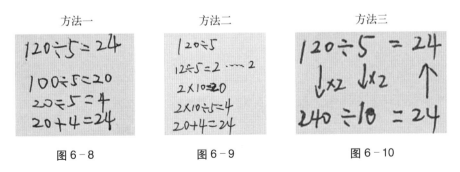

方法一	方法二	方法三
图6-8	图6-9	图6-10

从学生的解题分析中我们可以发现，方法一中将被除数作拆分是大部分学生常用的方法，且此处除数为5，将被除数拆成整十数便于计算。方法二是除数不

变,变化被除数,从计算和理解的角度容易出现错误。方法三是利用商不变的性质,被除数和除数同时乘2,转化为除数是整十数的除法。

（二）整合优化,注重策略的一般化

在经历算法多样化后适时对算法进行提炼、整合,以达到优化计算的目的,这是提高计算能力的必然过程。教师继续出示提升练习1200÷25,让学生先观察思考,形成一定的策略后再动笔计算。大部分学生已经实现了方法的迁移,将被除数和除数同时乘4,转化为4800÷100,从而得到商是48(图6-11)。

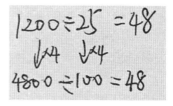

图6-11

（三）自由编题,使计算灵活化

通过以上两个层次的练习,学生对于口算除法,从算理和算法两方面都实现了再沟通和再理解,也经历了计算策略的优化。为了让学生从方法习得走向自主应用,教师组织学生四人一组自由编题并交流。在小组合作的过程中,每个学生先独立完成一道题的编写,自己明确口算的方法,然后让组内学生口答。教师收集各组所编题目,并进行全班性的交流分享,进一步丰富口算的例子与题型。

总之,把商的变化规律与口算除法相融合,实现了口算除法算理与算法的沟通,使得学生能够用更加简捷的方式理解算理,并为后续试商后的调商提供依据。

第三节
"除数是整十数的笔算除法"教学实践

除数是两位数笔算除法的计算原理与除数是一位数的除法相同,只是试商的难度增加了,运算过程更为复杂了,需要估算、口算与笔算相融合。估算是灵活试商的基础,口算则是笔算分解后的步骤。那么,如何沟通口算、笔算、估算三者的关系,让学生理解算理、概括算法? 这是我们需要思考的问题。同时,在理解了算理后,如何引导学生通过探究,理解被除数前两位不够除时要看前三位? 这也是除数是两位数除法的教学中需要解决的问题。围绕对这些问题的思考,我们从单元整体的视角构思,打破教材原有的编排思路,融合三个课时中的部分教学内容,展开了"除数是整十数的笔算除法"教学实践。

一、创设情境,在互译中学习笔算除法

由于有除数是一位数的除法以及多位数乘两位数作基础,因此理解除数是整十数笔算除法的算理并概括其算法,都可以运用图示表征、类比迁移的方法来实现。教学时,可以先通过情境的创设,让学生自主尝试计算结果,并结合图示表征结果,再交流反馈笔算记录中每一步的含义,理解商为什么写在个位。

(一)结合图示,圈出结果

教师出示改编自教材例1的问题情境:

93本连环画,每班分30本,可以分给几个班?

请学生列出算式后,找一找与上节课学习的除法算式有什么不同的地方。学生发现被除数不同,原来是整十数。请学生估一估可以分给几个班,学生口答,教师记录,形成如图6-12所示的表示过程。

$93 \div 3 =$

$93 \approx 90,$

$93 \div 30 \approx 3$

图6-12

接着,教师出示小棒图(图6-13),用小棒表示连环画,请学生在图中圈一圈,并说一说分的结果。学生在圈的过程中既解决了分给几个班的问题,还得到了剩下几本书的结果。

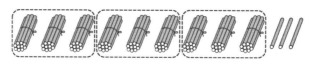

图 6−13

结合图示,教师将结果用算式表示:93÷30 = 3(个)……3(本)。然后,教师请学生在图中分别说一说这两个"3"的含义,实现图示表征与运算含义的互译。

(二)利用笔算,记录过程

教师进一步提问:可以用其他算法来表示刚才圈的过程吗? 学生尝试独立完成笔算,并指名一位学生在黑板上板演,完成后交流反馈笔算中对分步的理解(图 6−14),明晰笔算记录的过程与算理。

师:这里的3(指商)你是怎么想到的?

生:把93估成90,90÷30等于3,所以写3。

师:还有其他不同的想法吗?

生:我是想30乘哪个数等于90,就想到了3。

师:"想乘做除"是一个不错的方法。那3为什么要写在个位上呢?

生:因为我们分成了3份,有3个30。

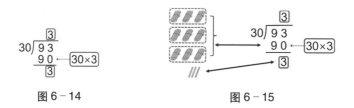

图 6−14   图 6−15

学生明确商写在个位后,教师提问:笔算中的"90"表示什么意思? 90 下面的 3 又是什么意思? 学生回答后,教师请学生在小棒图中分别指一指笔算中的两个"3"以及"90"表示什么。在图和式的多次互译中帮助学生更好地理解"93里有 3 个 30,所以商 3"的算理(图 6−15),同时更清晰地理解商写在个位上的道理。

(三)变化数据,体会试商

把被除数从"93"变成"87",除数不变,请学生估一估可以分给几个班,并说一说是怎么估的。"93"变成"87",不够分给 3 个班,只能分给 2 个班,学生估的过程其实就是试商的过程。学生回答后,教师出示小棒图,请学生把分的过程圈画出来(图 6−16),边圈边说每一步的意思。接着,要求学生把圈的过程用笔算的方式记录下来。最后,在图与式的互译中重点交流反馈笔算分步中"60"所表示的意思,以及"商 2 余 27"的意思,再次巩固商写在个位上的道理。

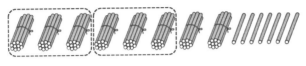

图 6-16

通过以上图与式的互译及数据变化,学生感受到估算、口算、笔算的关系,明晰笔算除法的算理,初步形成估算与试商的意识,为第 3 课时试商的教学做好铺垫。

二、再次变化数据,在变化中完善笔算除法

如何理解笔算除法中被除数前两位不够除要看前三位? 教师以单元整体的视角改编教材例 6 商是两位数的除法,使其与商是一位数的笔算除法组成题组进行辨析,在变化对比中初步掌握笔算除法的计算方法。

(一) 扩大被除数,尝试商是两位数的除法笔算

教师将前面情境中的"93"变化成"930",提问学生:还是每班分 30 本,能够分给几个班? 你会怎么算?

生:把 930 和 30 同时除以 10,看成 93÷3,等于 31。

生:把 930 拆成 900 加 30,900 除以 30 等于 30,30 除以 30 等于 1。30+1=31。

教师充分肯定学生能用第 1 课时学过的商不变的性质将问题转化为口算来解决(图 6-17),并重点反馈第二种拆数的方法,用三个分步算式板书记录平均分的过程,再请学生尝试笔算记录。

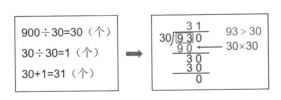

图 6-17

依据学生的记录过程,全班反馈每一步的含义,理解算理,明确商写在哪个数位上的道理,掌握算法。

师:这里的 90 是什么意思?

生:这里的 90 其实是 900,表示 90 个十。

师：900 是怎么得来的？

生：每个班 30 本，可以分给 30 个班，30×30＝900。

师：也就是说先分掉了 930 本中的 900 本，分给了 30 个班，那为什么这里(指商)写的是 3 呢？

生：这里的 3 在十位上，表示 3 个十，就是 30 个班级。

师：这里的 1 又是什么意思呢？

生：还剩下 3 个十，也就是还有 30 本书，可以继续分给一个班，所以在个位上写 1。

交流反馈后，教师引导学生观察笔算过程，逐步小结出除数是两位数除法的计算步骤：先除前两位，除得的商写在十位上，除得的余数表示几个一；第二次除，商写在个位上。学生初步感受商是两位数的除法后，继续变化数据，将前面的 87 变化成 870，让学生独立完成，进一步巩固笔算除法。

在交流反馈中明晰算理，在对笔算记录的观察与分析中提炼算法，在变式训练中强化算法，实现了从"算法"走向"算理"。

(二) 辨析算理，完善算法

变化数据，寻找变与不变，并在对比分析中完善数学认识，是实现深度学习的重要形式。通过变化被除数，完善笔算除法运算法则。

师：如果连环画变成 178 本，和前面这两道题相比有什么不同？

生：前面两道题被除数的前两位大于除数，现在小于除数了。

师：是呀，除到十位不够商 1 了，该怎么办？

生：可以把 17 个十看成 170 个一。

讨论结束后，教师请学生尝试独立完成。完成后，出示商写在十位上的错误解答(图 6-18 左边部分)，并交流讨论、分析错误。教师指出，前两位不够商 1 时看前三位，明确商写在个位上的道理。接着，规范板书，完善笔算除法的算法(图 6-18 右边部分)。

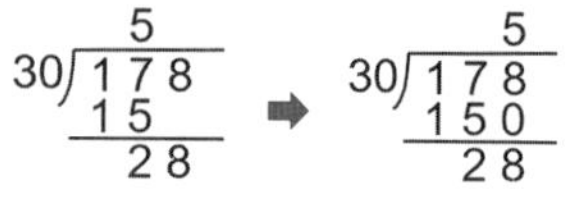

图 6-18

(三) 回顾笔算除法，归纳笔算除法法则

教师创设供学生自主探索、合作交流的空间与素材，放手让学生通过回顾对比，探讨笔算方法，并结合题组辨析，概括提炼计算法则。

教师请学生观察前面解决过的三道除数是两位数的除法问题，说一说有什么相同的地方与不同的地方。学生发现，都是三位数除以两位数，商可能是两位数，也可能是一位数。教师进一步提问：什么情况下商是一位数？什么情况下商会是两位数？

生：被除数前两位大于除数，商先写在十位上，这个时候就是两位数。如果被除数前两位小于除数，商写在个位上，就是一位数。

师：能用自己的话说说除数是两位数除法的计算方法吗？

生：先看被除数的前两位，前两位够除，商写在十位上；不够除，看前三位。

在学生对比除数是两位数的除法中，商是一位数和两位数的相同点与不同点之后，初步提炼出除数是两位数除法的计算方法，为第4课时计算法则的教学做铺垫。

三、专项练习，在应用中体会笔算本质

本课以口算、估算、笔算为练习内容，关注学生对计算方法的选择，灵活应用能力的发展，以及对笔算本质的深刻理解。

（一）分析数据特征，估算商的大小

总结了除数是两位数除法的计算方法后，教师出示相关练习（图6-19），并提出要求：不计算，快速判断出商的位置。

$$30\overline{)990} \quad 80\overline{)703} \quad 70\overline{)315} \quad 40\overline{)485}$$

图6-19

学生判断后，再用"想乘做除"的方法笔算。笔算除法作为一种程序性知识，分解后就变成相应的估算与口算，应该让学生在练习中规范这一运算流程。当然，这一计算技能的习得不是一蹴而就的，需要在不同层次的练习中逐步积累。

（二）依据经验填数，灵活应用算法

本课教学旨在让学生在题组对比、数据变化中逐渐掌握笔算除法。教师可进一步设计运算推理题，让学生按照商的数位的要求改变被除数的首位数字，交流被除数首位可以填写的范围，从而进一步巩固被除数前两位与除数的大小关系，提高灵活计算的能力。

教师出示练习（图6-20），请学生按要求在方框里填上一个合适的数字。

商是一位数：□25÷40

商是二位数：□25÷60

图6-20

先请学生观察结构，说一说填写时的注意点，独立完成后全班交流反馈，重点讨论首位相同的情况。接着，选择其中一题完成相应的笔算。

（三）结合具体情境，选择合适方法

沟通了口算、笔算、估算的关系之后，教师赋予抽象的计算以具体的现实意义，

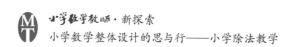

提供题组式的问题情境,让学生选择合适的方法解决,体会到合理选择计算方法在解决实际问题中的价值。

教师出示如下题组练习:

(1)一个足球50元,250元可以买几个足球?

(2)一个足球50元,305元可以买几个足球?

(3)一个足球50元,725元可以买几个足球?还剩多少元?

上述三个练习都是购买足球的问题,请学生仔细分析数据特征,结合具体情境选择合适的方法,并说一说理由。第(1)题依据数据特征,运用口算就能快速解决问题;第(2)题不能直接运用口算解决,但可以把305估成300,用估算解决;第(3)题的第1个问题可以用估算解决,但具体"还剩多少元"则需要用笔算来精确计算。

在选择方法的过程中,让学生回顾解决问题的一般思路,再次感受口算、估算、笔算的区别与联系,为后续的计算教学以及学生计算思维的提升夯实基础。

从本节课的教学过程中可以看出,从例题到练习题的设计,均对教材中的内容进行了改编与整合,一节课融合了教材三个课时的部分学习内容。这样的设计有利于学生对算理的理解,以及对除数是两位数笔算除法运算法则的整体建构。

第四节
"除数是两位数除法的试商与调商"教学实践

如何让学生准确快速地试商一直是教学的难点。同时,作为试商的延续与发展,调商更是难中之难。那么,如何让学生找到"四舍法"和"五入法"试商与原来除数是一位数除法的试商在方法上的联系,还原成最基本的乘法口诀? 如何让学生体会"四舍法"和"五入法"调商的不同点,从而发现调商的规律? 围绕对这些问题的思考,我们对"除数是两位数除法的试商与调商"进行了新设计。

一、尝试计算,概括试商方法

学生在学习除数是整十数的笔算除法时,已经有了用估算进行试商的经验。因此,教师可以先创设一组具体的问题情境,让学生独立尝试笔算。之后,在交流反馈计算方法的过程中引导学生发现"四舍法"和"五入法"试商的相同点,自主概括出除数不是整十数的试商方法。最后,通过题组练习,规范试商过程。

(一) 解决问题,尝试笔算

通过创设具体情境,让学生在解决问题的过程中自主发现"四舍法"和"五入法"试商过程中的相同点。

如图 6 - 21,教师出示题组("四舍法"和"五入法"试商不需要调商),学生独立列式(图 6 - 22)。教师提问:这两个算式与前一节课中的相比,有什么不同的地方? 这一问题旨在让学生关注这两个除法算式与前一节课中的除法算式的区别。当学生回答"除数不同"后,教师追问:除数不是整十数的除法,你会列竖式计算吗?

学生依据之前的学习经验尝试自主解决。以 85÷21 为例(图 6 - 23),实际教学中出现了两种计算方法:一种是"想乘做除"(学生作品 1);另一种是用"四舍五入法"试商(学生作品 2)。还有一种错误的做法(学生作品 3)。

(1) 一个笔袋21元，85元可以买多少个？还剩几元？

(2) 一个计算器28元，187元可以买多少个？还剩几元？

图6-21

$$85÷21=$$
$$187÷28=$$

图6-22　　　　　　　　图6-23

关注这两个除法算式与前面一节课中的除法算式的区别,有利于调动学生用估一估来试商的学习经验。以题组的形式出现,有利于学生感受"四舍法""五入法"这两种试商方法的相同点。

（二）交流反馈,概括方法

教师请学生把三种笔算过程板书在黑板上,然后交流评析。在评析时注重以下两个方面:一是从方法入手,凸显学生的思维方式;二是基于除法竖式的复杂性,让学生说清具体的每一步。

［学生作品1的评析］

师:你是怎么想的?

生:我是先想21乘几最接近85,$21×1=42$、$21×2=42$、$21×3=63$、$21×4=84$,84最接近85,我就想到了商4。

教师点评:想乘法、做除法是一个好方法。但是,这个方法有一个缺陷,当被除数和除数的数据比较大的时候,试商就比较麻烦了。

［学生作品2的评析］

师:你的想法跟第一位同学一样吗?

生:不一样。我把21估成20,把85估成80,$80÷20=4$,我就想到了商4,$4×21=84$,$84<85$,商就是4。

师:为什么要把21看成20来求商?

生:因为我们刚刚学习过除数是整十数的除法,这种除法求商特别容易。

教师点评：你真会学习，把难的问题转化成了我们学过的简单问题。

对学生的第三种方法，教师直接提问：第三种方法哪里有问题？学生回答：应该是21×4＝84。教师根据学生的回答板书21×4。

大部分学生用"想乘做除"，我们对此也予以肯定。但是，在反馈187÷28的计算方法时，学生能自然感受到用上节课学过的先估再用乘法口诀试商更方便。教师根据学生的回答板书（图6－24右边方框），并让学生观察这两种计算方法的相同点。学生回答：都是把除数看成整十数来试商。教师引导学生概括得出：除数是两位数的除法，可以用"四舍五入"的方法把除数看成整十数来求商。最后，补充板书（图6－24左边方框）。

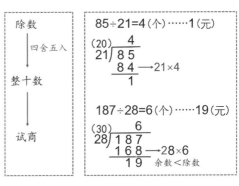

图6－24

"四舍法"和"五入法"试商是有相同点的，都是把除数看成整十数来试商。并且，学生会发现这与原来除数是一位数除法的试商方法有联系，都是还原成最基本的乘法口诀。在计算法则方面，一个数除以两位数的计算法则，与一个数除以整十数的法则完全相同。

（三）题组练习，规范试商

教师出示如下四道计算：

（1）93÷31＝　　421÷57＝

（2）197÷23＝　　197÷28＝

其中，第（1）组不需要调商，第（2）组需要调商。两个题组让学生独立完成后，再整体评析。

第（1）组是规范学生用"四舍法""五入法"试商的巩固练习，让学生在每道题的除数上面用"四舍五入"的方法写出与它接近的整十数进行规范试商，并进行简单校对。第（2）组两个算式的被除数相同，除数不同。197÷23用"四舍法"试商，197÷28用"五入法"试商，且两题都需要调商。学生在计算这两题的过程中明显感觉到了与前面两题的区别，即这两题更复杂了，这也是下一个环节需要重点研究的内容。

二、计算反思，概括调商规律

调商作为试商的延续与发展，能保证除法计算正确进行。因此我们认为，对调商规律的探索,有利于提高学生的运算能力,培养数感。"四舍法""五入法"调商是不同的,且调商是有依据的。由此,我们以题组的形式帮助学生梳理调商中的不同点,从而概括出调商的规律。

（一）解决问题,自主调商

在除数是一位数的除法中,学生已经知道余数必须比除数小;遇到商乘除数的积比被除数大时,知道"不够减"。这些都是教学调商可以利用的资源。

学生自主计算第(2)组题时出现了两种情况(图6-25):第一种情况,写出了试商和调商的过程;第二种情况,第1题是试商、调商的计算结果,第2题的试商是通过第1题的计算结果想到的。

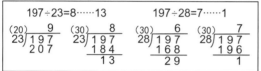

第一种情况　　　　　　　　　　　　　　第二种情况

图6-25

学生有了试商的经验之后,能够自主进行调商。在试商的过程中,学生会发现初商不合理,从而进行调商。教学时注意以下两点:一是控制时间,可以让部分学生无法完成全部计算,从而让学生形成一定的学习冲突,即前面的计算很快都算好了,这里却要花费更多的时间;二是尽量让学生把思考的过程记录下来,以便更好地进行交流。

（二）梳理过程,发现规律

学生能自主进行试商、调商,但是把商调大或调小背后的道理是什么?教学中通过让学生自主探索、梳理运算过程,从而发现规律。下面是对197÷23的反馈:

师:你能说一说具体是怎么想的吗?

生:我把除数23看成20试商,得到商9。把商和除数23相乘,得到的积207比被除数197大,表明商太大了,于是把商改成8。

师:是的,我们把一开始的商9叫做初商。初商过大就要把它调小一点,这样的过程叫做调商。

完成这道除法计算之后,让学生联系除法计算经验理解:如果商乘除数的积大于被除数,表明商大了,应该调小一些。

反馈197÷28的计算过程:把28看成30试商,得到初商6;初商与除数相乘,再用被除数减这个乘积,得到余数29;观察余数与除数,发现余数大于除数,表明初商过小,于是把商改成7。学生也可以从除法计算经验中理解:如果余数等于或大于除数,表明商小了,应该调大一些。

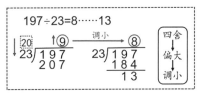

教师再次板演调商过程(图6-26),并指出这两题调商的不同之处。通过对以上两题的梳理,学生有两个感受:一是用"四舍法""五入法"试商,初商不一定就是正确的商,有时需要调大,有时需要调小;二是"四舍法"试商,商容易偏大,需要调小,而"五入法"试商,商容易偏小,需要调大。

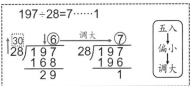

图6-26

(三) 结合旧知,解释原因

进一步引导学生反思:为什么"四舍法"试商,商容易偏大;"五入法"试商,商容易偏小? 在思考中提升学生的数感。

教师提问:这两题有什么相同点和不同点? 学生发现这两题有两个相同点:被除数都是197,都需要调商。不同点在于:197÷23试商时,如果把除数23看作比它小的整十数20,由于把除数看小了,商可能会偏大;如果把除数28看作比它大的整十数30,由于把除数看大了,商可能会偏小。

可见,将商的变化规律内容前置到第1课时后,学生就能依据商的变化规律来解释原因。

三、分层练习,夯实试商、调商

我们把"四舍法"和"五入法"的试商和调商整合在同一节课中学习,在练习设计中就更能体现整体性、对比性。我们通过专项试商练习、灵活调商练习和综合练习等形式增强学生的计算能力和解决问题的能力,层层推进,在帮助学生夯实试商、调商技能的基础上,提升他们的思维能力。

(一) 专项练习,巩固试商

教师出示两个题组(图6-27),前面两题是用"四舍法"试商,后面两题是用"五入法"试商,且都是两位数或三位数除以两位数的除法。要求学生先在每一道题的除数上面写出与它接近的整十数,再让他们看着91÷30、205÷40、341÷50、134÷20进行试商,最后笔算,从而规范试商的过程,进一步体会试商是笔算除法中的重要步骤。

先在除数上面的括号里写出与它接近的整十数，然后列竖式计算。

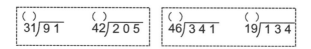

图 6 - 27

（二）估算判断，灵活调商

为了强化本节课的知识，我们设计了两个题组（图 6 - 28）。每组中两道计算的试商方法相同，初商相同，且其中一道题不需要调商，另一道题需要调商。先让学生根据试商的情况，快速判断出准确的商；再让学生观察这几道题，说一说有什么相同的地方和不同的地方。通过这样的题组让学生学会辨析，得到如下结论：这些除法计算都需要试商，有些题的初商就是所求的商，有些题的初商需要适当调整。

根据试商的情况直接写出下面各题准确的商。

图 6 - 28

（三）结合试商，补充计算

通过前面的探索和练习，学生已经初步掌握了用"四舍法""五入法"试商和调商。最后，我们设计了三个递进式的练习（图 6 - 29），先让学生独立完成，再集体讨论。

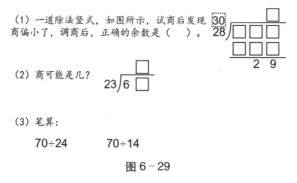

（1）一道除法竖式，如图所示，试商后发现商偏小了，调商后，正确的余数是（ ）。

（2）商可能是几？

（3）笔算：

    70÷24   70÷14

图 6 - 29

第（1）题旨在让学生明白除法笔算是一个复杂的过程，在试商的过程中要注意商的合理性，如余数与除数的大小关系。第（2）题，学生独立完成后同桌讨论，最后全班交流,在交流过程中完善商的可能性。对于第(3)题,学生在解决过程中感到特别麻烦,因为 70÷24 需要一次调商,而 70÷14 需要二次调商。

回顾本节课的思考与实践,试商与调商既是运算知识,又是运算技能,更是运算思维,这不仅是一节计算课,更是一节思维课。在计算教学中,我们要让学生在理解的基础上掌握算法,在类比中明晰算理,从而提升学生的运算能力和思维能力。

第五节
"特殊的试商技巧与笔算除法法则"
教学实践

　　对于除数是两位数的笔算除法,学生最容易在试商和调商中出错。针对除法算式中除数和被除数的特点,在试商中存在一定的规律,需要教师引导学生观察发现,提高学生灵活试商的意识和能力。为此,我们增加了本课时内容的教学。本课旨在通过计算,归纳除法的计算法则,并让学生能融会贯通;通过题组的对比计算,理解"同头无除"和"除数折半"的原理,能依据数的特征进行灵活试商、调商。

一、题组计算,归纳法则

　　我们思考:以什么作为学习材料来归纳除数是两位数笔算除法的运算法则?在第2课时的教学中,学生已经初步感知了部分除法法则,即"被除数的前两位不够商1,看前三位"。因此,可以通过题组计算,引导学生自己归纳出除数是两位数除法的计算法则。并且,在此基础上与三年级下册除数是一位数除法的计算法则进行比较,感知两者的区别只在于"除数是一位数的除法先看最高位,不够除,再看前两位""除数是两位数的除法先看前两位,不够除,再看前三位",其余步骤都相同,从而推测出"除数是三位数时应该看前三位,不够除,再看前四位",形成通用的笔算除法计算法则。

(一)自主计算,归纳法则

　　教师出示4道除法算式(图6-30),请学生观察算式,说一说有什么相同点和不同点。

计算下面各题

①138÷12=　　②245÷24=
③108÷12=　　④215÷24=

图6-30

有的学生回答:都是三位数除以两位数;有的学生回答:左边两题的除数都是12,右边两题的除数都是24;更有学生指出:上面两题的商是两位数,下面两题的商是一位数。教师依据学生的回答继续提问:都是三位数除以两位数,为什么有些商是两位数?有些商是一位数?通过讨论,初步感知两位数除法法则:从被除数的高位除起,先用除数试除被除数的前两位,如果它比除数小,再试除前三位。

(二)依据法则,自主计算

接着依据法则,让学生自主计算上面的题组,并请学生说一说具体的计算过程,完成后交流评析。

第①②题属于商是两位数的除法,在本单元第 2 课时已初步学习。在学生汇报"245÷24"的笔算过程时,请学生说一说被除数的前两位够除时,商应该写在哪一位上,余数表示什么意思。学生指出:商写在十位上;余数是 5,不够商 1 时,用 0占位。

第③④题属于商是一位数的除法,需要学生通过"四舍五入法"进行试商、调商,这也是对前一课时内容的巩固。

逐题评析后,教师引导学生围绕除的顺序、商的位置、余数的大小、求商的方法等进行交流,使学生掌握除数是两位数除法的计算方法,最终梳理出计算法则:(1)从被除数的高位除起,先用除数试除被除数的前两位,如果它比除数小,再试除前三位;(2)除到被除数的哪一位,就在那一位的上面写商;(3)求出每一位商,余下的数必须比除数小;(4)在求出商的最高位以后,除到被除数的哪一位不够商1,用 0 占位。

(三)回顾旧知,融合法则

教师出示三年级下册除数是一位数除法的计算法则:(1)先试除被除数的首位,如果它比除数小,再试除被除数的前两位;(2)除到被除数的哪一位,就把商写在那一位的上面;(3)余下的数必须比除数小;(4)在求出商的最高位以后,除到被除数的哪一位不够商 1,用 0 占位。比一比,你有什么发现?学生观察对比后发现,只有第一条不同:除数是一位数的除法先看最高位,不够除,再看前两位;除数是两位数的除法先看前两位,不够除,再看前三位。教师依据这一不同之处继续追问:如果是除数是三位数的除法呢?学生推测:除数是三位数时,应该看前三位,不够除,再看前四位。由已知推出未知,提升学生的演绎归纳能力。

二、计算比较,归纳特征

第 3 课时已学习了用"四舍五入法"来试商和调商,但在实际计算中,如果都用这样的方法来进行试商、调商,学生会发现有些算式进行了好几次调商后还不一定能得到正确的结果。因此,本课关于依据数的特征来灵活选择合适的试商方法的教学就显得尤为重要和迫切。

（一）回顾计算，发现原理

下面展示"同头无除商八九"这一类计算题的教学过程。

师：通过刚才的计算，老师发现大家在计算第③④题的时候比较困难，特别是最后一题，试了好几次商才把结果算出来。其实老师觉得很简单，这两题的商不是9就是8，你们知道这是为什么吗？

师：（出示图6-31）先来看第③题，用上节课我们学的"四舍五入法"来试商，把12估成10，也可以把被除数108看成100，商是几？

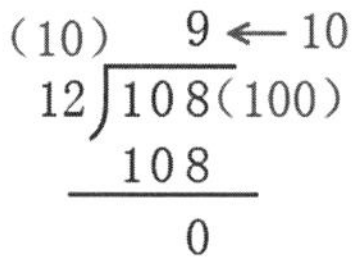

$$
\begin{array}{r}
(10)\quad 9 \leftarrow 10 \\
12\overline{)108}\,(100) \\
\underline{108}\quad\quad \\
0\quad\quad
\end{array}
$$

图6-31

生：100÷10=10，商是10。

师：但在除法竖式中我们不可能商10，怎么办呢？

生：除数12估成10，估小了，根据商的变化规律判断，商会变大，应该把10调小，所以商9。

师：说得真好！我们再来看看除数和被除数的关系，原来除数12的10倍是120，而被除数108小于且接近120，所以商是9。

用同样的方法回顾第④题试商与调商的过程，得到如图6-32所示的标注。

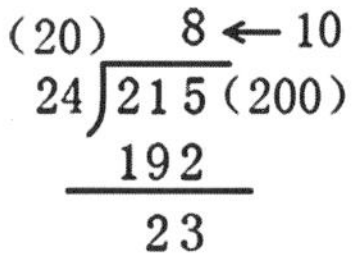

$$
\begin{array}{r}
(20)\quad 8 \leftarrow 10 \\
24\overline{)215}\,(200) \\
\underline{192}\quad\quad \\
23\quad\quad
\end{array}
$$

图6-32

（二）进行思辨，概括特征

在明白了原理后，再引导学生观察商是9或8时，被除数与除数的特征，从而概括出可以快速试商的方法。

$$12\overline{)108}\qquad 24\overline{)215}$$

图6-33

师：（出示图6-33）同学们，能找一找这两题有什么相同的地方吗？

生：这两题被除数的第一位和除数的第一位相同。

师：在除法中，这样的情况我们把它叫做"同头"。

生：10<12，21<24，也就是被除数的前两位都比除数小。

师（总结）：像这样的情况，我们就可以直接判断商可能是8或9。

为了让学生更好地理解其原理及特征，接下来设计了一个自我编题的环节：请你设计两道"同头无除商八九"的除法竖式并解答。

学生反馈如图6-34、图6-35所示。从中可以发现，学生对此掌握较好，在出题、做题的过程中也有了新的感悟：当被除数接近除数的10倍时，商9的可能性大；当被除数与除数的10倍相差较大时，商8的可能性大。

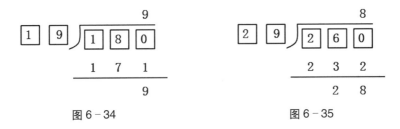

图 6 - 34   图 6 - 35

（三）依据经验，边算边理

除了"同头无除商八九"这一种快速试商方法外，还有"折半商五"这一种试商方法，教学采用边算边理的形式展开。

教师谈话引入：既然我们可以根据除数乘 10 发现"同头无除商八九"，那除数和被除数之间还有没有其他特征和关系，也可以帮助我们快速地试商呢？

教师出示两个除法算式：$364÷72$ 和 $188÷36$，请学生先独立计算，再思考这两题的被除数和除数之间又有什么特点。学生完成后校对笔算过程（图 6 - 36），再全班交流探究。有学生发现，被除数前两位组成的数正好是除数的一半，如 36 是 72 的一半，18 是 36 的一半。依据学生的这个发现，概括出这类题目试商的规律：折半商五。

$$
\begin{array}{r}
5 \\
72\overline{)364} \\
360 \\
\hline
4
\end{array}
\qquad
\begin{array}{r}
5 \\
36\overline{)188} \\
180 \\
\hline
8
\end{array}
$$

图 6 - 36

结合具体的题组练习，在观察比较的过程中，依据被除数与除数的共同点，概括出快速试商的方法。这样的学习过程，既可以提升学生的运算能力，也培养了学生的数感。

三、综合计算，形成思路

笔算除法是计算的一大难点，难在如何准确快速地试商。本课教学中，试图通过观察被除数与除数的关系，利用"同头无除商八九"和"折半商五"两种快速试商的方法，增强学生的审题意识，提高试商速度。围绕这一个目标，我们设计了相应的练习。

（一）依据特征，灵活试商

说一说，分一分，算一算

(1) $312÷39=$ (2) $245÷48=$ (3) $163÷17=$

(4) $330÷68=$ (5) $350÷68=$ (6) $400÷57=$

图 6 - 37

教师出示练习（图 6 - 37），依据被除数和除数的关系，可以先对算式进行分类,让学生在分类的过程中回顾"同头无除""除数折半"具有什么样的特征,进一步巩固此类计算。

生:我认为可以把第(1)题和第(3)题归为一类,因为它们都是"同头无除"的。

生:我会把(2)(4)(5)分为一类,它们都是"除数折半"的。

生:第(6)题是一类,它既不属于"同头无除",也不属于"除数折半"(图6-38)。

同头无除	四舍五入	除数折半
(1)312÷39=	(6)400÷57=	(2)245÷48=
(3)163÷17=		(4)330÷68=
		(5)350÷68=

图 6 - 38

"同头无除商八九"和"除数折半商五"是两种特殊的试商方法,学生需要在充分了解其特征的基础上才能灵活使用,从而提高灵活试商的能力。

(二)继续计算,合理调商

分好类后,教师请学生依据分类的情况,先估算出结果,再笔算,完成后反馈评析。在评析"除数折半商五"中的第(4)题与第(6)题时,让学生明白"折半"并不一定要正好一半,也可以接近一半。"同头无除商八九"中的两题,要观察被除数的前两位与除数的接近程度,确定是商 8 还是商 9。还要特别注意,这些都是在"三位数除以两位数"的情况下讨论的。

(三)梳理过程,归纳思路

通过对题组的说一说、分一分、算一算,学生对笔算除法有了更加系统的了解,知道在计算之前应该先观察被除数和除数的关系,再依据特征确定试商的方法,即:一审题(是"同头无除""除数折半"还是"四舍五入"),二试商(按照分类的情况有针对性地试商与调商)。

练习是课堂教学的重要组成部分,有效的练习不但能帮助学生巩固新知,形成技能,还能及时反映学生的学习情况。

回顾本节课的思考与实践,充分利用教材资源,设计了 2 个题组的对比练习,并在练习中发现"同头无除商八九""除数折半商五"的试商规律,让学生学会依据被除数和除数的关系灵活试商、调商,从而提高学生灵活试商的能力,培养良好的数感。

第六节
"商不变的性质的应用"教学实践

本节课的学习基础有积的变化规律、除数是两位数的除法和商的变化规律。通过本节课的教学,学生能更深层次地理解、掌握商不变的性质,并能依据数的特征优化计算。围绕这些目标,我们以"商不变的性质的应用"为主题,进行了教学构思与实践。

一、自主尝试,完善笔算

在本单元起始课中,已结合被除数和除数末尾有 0 的除法口算概括了商不变的性质,并将其作为口算的算理。本课再一次应用商不变的性质,完善并优化除数是两位数的除法计算。

(一)自主尝试,交流比较

教师出示信息与问题:

学校准备购入一批新的教师用笔,总预算为 780 元,每套笔的价格为 30 元,可以买几套?

请学生说一说题目中有哪些信息,问题是什么。学生指出:已知总价和单价,求数量。接着,请学生列出数量关系与算式,学生独立计算后反馈评析。

教师展示学生典型作业(图 6-39),引导学生观察比较:三种类型的计算结果都是相同的,但有什么不同的地方呢? 通过交流,学生发现:作业 1 就只是除数是两位数的笔算除法;作业 2 运用了商不变的性质,即 $780÷30=78÷3$;作业 3 也是运用了商不变的性质,但保留了划去 0 的痕迹。教师请学生说一说:你喜欢哪一种? 为什么? 学生观察比较后,认为作业 3 最合适,虽然作业 2 比作业 3 更简捷,但无法看到原来的除法算式。

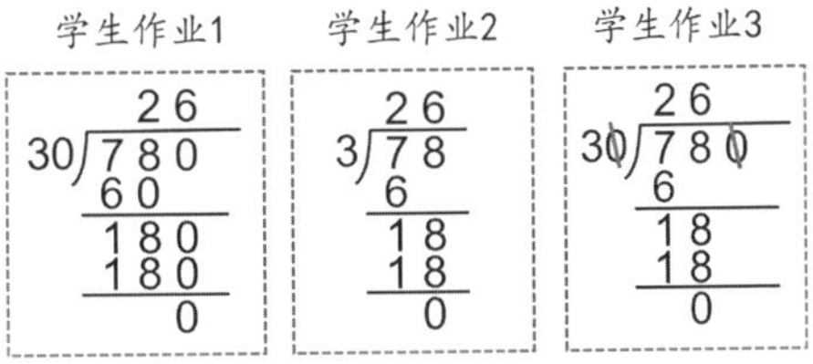

图 6-39

通过以上教学,结合学生交流,教师

适时总结：在被除数和除数末尾有0的除法中，可以采用作业3的竖式计算方法，在被除数和除数中划去同样多的0，保留题目的原意。划去0其实就是把被除数和除数同时除以10，转化成除数是一位数的除法，使运算更加简便。

（二）规范思路，形成规则

通过对比交流，形成规范化的解题思路，这是计算教学中有效形成计算规则的一种策略。教师出示题组，请学生板演（图6－40）并全班反馈评析。针对第3题，请学生思考：被除数7 800中有两个0，为什么只划去了一个0？学生指出，在被除数和除数末尾有0的除法中，被除数和除数末尾要划去同样多的0，再相除。

上述两个环节，在题组比较中渗透"变与不变"的辩证思想，让学生充分体验，有利于学习的正迁移。

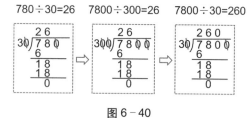

图6－40

（三）结合情境，理解算理

教师出示问题：

学校还准备购入一批新的会议室桌椅，预算总共是8400元，每套桌椅500元，可以买几套？还剩多少钱？

学生阅读后列式：8400÷500。教师请学生笔算，完成后反馈评析。学生独立完成时教师巡视，指名不同结果的学生板演，得到如下两种解答：（1）8400÷500＝16（套）……4（元）；（2）8400÷500＝16（套）……400（元）。两种解答的笔算过程都如图6－41所示。

图6－41

教师引导学生观察两个结果，想一想：哪一题是错的？为什么？先小组交流，然后组织反馈。

组1（验算说理）：我们发现第一种是错的，因为验算后的得数是8004（16×500＋4＝8004），所以余数不是4；第二种是对的，因为验算后的得数正好是8400（16×500＋400＝8400）。

组2（如图6－42演示）：8400元可以看成84张100元，每5张可以买一套，买了16套后，还剩下4张100元，就是400元。

教师进一步引导学生思考：验算与图示都说明正确的余数是400，但为什么笔算中的余数写的是4呢？学生指出，这里的余数4在百位上，表示4个百。学生交流后，教师逐步归纳：应用商不变的性质计算有余数的除法时，商是不变的，但是余数变了。

图 6 - 42

我们有意识地创设了两个问题情境,结合图示,让学生体会到末尾有 0 的除法中商不变的性质的应用,以及余数的还原方法。

二、题组比较,区分运算结构

关于商不变的性质在笔算除法中的应用,特别要关注余数的实际意义。通过比较与辨析,巩固学生的认知,再进一步探究被除数或除数的末尾如果没有 0,是否也可以用商不变的性质进行简算。

(一) 对比观察,寻求异同

教师出示图 6 - 43,并提问:仔细观察,这两题有什么联系和区别?学生回答:都是除数是两位数的除法,但一题是没有余数的除法,一题是有余数的除法。肯定学生的回答后,引导学生思考:这两类题型需要注意什么?学生结合刚才的学习经验,总结得到:应用商不变的性质计算时,商是不变的;但在有余数的除法中,被除数和除数除以多少,余数就要乘多少。

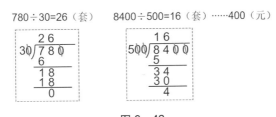

$780 \div 30 = 26$(套) $8400 \div 500 = 16$(套)……400(元)

图 6 - 43

以往有余数的除法竖式中,竖式中余数是几,横式中余数就是几。并且,在之前的教学中,学生接触的都是被除数和除数同时划去 0 后,商不变、余数为 0 这样的竖式计算,认为商不变就是计算结果不变,而这个计算结果就是商和余数。本环节通过对比观察,体会有余数时商不变的性质中的变与不变。

(二) 综合比较,理清结构

为巩固有余数除法,让学生在学习单上笔算如下两道算式:

（1）1300÷200　（2）1500÷260

完成后反馈评析,并进一步出示如下问题:

选择正确的余数填在方框里。

（1）830÷40 = 20……□　（3,30,300）

（2）8 300÷400 = 20……□　（3,30,300）

学生独立完成后全班校对。通过综合比较,理清在有余数的除法中,被除数和除数同时除以 10,余数要乘 10;被除数和除数同时除以 100,余数要乘 100……即余数要还原出被划去的 0。

（三）利用转化,自主尝试

如果除数不是整十数,又该怎么运用商不变的性质进行简便运算呢? 带着这个问题,请同学思考"120÷15"怎样计算更简便。学生在学习单上独立完成后同桌讨论,最后全班交流反馈。学生能根据旧知,运用商不变的性质把被除数和除数同时除以 3:120÷15 = (120÷3)÷(15÷3) = 40÷5 = 8,这是把除数转化成了一位数,可以用乘法口诀求商。也有学生联想到今天学习的被除数和除数末尾有 0 的除法,把被除数和除数同时乘 2:120÷15 = (120×2)÷(15×2) = 240÷30 = 8,把除数转化成整十数来进行简便运算。教师肯定学生的两种方法都很有道理,都体现了转化思想,即利用商不变的性质把原来较复杂的除法计算转化为较简单的计算。

通过题组比较,理清运算结构,体会笔算除法中商不变的性质中的变与不变。进一步地,发现在被除数和除数末尾不是 0 的除法中,也可以运用商不变的性质找到多种转化方法,使运算简便。

三、专项练习,优化运算方法

利用商不变的性质进行除法的简便运算,本质是渗透转化思想,把较复杂的除法计算转化成较简单的除法计算。依据这样的思路,可以通过变化被除数与除数,提升学生运用商不变的性质进行简便运算的能力。同时,还可以结合题组比较,探索除法中新的性质,并应用于除法的简便运算中。

（一）分析数据,合理选择方法

顺应上一环节的新知,教师出示如下三道题目:

（1）180÷45　（2）200÷25　（3）210÷42

请学生仔细观察并分析数据,选择合理的方法独立完成,然后反馈评析。

评析 180÷45:有学生提出,将被除数和除数同时乘 2,把除数转化成整十数计算,即 180÷45 = (180×2)÷(45×2) = 360÷90 = 4。也有学生提出,把被除数和除数同时除以 9,转化成除数是一位数的除法进行计算,即 180÷45 = (180÷9)÷(45÷9) =

$20\div5=4$。

评析 $200\div25$：方法一，$200\div25=(200\times4)\div(25\times4)=800\div100=8$，被除数和除数同时乘 4，把除数转化成整百数计算。方法二，$200\div25=(200\div5)\div(25\div5)=40\div5=8$，被除数和除数同时除以 5，转化成除数是一位数的除法。

评析 $210\div42$：根据之前的学习，学生会呈现两种方法。方法一，$210\div42=(210\times5)\div(42\times5)=1050\div210=5$，被除数和除数同时乘 5，凑整计算。方法二，$210\div42=(210\div7)\div(42\div7)=30\div6=5$，被除数和除数同时除以 7，转化成除数是一位数的除法。

把复杂的除法计算转化成可以直接口算的除法计算，是本环节学习的重点，也体现了本课学习的两种除法简便计算之间的联系。

（二）自主审题，灵活运用方法

教师出示如下题组，进一步引导学生利用除法的性质进行除数是两位数除法的简便运算，并请学生说一说发现了什么。

（1）$144\div(2\times8)=$

$144\div2\div8=$

（2）$270\div(6\times9)=$

$270\div9\div6=$

学生发现，一个数连续除以两个数等于除以这两个数的积。教师指出：这就是除法的性质，运用除法的性质也可以使除数是两位数的除法变得简便。教师出示 $210\div42$，请学生利用除法的性质进行计算。

通过本环节的教学，让学生进一步体会转化思想，感受计算方法的多样性。

（三）自主编题，理解结构特征

通过本节课的学习，学生对商不变的性质在笔算和简便运算中的应用已经有了一定的理解。为了让学生能够更加深层次地认识商不变的性质在数学中的应用，要求学生根据本节课的学习内容自主编写简便运算题，并完成解答。展示学生作品后，请学生说一说编写思路及如何求解，从中让学生感受到除法简便运算的基本特征。

回顾本节课的学习，学生在情境的支撑下，在图与式结合以及题组对比中完善知识结构，依据被除数与除数的特征，利用商不变的性质或除法的性质进行简便运算，并在探究过程中渗透转化思想，体会数学知识间的内在联系。

第七节

"除数是两位数的除法的整理与复习"教学实践

除数是两位数的除法是整数四则运算的综合运用,也是运算方法多样化的集中体现,更是除数是一位数除法运算法则的延伸。作为单元整理与复习,如何在运算教学中综合运用商的变化规律、笔算除法的试商技巧和调商规律?如何提炼除法结构并明辨除法各部分之间的关系?如何让运算在解决问题中获得增量?围绕对这些问题的思考,我们对"除数是两位数的除法的整理与复习"进行了教学实践。

一、在算式分类中回顾运算方法

在整理与复习设计中,为了解学生对笔算除法的掌握情况,以及提升学生的运算能力,我们通过题组对比来回顾本单元教学内容。

(一)题组观察,算式分类

教师出示题组(图6-3)并提问:仔细观察,想一想、分一分,并说一说你会怎么算。学生回顾运算方法,形成以下三种分类。

第一类:第①②⑤题。利用商不变的性质口算结果。教师提炼出口算除法、商不变的性质等相关知识点。

第二类:第③⑦题。运用商不变的性质简便运算。教师适时提出运用连除的性质进行简便运算。

第三类:第④⑥⑧题。运用笔算。教师进一步引导学生发现,第④⑥题分别利用了"同头无除商八九""除数折半商五",第⑧题运用"四舍五入法"进行试商、调商。

学生对算式进行分类的过程,就是回顾运算方法的过程。教师根据学生的算法分类进行小结,梳理单元知识脉络。

(二)专项练习,优化方法

在完成算式分类并回顾运算方法之后,需要安排专项性的开放练习。教师出示第二个题组(图6-44),要求学生在限时5分钟的情况下选择合适的方法解决。交流汇报环节,教师首先让5分钟内完成的学生说一说是按照怎样的思路计算的。

①540÷60=　②216÷24=　③630÷45=　④7560÷72=

⑤108÷12=　⑥432÷24=　⑦200÷25=　⑧3813÷123=

图6-44

在互动交流的过程中,学生逐步形成如下三种优化运算的方法:第一种是通过分析和观察数据,应用商的变化规律求出结果,例如,540÷60、216÷24、108÷12,且均可以化为54÷6=9;432÷24,借助216÷24=9,利用除数不变,被除数乘2商也乘2解决问题。第二种(图6-45)是利用商的变化规律、商不变的性质和除法的性质等多种方法优化运算。第三种是笔算,分别是7560÷72、3813÷123,前者商是三位数,且十位不够商1用0占位;后者被除数延伸到四位数,除数拓展为三位数。通过这样的运算,实现温故而知新。

630÷45			200÷25		
630÷45=14 ↓÷9　↓÷9 70÷5=14	630÷45=14 ⌃ 5×9 630÷9÷5 =70÷5 =14	630÷45=14 ↓×2　↓×2 630÷90=7	200÷25=8 ↓÷5　↓÷5 40÷5=8	200÷25=8 ⌃ 5×5 200÷5÷5 =40÷5 =8	200÷25=8 ↓×2　↓×2 200÷50=4

图6-45

(三)归纳总结,形成结构

在完成专项练习后,教师课件逐步出示如图6-46的除法横式结构与笔算结构,提问:观察这个横式,你能想到哪些跟除法有关的知识? 通过抽象的除法结构,学生回忆起被除数、除数、商、余数四者之间的关系。

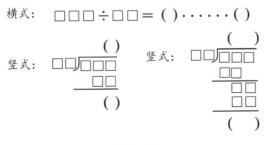

图6-46

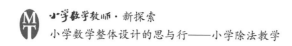
师：观察这两个竖式，你又能想到什么？

生：左边的竖式，商是一位数；右边的竖式，商是两位数。

师：对于除数是两位数的除法，我们如何判断商的位数？

生：用除数与被除数的前两位进行比较。如果被除数的前两位比除数小，商是一位数；如果被除数的前两位大于或等于除数，商是两位数。

可以说，除数是两位数的除法运算是整数四则运算中难度最大的。因此，观察数据、认真审题，根据结构细心运算尤为重要。

二、在结构分析中进行运算推理

笔算除法是一种简洁、精致、严密的逻辑结构，是其他运算所不能替代的。教师采用除法数字谜来调动学生积极思考，进行运算中的推理训练。

（一）基本练习，利用特征推理试商

教师出示如图6-47的数字谜。提出问题：除数是39，你能快速解决这个问题吗？

生：商是8或9。

师：你是怎么想到商是8或9的？

生：因为除数是39，被除数的最高位是3，商又是一位数，那么被除数的前两位一定小于除数39。根据我们之前发现的特点，"同头无除"情况下，一般商为8或9。

图6-47

结合数据分析，将熟悉的笔算结构与运算推理相联系，学生原有的试商经验一下子被调动了起来。

（二）提炼方法，根据余数推理被除数

根据学生的回答，教师进一步提问：如果商为9，如何运算？放手让学生完成数字谜，验证刚才的推理是否正确，并进一步让学生明确：商9就能确定39和9的积是351，又要考虑余数是一位数，所以被除数十位只能填5。根据同样的方法，让学生推理表达商是8的过程，并形成如下方法：定商—定积—定余数—定被除数。当然，如果学生不确定的话，也可以让学生尝试商7。

利用数字谜进行运算推理，使运算不再枯燥。同时，唤起了学生学习除法试商、调商时的记忆，让运算推理悄然发生。

（三）变式练习，运用推理解决问题

教师课件出示如图6-48的变式练习，提问：这一题和刚才那题相比，有什么不同？

生：这里的余数是两位数，刚才的是一位数。

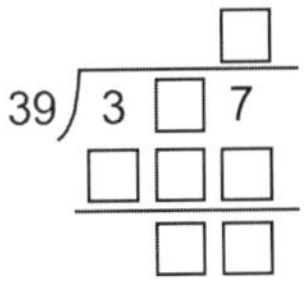

师：你能根据前面的运算结果,想一想这里可能会是哪些情况吗？

教师根据学生的回答,形成如下推理：商先确定是9,余数随着被除数的变化而变化。这时,教师可以让学生根据刚才的推理经验,快速求解商是8的情况,并追问：是不是商只有8或9？学生尝试后发现,商7也可以。

图 6 - 48

基于除法笔算结构的数字谜让学生经历了运算推理。解题中,学生观察并分析了数据之间的联系,明确了除数、被除数、商、余数之间的必然联系。通过变式练习进行对比分析并作出判断,寻找变化中的不变。

三、在进阶解题中形成运算思维

运算思维即在运算过程中形成的思维能力。运算思维能力的培养,不仅是利用运算法则计算出结果,更是通过对运算中各部分已知信息与所求问题之间的观察、分析,依据它们之间的联系解决问题。下面采用进阶解题的形式,以期提升学生的运算思维。

(一) 将除法问题转化为乘法问题

教师课件出示进阶问题1：在 $578 \div \square\square = \square \cdots\cdots 18$ 中,已知被除数和余数,填写除数和商。

师：这是一个除法算式,你能根据除法各部分之间的关系来填一填吗？老师提个小要求,能不能想一个好方法,快速地把除数和商找出来,并说一说你是怎么找的。

生：除数是70,商是8。因为578减去18等于560。

生：除数还可以是80,商就是7。

……

师：你发现了什么？

生：被除数减去余数后,就是除数和商相乘的积。只要把560分解成两个数相乘,其中除数要求是两位数,并且要比18大。

生：商还要求是一位数。

师：这样,我们就把这个除法问题转化成了定积为560的乘法问题。还有其他可能吗？试一试。

然后,学生利用已经填写的答案与发现的规律得到其他可能情况。将除法问题转化为乘法问题,利用积的变化规律来解决,渗透有序思考,让学生在商的变化规律中重温积的变化规律。可见,知识的学习是互相联系、纵横交织的。

（二）由除法关系形成最值判断

教师课件出示进阶问题2：在□□□÷□□＝14……28中，已知商和余数，填写被除数的最小值。教师让学生用3分钟时间进行自主尝试，再组织交流。

师：通过思考，你有什么发现？

生：余数是28，所以除数最小是29，29×14＝406，406+28＝434。被除数最小是431，此时，除数是29。

师：你很厉害，利用除数至少要比余数大1，一下子就找到了被除数的最小值是434。

此题立足于学生对除法结构的分析和对数据的观察，寻找问题解决的突破口。可见，审题是正确解答的关键，是思维的起点，也是对题目进行分析判断、寻求破解方法的过程。

（三）用商不变的性质解决生活问题

通过进阶练习，进一步提升了学生对除法各部分关系和除法结构的理解，并在解决问题的过程中培养了运算思维。为体现学以致用，接着安排了利用所学知识解决生活中的问题。

教师出示如下生活问题：

某种品牌的饼干原价48元一袋，现在只卖24元一袋，真划算！很多人都去买，可是细心的我却发现，原来每袋装16块，而促销的商品中，每袋只装了8块。大家算算看，买24元一袋是不是真的划算呢？

教师引导学生读懂题目后，要求学生用运算的方法来说明理由。学生存在两种解题方法：一种是利用数量关系来解决，48÷16＝3（元），24÷8＝3（元），每块的单价不变，所以没有变得划算；另一种是利用商不变的性质来解决，48÷24＝2，16÷8＝2，价格除以2，每袋的块数也除以2，也就是原来的一袋变成了现在的两袋，每袋的单价不变，所以没有变得划算。

基于整体的"除数是两位数的除法"单元整理与复习，由放到收，实现了对笔算除法、方法多样化与除法结构的整体把握。由收到放，促进了学生依据数的特征审题、做题，并运用商的变化规律解决问题，提升了综合运算能力，培养了运算思维。

第七章
小数除法

　　人教版《数学》五年级上册"小数除法"是除法第一次从整数拓展到了小数。由于整数与小数都是十进位值制数，因此小数除法的意义、计算和数量关系等，都可以用类比、迁移或转化等思想方法与整数除法建立起联系。

　　小数除法的意义与整数除法相同，教材没有专门安排例题教学，主要是在计算与解决问题中让学生通过具体的情境和数量关系自主感知。因此，可以用类比、迁移的方法，通过把数据从整数变成小数，由整数除法中的意义概括出小数除法的意义。

　　从例1开始，小数除法的计算就贯穿了整个单元的学习过程。将其与本册"小数乘法"单元的编排形式进行比照，发现两者基本一致。首先，学习除数是整数的小数除法，从一般到特殊安排了3个例题，逐步概括出除数是整数的小数除法计算法则。接着，学习除数是小数的小数除法，安排了2个例题，利用转化的思想把除数是小数的小数除法转化成除数是整数的小数除法或整数除法后再计算。小数除法计算中，商的表达是教学的难点，包括取近似数与用循环小数表示商，在"用计算器探索规律"中也包含着商的表达。"用计算器探索规律"不仅包含小数除法，也包含小数乘法。对一组有相同变化规律的计算题，先计算部分题目的结果，探索得到变化规律后，再利用规律推算出剩余算式的结果。这样的思维方式就是递推的思想方法。

　　另外，数量关系也贯穿着整个单元的学习，绝大多数例题都是结合解决问题引出的，特别编排了"进一法"和"去尾法"解决问题。可以发现，本单元中的数量关系与整数除法中的数量关系完全相同。小数除法中的"进一法"和"去尾法"解决问题，在二下有余数除法解决问题中也有出现，当时是对"商……余数"这一结果进行进一或去尾；而本单元中，商则用小数表示，再对结果进行进一或去尾。因此,采用类比与迁移的思想,可以将小数除法中的数量关系渗透在小数除法的计算教学中,不需要安排专门的课时展开教学,特别是小数除法中的"进一法"和"去尾法"解决问题,可以渗透在例2——"整数除以整数商是小数"这一课时中,还可以渗透在"除数是小数的小数除法"的练习巩固中。

比较"小数乘法"的单元设计,本单元中没有"含有小数除法的四则混合运算与解决问题",可以补充一课时的内容。

第一节
"小数除法"整体设计

　　随着数的学习由整数拓展到小数,除法也由整数除法拓展到了小数除法,且小数除法的意义、计算法则与解决问题中的数量关系与整数除法基本相同。如果要说不同,就是被除数、除数或商中出现了小数,使得计算有了新的法则。那么,如何渗透类比、迁移与转化等数学思想方法,让小数除法与整数除法构建起联系? 这是本单元学习过程中需要我们思考的问题。

一、梳理——提炼例题中的数学思想方法

　　我们在"小数除法"单元的新知学习过程中,不断引导学生思考:它与整数除法相应的知识有没有联系? 可以通过怎样的思想方法构建起两者之间的联系? 循着这样的思路,我们对本单元教材内容进行梳理。

(一) 迁移的思想方法

　　作为数学思想方法的迁移,就是利用知识间的相互联系,把原有的学习经验自觉应用于新的学习情境中。其中,"除数是整数的小数除法"(例1)、"商的近似数"和"循环小数"都是在这样的思想方法引领下学习的。

　　1. 由整数除法迁移得到除数是整数的小数除法的基本计算法则

　　"除数是整数的小数除法"是本单元起始内容,也是小数除法计算法则的第一轮学习,它与"一个数除以小数"共同构建起小数除法笔算法则的学习板块。后者的学习过程中所渗透的思想方法是转化,前者则是类比、迁移。

　　人教版教材结合王鹏和他爷爷坚持跑步锻炼的情境,出示了三道除数是整数的小数除法计算,分别是例1(22.4÷4)、例2(28÷16)、例3(5.6÷7)。其中,例1单独为一个课时,例2、例3为一个课时。通过例1的学习,让学生结合小数的意义,利用整数除法的计算法则进行计算(图7-1),概括出:按整数除法的计算法则进行计算;商的小数点和被除数的小数点对齐。这是除数是整数的小数除法最基本的形式,也是小数除法计算法则的基本构成。

2. 由生活经验迁移至"商的近似数"

在两个数相除时,商的小数位数会出现"太多"的情况。此时,需要对商的小数部分进行合理表达,其中的一种表达方式就是取商的近似数。教材编排了例6:

爸爸给王鹏买了一筒羽毛球,这筒羽毛球19.4元,一筒有12个,每个羽毛球大约多少钱?

这一问题,当结果不能够除尽时,联系生活中

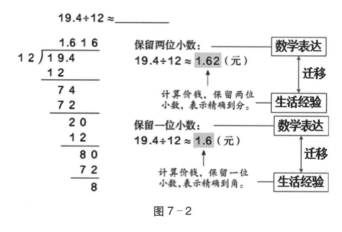

图 7-1

最小的币值是"分",迁移至数学中用"元"作单位取两位小数。进一步思考,还可以精确到"角"和"分",从而自然得到用"元"作单位时,商还可以保留一位小数或整数(图 7-2)。

$$19.4 \div 12 \approx \underline{\quad\quad}$$

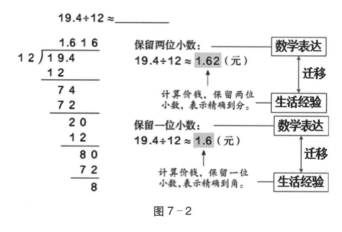

图 7-2

3. 由"商的近似数"的学习迁移出"循环小数"的学习

"循环小数"实际上可以说是商的又一种表达形式。教材编排了例7:

王鹏 400 m 用时 75 秒,他平均每秒跑多少米?

学生列式计算后出现了与例6同样的情况(图7-3)——除不尽。依据上一节课的经验,可以把问题改为"他平均每秒大约跑多少米"。但是,本节课要讨论的问题是:如果不改变问题,又可以怎样表示呢?从而由"商的近似数"的学习迁移出"循环小数"的学习,观察后由"余数的不断重复"推理出"商不断重复",从而用循环小数表示商。

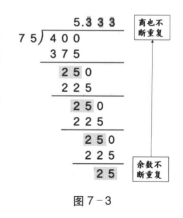

图 7-3

（二）类比的思想方法

在本单元学习中，"除数是整数的小数除法"（例3）、"用计算器探究规律"（例9）和"用'进一法''去尾法'解决问题"（例10）均渗透了类比的思想方法。

1. 用比较法类比

"除数是整数的小数除法"的例3依据例1中求得的结果——王鹏每周计划跑5.6 km，再提出问题，即：他平均每天应跑多少千米？学生按照例1概括出的计算方法计算时，发现要表示商中"8"的意义——"8个0.1"时，需要在个位上添0后再往下除。进而出示"0.56÷7"请学生计算，并与整数除法笔算"56÷7"进行比较，发现整数除法最高位不够商1时就看前两位，而小数除法中，如果整数部分不够商1，就在商的个位上添0再除（图7-4）。

$$
\begin{array}{r}
8 \cdots 8个1 \\
7\overline{)5\ 6} \\
\underline{5\ 6} \cdots 56个1 \\
0
\end{array}
\qquad
\begin{array}{r}
0.8 \cdots 8个0.1 \\
7\overline{)5.6} \\
\underline{5\ 6} \cdots 56个0.1 \\
0
\end{array}
\qquad
\begin{array}{r}
0.08 \cdots 8个0.01 \\
7\overline{)0.56} \\
\underline{56} \cdots 56个0.01 \\
0
\end{array}
$$

图7-4

2. 旧题新解进行类比

小数除法解决问题中的"进一法"与"去尾法"学生在二年级下册有余数除法解决问题中已经有了学习基础，因此，可用二下的例题作为引入。当学生用小数表示商，并用"进一法"或"去尾法"表示出结果后，教师出示二年级下册的例题，请学生观察比较两者的异同，以体现数学的联系性与发展性（图7-5）。

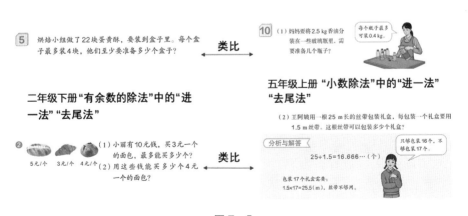

图7-5

3. 用递推法类比

递推法是指在解决较复杂的问题时，探究与它结构相同的简单问题并发现规律,再把规律应用于复杂问题的解决中。如图 7-6,先请学生依据 1÷11、2÷11 的商进行猜想,并通过计算器计算出 3÷11、4÷11 和 5÷11 的商以验证猜想,获得规律后,将其应用于同样结构下被除数变大后的除法算式中求商。

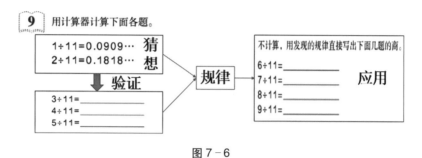

图 7-6

(三) 转化的思想方法

转化思想是数学学习中的重要思想方法。本单元中的"一个数除以小数"和"除数是整数的小数除法(例 1、例 3)"都渗透了转化思想。

1. 利用单位换算进行转化

如图 7-7,是"除数是整数的小数除法"例 1计算"22.4÷4"的思路。依据题意,把 22.4 km 换算成 22400 米,把原来的小数除法转化成用"米"作单位的整数除法进而计算出结果。依据这样的思路,"一个数除以小数"例 4 中的 7.65÷0.85 也可以转化成 765÷85 后再除,即分别将 7.65 m、0.85 m 换算成 765 cm、85 cm。虽然教材中没有这种计算方法,但可以从例 1 的学习经验中迁移而得。

图 7-7

2. 利用小数的性质进行转化

"除数是整数的小数除法"例 2 如下:

王鹏的爷爷计划 16 天慢跑 28 km,他平均每天慢跑多少千米?

这实际上是一道有余数的除法,如果利用原有的学习经验,结果可以用"商……余数"的形式表示。显然,这不符合题意——求平均每天慢跑多少千米,需要继续除。那么,该怎样继续往下除呢?可以利用小数的性质把被除数由整数转化成小数,按照学习例 1 和例 3 时总结的计算法则进行计算(图 7-8),进

"整数除以整数" ⟶ "小数除以整数"

$$16\overline{)28} \quad \begin{matrix} \text{小数的} \\ \text{性质} \\ (\text{转化}) \end{matrix} \quad 16\overline{)28.00}$$

图 7-8

而补充法则：如果除到被除数的末尾还有余数时，可以在被除数的末尾添 0 继续除。

3. 利用商不变的性质进行转化

除数是整数的小数除法笔算可以看成整数除法笔算的延伸，因为小数与整数一样，都是十进位值制数。但一个数除以小数时，由于除数是小数，因此不能够直接笔算，而要通过商不变的性质把除数转化成整数，进而用整数除法或除数是整数的小数除法进行笔算(图 7 - 9)。

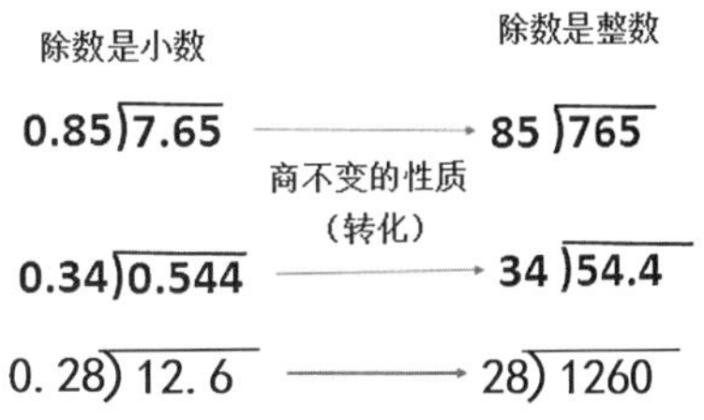

图 7 - 9

从以上过程中可以发现，计算时是利用商不变的性质实现转化。通过计算图 7 - 9 中的这三道题，概括归纳出除数是小数的小数除法计算法则。

总之，数学思想方法渗透于数学学习中。从上述举例中可以发现，教材中的每一个例题均可以找到其所蕴含的思想方法。那么，怎样可以更好地把数学思想方法转化成学生的学习策略与教师的教学策略呢？对此，需要我们进一步反思。

二、反思——指出可以改进之处

从教材梳理中我们发现，渗透数学思想是本单元的重要特色，也充分体现了小数除法与整数除法的密切联系。我们在梳理的基础上进行反思，发现以下几点可改进之处。

(一) 学习板块需要进行合理组合

本单元共编排 10 个例题，若按照小标题进行划分，可分成 5 个板块，再加上最后的解决问题，共计 6 个板块。显然，这样的划分是以知识点为线索展开的，比较分散。我们需要从知识之间的内在联系出发，将其进行合理组合，形成更具结构化的学习板块，具体如下表所示。

新 板 块	课时	课 题	原例题	新学习内容
小数除法的计算与解决问题	1	除数是整数的小数除法	例1、例3	1. 理解小数除以整数的算理，掌握计算法则 2. 回顾数量关系，解决相应的问题

（续表）

新板块	课时	课　题	原例题	新学习内容
小数除法的计算与解决问题	2	除数是整数的小数除法及解决问题	例 2、二年级上册例 5	1. 完善除数是整数的小数除法的题型与相应的计算法则 2. 由有余数的除法变化而来,小数除法中用"进一法""去尾法"解决问题
	3	除数是小数的小数除法及解决问题	例 4、例 10	1. 利用转化思想归纳小数除法的计算法则 2. 依据情境合理利用"小数除法"的商进行解答
小数除法商的表达	4	商的表达及解决问题	例 6、例 7、例 8	结合具体情境,为解决问题的需要学习"商的近似数",观察除法竖式中余数与商中小数部分的重复现象,概括出"循环小数";能结合具体情境合理进行商的表达
	5	用计算器探索规律	例 9	利用计算器探究小数除法题组计算中,商与乘法中的积的变化规律,并结合具体例子让学生认识用计算器探究规律的优点与局限性

从表中可以发现,内容整合是其明显的特色。第一,把小数除法的计算法则与解决问题构建成一个整体,结合小数除法计算题型与相应的解决问题中的计算题型,学习相关的用"进一法"与"去尾法"解决问题。第二,把"商的近似数"与"循环小数"在同一现实情境下展开学习,统称为商的表达,并把"用计算器探索规律"也纳入其中。

（二）添加"含有小数除法的四则混合运算与解决问题"

除了以上五节由单元内容重新组合后而形成的新授课外,为了更好地把"小数除法"单元的知识纳入四则运算与解决问题中,我们在上表中的第 4 课时之后安排了一节"含有小数除法的四则混合运算与解决问题",迁移整数四则运算中的运算规则、运算性质,以及解决问题中的数量关系、思考方式等内容,把新知与旧知融合,形成由小数与整数组成的四则混合运算与解决问题的知识体系。

基于新旧知识的联系,新增的这一节课既可以看成一节新授课,又可以看成一节复习整理课。以题组的形式进行新旧知识的比较,揭示新旧知识的内在联系,并获得新的活动经验,如结合具体情境认识小数除法解决问题中的特殊现象——越分越多。

(三)"用计算器探索规律"可以更加丰富

本单元中的"用计算器探索规律"是一个相对独立的学习内容,从例 9 与相应的"做一做"的要求中可以发现,主要是利用计算器使计算便捷。但是,利用计算器计算商是循环小数的除法时,显示的结果是一个近似数。因此,依据显示的近似数推导出循环小数是一个重要内容。例如,对于例 9 中"4÷11"的商,计算器显示的结果是"0.363636364",可以由这一个近似数还原出这个小数的循环节是"36"。练习题中"1÷7"的商,计算器显示的结果是"0.142857143",没有像上一题一样出现多个循环节,因此更需要从循环小数的特征以及求循环小数近似数的方法出发,推导出循环节。

总之,通过重组单元内容、补充内容、丰富内容等方式,使得本单元的学习更具整体性。把本单元的学习纳入含有除法的四则运算与解决问题之中,构建起小数乘法与小数除法之间的联系。

三、实践——达成改进后的教学目标

梳理:从迁移、类比、转化这三个维度进行了归类分析,揭示小数除法与整数除法之间的内在联系。反思:使得小数除法学习中的三要素——运算意义、运算法则与解决问题形成更加有机的整体。这样的设计是否有效,目标能否达成,需要在实践中进行检验。

(一)渗透思想方法,构建计算法则体系

小数除法的计算法则可以分成除数是整数的小数除法与除数是小数的小数除法两大板块。从思想方法上看,前者主要依据迁移、类比与转化的思想方法进行算理的理解与法则的总结;后者主要是转化思想,利用商不变的性质将其转化成前者进行计算。并且,两种计算法则的总结并不是一次完成的,而是通过多轮计算与概括,逐步完善后形成。

1. 渗透迁移与类比的思想方法,归纳除数是整数的小数除法基本法则

"除数是整数的小数除法"重新组合后分成两个课时完成,第 1 课时学习例 1 与例 3,即小数除以整数。教师先出示例 1,请学生根据信息与数量关系列出算式后,依据算式的特点揭示课题——除数是整数的小数除法;然后请学生自主尝试,独立完成后反馈评析。由于小数与整数都是十进位值制数,因此学生可以依据小数的意义迁移整数除法笔算的算理,解释被除数的小数部分除以整数的算理,从而得到除数是整数的小数除法基本法则:按照整数除法的计算法则计算;商的小数

点与被除数的小数点对齐(图7-10例1)。由于本题把"千米"转化成"米",得数较大,因此实际教学中没有学生应用这一种方法。对此,教师也没有刻意呈现。接着,利用例3"5.6÷7"完善计算法则:如果整数部分不够商1,就在商的个位上添0再除(图7-10例3)。由于这是一种特例,因此用"如果……就……"这样的方式来表述。

2. 渗透转化的思想方法,完善除数是整数的小数除法计算法则

第2课时学习例2"28÷16"时,可以由二年级下册有余数的除法作为学习基础,并提出问题:除到被除数的末尾还有余数时,如果继续往下除,可以怎么办?

通过小数的性质,把被除数由整数转化成与其大小相等的小数,从而用例1归纳出的计算法则进行计算。计算后,完善计算法则:在被除数的末尾添0继续除(图7-10例2)。

例1
$$4\overline{)22.4}$$
$$\begin{array}{r} 5.6 \\ \hline 22.4 \\ 20 \\ \hline 2\ 4 \\ 2\ 4 \\ \hline 0 \end{array}$$

1.一除:按整数除法计算;
2.二对:商的小数点与被除数的小数点对齐;

例2
$$\begin{array}{r} 1.75 \\ 16\overline{)28.00} \\ 16 \\ \hline 12\ 0 \\ 11\ 2 \\ \hline 80 \\ 80 \\ \hline 0 \end{array}$$

例3
$$\begin{array}{r} 0.8 \\ 7\overline{)5.6} \\ 5\ 6 \\ \hline 0 \end{array}$$

3.三添:如果整数部分不够商1,就在商的个位上添0再除;
4.四添:如果除到被除数末尾还有余数,添0再除。

图7-10

3. 渗透转化的思想方法,归纳除数是小数的小数除法计算法则

我们把"一个数除以小数"改为"除数是小数的小数除法",以更好地与前一类小数除法相对应,有利于学生从课题上感知两者的内在联系,发现转化的方向。具体教学时,教师首先回顾"除数是整数的小数除法"的例题以及计算法则(图7-10),接着出示例4(7.65÷0.85),请学生依据题意列出算式。与已经学习的三个例题进行比较后,教师揭示课题并请学生自主尝试,最后从学生的计算过程中概括出相应的计算法则:(利用商不变的性质)转化成除数是整数的小数除法后,再计算。由于例题的特殊性,即被除数与除数都是两位小数,因此利用商不变的性质,不仅可以把除数转化成整数,同时也将被除数转化成了整数。

因此,在之后的练习中,结合对"0.544÷0.16"的评析与反馈,细化转化过程:一去,去掉除数的小数点,将其转化成整数;二移,除数的小数点向右移几位,被除

数的小数点也向右移几位。

最后,利用细化后的转化过程,请学生计算"12.6÷0.28",并在反馈中完善转化过程:(被除数的小数点向右移时)位数不够时,在被除数的末尾用 0 补足。以上过程,形成如图 7 – 11 所示的计算法则学习路径。

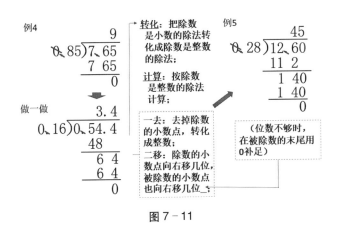

图 7 – 11

(二) 依据题意,使商的表达合理化

与整数除法相比,虽然小数除法的计算法则是由整数除法迁移、类比与转化而来的,但在商的表达方面,小数除法却更加复杂。主要是商的小数位数太多甚至出现循环小数,这就需要依据实际情况选择合适的方法,使商的表达合理化。

1. 修正问题,学习商的近似数

首先,让学生依据例 6 中的信息提出问题。学生依据之前的经验,提出"每个羽毛球需要多少元"。接着请学生计算,计算后发现不能除尽(图 7 – 12),需要联系实际取商的近似数。

根据实际需要,分别请学生保留两位小数、一位小数与整数,并请学生想一想:如果保留两位小数,要商到哪一位? 如果保留一位小数或整数呢? 最后,总结得出:要商到比保留的位数多一位。

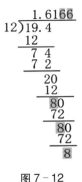

图 7 – 12

2. 观察笔算,学习循环小数

进一步观察图 7 – 12 中的笔算,思考为什么这样的笔算会"除不尽",进而发现"余数"从百分位起不断地重复出现"8",使得商从千分位起不断地重复出现"6"。教师列举商是循环小数的笔算过程(图 7 – 13),发现不同的重复现象。概括出循环小数的特征后,再简化循环小数的表达。

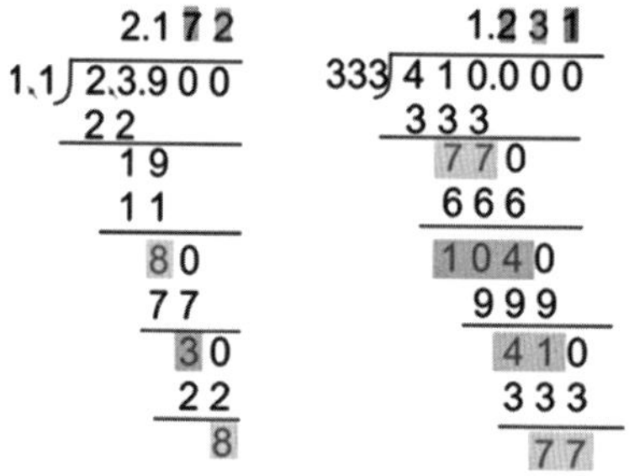

$$
\begin{array}{r}
2.1\,7\,2 \\
1.1\,\overline{)2.3\,9\,0\,0} \\
2\,2 \\
\hline
1\,9 \\
1\,1 \\
\hline
8\,0 \\
7\,7 \\
\hline
3\,0 \\
2\,2 \\
\hline
8
\end{array}
\qquad
\begin{array}{r}
1.2\,3\,1 \\
333\,\overline{)4\,1\,0.0\,0\,0} \\
3\,3\,3 \\
\hline
7\,7\,0 \\
6\,6\,6 \\
\hline
1\,0\,4\,0 \\
9\,9\,9 \\
\hline
4\,1\,0 \\
3\,3\,3 \\
\hline
7\,7
\end{array}
$$

图 7-13

$$4÷11= \underline{0.36}$$
$$\approx \underline{0.363636364}$$

$$5÷11= \underline{0.45}$$
$$\approx \underline{0.454545455}$$

$$6÷11= \underline{0.54}$$
$$\approx \underline{0.545454545}$$

图 7-14

3. 借助工具,认识除法题组中商的表达规律

我们把"用计算器探索规律"也包含在"商的表达"学习板块之中。课始,让学生利用计算器计算 4÷11、5÷11 和 6÷11 的商。具体地,先把计算器中显示的结果记录到除法算式的下面一条横线上,依据求循环小数的近似数的方法,说明计算器中显示的商是近似数,并由循环小数的特征,用简化的形式把循环小数表示在等号的右边(图 7-14)。接着,引导学生观察图 7-14 中三个商的循环节,概括出循环节的变化规律:被除数乘 9 就是这个商的循环节。最后,利用发现的规律,用递推法直接写出 1÷11、2÷11、3÷11 及 7÷11、8÷11、9÷11、10÷11 的商。

(三)把解决问题融入小数除法中

本单元的解决问题分成两个部分:第一部分,如例 10 用"进一法"与"去尾法"解决问题,在单元整体设计时把它们融入小数除法计算法则的学习过程中,即分解到第 2~4 节新授课的练习巩固中。第二部分,新增"含有小数除法的四则混合运算与解决问题",与相关的含有小数除法的四则混合运算一起学习。

1. 旧题新解,初学小数除法中的"进一法""去尾法"解决问题

本单元例 10 是用"进一法"与"去尾法"解决问题。从图 7-5 中可以发现,在二下"有余数的除法"学习中已经学习了相应的解决问题。因此,在本单元第 2 课时整数除以整数的小数除法学习时,在巩固练习阶段让学生旧题重做,出示二下例 5"烘焙小组做了 22 块蛋黄酥,要装到盒子里。每个盒子最多装 4 块,他们至少要准备多少个盒子"和"做一做"第 2 题中的第(2)小题"小丽有 10 元钱,用这些钱能买多少个 4 元一个的面包"。当学生用小数表示两个算式的商,并分别用"进一法"与"去尾法"解答后,教师出示二下时对这两题的解答(图 7-15),让学生说一说有什么相同的地方与不同的地方。经历这样的过程,让学生体会到数学学习的阶段性与发展性。

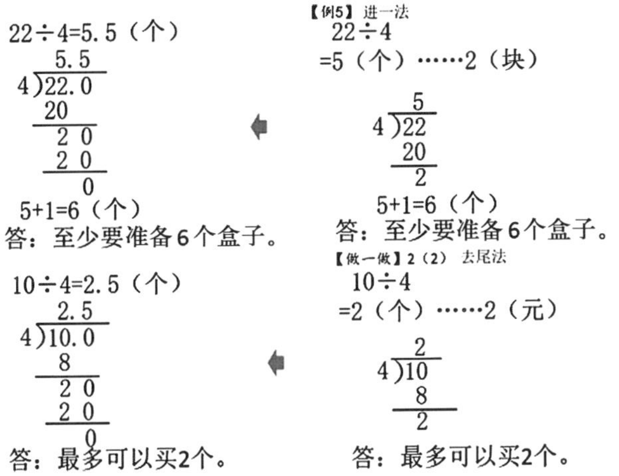

$$22 \div 4 = 5.5 \text{（个）}$$

$$\begin{array}{r} 5.5 \\ 4\overline{)22.0} \\ \underline{20} \\ 2\ 0 \\ \underline{2\ 0} \\ 0 \end{array}$$

$$5+1=6\text{（个）}$$

答：至少要准备6个盒子。

【例5】进一法
$$22 \div 4$$
$$=5\text{（个）}\cdots\cdots 2\text{（块）}$$

$$\begin{array}{r} 5 \\ 4\overline{)22} \\ \underline{20} \\ 2 \end{array}$$

$$5+1=6\text{（个）}$$

答：至少要准备6个盒子。

$$10 \div 4 = 2.5 \text{（个）}$$

$$\begin{array}{r} 2.5 \\ 4\overline{)10.0} \\ \underline{8} \\ 2\ 0 \\ \underline{2\ 0} \\ 0 \end{array}$$

答：最多可以买2个。

【做一做】2（2）去尾法
$$10 \div 4$$
$$=2\text{（个）}\cdots\cdots 2\text{（元）}$$

$$\begin{array}{r} 2 \\ 4\overline{)10} \\ \underline{8} \\ 2 \end{array}$$

答：最多可以买2个。

图 7-15

2. 结合情境,再学小数除法中用"进一法""去尾法"解决问题

第 3 课时学习除数是小数的除法时,在练习巩固阶段,把例 10 的第(1)题作为练习题:

妈妈要将 2.5 kg 香油分装在一些玻璃瓶里,每个瓶子最多可装 0.4 kg,需要准备几个瓶子?

学生独立完成后进行评析。教师进一步提问:最多可以装满几瓶? 还余下多少千克? 解决这一问题,又回归到二年级下册用"商……余数"的形式来表示结果,但此时的余数则要依据被除数原来小数点的位置进行还原,并通过"商×除数+余数＝被除数"的关系进行验算(图 7-16)。

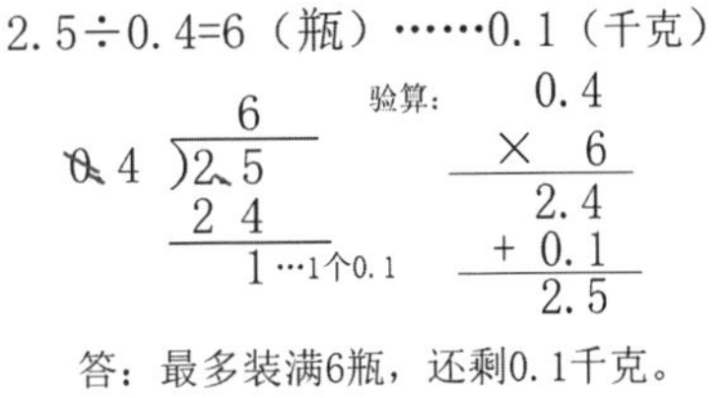

$$2.5 \div 0.4 = 6 \text{（瓶）} \cdots\cdots 0.1 \text{（千克）}$$

$$\begin{array}{r} 6 \\ 0.4\overline{)2.5} \\ \underline{2\ 4} \\ 1\cdots 1\text{个}0.1 \end{array}$$

验算：
$$\begin{array}{r} 0.4 \\ \times\quad 6 \\ \hline 2.4 \\ +\ 0.1 \\ \hline 2.5 \end{array}$$

答：最多装满6瓶,还剩0.1千克。

图 7-16

例 10 的第(2)题如下:

王阿姨用一根 25 m 长的丝带包装礼盒,每包装一个礼盒要用 1.5 m 丝带。这根丝带可以包装多少个礼盒?

因为商是循环小数,所以把它安排在第 4 课时"商的表达"的练习中,并把"进一法"与"去尾法"也纳入"商的表达"中。

通过以上安排,基于小数除法计算法则的学习,在练习中把教材编排的解决问题以"旧题新解"与"一题多问"等形式呈现,使得学生能够更早地体会小数除法解决问题需要联系生活实际灵活解答。

3. 算用结合,学习含有小数除法的四则混合运算与解决问题

教师首先请学生解决如下问题:

有 90 千克食用油,每瓶 2.5 千克。把这些油每 4 瓶装一箱,可以装多少箱?

学生独立完成后交流评析,并把两种解决问题的算式组成等式:$90 \div 2.5 \div 4 = 90 \div (2.5 \times 4)$,从而发现整数除法性质在小数除法中同样适用。

进而出示含有小数除法的四则混合运算题组:

(1) $1.6 \div 0.8 \times 0.125$ (2) $5.8 \div (5.8 \times 0.125)$

(3) $201 \div [(20.7 + 2.08) \div 3.4]$

请学生先审题,说一说哪些题目可以简便计算,哪些题目需要按运算顺序计算。其中,第(1)题主要让学生认识到不要受特殊数据的影响;第(3)题表明整数四则混合运算的运算顺序在小数四则混合运算中同样适用。特别地,第(2)题计算过程中的"$1 \div 0.125$"可以用商不变的性质进行简便计算(图 7-17)。

(2) $5.8 \div (5.8 \times 0.125)$
　　$= 5.8 \div 5.8 \div 0.125$
　　$= 1 \div 0.125$
　　$= (1 \times 8) \div (0.125 \times 8)$
　　$= 8$

图 7-17

从解决问题联想到四则混合运算,再把四则混合运算应用于解决问题中。采用题组的形式解决含有小数乘法或除法的连除、连乘问题,归一、归总法问题,以及一般的复合问题,充分把整数四则混合运算中的数量关系应用于含有小数除法的解决问题中。

本单元的整体设计给我们如下启示:小学数学新知的产生与形成往往与旧知或已有生活经验有联系,这种"联系"通常渗透着某一种或几种思想方法。因此,对于这样的单元整体设计,首先要从梳理思想方法的角度梳理单元学习内容;接着从更好地体现数学学习内容的整体性视角,对单元学习路径作出重组与完善;最后结合具体教学实践进行验证并作出总结。

第二节

"除数是整数的小数除法"教学实践

"除数是整数的小数除法(1)"是本单元起始内容,也是小数除法计算法则的第一轮学习。它与"一个数除以小数"一起构建起小数除法笔算法则的学习板块。本节课需要解决被除数是小数且能除尽的小数除法计算。在本单元之前,学生已经有了整数除法的学习基础,因此本节课结合小数的意义,由整数除法迁移出除数是整数的小数除法基本计算法则,并通过新旧知识的对比,进一步完善法则。

一、解决问题,总结计算方法

除数是整数的小数除法是整数除法的延伸,它们的意义相同,算理相通,计算方法上只要做到"商的小数点与被除数的小数点对齐"即可。因此,可以创设情境,引导学生运用迁移策略解决问题,形成除数是整数的小数除法算理与算法。

(一)提出问题,自主尝试

课始出示王鹏晨练的信息:

王鹏坚持晨练,计划 4 周跑步 22.4 km。

请学生说一说有哪些信息,可以提出什么问题。学生指出,知道王鹏跑的总千米数和跑的周数,可以求每周跑的千米数。

教师依据学生的回答,请学生列出数量关系与算式,得到"总千米数÷周数=每周跑的千米数",以及算式 22.4÷4。请学生观察算式,说一说这个算式与之前学的除法算式相比,有什么不一样的地方。学生回答后教师概括并揭示课题——小数除以整数,指出其含义与整数除法相同,请学生自主计算出结果并检验。

(二)交流评析,理解算理

学生完成后,教师展示学生的两种算法(图 7 - 18),说一说有什么联系与区别。学生指出，它们的商相同，算法（1）中被除数的小数点往下落，变成"2.4÷4＝0.6"，算法（2）中小数点没有落下来，可以想成"24 个 0.1 除以 4 等于 6 个 0.1"（教师在相应位置补上"24 个 0.1"）。

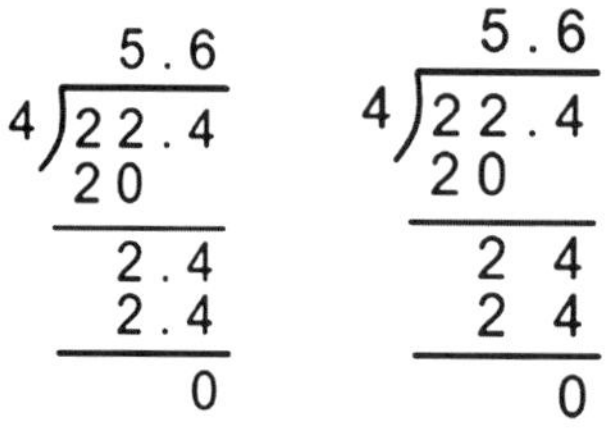

图 7－18

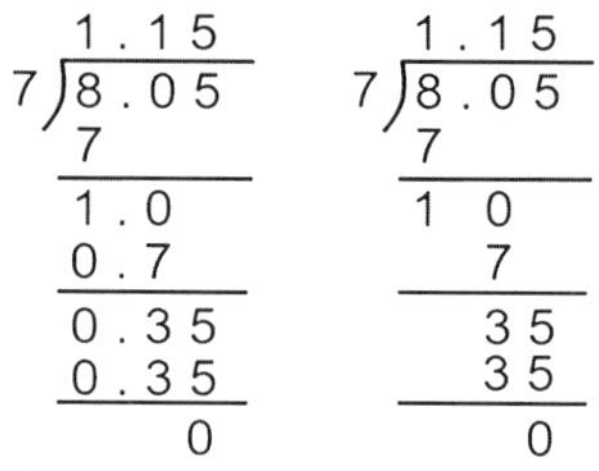

图 7－19

在明确两种算法的区别后，教师提问：你认为哪一种算法更好？有学生认为第一种好，这样更清楚，不用说明；也有学生认为第二种好，因为如果商的小数位数多，每步都点小数点比较麻烦。接着，教师用两种方法笔算"8.05÷7"（图 7－19），请学生辨析哪一种更合理。学生发现算法（2）更好，因为算法（1）每一次分步除都要把小数点移下来，太麻烦了。

学生统一认为算法（2）更好之后，教师质疑：算法（2）又有什么缺点呢？学生比较后指出，算法（2）中寻找每次分步除后余数的实际大小时比较麻烦，因为它们并不是整数，要寻找对应于被除数的哪一位。教师请学生观察算法（2），说一说分步除时余数的实际大小，以及分步除时被除数的实际大小。例如，最高位上除后的余数"1"表示 1 个一，而分步除中的被除数"10"则表示 10 个 0.1。

（三）归纳法则，模仿练习

教师出示 805÷7 的笔算（图 7－20），请学生与图 7－19 中的算法（2）进行比较，说一说有什么发现。学生交流后总结出小数除以整数的计算方法：按照整数除法的计算方法计算，商的小数点与被除数的小数点对齐。

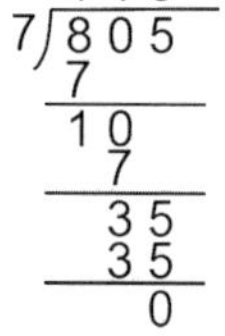

图 7－20

教材中还有把被除数从"千米"转化成以"米"作单位，即转化成整数除法后再计算的思路。但是，实际教学中学生一般不会出现这种做法，且这种由转化思想得到的计算方法与依据小数的意义进行解释后而得到的小数除以整数的计算法则并不一致，因此在本节课中并不将其呈现出来。

学生总结出法则后，教师出示两道计算题：7.35÷7、34.5÷15，请学生按照法则笔算,完成后校对评析。这两题是基于例题的变式,第1题除数还是一位数,但是商中间出现了0,第2题除数变成了两位数。评析时,选择几个余数与分步除中的被除数,让学生说一说它们的实际意义,并强调商的小数点要在笔算的过程中直接点上,而不是像小数乘法那样先求出积,再点小数点。

二、变式计算,完善计算法则

整数部分不够商1,要在个位上添0再除,这是体现小数的意义并有别于整数笔算除法的重要特点。在求出王鹏每周跑的千米数后,让学生把问题转化成信息,再提出新的问题,从而引出整数部分不够商1的小数除以整数计算,让学生在尝试计算与交流评析的过程中完善计算法则。

(一)变式计算,发现新知

教师请学生再次分析上面例题中求出的结果,即王鹏平均每周应跑5.6 km。提问:如果把这个问题作为已知信息,还可以提出什么问题?学生自然想到还可以提出"如果每天跑步,平均每天应跑多少千米"。教师请学生列出关系式与算式后,用笔算的方法独立完成,然后用乘法检验。在计算过程中,思考这题有什么特殊的地方。

学生计算,教师巡视,并收集学生典型做法。完成后,教师展示正确的笔算(图7-21),请学生说一说有什么新的发现。学生指出,个位上不够商1,要添0再除。教师顺势展示整数除法56÷7的笔算(图7-22),让学生思考为什么图7-22中不用在商的十位上添0,而图7-21中却要在个位上添0。学生指出,图7-21商中的"8"表示8个0.1,需要在商的个位上添0后再除;而图7-22中,在商的十位上添0没有意义。

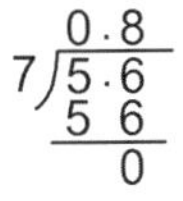

图7-21 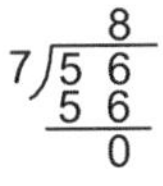　　　图7-22 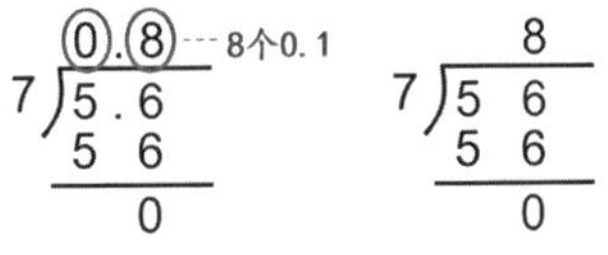　　　图7-23

接着,同时出示两个竖式(图7-23),请学生进行比较。学生在辨析中发现,整数除法最高位不够商1时就看前两位,而小数除法中,如果整数部分不够商1,那么要在商的个位上添0后再除。

通过新旧知识之间的对比,理清"整数部分不够商1"和"哪一位不够商1"的区别,明确算理,从而完善计算法则。

（二）变式练习，凸显本质

教师进一步出示两个计算：0.56÷7、0.056÷7，请学生说一说与算式 5.6÷7 的相同点与不同点。学生发现除数相同，被除数分别缩小到原来的十分之一与百分之一。教师请学生先独立笔算再验算，完成后全班评析。

教师展示学生的正确笔算（图 7-24），请学生思考：如果把商中的 0 分成两类，可以怎样分？又有什么区别？学生观察后指出，一类是个位上的 0，表示整数部分不够商 1，要在个位上写 0；另一类是小数部分的 0，表示哪一位不够商 1，就在那一位上写 0。教师追问：哪一类是原来整数除法法则中就有的，哪一类是小数除法中独有的？学生指出，前一类是小数除法法则中独有的，后一类是整数除法法则中就有的。依据学生的回答，教师对之前总结出的小数除法法则进行补充：整数部分不够商 1，就在个位上写 0。

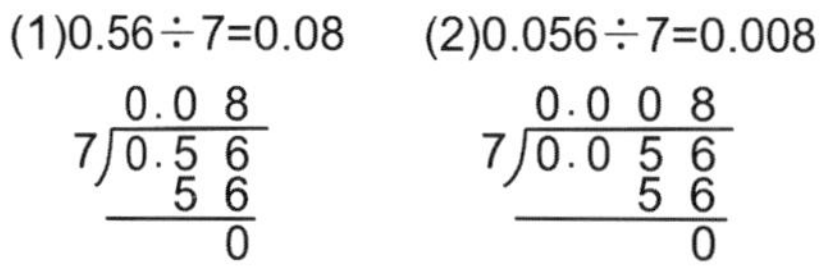

(1) 0.56÷7=0.08　　(2) 0.056÷7=0.008

$$7\overline{\smash)\begin{array}{r}0.0\ 8\\0.5\ 6\\\underline{5\ 6}\\0\end{array}}$$
$$7\overline{\smash)\begin{array}{r}0.0\ 0\ 8\\0.0\ 5\ 6\\\underline{5\ 6}\\0\end{array}}$$

图 7-24

（三）回顾反思，形成法则

教师请学生回顾两个例题与相应的练习，提问：从这些计算题中，你认为小数除以整数的计算法则是怎样的？指名学生回答后，教师板贴展示：按照整数除法的法则去除；商的小数点和被除数的小数点对齐；如果整数部分不够商 1，在商的个位上添 0 后再除。

以上三条计算法则，其中第 1 条与第 2 条是一般性法则，第 3 条则是特殊性法则。教师出示如下除法计算：14.21÷7、0.54÷6、7.83÷9。先请学生判断商是大于 1 还是小于 1，再笔算出结果。

从一般到特殊，是概括除法法则的基本学习路径，在整数除法中也经历了这样的过程。因此，在教学中要充分利用学生原有的学习经验，寻找它们之间的相同点与不同点，逐步完善计算法则。

三、巩固拓展，关注核心素养

本节课的巩固练习与拓展部分安排了计算、解决问题与数字谜，着力于学生运算能力、应用意识与推理意识的培养。

（一）计算练习，形成技能

上述 14.21÷7 和 0.54÷6 两题，由于分步商都没有余数，因此可以直接口算出得数。接着，教师出示如下题组：

（1）27÷3=　　2.7÷3=

（2）69÷3=　　6.9÷3=

（3）69÷23 ＝　　　0.69÷23 ＝

请学生按题组口算，并与整数除法比较，说说小数除法口算时要注意什么。学生思考后指出，要注意小数点的位置。

接着，教师出示如下两个除法算式：43.5÷29、0.636÷23，请学生笔算出商，且第 2 题要求写出乘法验算过程。这两个除法算式中的除数都是二十几，但试商时，第 1 题"五入"看成"30"，第 2 题"四舍"看成"20"，因此在评析时重点说一说试商的方法。

（二）解决问题，丰富关系

本节课的两个例题迁移了整数除法中相应的数量关系，即"路程÷时间＝速度"，整数除法中另外还有商品买卖、长方形面积与倍数关系中的除法数量关系。因此，教师紧接着出示如下三个解决问题：

（1）爸爸打长途电话，通话 12 分钟，花费了 8.4 元，平均每分钟花费多少元？

（2）一块长方形黑板的长是 4 米，面积是 5.04 平方米，它的宽是多少米？

（3）一种商品原价 37.5 元，现价 25 元，原价是现价的多少倍？

请学生读题、审题后先列出数量关系，再列出算式，最后用笔算的方法解决。学生完成后反馈评析，过程中特别重视对数量关系的分析，让学生从类的视角分析每一题的数量关系。

（三）合理填空，凸显特征

最后，依据小数除以整数笔算除法各部分之间的联系，设计了两个数字谜（图 7－25），请学生先独立完成，再反馈评析。其中，左边一题特别评析分步除中各部分的联系；右边一题特别评析被除数的整数部分与商的整数部分为什么都是 0。

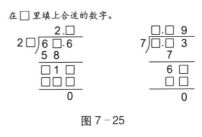

图 7－25

回顾本节课的教学过程，不管是被除数大于除数的小数除法，还是被除数小于除数的小数除法，都是结合小数的意义，利用类比与迁移的策略联系整数除法的计算法则，从而概括出小数除以整数的计算法则。并且，通过不同类型的题组练习，让学生回顾整数除法中常用的数量关系，学会正确计算，并依据笔算除法的法则进行推理。

第三节
"除数是整数的小数除法与解决问题"
教学实践

本节课学习的"除数是整数的小数除法（2）——整数除以整数"实际上是对二下"有余数的除法"单元的再学习。本课我们可以从以下两方面理解：一方面，从计算的角度来讲，就是有余数除法的继续除，当除到被除数的末尾还有余数时，可以在被除数的末尾添 0 后再除，因此对有余数除法计算来说，是旧题新算。另一方面，从解决问题的角度来讲，对照二年级下册有余数除法解决问题，有"进一法"或"去尾法"两类解决问题。原来是商几余几，再根据实际情况用"进一法"或"去尾法"取值；现在要把余数继续除，结果整体用小数表示，再根据实际情况取其近似值。本节课中，对于这一类小数除法解决问题，也可以视为旧题新学。

一、旧题新算，完善计算法则

上一节课中学习的"除数是整数的小数除法（1）"的计算实际上是小数除以整数，还有整数是整数，而这也是一道有余数除法，因此我们可以把它看成有余数除法的再学习。如果把它作为小数除法计算，就一定会出现被除数的末尾添 0 后再除的情况，由此可进一步完善除数是整数的小数除法计算法则。

（一）创设情境，提出问题

教师谈话引入：上节课我们围绕王鹏晨练跑步，学习了除数是整数的小数除法——小数除以整数，今天我们将继续学习除数是整数的小数除法。主人公是王鹏的爷爷，他也在跑步，我们一起来观察王鹏爷爷跑步的信息——王鹏的爷爷计划 16 天慢跑 28 千米。你能提出什么数学问题？学生提出：他平均每天应跑多少千米？教师追问：这一题的数量关系是什么？学生答道：一共跑的千米数÷天数＝每天跑的千米数。教师请学生列式，学生得到 28÷16 后教师提问：这个算式的被除数、除数都是整数，它是一道除数是整数的小数除法吗？为什么？有学生回答

"是",教师顺势追问：小数在哪里呢？学生观察后认为，小数在商中，教师提出一起来计算。

教师和学生一起计算，并板书示范前面的部分(图7-26)：商的整数部分是"1"，余数是12。然后，请学生思考：原来我们怎样表示？现在又可以怎样做？学生指出，原来学有余数的除法时，除到这一步就可以了，今天是除数是整数的小数除法，可以继续往下除。教师请学生自主在作业纸上尝试往下做。

$$
\begin{array}{r}
1 \\
16{\overline{\smash{\big)}\,28}} \\
\underline{16} \\
12
\end{array}
$$

图7-26

（二）自主尝试，反馈评析

学生自主尝试，教师请一名学生板演。完成后，请板演学生解释竖式中每一步的含义，突出对算理的理解。过程中，引导学生围绕以下问题展开讨论：除到被除数的最后一位时为什么可以添0继续除？除得的"7"为什么写在十分位上？"5"为什么写在百分位上？学生解释：除到被除数的最后一位可以添0继续除是应用了小数的性质，把被除数由整数转化成与它大小相等的小数后继续往下除。余数"12"后面添0后表示120个十分之一，除以16，商是7个十分之一，所以"7"在十分位上。同理，80个百分之一除以16，商是5个百分之一，所以"5"在百分位上。

教师巡视发现，有些学生列的竖式如图7-27所示，教师提问：与我们刚才的竖式比较，有什么不同的地方？学生观察发现，这个竖式的被除数后面没有添0。教师引导学生比较：这两个"0"可以不添吗？学生发现可以不添，依据小数的性质，可以知道这两个"0"分别是十分位与百分位上的0。教师指出：刚学时，还是要在被除数的末尾依次添0再除，等熟练以后可以不添。

图7-27

（三）回顾思路，完善算理

教师出示上节课中学习的两个例题(图7-28)，请学生与图7-27进行比较，说一说有什么相同的地方。学生指出，都是除数是整数的小数除法。教师进一步引导学生回顾：通过例1的学习，得到的计算法则有"按照整数除法的计算方法计算""商的小数点要和被除数的小数点对齐"；通过例2的学习，得到的计算法则是"整数部分不够商1，用0占位"。教师进一步追问：那么通过今天的学习，又能总结出什么新的计算法则呢？学生讨论后总结得到：除到被除数的末尾仍有余数，就在被除数末尾添0继续除。

通过上述回顾总结，不仅完善了除数是整数的小数除法计算法则，还为之后学习一个数除以小数打下扎实的基础。

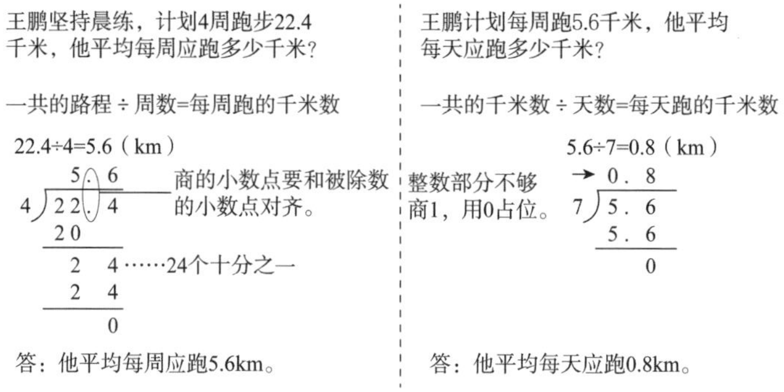

王鹏坚持晨练,计划4周跑步22.4千米,他平均每周应跑多少千米?

一共的路程÷周数=每周跑的千米数

$22.4 \div 4 = 5.6$(km)

$$\begin{array}{r} 5.6 \\ 4\overline{)22.4} \\ \underline{20} \\ 2\ 4 \\ \underline{2\ 4} \\ 0 \end{array}$$

商的小数点要和被除数的小数点对齐。

$2\ 4 \cdots 24$个十分之一

答:他平均每周应跑5.6km。

王鹏计划每周跑5.6千米,他平均每天应跑多少千米?

一共的千米数÷天数=每天跑的千米数

$5.6 \div 7 = 0.8$(km)

整数部分不够商1,用0占位。

$$\begin{array}{r} 0.8 \\ 7\overline{)5.6} \\ \underline{5.6} \\ 0 \end{array}$$

答:他平均每天应跑0.8km。

图 7 - 28

二、旧题重解,完善商的表达

在本单元中,教材将用"进一法"或"去尾法"解决问题编排在最后一个例题中。但是,由于在二年级下册"有余数的除法"单元中学生已有相应的解决问题经验,因此我们采用旧题重做的策略学习这一内容。

(一)出示题组,自主解答

教师出示"有余数的除法"单元中的例 5 和"做一做"中第 2 题第(2)小题的内容。

学生自主解答,教师巡视并出示两种解法(图 7 - 15)。作为有余数除法中的解决问题,此处让学生重新解决,并在后续的评析中进行比较,充分体现数学知识之间的联系。

(二)新旧比较,体会生长

出示图 7 - 15 后,教师进一步引导学生分析左右两题有什么相同点与不同点。学生讨论后总结得出:都是用"进一法"或"去尾法"解决问题,右边的是用有余数除法计算,左边的是用小数除法计算。

教师追问:这两个题目是二年级下册"有余数的除法"单元中的例 5 及其"做一做",两种不同的计算方法,却都在解决同一类问题,对此你有什么想说的? 通过思考与交流,让学生感受到数学知识间的内在联系。

(三)创设情境,学会判断

创设不同的情境,让学生区分"进一法"与"去尾法"的具体应用,学会判断和区分这两类解决问题。教师出示如下问题:

(1)用 22 米长的红丝带包装礼盒,每个礼盒需要红丝带 4 米,这些红丝带能包装多少个礼盒?

(2) 把 22 千克食用油分装到瓶子里,每个瓶子能装 4 千克,需要多少个瓶子?

(3) 有两瓶食用油,大瓶里的油重 22 千克,小瓶里的油重 4 千克,大瓶里的油是小瓶里的多少倍?

请学生依据题意列出算式但不解答,学生完成后发现算式都是相同的,且在前面的练习中已经出现过。教师板书:22÷4=5.5。请学生依据题意分别为商添加单位,并说出答案。第(1)题、第(2)题学生分别用"去尾法"和"进一法"得到答案,第(3)题则是直接解答。

判断是用"进一法""去尾法"还是直接解答,是培养学生联系实际选择合适方法的重要途径。通过对情境中关键词的理解,区分"进一法""去尾法"等不同情况。在此过程中,也要注意与直接解答的题目进行比较,避免形成思维定势。

三、回顾梳理,形成知识结构

本节课以"旧题新做"为基本设计思路,因此在练习巩固阶段也顺应这样的思路,让学生在计算中发现规律,在解决问题中体会差异,在数字谜中渗透新知,重视数学知识结构的构建。

(一) 题组计算,引发思考

教师出示如下题组:

(1) 5÷2=   2÷5=   (2) 25÷10=   10÷25=

请学生比较每组中的两题有什么特点。学生发现,每组中的被除数与除数交换了位置,前一题被除数大于除数,商大于 1;后一题被除数小于除数,商小于 1。教师请学生口算或笔算出结果,然后把同一组中的两个商相乘,说一说有什么发现。

学生按要求完成后校对反馈,发现两题的商相乘后等于 1。依据这一个发现,让学生总结规律。学生提炼得到:交换被除数与除数位置的两个除法算式,它们的商相乘等于 1。诚然,这是通过两个例子得到的,还只是一个假设。

(二) 依据信息,多角度提问

利用相同的情境与信息提出不同的数学问题,可以提升学生的数学审题能力。教师出示如下信息:

一堆 22 吨的黄沙,用一辆载重 4 吨的卡车去运。

请学生分别提出用有余数除法、"进一法"和"去尾法"解决的问题。学生口答,教师板书问题:(1) 可以装满几车? 还余下几吨? (2) 可以装满几车?

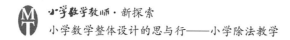
（3）全部运完,至少需要多少辆卡车? 教师请学生圈出表示数量关系的关键词,然后把这 3 个问题齐声读一遍,并重读关键词。

（三）合理填数,凸显算理

最后,请学生填写数字谜。教师出示如图 7－29 所示的问题,请学生先审题,填出可以直接填写的方格,再依据前后联系填写其他方格。通过填出可以直接填写的 0,体会被除数末尾添 0 再除的特征。最后请学生整体观察,说一说填完整个数字谜后有什么发现。学生观察后发现,除不尽时,可以不断添 0 继续除,且可以无限地除下去,为后面循环小数的学习埋下伏笔。

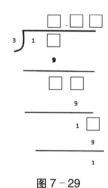

图 7－29

在计算教学中,根据同样的数学信息,在不同的学习背景下,会提出不同的数学问题,且这些问题是相互联系、不断完善的。因此在教学中,我们需要从整体的视角瞻前顾后,沟通联系,让学生在旧题新做的过程中体会数学的生长。

第四节
"除数是小数的小数除法与解决问题"
教学实践

我们把课题改为"除数是小数的小数除法",可以更好地体现与之前学习的"除数是整数的小数除法"之间的联系。在具体教学中,尽量让学生结合具体情境,通过独立思考、小组交流、反馈评析等形式,让学生自觉利用转化思想,把除数是小数的小数除法转化成除数是整数的小数除法,再进行计算。依据上述思路,我们思考:在教学中可以创设怎样的问题情境?经历怎样的学习过程,能让学生逐步概括与完善除数是小数的小数除法计算法则?对此,我们进行了教学实践。

一、解决问题,总结基本方法

除数是小数的小数除法计算法则的总结,经历了基本计算法则的总结与计算法则的完善两个阶段。本环节主要结合具体情境,经历基本计算法则的总结。

(一)创设情境,提示课题

教师出示信息:

国庆节到了,小明和奶奶准备用红丝绳编"中国结",每个"中国结"要用0.85 m丝绳,共有7.65 m丝绳。

请学生依据信息提出问题,并列出相应的算式,说一说算式的意思。学生列出算式 7.65÷0.85,说明是在求 7.65 里有几个 0.85。教师请学生观察这个除法算式,说一说它与我们之前学习的小数除法有什么不一样的地方。同时,出示前面两节课中的三个例题(图 7-30),请学生概括出课题——除数是小数的小数除法。

教师进一步请学生思考:我们已经会算除数是整数的除法,现在要算除数是小数的除法,可以怎么做?

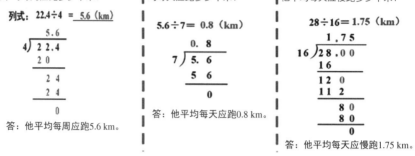

王鹏坚持晨练,计划4周跑步22.4 km,他平均每周应跑多少千米?

列式:22.4÷4 = 5.6 (km)

答:他平均每周应跑5.6 km。

2. 王鹏计划每周跑5.6 km,他平均每天应跑多少千米?

5.6÷7= 0.8 (km)

答:他平均每天应跑0.8 km。

3. 王鹏的爷爷计划16天慢跑28 km,他平均每天应慢跑多少千米?

28÷16=1.75 (km)

答:他平均每天应慢跑1.75 km。

图 7-30

(二)分层尝试,交流评析

教师提出分层尝试要求:先独立思考可以怎样计算,再四人小组交流,最后小组分工完成。

学生有三种方法。教师先出示如图 7-31 所示的两种方法,请学生说一说这两种方法有什么相同的地方与不同的地方。学生发现,都是先把小数转化成整数,然后按整数除法笔算;不同的地方是左边运用了商不变的性质,右边是进行了单位换算。

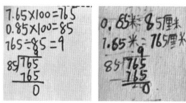

图 7-31

接着,出示笔算方法的两种形式(图 7-32),请学生说一说商"9"写在哪里合适。学生发现,不论哪一种都不符合题意:第1种写在个位上,但是已经乘到了百分位;而第2种写在百分位上,表示9个0.01,也不符合题意。学生从图 7-31 中得到启发,先把被除数与除数同时乘100,转化成整数后再除。依据学生的回答,教师在图 7-32 第2种方法的基础上划去小数点,并移动小数点的位置,得到如图7-33 所示的过程,再让学生观察此时的9表示什么意思,学生发现此时的9表示9个一。

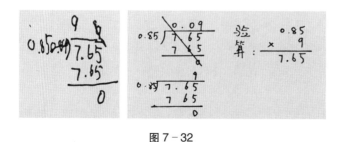

图 7-32

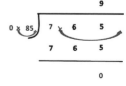

图 7-33

（三）比较分析,总结法则

教师请学生用图 7－33 中的笔算方法重新计算,完成后说一说是怎样计算的。学生指出,把小数除法转化成整数除法后再计算。诚然,依据例题概括出的除数是小数的小数除法计算法则是不准确的。因为所给例子是两位小数除以两位小数,所以先转化除数还是先转化被除数其实都是一样的。

但是,有了除数是小数的小数除法的基本计算方法,即利用商不变的性质把未知计算方法的算式转化成已知计算方法的算式,为后续进一步概括除数是小数的小数除法计算法则做准备。

二、变式巩固,完善计算法则

通过小数除法变式,让学生概括出除数是小数的小数除法计算法则,并通过题组练习形成计算技能。

（一）改变数位,细化法则

在让学生重新用笔算的方法计算 7.65÷0.85 的同时,请学生计算 0.544÷0.16。校对完例题的笔算后,再展示学生独立计算 0.544÷0.16 的三种不同方法(图 7－34),并请学生利用商不变的性质进行评析。

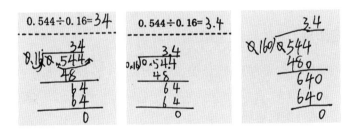

图 7－34

教师请学生观察,说一说哪一种是不正确的。学生观察后发现,第 1 种不正确,因为被除数与除数直接去掉小数点转化成整数,被除数乘 1 000,除数乘 100,商变大了。接着,比较第 2 种与第 3 种,说一说它们又有什么不同的地方。学生指出,第 2 种的被除数与除数同时乘 100,第 3 种的被除数与除数同时乘 1 000。发现不同点后,教师继续引导学生比较哪一种方法更简捷。学生发现第 2 种方法更简捷,除数是两位数,而第 3 种除数是三位数。

教师引导学生依据第 2 种的方法修正运算法则:先移动除数的小数点,使其转化成整数;再把被除数的小数点向右移动相同的位数;最后按照除数是整数的小数除法计算。教师进一步将以上三条法则概括为"一去""二移""三除"。

（二）再次变式，完善法则

教师再次出示 12.6÷0.28，请学生独立计算后反馈评析，说一说这一题又有什么不一样的地方。学生通过观察发现，被除数的小数位数比除数的小数位数少，所以"二移"时被除数小数位数不够需添 0（图 7－35），从而进一步完善"二移"的法则。

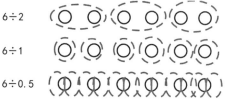

图 7－35

通过两道变式题的计算，教师引导学生总结并完善了除数是小数的小数除法计算法则，再一次体现了计算法则由一般到特殊的总结过程。

（三）题组计算，发现规律

在总结、完善了除法的计算法则后，教师出示如下题组：

（1）13.5÷3　（2）13.5÷0.3　（3）13.5÷0.03

学生独立完成后，教师引导学生观察这三道计算题之间的关系。学生发现，被除数不变，除数变小，商在不断变大。进一步观察商与被除数的大小关系，学生发现当除数大于 1 时，商比被除数小；当除数小于 1 时，商比被除数大。

在原有的整数除法中，商往往小于被除数，而这里却出现商大于被除数的情况，从而丰富了除法的意义。

三、巩固拓展，增强应用意识

本节课的巩固与拓展部分结合图示验证，进一步探究商与被除数的大小关系。

（一）观察反思，发现规律

教师出示如下除法算式：

（1）6÷1.5　（2）6÷1　（3）6÷0.5

顺应前一组小数除法计算题，请学生先判断商与被除数的大小关系，再结合图示画出商（图 7－36），直观检验为什么会有相应的大小关系。

6÷2

6÷1

6÷0.5

图 7－36

根据"总数÷每份数＝份数"的数量关系进行画图验证，可以直观地发现为什么第（3）题的商会大于被除数：因为每份数不到 1，所以份数会大于总数。

（二）解决问题，灵活解答

本单元用"进一法"与"去尾法"解决问题实际安排在"除数是小数的小数除法"学习之后，并在整体设计的背景下，结合例 2，以旧题新做的形式将其渗透在

"整数除以整数,商是小数"的学习中。对于教材中关于这一内容的例题,我们则把它置于本节课的练习巩固中,并把两种情况整合在一个例题中。

教师出示如下问题:

妈妈要将 2.5 kg 香油分装在一些玻璃瓶里,每个瓶子最多可装 0.4 kg,需要准备几个瓶子?

先让学生独立完成,然后反馈评析。完成后,展示学生做法:2.5÷0.4＝6.25(个),6+1＝7(个)。由于有上节课的学习经验,学生能够解释并说明为什么要采用"进一法",即瓶子没有"小半个"的,所以"0.25 个"瓶子也要看作 1 个瓶子。

教师进一步追问:如果把这题改为用"去尾法"解决的问题,可以提出什么问题?学生思考后指出,问题应改为"最多可以装满几瓶"。此时,因为"0.25 瓶"不到 1 瓶,所以要舍去。

最后,教师在"最多可以装满几瓶"的基础上增加一个问题:还余下多少千克?有学生脱口而出是"0.25 千克",结合数量关系后发现回答错误,让学生再一次观察竖式,发现商 6 后,余下的"1"表示的是"0.1 千克",所以是余下 0.1 千克,并用"商×除数+余数＝被除数"的关系进行验证。

再次经历一组信息、多个问题的解决过程,让学生进一步体会审题的重要性。像上节课一样,请学生在问题中圈出表示意义的关键词,并以把关键词重读的形式齐读题目。

(三) 合理填空,凸显特征

数字谜是理解笔算分步运算中各部分数之间关系的很好的学习材料。教师出示如下两个数字谜(图 7-37),请学生依据前几节课中填写数字谜的学习经验独立完成,然后反馈评析,特别说明填写的顺序。最后,请学生说一说这两个除法算式有什么共同点。学生除了指出都是除数是小数的小数除法外,还发现这两个除法算式还可以往下除,因为最后一次分步除后还有余数。

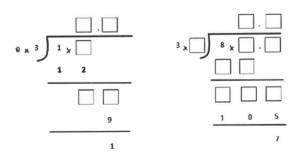

图 7-37

　　本节课的教学给我们如下启示：小学数学知识是具有结构性的，同一结构下的多个知识点往往是以某一种或几种思想方法把它们联系起来的。因此，在教学中，需要教师分析前后知识之间的联系，在适当回顾旧知的基础上提供合适的学习材料，让学生利用迁移、类比或转化等思想方法，借助原有的学习经验解决新情境下的问题，从而学习新知。

第五节
"商的表达与解决问题"教学实践

本节课的课题叫"商的表达",是把"商的近似数"与"循环小数"这两节课进行了整合,因为这两节课都是在教学当商的小数位数过多甚至无限时,如何进行商的表达。从整体上看,"商的近似数"是联系实际简化商的表达,"循环小数"是依据笔算除法中余数与商的小数部分的变化规律优化商的表达。

一、解决问题,学习"商的近似数"

教材例6设计了"爸爸给王鹏买羽毛球"的情境,并直接提问"每个羽毛球大约多少钱",然后让学生进行解答。为了使学生更明确地感受取商的近似数的必要性,增强数学的应用意识,我们把问题隐去(图7-38),由学生来提问,让学生在列式解答的过程中发现商除不尽,产生矛盾,从而联系生活实际处理商,简化商的表达。

爸爸给王鹏买了一筒羽毛球,这筒羽毛球19.4元。

图7-38

(一)提出问题,自主尝试

教师出示主题图后,请学生提问。由于学生在本节课之前所遇到的除法计算中,结果都是除得尽的,因此在学生尚未经过计算而不知道结果前,一般都会提问

"每个羽毛球多少钱"。并且,此题的数量关系很明确:总价÷数量＝单价,所以放手让学生列出算式后,自主尝试计算解答。

（二）联系实际,交流评析

经过计算,学生就会发现商除不尽。大部分学生都能正确计算并除到商是三位甚至更多位小数,但不知道该如何来表达商,也没有意识到该取近似值来解决问题。此时,可以提醒学生在问题中添上"大约"两个字,并让学生思考该如何处理商。反馈过程中,会出现以下几种情况。

情况一:现实生活中的商品价格一般保留两位小数,精确到"分",要除到千分位才能取近似值。

情况二:计算价钱,也可以保留一位小数,精确到"角",要除到百分位;

情况三:也可以保留整数,精确到"元",要除到十分位。

在记录结果时,要提醒学生横式中用"≈"表示取近似值。教学过程中,有学生提出将商保留一位小数,因为 1.61666…百分位上是 1,省去方便;也有学生提出将商保留三位小数,因为循环部分是从千分位上的 6 开始的。这样的处理偏离生活实际,应再次提醒学生要结合商品的价格来取近似值。

（三）回顾反思,总结方法

从回顾上述取近似值的过程中可以知道,在商除不尽时(此时还未出现商是位数较多的有限小数,后续会在习题中补充),要根据需要取相应的近似值,以此归纳出求商的近似数的方法:求商的近似数时,先计算到比保留的小数位数多一位的数位,再将最后一位"四舍五入"。

此处取商的近似数本质上就是求小数的近似数,对此,学生在四年级下册"小数的意义和性质"单元中已经有了相关的学习经验。

二、重新思考,学习"循环小数"

在例 6 的学习中,不仅可以根据情境"四舍五入",还为学习循环小数提供了较好的素材——循环节只有一位的混循环小数,而循环节只有一位或多位的纯循环小数将会在教学过程中作为补充材料以丰富学生的认知。因此,本节课不再单独出示例 7 的情境,而是延续例 6 的学习,作为对循环小数的认识。

（一）重新思考,发现规律

再次请学生观察例 6 的竖式(图 7 - 12),思考继续往下除会出现什么情况。学生发现商里的 6 重复出现。教师进一步让学生思考:为什么会从千分位开始重复出现 6?经过仔细观察,学生发现是因为百分位上的余数 8 重复出现。

然而,小数部分不断重复出现 6 是偶然现象吗?显然不是,这就需要教师提供更多循环小数,以作为学生认识新概念的支撑。

（二）丰富例子,总结规律

教师先出示两个除法算式(图 7 - 39),请学生观察,说一说有什么发现。学生能发现商的特点:第 1 题从百分位开始,数字"3"不断重复出现;第 2 题从百分位开始,数字"72"不断重复出现。产生这种现象的原因分别是:第 1 题余数 1 重复出现,每次添 0 后除以 3,总是商 3;第 2 题余数 8、3 依次重复出现,每次添 0 后除以 11,总是商 7、2。学生描述时,教师规范学生的表达,尤其是要说清商从"某一位"起,这是循环小数概念中的关键词,让学生在此时就初步感知。另外,学生还发现相同余数出现后,是"添 0"继续除才导致商里相同数字的重复出现(这一点将会在练习最后一题中有所体现)。

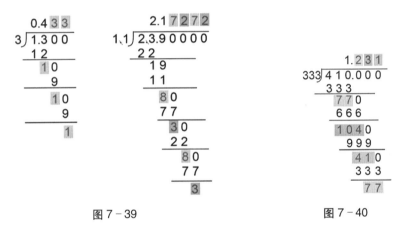

图 7 - 39　　　　　　　　　图 7 - 40

接着出示第 3 个竖式(图 7 - 40),请学生思考:如果继续除下去,会怎样?学生根据竖式中最后的余数和个位上的余数 77 相同,可推得商的下一位是 2;并继续推导出下一个余数一定是 104,从而知道下一位商一定是 3……依据这样的规律,商的小数部分一定会不断重复出现"231"这组数字。

以上所有步骤都结合了不同颜色的方块帮助学生理解,一种颜色的余数对应相应的商。由此,学生可直观地理解循环小数产生的原因:由于相同余数的重复出现,才导致商的相同数字重复出现。

到目前为止,学生已接触了多个循环小数,此时可由教师直接出示教材上对循环小数的描述:一个数的小数部分,从某一位起,一个数字或者几个数字依次不断重复出现,这样的小数叫做循环小数。强调"从某一位起",并不一定要从十分位开始,也可以从百分位、千分位……开始出现重复数字;也要强调"一个数字或者几个数字",让学生结合前面几个算式,发现重复出现的数字可以是一个、两个、三个,甚至更多。

在理解了循环节的概念后,请学生圈画每个循环小数的循环节,并结合 410÷ 333 的商,强调循环节出现在循环小数的小数部分,与整数部分无关。

(三)简化表达,形成规则

此时,循环小数的写法呼之欲出。在循环小数的一般表示方法中,循环节至少出现两次,并要点上"…";而循环小数的简便写法中只需写一个循环节,并在这个循环节的首位和末尾数字上各记一个圆点即可。在介绍简便写法时,可以与一般写法

$= 1.6166\cdots$

$= 1.61\dot{6}$

图 7 - 41

进行比较(图 7 - 41),将一般写法中多余部分用删除符号删去,感受简便写法的简洁。

教学循环小数的简便写法时,教师没有在横式与商之间写符号,目的是要让学生辨析应该用"≈"还是用"="。学生联系之前学过的取商的近似值时,要舍去某一数位后的所有数字,所以用"≈";而循环小数表示所有数位都在,所以应该用"="。由于学生是第一次学习循环小数,因此在教学完循环小数的简便写法后,要教学其读法。

在点循环节上的圆点时,会遇到有 3 位及以上的循环节,有学生会在每一个数字上都点上圆点,这是正常且正确的表示,但不是最简洁的表示方式,可以让学生对比两种表示,并想象如果循环节很长时,在每个数字上都点上圆点会很麻烦,所以只要在首位与末位数字上方各点一个圆点即可,这样更简洁。

此处安排了练习来帮助学生及时巩固循环小数的概念及其简便写法。之前遇到的循环小数都是由两数相除得到的,下面直接出示循环小数,让学生感受循环小数的丰富性。

判断下列小数是不是循环小数,是循环小数的用简便方法表示。

4.33…   15.723 723…   3.777 77   1.299…   7.171 71…

出错比较多的有两个。其中,3.777 77 虽然"7"重复了五次,但后面没有"…",故不满足循环小数的构成要素,学生很容易被迷惑。7.171 71…有学生会只看末两位或者认为循环节一定要完整地出现两次,甚至有学生会把整数部分算进去,认为循环节是 71,故在评析时要从循环小数的定义出发——该数是从十分位起,重复出现"17",且与整数部分无关,所以循环节应该是 17。这个练习注重运用概念进行判断推理,并不满足于学生简单地回答是或不是。通过练习巩固,能加深学生认识并内化循环小数这一概念,从感性认识上升到理性认识。

既然循环小数有简便写法,那么竖式是否也可以简化呢?商是循环小数的竖

式列到什么时候就可以停? 带着这样的疑问观察竖式,学生发现有一个余数重复出现时就可以停止。教师顺势在课件中将多余的步骤淡化,由此实现算法的优化。以图 7-42 中的竖式为例,借助色块找到十分位的余数8,后一位即百分位便是商中循环节的起始数字。虽然多除几位也没有错,但数学有简洁之美,在掌握了确定循环节的方法后,可以使竖式更简洁。在列竖式时,强调商如果是循环小数,不需要在后面写"…",也不需要在循环节上点上小圆点。

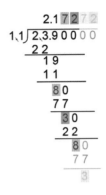

图 7-42

三、依据题意,使商的表达合理化

练习部分主要有:(1) 解决问题,包括商出现有限小数和无限循环小数,但都要根据实际情况取近似值;(2) 根据要求将循环小数取近似值,将本节课中的两个重点内容融合在一起,使学生体会数学知识之间的联系;(3) 注重学生推理能力的数字谜,根据循环小数重复出现数字的本质确定循环节。

(一) 一题多答,体会不同

教师出示如下解决问题:

超市里一扎可乐有6瓶,平时售价是 12.75 元,促销时 10 元一扎。(结果都保留两位小数)

(1) 平时每瓶大约多少元?

(2) 促销时每瓶大约多少元?

学生独立完成后交流评析。

第(1)题是对商在什么情况下需要取近似值的补充,让学生知道不只是在商是循环小数的时候要取近似值,在小数位数过多或实际情况不需要这么多小数位数时也要保留相应的位数。此题的商是一个三位小数 2.125,要求保留两位小数,可直接对千分位上的数字进行"四舍五入"。第(2)题的商是一个循环小数,答题时格式要规范,列出算式后,先写准确值 1.6̇,再取近似值;取近似值时需要学生在头脑中将循环小数展开再"四舍五入"。当然,后续当学生对计算和取近似值更熟练时,可以省略写准确值这一步,直接写近似值。

(二) 专项练习,融合对比

出示之前练习中的循环小数及其按要求取的近似值(图 7-43),将循环小数与近似数融合在一起。取得近似数后,请学生观察并

4.3̇
保留一位小数
(4.3)

15.72̇3̇
保留三位小数
(15.724)

1.2̇9̇
保留两位小数
(1.30)

7.1̇7̇
保留三位小数
(1.172)

图 7-43

思考以下两个问题。

问题一：为什么 $4.\dot{3}$ 与近似值 4.3 长得这么像？因为 $4.\dot{3}$ 展开后百分位正好是 3，可以直接舍去。

问题二：其他三个循环小数在取近似值时为什么容易出错？因为这些循环小数展开后要"四舍五入"，由此让学生感受有时简化形式不一定是最好的，还原成一般表示方法再取近似值比较好。

（三）合理推理，凸显特征

最后出示数字谜（图 7-44）：不计算，只通过观察竖式来确定商的循环节。这道数字谜主要是为了体现算理，要求学生结合余数与商的小数部分的变化规律推理并判断商的循环节。

此题有两个难点。难点一：余数 1 出现了 3 次，但第一次的余数 1 是与被除数的小数部分组合在一起再去除以除数（11）并商 1；第二个和第三个余数 1 是后面添 0，不够商 1 先商 0，再添 0 成 100 后除以除数（11），并商 9。难点二：第二个余数 1 添 0 成 10 后是不够除的，学生容易遗漏商中间的 0。当然，此题也允许有困难的学生直接填空，或也可在观察并确定循环节后让学生填完整以进行验证。

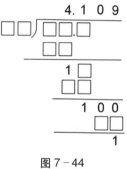

图 7-44

本节课给我们如下启示：把两节或几节课的内容整合成一节课进行教学，并不是简单的"1+1=2"，而是要实现"1+1>2"。而这比"2"大的部分，就是让学生在学习的过程中，不仅学到了数学知识，更体会到数学知识之间的联系。因此，本节课的内容不只限于对商的近似数和循环小数这两节课的简单拼凑，更是两者之间有结构地融合，共同构建得到"商的表达"。

第六节

"含有小数除法的四则混合运算与
解决问题"教学实践

这是基于整体设计的需要而补充的一个学习内容,即在学习了小数除法计算法则后,学习含有小数除法的四则混合运算与解决问题。很显然,整数乘法中四则混合运算的运算顺序、简便计算方法以及数量关系,在本节课中均可以应用。因此,在本节课的学习中,教师提供学习材料,让学生将原有学习经验迁移至新的学习情境中,体会数学知识间的内在联系。

一、审题后计算,培养计算能力

含有小数乘法的四则混合运算的运算顺序与整数四则混合运算的运算顺序相同,且整数除法中除法的性质与商不变的性质在小数除法中同样成立,可用作相应的简便计算的依据。本环节结合具体例子,让学生逐步体会以上认识。

(一) 解决问题,感受联系

教师课件出示题目:

有 90 千克食用油,每瓶 2.5 千克。把这些油每 4 瓶装一箱,可以装多少箱?

请学生独立完成。学生在解决问题的过程中出现以下两种算式:第一种,90÷2.5÷4＝9(箱);第二种,90÷(2.5×4)＝9(箱)。分别请学生解释每一种做法背后的含义,即:先算一共有几瓶,或先算一箱有多少千克。然后,引导学生发现这两个算式结果相等,可以用等号把它们连接起来。通过观察这个等式,唤起学生对四年级所学习的整数简便运算中除法的性质的记忆,结合解决实际问题,感受整数除法中除法的性质在小数除法中同样适用。

学生在学习小数乘法时,已经有了整数乘法中的简便运算定律在小数乘法中同样适用的经验。本环节从学生已有的学习经验出发,结合具体情境,加深学生对此的印象。

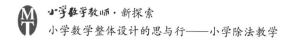
（二）审题反馈，养成习惯

接着，教师课件出示六道四则混合运算（图7-45），请学生挑选出可以进行简便计算的题目；剩下不能简算的题目，请学生依次说一说运算顺序。

① $5.9 \div 0.125 \div 8$ 　　　　② $2.05 \div 0.82 \times 0.7$

③ $6.96 + 0.96 \div 0.3$ 　　　　④ $70.4 \div (70.4 \times 0.25)$

⑤ $3.6 \div [(1 + 0.2) \times 5]$ 　　　　⑥ $3.2 \div 4 + 0.3 \times 0.3$

图 7-45

在教学实践中，发现学生容易明确第①题是可以简算的，但第④题学生容易忽略。由此可见，运算定律的逆向运用是学生学习的难点。

（三）选择计算，提升能力

在出示的六道计算题中，选择第④题和第⑤题让学生进行计算。实际教学中，第⑤题的正确率较高，而第④题学生主要出现了两种错误（图7-46）。

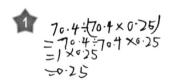
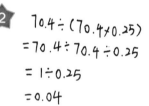

图 7-46

第一种错因是除法的性质的逆运用不清晰，出现此类错误的学生比较少，只要结合具体实例或公式作逆向思考即可。第二种是在"$1 \div 0.25$"这步计算上出错。引导学生认识到此时除了可以用笔算，还可以利用商不变的性质进行简便计算：$1 \div 0.25 = (1 \times 4) \div (0.25 \times 4) = 4 \div 1 = 4$，也为后续遇到一步计算时可快速算出结果做好铺垫。

随着数系的拓展，四则混合运算中的数据也随之发生了变化，但不变的是其中的运算规则与运算定律、运算性质等。为了体现数学知识的严谨性，当运算定律与运算性质推广到新的数系时，需要创设情境，结合具体例子，让学生经历这样的推广过程。

二、分析后解答，增强模型意识

小数除法的解决问题并没有出现新的数量关系，主要是利用原有数量关系列式解答。但是,由于出现了小数,使得计算结果有了新的变化,信息的具体意义也将变得陌生,因此更需要概括出信息的意义,并依据抽象的意义列出数量关系以帮助思考。

(一)连除解答,体会差异

课件出示题组:

(1)妈妈用 90 元买了巧克力,巧克力每千克 7.5 元,妈妈把巧克力分袋装好,每袋装 1.2 千克,可以装多少袋?

(2)王爷爷用 90 元买了土豆,土豆每千克 0.9 元,王爷爷把买来的土豆分袋装好,每袋装 0.5 千克,可以装多少袋?

请学生列式解答,并提问:可以用什么方法来检验解答得对不对?

学生完成后校对评析,具体有分步解答与连除解答两种形式。教师先评析分步解答的过程,让学生想一想每一步的含义;再评析连除解答,说一说与分步解答的关系。对于如何检验计算是否正确,学生出现两种方法。以第(1)题为例:第一种是用 $90 \div (7.5 \times 1.2)$ 再计算一遍;第二种是用乘法进行检验,即计算 $10 \times 1.2 \times 7.5$,并让学生体会到除法是乘法的逆运算。

检验校对完毕后,教师适合追问:观察这两题的除法算式,你有什么发现?

生:被除数都是 90,都是用连除解决问题。

生:我发现他们都是先算买了多少千克的东西,再算可以装多少袋。

在学生表明这两题解决问题的思路一样时,教师及时追问:"买了多少千克"是利用什么数量关系来解决的?"装了多少袋"又是利用什么数量关系解决的呢?引导学生回顾单价、数量、总价之间的关系以及份数、每份数、总数之间的数量关系,并构建得到数量关系模型图(图 7-47)。

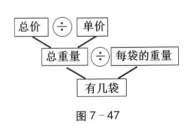

图 7-47

重点引导学生思考:第(1)题和第(2)题都是除法计算,有什么不一样的地方?学生发现第(1)题是越除越小,第(2)题是越除越大。此时追问:这是为什么呢?什么时候会越除越大呢?

生:因为第(2)题中,土豆的价格变低了,每袋的重量也变轻了。

生:当除数小于 1 的时候,会越除越大。

在整数除法的学习经验中,除法一般是越除越小的。本环节结合具体情境,让学生体会到当除数小于 1 的时候,存在越除越大的情况。同时结合检验,回顾了小数乘法中越乘越大和越乘越小的情况。

（二）"归一""归总"，体会特征

教师课件出示"归一""归总"题组：

（1）一辆汽车 3 小时行驶 194.4 千米。照这样的速度，行驶 324 千米需要多少小时？

（2）一辆汽车从甲地开往乙地，每小时行驶 60 千米，5.4 小时到达。返程时只用了 5 小时，返程时每小时行驶多少千米？

请学生列式解答。在反馈学生作业情况时，着重让学生说一说解题思路，形成如图 7-48 所示的思路图，让学生明确是根据什么数量关系来进行列式的。

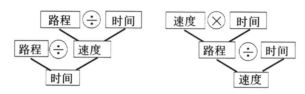

图 7-48

（三）一般复合问题，体会思路

教师课件出示三步计算解决问题：

周报每份 1.5 元，晚报每份 0.5 元。田爷爷的报摊昨天卖掉周报和晚报共收入 111 元，其中周报卖出 40 份，晚报卖出多少份？

请学生独立思考并解决问题，完成后指名学生说思路。教师依据学生的回答板书思路图（图 7-49），从而让学生体会到三步计算解决问题的模型是两步计算解决问题模型的组合。

以上三个环节，回顾了四年级所学习的数量关系，让学生体会到小数除法中的解决问题可以用原来的数量关系解决。并且，每个题目都呈现与之相对应的数量关系模型图，以提高学生分析问题的能力。

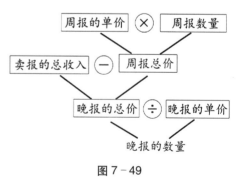

图 7-49

三、观察后梳理，形成单元结构

本节课是围绕小数除法展开的四则混合运算与解决问题的学习，从四则混合运算、利用除法的性质简便计算，以及相应的解决问题等方面展开。在练习巩固阶

段,结合具体练习,帮助学生形成小数除法单元认知结构。

（一）分析计算,学会审题

教师课件依次出示两组计算题(图7-50),分别是一步计算以及多步计算。首先引导学生观察一步计算:请仔细审题,哪些题目你可以口算出结果?请把题目和结果说出来。接着,观察多步计算:找一找,哪些题目可以简便计算?

0.54÷0.6=	20.6−9.03÷0.86=
1.2÷0.25=	5.44÷0.5÷0.2=
0.51÷2.2=	7.5÷5×（4.8+3.2）=
1.89÷0.54=	7.2÷1.6+0.8=
4.2÷0.2=	1.08÷（1.08×0.5）=

图7-50

在两轮观察的过程中,形成如图7-51所示的思考路径。过程中,让学生养成审题的习惯,通过审题,筛选出能快速算出结果的题目。这样既能提高计算效率,还能提高计算的正确率。完成审题后,不要求学生计算。

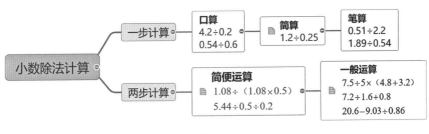

图7-51

（二）总结回顾,完善结构

除法的本质是平均分,平均分包含了两种含义,分别是"等分除"和"包含除"。围绕除法的两种含义,教师出示如下练习题:

（1）小林家这周出售草皮共收入455元,每平方米草皮售价6.5元。小林家这周售出了多少平方米草皮?

（2）一列火车从甲地到乙地共行驶306 km,用了1.2小时。平均每小时行驶多少千米?

（3）一只鸵鸟重134.9 kg,一只天鹅重9.5 kg。这只鸵鸟的体重是这只天鹅的多少倍?

（4）求下面长方形的宽。

16 m

面积是 245.6 m²

引导学生观察发现,第（1）题和第（2）题是平均分中常见的解决问题,第（3）题是倍数问题,第（4）题则是常见的面积模型。

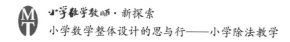

本环节结合练习,帮助学生梳理用除法解决问题中的不同问题类型(图7-52)。

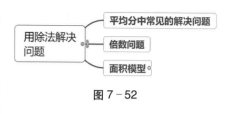

图7-52

(三)根据算式,提出问题

本环节请学生根据"68.4÷7.2"这个算式,按照上述四种问题类型分别编一道解决问题,让学生进一步体会到小数除法解决问题是整数除法解决问题的延伸。这个任务由同桌分工完成,各自口头编出其中的两个问题,相互说一说,然后指名一组同学向全班反馈。

回顾这节课的学习过程,本节课既是一节新授课,也是一节复习课。说是新授课,是因为其中的四则混合运算与解决问题中都有新学习的小数除法;说是复习课,是因为原有的运算顺序与运算性质均在新的运算与解决问题中成立。对于这样的学习内容,教师要认真梳理与本单元内容有联系的相关旧知,并将其融入本单元的新知中,让学生在迁移类比的过程中获得新的学习经验。

第七节
"用计算器探索规律"教学实践

"用计算器探索规律"在"小数除法"单元中是一节相对独立的课,通过对单元内容的重新组合,我们将本节课的学习纳入小数除法"商的表达"中,从利用计算器探索小数除法题组计算中商的变化规律和小数乘法中积的变化规律两方面展开。在探究过程中,不仅要结合具体例子,让学生认识除法题组中商的表达规律,还要学会用递推策略直接写出算式结果,并知道用计算器探索规律时的优缺点。

一、利用计算器探索商的变化规律

学生能利用计算器解决复杂的除法计算,从中体会使用计算器的便捷性,并将计算器显示的结果转化成循环小数,通过循环节寻找商的变化规律。

(一) 计算结果,规范表达

教师出示如下三道除法题,并提出问题:请你用计算器计算这三道除法算式,并在练习纸上写出计算结果。

$4÷11 =$ $5÷11 =$ $6÷11 =$

学生自主尝试计算,教师请两位学生板演。学生用计算器计算出结果,在记录结果时会出现如下两种情况:一种是通过计算器的计算结果发现商是循环小数,并将商写成循环小数的简便形式;另一种是利用计算器计算,将计算器显示的结果直接照抄。

依据学生书写的结果,教师提出问题:如何通过计算器显示的结果发现商是循环小数?学生指出,"4÷11"中商的小数部分"36"不断重复出现,因此可以判断商为循环小数。

依据学生的回答,教师圈出直接记录时末位上的数字"4",并提出问题:为什么计算器显示的最后一个数字是"4"?学生回答:因为最后一位进行了"四舍五入"。通过同样的方式,让学生说一说"5÷11"和"6÷11"的循环节以及商的最后一位是如何变化而来的。这三道除法题在探究计算器显示中商的最后一位时,包含

271

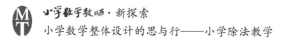
了"四舍"和"五入"两种情况,比较全面。

通过比较和反复练习,让学生感受到计算器显示屏幕大小有限,所以计算器显示的结果是商的近似数,而实际上的计算结果是循环小数。因此在商的表达上,计算器显示的结果不能用"="来表示,应该用"≈"来表示(图7-53)。

4÷11= 0.36
≈ 0.3636363<u>64</u>
          36

5÷11= 0.45
≈ 0.4545454<u>55</u>
          45

6÷11= 0.54
≈ 0.5454545<u>45</u>
          54

图7-53

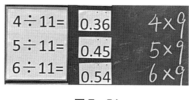

图7-54

(二)观察结果,进行猜想

在规范表达商的书写后,继续探究"一个数除以11的商"的规律。教师出示刚才用计算器计算的三道除法题及其用循环小数表示的商,提出问题:仔细观察算式,你能发现什么规律?

将商并列排放展示后,找规律的难度会下降,学生都能说出自己的一些发现。教师引导学生从商的循环节中去找变化规律,最终概括出商的规律:被除数乘9就是这个商的循环节(图7-54)。

(三)验证猜想,推理论证

概括出"一个数除以11的商"的变化规律后,学生可以依照规律用递推法直接写出1÷11、2÷11、3÷11、7÷11、8÷11、9÷11、10÷11的商。基于以上对商的探究结果,学生在解决同类问题时速度更快,商的表达也更准确。

在解决问题的过程中,学生对于算式1÷11和10÷11的猜想结果存疑,可以在猜想后利用计算器进行验证,并在得到正确的商后补充商的规律:循环节都是2个数字。

在以上利用计算器计算并探索规律的活动中,我们将教材中的"先探究1÷11和2÷11的商的规律,再利用规律推算出后续几道算式的商"改为"先探究4÷11、5÷11和6÷11的商的规律,再利用发现的规律推算出前后六道算式的商",因为这三道算式的商更具一般性。

二、利用计算器探索积的变化规律

利用计算器探索规律,本质是利用递推法解决问题。为了调动学生的学习积极性,在探究积的规律时,通过题组及相关问题"为何会有这样的规律",鼓励学生深度思考,用数学的方法解决问题,从而体会用计算器探索规律有时也会有局限性。

(一)边算边想,探究规律

教师出示题组(图7-55),并提出要求:从第①题开始按顺序写,能口算的口算,不能口算的利用计算器计算。当你发现规律时,在题号下画横线,并利用发现的规律解决剩余题目。比一比,看谁找得又快又准!

① 0.7×3=
② 6.7×3.3=
③ 66.7×3.33=
④ 666.7×3.333=
⑤ 6666.7×3.3333=
⑥ 66666.7×3.33333=

图7-55

本题是教材"做一做"中的练习题,要求"用计算器计算前四题,找出规律,直接写出后两题的得数"。我们将题目要求进行了调整,不硬性规定计算器的使用范围,而是依据需要自主确定使用计算器计算和直接计算的题目数。学习能力强的学生能通过计算较少的题发现规律,学习能力薄弱的学生也可以全部计算完后再去发现规律,边计算边思考,用好递推策略探究积的变化规律。

(二)反馈评析,尝试验证

学生完成练习后进行反馈,大部分学生算到第③题时就能发现规律,个别学生在第②题就能发现规律。教师让计算题数最少的学生先说规律,再让计算题目较多的学生进行补充与完善,逐步得到如下发现:从第①题开始,积依次是2.1,22.11,222.111,2222.1111,22222.11111 和222222.111111;第一个因数的小数部分和第二个因数的整数部分一直不变;第一个因数的整数部分和第二个因数的小数部分分别依次增加一个"6"和"3";积随因数中小数位数的变化而变化,因数中共有几位小数,积的整数部分就有几个2,小数部分就有几个1。进一步引导学生发现,第二个因数有几个3,积的整数部分就有几个2,小数部分就有几个1。

(三)交流反馈,发现原理

接着对规律进行思考:为什么积会有这样的变化规律?这个问题有一定的难度,可提示学生用计算器或者列竖式算一算。为了便于学生发现规律,教师将竖式以小资料的形式呈现给学生(图7-56)。学生通过观察,发现积的变化规律,从而获得感悟:计算器具有局限性,只能得到计算结果,缺少计算过程;学习过程中不能太依赖计算器去解决问题,有时候通过观察就能得到规律,不用计算器也能很快得出结果。

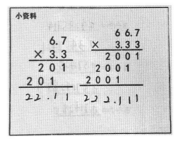

图7-56

三、利用计算器探索数学规律

通过利用计算器探索商的变化规律和积的变化规律,学生已经了解了计算器能显示的位数有限,商是循环小数时需要判断循环节再规范表达商,且利用计算器计算也有一定的局限性。围绕积的变化规律和商的变化规律,学生继续通过练习发现规律,巩固商的表达。

(一)不断尝试,创编规律

教师出示练习(图7-57),已知积的规律倒推因数的规律。本题积的规律与之前的例题类似,学生可以利用计算器计算,再结合上一题的规律进行创编(图7-58)。经过尝试,得到规律:第一个因数的小数部分都是4,第二个因数的整数部分都是3;积有几个1,第一个因数的整数部分及第二个因数的小数部分中,3的个数就比它少1个。

```
       1.2 = (      0.4) × ( 3         )
      11.22 = (        ) × (           )
     111.222 = (        ) × (           )
    1111.2222 = (        ) × (           )
   11111.22222 = (        ) × (           )
          ……
```

图 7-57

```
   1.2 = (   0.4   ) × (    3    )
  11.22 = (  3.4   ) × (  3.3   )
 111.222 = ( 33.4  ) × ( 3.33  )
1111.2222 = ( 333.4 ) × ( 3.333  )
11111.22222 = ( 3333.4 ) × ( 3.3333  )
```

图 7-58

本题的主要目的是让学生尝试创编。部分学生可能找不到规律,可以请发现规律的学生进行解释,以提高学生学习的积极性。并且,直接出示第1题的答案,也可以给学生确定方向,减少尝试的次数。

(二)仔细计算,巩固表达

通过利用计算器计算,继续探索商的变化规律。从计算器显示的商的近似数中找到循环小数的循环节,规范写出一个数除以7的商,从而巩固商的表达。并且,用循环小数的简便写法写出商,也有利于找到商的变化规律。

教师出示练习(图7-59),并提出问题:先用计算器计算,将计算器显示的结果写在下面的横线上;然后想一想,从结果中你发现了什么?你能在第一条横线上规范写出商等于多少吗?先完成$1÷7$、$2÷7$和$3÷7$的商的书写,是为了让学生找到循环节中的规律,便于后续直接利用规律写出$4÷7$、$5÷7$和$6÷7$的结果。

基于课始学生已经了解了一个数除以11的商的变化规

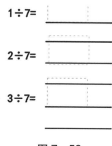

$$1÷7 = \underline{\hspace{3cm}}$$

$$2÷7 = \underline{\hspace{3cm}}$$

$$3÷7 = \underline{\hspace{3cm}}$$

图 7-59

律,因此在练习中,学生也能按要求写出计算器显示的结果并找到循环节,从而写出循环小数。

(三)发现规律,递推验证

教师出示题组(图7-60),并提出问题:仔细观察算式,你能发现商的变化规律吗? 这一组除法的商都是循环小数,且循环节较长。但通过观察,学生还是能够发现循环节的数字都是 1、4、2、8、5、7,且这 6 个数字按顺序依次排列。

$1 \div 7 =$ $0.\dot{1}4285\dot{7}$

≈ 0.142857143

$2 \div 7 =$ $0.\dot{2}8571\dot{4}$

≈ 0.285714286

$3 \div 7 =$ $0.\dot{4}2857\dot{1}$

≈ 0.428571429

图 7-60

发现规律后,学生用递推法写出 4÷7、5÷7 和 6÷7 的商:首先估算出小数部分第一位数字是几,再按照数字顺序写出商的循环节。

利用计算器探索规律,可以让学生充分体会到计算器计算简捷、快速的优点;同时通过具体问题,让学生体会到用计算器探索规律时缺少过程这一局限性。在探索商的变化规律时,认识到计算器显示的结果是一个近似数,并能依据近似数推导出循环节,简便书写循环小数,从而巩固小数除法商的表达。

第八节
"小数除法的整理与复习"教学实践

小数除法的单元复习,不仅是对本单元的复习,还把它与小数乘法一起进行综合复习。通过题组练习,让学生逐步回顾小数乘法与小数除法在计算、解决问题等方面的联系,体会到除法是乘法的逆运算;小数除法与小数乘法的计算中都要注意商或积的小数点的位置,都需要渗透转化思想,理解算理;而解决问题中的数量关系也同样是可以互逆的。

一、题组计算,体会计算的联系

依据除法是乘法的逆运算,在小数乘法计算与小数除法计算的评析过程中,用题组的形式回顾相应的笔算法则;在利用运算定律或运算性质进行简便计算的过程中,让学生结合具体例子养成先审题的习惯,即能够简便计算的用简便方法计算,不能简便计算的就用笔算或用递等式计算。

(一)自主审题计算,渗透联系

课始,教师通过谈话引入:今天这节课是"小数除法"单元的复习课,主要复习两个方面。一是"会算",算有什么标准? 当然是要算得又快又对。如何快? 能口算的口算,能简算的简算。二是"会用",需要我们关注数量关系。教师板书"会算"和"会用",并课件出示 6 道题目(图 7 - 61),让学生先观察再想策略,进而计算。

$$(1)\ 8.4 \times 0.25 \quad (2)\ 2.1 \div 0.25 \quad (3)\ 2.1 \div 8.4 \quad (4)\ 2.1 \div 0.11$$

$$(5)\ 0.125 \times 7.8 \times 0.8 \qquad (6)\ 7.8 \div 0.125 \div 0.8$$

图 7 - 61

学生在想策略时,主要明确哪些题目可以用简便方法计算;如果能用简便方法计算,那么它的依据又是什么。具体教学中,请学生在作业纸上对可以简便计算的题目打上"五角星"。自觉审题判断,并选择合理的计算方法是对学生重要的思维拓展。

（二）评析一步计算,体现优化

以上 6 道题目的前面 4 题都是一步计算,既包含了本单元的小数除法计算,也包括了"小数乘法"单元的内容。这两类计算的笔算算理与简算特征,在数学思想方法层面上有着十分重要的联系。

1. 评析笔算,转化思想

观察前面 3 题,可以发现除法是乘法的逆运算,因此只要通过第(1)题的乘法计算,就能口算得出(2)(3)两题的结果。当然,学生用笔算的方法来解题也是可以的。如果学生能通过观察,将口算、笔算、简算相互融合,从而优化策略、发展思维,那就更好了。此环节重点考查学生的观察能力,从而选择策略。

2. 评析简算,发现异同

这 3 题除了允许学生根据法则正确列竖式计算之外,还应进一步引导他们思考:还有更简洁的方法吗?"8.4×0.25"可以引导学生将 8.4 分成"2.1×4",运用乘法结合律转化为"2.1×(4×0.25)"以简便计算。还可以引导学生将 8.4 分成"8+0.4",运用乘法分配律转化为"8×0.25+0.4×0.25",也能使计算简便。"2.1÷0.25"可以让学生回忆商不变的性质,进而转化为"(2.1×4)÷(0.25×4)"。从而得出:整数混合运算的顺序和运算定律对小数也同样适用。

通过对不同学生不同方法的比较,可以真实反映学生思维的灵活程度,凸显灵活选择方法的重要性。

3. 优化思想,寻找循环节

在笔算"2.1÷0.11"时(图 7-62),得到万分位上的余数"1"时,我们就可以观察得到商的千分位上是"0",万分位上是"9"。因为相同余数的重复出现,使得商中也重复出现相同数字。有了这个发现,我们就可以简化竖式,找到循环节"09",并对循环小数进行简写。

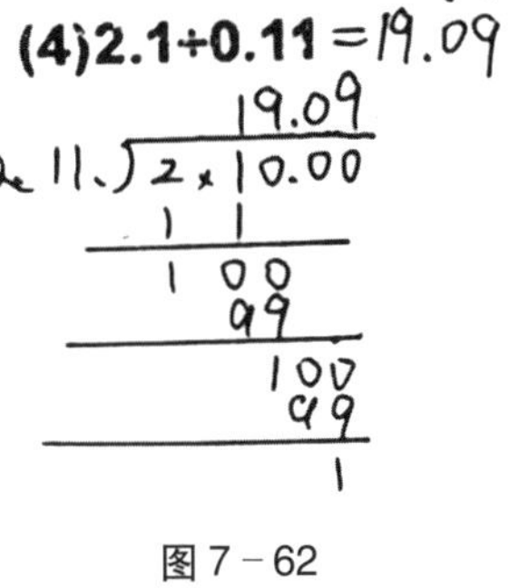

图 7-62

（三）评析连乘连除,体会异同

教师出示两道计算(图 7-63),这两题的共同点是有相同的特征数,区别在于一题是小数的连乘,一题是小数的连除。观察评析,让学生进一步体会整数的运算定律和运算性质在小数中同样适用。接着,比较"7.8×0.1＝0.78"和"7.8÷0.1＝78",提问:为什么乘法会越乘越小,除法反而越除越大呢?

生：因为一个数（0除外）乘小于1的数，积比原来的数小。

生：当除数小于1时，商大于被除数。

这个环节中，帮助学生回顾了积与因数的大小关系以及商与被除数的大小关系。

$$0.125×7.8×0.8$$
$$=7.8×（0.125×0.8）$$
$$=7.8×0.1$$
$$=0.78$$

$$7.8÷0.125÷0.8$$
$$=7.8÷（0.125×0.8）$$
$$=7.8÷0.1$$
$$=78$$

图 7-63

二、提出问题，体会数量关系

学习计算的目的是解决问题。因此，教师从之前的练习中选择部分算式，赋予其现实意义，让学生根据数量关系列式，并在解决时联系之前的计算题直接得到结果，从而体会计算的抽象性与解决问题的具体性。

（一）联系生活实际，感悟知识

教师课件出示题目：

小明爷爷"十一"长假钓了很多鱼，打算和小明一起去卖，单价8.4元/斤，一条鱼在0.25斤左右，每条鱼大约多少钱？

以上问题中特别把质量单位用"斤"表示，体现了题目的生活化，也让学生适当了解市制单位与国际单位之间的联系。

请学生独立完成练习。学生根据"单价×数量＝总价"，能很快算出"8.4×0.25＝2.1（元）"。教师追问：总价为什么会比单价小？以前我们的总价都是比单价大的啊！学生根据"积与因数的大小关系"得出：一条鱼的重量大约是0.25斤，乘一个小于1的数，积比原来的数小。把计算的结果与实际生活经验相联系，突破"总价一定大于单价"的思维定势。

（二）重组问题，加深理解

教师紧接着提问：老师现在有10元钱，可以买几条鱼？还剩多少元？这个环节是在连续情境下的创编，让学生在现有的情境下继续推进。取近似数时，不能机械地使用"四舍五入法"，要根据实际情况取商的近似数。如果"10÷2.1"可以买5条鱼的话，实际需要10.5元，钱不够，因此要用"去尾法"，得到最多可以买4条。所以，商的取值要根据实际情况对"进一法""去尾法"进行选择。学生也可以通过估算的方法，把"每条2.1元"估算成"每条2元"，这样可以推算出5条，但要明确是把"2.1元"估小成"2元"才得到的5条，而实际每条鱼比"2元"贵，所以可以买4条鱼。如此，让学生从生活实际中体验到估算的实用价值，并加深对题目的理解。

（三）体会内在联系，提升能力

把计算与生活实际相联系是设计学习材料的基本要求，不仅有利于应用意识的培养,也是培养数感的重要途径。通过把计算中的相同特征数赋予实际意义,引领学生主动参与、自主体验,从而理解知识,构建新的认知结构。

课件出示题目(图7-64):

一块彩色布的面积是7.8平方米,宽是0.8米。把这块彩色布沿长边裁成宽是0.125米的彩条,一共可以裁出几条?

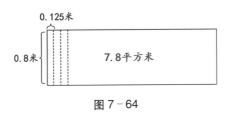

图7-64

请学生列式解答。在反馈学生作业情况时,着重让学生说一说解题思路,让学生明确每一步代表的含义。

学生列出的算式是"7.8÷0.8÷0.125",并在反馈中很好地解释了每一步的思路。根据长方形面积公式"长方形面积=长×宽",从已知量中得出"长=面积÷宽",从而求出大长方形的长,长再除以每条彩带的宽度,即长是0.125的几倍,就可以求出一共可以裁出几条彩带。当然,学生中还有不一样的算式:7.8÷(0.8×0.125),"0.8×0.125"表示"长×宽",是一条彩带的面积,再用大长方形的面积7.8平方米除以一条彩带的面积,就能求出一共可以裁出几条彩带。此时,教师可追问:如果除得的结果有余数,那是一共可以裁出几条彩带呢? 可以让学生判断是用"进一法"还是"去尾法",感受解决实际问题时商的取舍,提高应变能力。

三、提问解答,梳理数量关系

数量关系是学生形成解决问题模型的基础,只有掌握了基本的分析方法,积累了基本的数量关系和结构,才能使学生在获取信息之后迅速地形成解决问题的思路,提高解决问题的能力。

(一) 阅读信息,提出要求

课件出示题目:

一套"百科知识"丛书共4本,售价83.2元。小丽攒够了钱去书店,刚巧遇上书店促销,这套丛书现价62.4元。小丽买了丛书后,用剩下的钱正好买了2本笔记本。

要求学生先提出一步计算问题,再提出两步计算问题,甚至是三步计算问题。然后,列出数量关系并口答算式。

对一步计算问题数量关系的理解直接影响两步、三步计算问题的解决。所以我们从一步计算入手,梳理简单的数量关系,形成简单的解题思路,后续再层层推进。

(二) 提出问题,自主解答

以简单的数量关系为例,单价、数量、总价这三个量中,其中一个量不变,可以知道另外两个量之间的变化规律。

生:求一本书原来多少元。

(原来)总价÷(原来)数量=(原来)单价

$83.2÷4=20.8$(元)

生:求一本书现在多少元。

(现在)总价÷(现在)数量=(现在)单价

$62.4÷4=15.6$(元)

生:整套书便宜了几元?

(原来)总价-(现在)总价=便宜的价格

$83.2-62.4=20.8$(元)

依据学生的回答,教师在对应的数量关系中补充"原来""现在"。

学生紧接着提出"求每本笔记本多少元"的两步计算问题,还是根据"总价÷数量=单价"这一基本数量关系来解决,但现在的总价是"剩下的总价",先通过一步计算"$83.2-62.4$"求出剩下的总价,再除以 2 本的数量,就可以求出笔记本的单价。

学生还提出了三步计算问题:每本书比原来便宜了多少元?学生普遍的做法是"$83.2÷4-62.4÷4=5.2$(元)",但也有几人是"$(83.2-62.4)÷4=5.2$(元)",即先求出整套书便宜了多少,再除以 4 本的数量,从而求出每本书比原价便宜了多少元。可见,只有熟知每一步算式所表示的意义,才能应用自如。

(三) 反馈评析,梳理关系

综合以上学生的提问,我们可以根据数量关系寻找一步到两步再到三步之间的联系。例如,"$83.2-62.4$"在一步计算中表示两层含义:一是"整套书便宜了几元",再去除以 4 本书的数量,可以求出每本书比原来便宜了几元;二是"剩下多少元",再去除以 2 本笔记本的数量,可以求出每本笔记本的价格。同样,对于算式"$83.2÷4-62.4÷4$",也是从最简单的一步计算开始分析数量关系,形成解题思路。教师进一步让学生整理信息,发现条件之间的关系,研究条件与问题间的联系,从中再发现新的、有用的信息。

回顾这节课的学习过程,除了充分利用了教材中的素材之外,我们还设计了用多种计算方法、多种运算形式、多种解决策略来解决问题的练习,将口算、笔算、估算、简算相互融合,从而优化策略,发展思维。然而,这样的能力形成不是一蹴而就的,是一个不断积累、不断反思、不断沉淀的过程。因此,对于这样的复习课,首先要从梳理思想方法的角度展开,更好地体现数学学习的迁移、转化、类比,从中让学生获得新的学习感受和学习经验。

第八章
分数的意义和性质

人教版《数学》五年级下册的"分数的意义和性质"以知识点的学习为线索，把所需的学习基础纳入新知的学习中，且出现的分数大多是真分数。因此，有必要寻找知识点之间的联系，使知识更具结构化。由于把学习基础纳入了新知的学习中，因此课时数较多，有必要通过重构，把最大公因数、最小公倍数的学习前置到"因数和倍数"单元，把通分、分数的大小比较与分数的加法和减法相融合。在此基础上，创设真实情境，经历分物、测量与"除法比"产生分数的过程，学习分数的意义、分数单位、分数的基本性质、分数的分类以及约分等与分数相关的知识。

首先经历分物产生分数。让学生经历两次分物，认识表示"量"的分数；通过对不同总量的平均分的比较，认识表示"率"的分数。过程中，让学生感受到分数的产生过程就是解决现实问题或解释现实现象的过程。

接着经历测量产生分数。从古代劳动人民测绳计量时所提出的问题入手，通过对测量单位的平均分，创造出分数单位与分数，发现分数的基本性质；从现代卷尺测量结果的多种表达入手，感受整数、分数与小数的联系；最后在解决问题的过程中，加深学生对分数的认识。

最后经历"除法比"产生分数。"减法比"与"除法比"是两个数进行比较时的两种表达形式，让学生从教师提供的三个信息中任意选择其中两个，自主提出关于"减法比"与"除法比"的问题，并在对问题进行归类后，由易到难，分层解决。在解决问题的过程中，主要利用类比与迁移，并在解决"除法比"问题中再一次经历分数的产生，完善约分步骤。

第一节
"分数的意义和性质"整体设计

人教版《数学》五年级下册"分数的意义和性质"单元的学习,是学生在三年级上册学习了"分数的初步认识"后对分数的再认识,又是后续学习分数的四则运算与相应解决问题的基础。本单元的整体设计与实践围绕以下三个问题展开:本单元教材的编排有哪些特点?有哪些可以改进之处?围绕改进之处,又可以对本单元的教学路径进行怎样的重构?

一、梳理——揭示教材编排特点

本单元以数学概念的学习为主,围绕分数的意义与分数的基本性质这两个基本概念逐步展开。首先让学生从不同的视角体会分数的意义;接着结合具体例子,发现分数的基本性质;最后结合具体事例,体会分数与小数的关系,进行小数与分数的互化。仔细分析教材的内容与结构,发现有以下三方面的编排特点。

(一) 以知识点的学习为线索

如图8-1,是本单元的结构图。从结构图中可以发现,虽然可以把本单元的学习内容分成分数的意义、分数的基本性质以及分数和小数的互化这样三大板块,但分数的意义与分数的基本性质还可以分出多个分支,且这些分支以相对独立的方式编排,内部含有多个知识点。

例如,分数的意义这一个板块,可以分成分数的意义、分数的产生、分数与除法三个分支。其中,分数的意义围绕分数的多元意义展开;分数的产生回溯了产生分数的三大背景,分别是分物、测量、计算,为分数的多元意义做铺垫,如例1学习平均分物背景下分数在"部总"关系中的意义(也称为分数"份的意义"),这是对三年级上册分数的初步认识的再抽象;接着,"分数与除法"中的三个例题又分别学习分数中"商的意义"和"除法比的意义",其中例2与例3学习"商的意义",采用"总数÷份数=每份数"这一数量关系列出除法算式,在求商的过程中,结合图示,利用分数"份的意义"进行解释,用"$\dfrac{被除数}{除数}$"表示商;例4分数"除法比的意义",

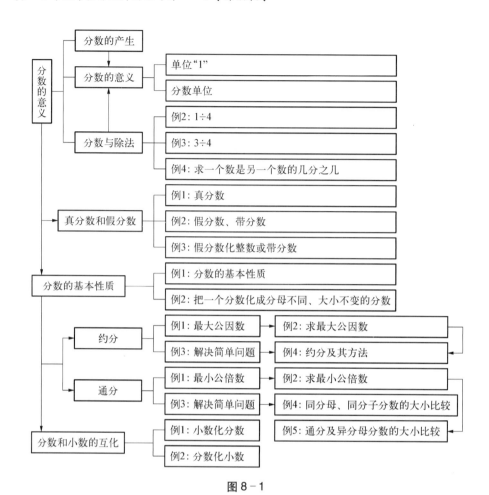

图 8-1

迁移"求一个数是另一个数的几倍"的数量关系,当小的数与大的数进行"倍比"时,也用除法计算,用"$\dfrac{被除数}{除数}$"表示比的结果,并用"份的意义"解释这一结果的正确性。可以看出,教材把分数"份的意义"作为分数的基本意义,后两种分数的意义均需要用它进行解释,形成既有联系,又相对独立的三个知识点。

(二)把学习基础纳入新知

一般地,同一个单元中的数学知识点往往有着紧密的联系,如五年级上册"多边形的面积"中,平行四边形、三角形与梯形面积公式都是通过转化的方法进行推导的,而平行四边形的转化来源——长方形,它的面积公式学生在三年级下册就已经掌握了。如此,使得同一个单元中平面图形的面积计算公式的推导思路相对一致。

在学习约分与通分之前,编排了约分与通分所需的学习基础,即最大公因数与最小公倍数。显然,这两个知识点与分数的意义与性质没有直接的联系,只是能更快地帮助学生进行约分与通分。它们应该是"因数和倍数"单元中的学习内容，把它们放到本单元中，目的是让新学习的知识能够马上得到充分应用，同时也减少"因数和倍数"单元中的概念数量。

（三）出现的分数大多是真分数

在初步认识分数时，学生学习的分数都是真分数，因为分数表示"份的意义"时，"部分"一般小于"整体"。本单元是对分数的再认识，进一步丰富分数的意义，相应地也出现了假分数、带分数。

但是，统计整个单元中出现的分数，还是以真分数为主。这也许与分数在现实中的具体运用有关，因为分数在现实生活中一般不表示量，而是表示关系，并且更多地表示部分与整体的关系。这样的特点也体现在后续分数的加减法、分数乘法与分数除法的学习中。

二、反思——指出改进之处

依据对本单元教材编排特点的分析，以及"课标2022年版"中强调数学学习内容的"结构化"这一思想，对本单元编排进行反思，指出可改进之处。

（一）知识更具结构化

以知识点的学习为线索，可以清晰地反映出每一个课时的学习内容，做到一课一得，并随着课时的积累，实现数学学习内容的不断丰富。但是，这也使得单元学习结束后，对本单元的知识进行梳理以形成单元结构时，发现无法找到一个能够概括本单元学习结构的核心支架。图8-1虽然可以看成本单元的结构图，分成分数的意义、分数的基本性质与分数和小数的互化这样三个板块，但这三个板块之间是怎样的关系？在共同解决一个什么问题？对此，不能从结构图中得到反映。因此，需要重新思考，探寻数学的本质意义，以及分数与其他已经学过的数学知识之间的联系。

基于上述两方面的思考，我们把分数的产生作为学习主题，通过分物产生分数、测量产生分数与"除法比"产生分数这样三个学习活动，围绕对除法意义的新解释与除法商的新表达进行重新构思，把有关分数的知识点有机融合到分数的产生过程中。最后，分析三种分数产生方式的相同点与不同点，从除法的视角再次进行统一，学习分数与小数的互化（图8-2）。

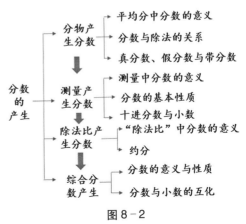

图8-2

（二）适当减少课时数

本单元是本册八个单元中占课时数最多的一个,总共安排了 19 个课时,约占学期总课时的 30.6%,呈现出知识点多、结构复杂的特点。从图 8-2 中可以发现,把本单元的学习作为对除法意义的新解释与除法商的新表达,从而将本单元大部分知识有机纳入"分数的产生"活动中,形成 9 个课时的学习单元,即除了图 8-2 中展示的四节新课外,在每一节新课学习之后安排一节练习课,并在单元结束时安排一节复习课,总共 9 个课时。余下的新知分别纳入"因数和倍数"和"分数的加法和减法"这两个单元中。

首先,把最大公因数与最小公倍数的学习纳入"因数和倍数"单元中。学生在第 1 课时认识因数与倍数,第 2 课时学习因数、最大公因数以及相应的解决问题,第 3 课时学习倍数、最小公倍数以及相应的解决问题,第 4 课时安排阶段性练习,其中以相应的解决问题为练习的重点。这样就增加了 3 个课时的内容,使得本单元由原有的 7 个课时增加到 10 个课时。

其次,把通分与分数的大小比较纳入"分数的加法和减法"单元中。把这一单元的起始课改为"分数的大小比较",先在同分母分数或同分子分数的大小比较中回顾分数的意义;再把同分子分数转化成同分母分数进行比较,让学生学会通分的方法,验证同分子分数大小比较的正确性。另外,把本单元原来的第 1 课时"同分母分数加减法"与第 2 课时"异分母分数加减法"整合为 1 个课时,利用第一节新课中的学习材料进一步求分数的和与差,在解决问题的过程中学习同分母分数加减法与异分母分数加减法的计算法则以及相互关系。这样,没有增加新的课时数,只是把分数的加法和减法作为对分数的大小比较问题的再思考。

（三）探寻真实的情境

"课标 2022 年版"强调了要让数学学习有意义,因此需要创设"真实"的数学学习情境,也就是要把抽象的数学知识的学习嵌入真实的问题解决过程中。

首先创设有余数除法解决问题的情境,让学生在平均分物的过程中,由除法中商的新表达认识分数。从"整除"到"有余",并对"有余"再次平均分,从而产生真分数。其次是通过创设"用一个单位长度进行测量时有剩余"这一情境,让学生创造出更小的测量单位进行测量,由此产生分数。最后结合两个同类量的"除法比"创设问题情境,当得到的商小于 1 或大于 1 但不是整数时,就产生了分数。

三、重构——重走探究之路

通过反思,让本单元更具结构性。把分数的学习纳入除法学习中,经历分物、测量与"除法比"产生分数这样三个真实的过程,从不同的视角让学生重走分数的产生与完善之路。

（一）解决分物问题，经历分数的产生

如图 8 - 3，创设 2 人平均分月饼的情境，通过不同的平分月饼的方法并结合具体的图示，让学生由原来的计算得到商，转变成由图示推算出商，在此过程中丰富除法商的表达，认识真分数、带分数与假分数产生的过程，以及分数与除法的关系。

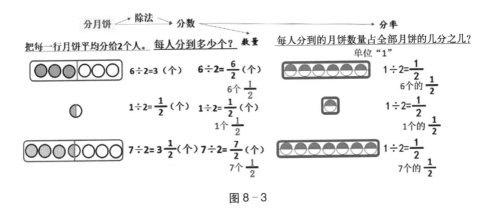

图 8 - 3

接着，寻找两次平均分的共同之处，概括出都是把一个整体平均分成 2 份，每人分到的月饼数量占全部月饼中的 1 份，所以是 $\frac{1}{2}$；再结合对 $\frac{1}{2}$ 多个角度的解释，认识表示"关系"的分数的含义（如图 8 - 3 最右边一列算式）。

由平均分物这一活动产生的分数包含了表示"量"与"率"两类分数，也包括了真分数、假分数与带分数等不同类型的分数。具体含义则需要结合具体情境适时引入，并在解决问题中创造不同意义与不同形式的分数。

（二）解决测量问题，经历分数的产生

如图 8 - 4，是由测量产生分数的基本结构。当人们用一个测量单位测量某一个长度时，测量到最后会出现"不足 1 的部分"。如何表述"不足 1 的部分"？一种策略就是把原来的测量单位继续平均分，把均分后的一小份作为一个新的计量单位，并取新的单位名称后再测量，如"1 米 3 分米"。同时，在四则运算中，需要把这样的结果用统一的测量单位来表示，如果用其中较高一级的单位作为结果中的测量单位，那么就产生了分数（小数是十进分数的简写）。

由图 8 - 4 可知，从测绳计量开始，最终抽象到数轴（如整数数轴），其中卷尺可以看成分数数轴的一种特例。如果要在分数数轴中用分数表示箭头所指的五个数，同样会出现真分数、假分数、带分数以及小数。通过探究测绳上同一个长度可以用不同的分数来表示，从而概括出分数的基本性质。

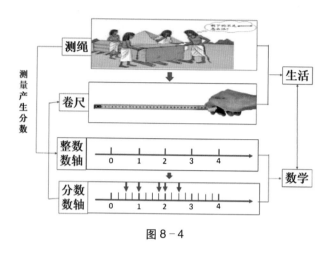

图 8 - 4

（三）解决倍比问题，经历分数的产生

毕达哥拉斯学派曾提出"万物皆数"。其中的"数"包含两类，一类是正整数，另一类就是两个正整数的比。按照这样的思路，测量与平均分中的分数也应该用比的形式来表示。

如图 8 - 5，当两个量进行除法比较时，它们的量有四种不同情况。其中，三年级上册已经学习的"倍"就是其中一种情况，且结果用整数表示；其他三种情况均可以用分数表示。进一步地，均可以用"$\dfrac{被除数}{除数}$"来表示。如果要用这一种表达形式来更加简捷地表示商，则需要进行化简，并在化简的过程中学习约分。

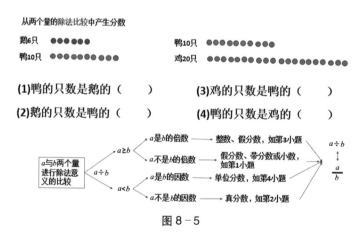

图 8 - 5

总之，本单元的整体设计把以知识点为线索的教材编排变为以解决问题为目标的探究活动，让学生在重走分数产生之路的过程中实现对分数的再认识。同时，为了让本单元的学习内容更有结构性，把约分与通分的学习基础——最大公因数

与最小公倍数前置,与"因数和倍数"单元中的因数、倍数一起,实现了从对一个非零自然数的特征研究到两个及以上非零自然数的特征探究的跨越;把通分与分数的大小比较后移至"分数的加法与减法"单元,让通分作为异分母分数大小比较与异分母分数加减法的共同学习基础。

第二节
"分物产生分数"教学实践

在学习本课之前，围绕平均分物，学生已经学习了两种基本情况。第一种情况是分的个数大于分的份数，如果正好能够分完，分得的结果是正整数；如果不能够正好分完，可以用小数或用"商……余数"这样不完全除的形式表示。第二种情况是分的个数小于分的份数时，就要用小数或分数表示。那么，在本课学习中，该如何利用这样的学习基础，让学生在平均分物的过程中逐步学习基于"量"的分数，完善除法中商的表达？怎样通过寻找平均分物中的相同点，学习基于"率"的分数？如何通过完善思路与比较分析，结合具体情境，合理选择分物结果的表达？带着这样的思考，我们进行了教学实践。

一、解决分物问题，感知分数的产生

在分数的初步认识整体设计中，我们已经由平均分物引入了表示"量"与"率"的分数。本环节在把1个物体平均分的基础上，增加相应的有余数除法中的平均分，让学生结合画图操作，把用小数表示的商转化成用分数表示的商，经历分数的产生。

（一）分析问题，学生自主解决

教师出示信息（图8-6），提问：这里有三条信息，说一说有什么相同的地方。学生指出，都是"把月饼平均分给2人"。依据学生的回答，教师在三行板贴圆片的上方加上"把每一行月饼平均分给2人"（图8-7），接着出示三个问题（图8-8），让学生说一说它们都是在求什么。学生指出，都是在求"每人分到多少个"。教师板贴统一的问题：每人分到多少个？

在分析三个问题的相同点后，请学生独立完成，先分一分、涂一涂，再列一列、算一算。完成后同桌交流，同时指名两名学生板演。

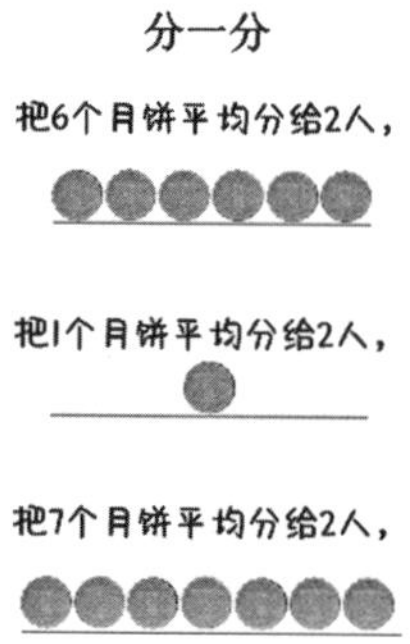

分一分

把6个月饼平均分给2人，

把1个月饼平均分给2人，

把7个月饼平均分给2人，

图8-6

算一算

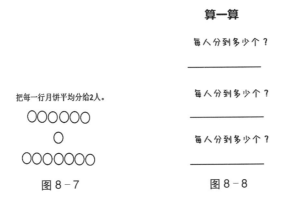

把每一行月饼平均分给2人。

每人分到多少个？
————————

每人分到多少个？
————————

每人分到多少个？
————————

图8-7　　　　　　　　　图8-8

（二）交流汇报,经历分数的产生

实际教学中,分一分时绝大多数学生都是从"中间分",均分成 2 份,涂出其中的 1 份,列一列都会列出除法算式,且第 2、3 题的商绝大多数都是用小数表示,两位学生的板演如图 8－9 所示。由于学生在五年级上册学习了小数除法后,对于"被除数小于除数""两个整数相除时商有余数"这两类题目,商都可以用小数表示,因此学生在表示第 2、3 题的商时,都没有出现分数的表示形式。

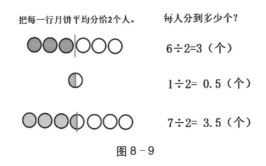

把每一行月饼平均分给2个人。　每人分到多少个？

6÷2=3（个）

1÷2= 0.5（个）

7÷2= 3.5（个）

图8-9

学生完成后,教师首先请学生观察黑板上的两位学生分一分与涂一涂的过程,请学生说一说它们相同的地方。学生指出,都是分成 2 份。教师继续引导学生观察黑板上的列一列、算一算,提问:观察算一算,又有什么相同的地方? 学生指出,都用除法计算。教师追问:是什么除以什么? 教师依据学生的回答,概括并板贴数量关系"总个数÷人数＝每人个数"。教师进一步追问:又有什么不相同的地方? 学生指出,总个数不同,每人分到的个数不同。教师引导学生观察第 2 个算式,指出"1÷2"的计算结果是 0.5 个,并引导学生观察分一分、涂一涂的结果,提问:依据图示,你认为用什么数表示更加合适? 学生指出用"$\frac{1}{2}$"表示后,教师进一步追问：$\frac{1}{2}$是什么意思？学生依据"分数的初步认识"中的学习经验,指出是把一个月饼平均分成 2 份,每份就是它的 $\frac{1}{2}$,就是 $\frac{1}{2}$ 个。于是,教师在商"0.5（个）"的后面补上"$\frac{1}{2}$（个）"。接着,引导学生观察第 3 个问题的图示,想一想,结果是否也可以用一个分数表示呢? 结合图示,引导学生发现涂色部分是由"3 个加 $\frac{1}{2}$ 个"组成的,可以表示成"3 $\frac{1}{2}$ 个",并把图 8－8 中的列式计算补充成如图 8－10 所示的板书。实际教学中,也有学生直接说明"3 $\frac{1}{2}$"是"带分数",对于这一个概念,此时教师并没有强调,而是问"是谁带着分数",并从概念名称上结合具体例子作出适当的解释。

每人分到多少个?

$$6 \div 2 = 3（个）$$

$$1 \div 2 = 0.5（个）= \frac{1}{2}（个）$$

$$7 \div 2 = 3.5（个）= 3\frac{1}{2}（个）$$

图 8－10

（三）反思总结,归纳分数产生的过程

以上过程,体现了分物时产生分数的基本思路,与我国古代《孙子算经》中对分数产生的描述相耦合：凡除之法,……实有余者,以命之,以法为母,实余为子。这句话的意思是：在除法中,如果被除数除以除数时有余数,就以除数为分母,余数为分子(表示余数部分)。由于余数小于除数,所以此方法表示的分数实际上是一个真分数。

教师引导学生回顾分数产生的过程：刚才我们通过分一分、涂一涂,发现在平均分物的过程中,当分得的结果中有"不是整个的部分"时,可以用分数来表示,使得商中的小数可以用分数来表示。教师边说边板书,形成如图 8－11 所示的思考过程。这个环节中,我们并没有从"余数"这一视角说明分数的产生,因为此时还没有真正建立起分数与除法的联系,而是依据图示中分数的含义用分数表示商。

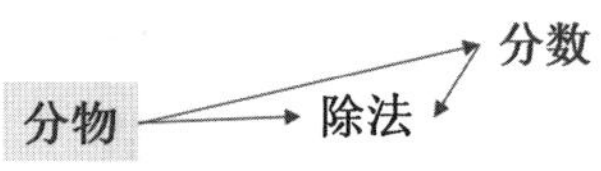

分物 → 除法 → 分数

图 8－11

二、改变分物方法,产生新的分数

在图 8－9 竖向的平均分中,用分数表示每份中"不足整个的部分",在除法计算的过程中用分数表示商。那么,还有哪些分法可以促进学生对分数的进一步理解,真正构建起分数与除法的联系呢? 我们发现,横向的平均分也可以达成这样的目标。

（一）顺应思维，统一商的表达

在上一环节中，让学生用分数表示第 2、3 题的商时，教师出示横向平均分的图示（图 8-12）。首先询问：是否有同学也是这样的分法？如果有，请用同样画法的学生解释；如果没有，可追问：与前一种分法相比，有什么不同的地方与相同的地方？学生指出，这时是横向分，但都是平均分成 2 份。

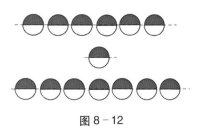

图 8-12

教师依据相同点，在图 8-12 的左边分别板书相应的算式。进一步提问：依据它的不同点，想一想，商又可以怎样表示呢？教师先请学生观察与"7÷2"对应的图示，说一说可以用什么分数表示，引导学生数出"1 个 $\frac{1}{2}$，2 个 $\frac{1}{2}$……"，一共有"7 个 $\frac{1}{2}$"，指出"7 个 $\frac{1}{2}$"就是"$\frac{7}{2}$"，并板书相应的含义。接着请学生结合图示说一说"6÷2"的商，当学生依据前面的经验说出商"$\frac{6}{2}$"后，再请学生说一说"$\frac{6}{2}$"的含义。最后请学生用分数表示出"1÷2"的商，并说出商的含义。以上学习过程形成如图 8-13 所示的板书。

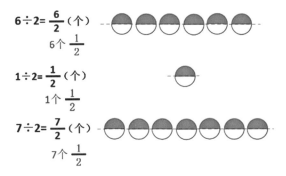

图 8-13

（二）尝试应用，归纳商的结构

通过横向平均分，发现商都可以用分数表示。在三次表示商的过程中，有部分学生已经感知到了分数与除法之间的联系。但是，教师并不急于从这三个例子中归纳分数与除法的联系，而是出示除法算式 2÷9，并提问：商可以用哪一个分数来表示？当学生指出可以用 $\frac{2}{9}$ 表示后，追问：为什么？引导学生再一次回顾图 8-13 中的三个算式,寻找分数商的分子、分母与除法中被除数、除数的联系,概括出"被除数÷除数 = $\frac{被除数}{除数}$"。接着请学生选择两个除法算式与商,对应地用概括出的关系读一读。

实际教学中,如果学生不能正确得到"2÷9"的商,可让学生回顾并齐读图 8 - 13 中的三个除法算式,总结出分数与除法之间的关系,再利用关系推算出"2÷9"的商。

(三)比较辨析,使商的表达合理化

概括出分数与除法的关系之后,教师继续出示如下除法算式:9÷2、9÷3、9÷9,请学生快速口答出结果。口答第 3 题时,学生自然地说出结果也是 1。教师追问:为什么是 1? 学生解释:因为"9÷9 = 1"。教师进一步追问:那么,第 2 题中的"$\frac{9}{3}$"还可以写成几? 为什么? 学生用运算的方法进行解释。教师进一步追问:那么"$\frac{9}{2}$"呢? 为什么? 当学生说出结果"$4\frac{1}{2}$"后,引导学生回忆有余数除法的笔算,得到这个分数的整数部分、"分母"与"分子"分别对应于除法笔算中的商、除数与余数。

顺应这样的思路,教师引导学生把"$\frac{7}{2}$"和"$\frac{6}{2}$"分别转化成"$3\frac{1}{2}$"与"3",进而发现图 8 - 10 中的商与图 8 - 13 中的商之间的联系。

最后,教师提问:(屏幕上的)$\frac{2}{9}$ 和(黑板上的)$\frac{1}{2}$,它们也能够用分子除以分母的方法转化成整数或带分数吗? 为什么? 学生发现不能,因为它们的分子比分母小,还不到 1 个。

如果综合学生的思路并适当提炼,学生已经能够概括出真分数和假分数,知道假分数可以转化成整数与带分数。但是,具体教学时需要依据学生的表现灵活处理,即若学生已经说出相应的分数名称,则及时进行梳理并形成结构图;若学生没有概括的意向,则不引导学生概括。

由平均分物而产生的分数,是对除法商的进一步完善。经历这样的两轮分物,体验了两种分数的产生过程,并通过分数与除法的关系,沟通了两种分法之间的联系。我们也认识到,依据分数与除法的关系得到的商并不是计算的结果,而是一种推算。

三、归纳相同之处,深化分数认识

两次分物,让学生结合具体操作经历了两轮分数的产生过程,但这些分数均表示"量"。那么,在分物的过程中,分数"率"的含义又是怎样产生的呢? 此时就需要进一步比较概括,归纳竖向与横向两种平均分的相同之处,深化分数的认识。

(一) 回顾反思,发现共同特征

教师引导学生思考:这两轮分物虽然分的方式不同,但都是把它们平均分成 2 份,所以要表示每人分到的情况,都可以用哪一个分数表示? 学生思考后指出,都可以用"$\frac{1}{2}$"表示。教师在每一种分法后板书"$\frac{1}{2}$",进一步追问:为什么都可以用"$\frac{1}{2}$"表示? 又有什么不一样的地方? 同桌交流后指名学生回答。

学生发现,不论是 6 个、1 个或 7 个,都可以把它看成一个整体。教师顺势把图 8 - 9 中的三幅图分别加上圈表示整体,都是反映把整体平均分成 2 份,所以都可以用"$\frac{1}{2}$"表示。教师进一步追问:如果也要列成算式,可以怎样列式? 学生讨论后,认为可以列成"$1÷2$"。教师板书后进一步提炼:这里的被除数"1"叫做单位"1"。

教师接着提问:有什么不一样的地方呢? 学生指出,分别是"6 个的 $\frac{1}{2}$""1 个的 $\frac{1}{2}$""7 个的 $\frac{1}{2}$"。结合"几的几分之一"的表达,让学生再次认识表示"率"的分数内涵。在此基础上,引导学生观察板书中的"$1÷2=\frac{1}{2}$(个)"与刚刚总结得到的"$1÷2=\frac{1}{2}$",说一说这两个 $\frac{1}{2}$ 有什么区别。讨论后得出:前者表示具体的数量,后者表示一种关系。以上学习过程形成如图 8 - 14 所示的板书。

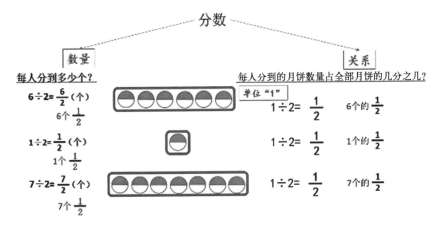

图 8 - 14

（二）回顾比较，提炼新知

教师引导学生回顾新学习的分数内容，并与三年级所学的"分数的初步认识"中的内容进行比较，说一说关于"分数"有哪些新的收获，教师则依据学生的回答进行适度提炼。有学生发现，本节课中分数与除法建立起了密切的联系；分数有两种含义，一种表示数量，一种表示关系；还有学生指出，本节课出现了分子比分母大以及分子和分母相等的分数，这样的分数是假分数。

教师顺应学生的说法板书假分数，标注出假分数中分子与分母的大小关系，并结合例子，进一步概括出假分数可以转化成整数或带分数。教师进一步提问：余下的那些分数又有什么特点？分别叫做什么？教师依据学生的回答板书"真分数"，从而构建起如图 8－15 所示的板书。实际教学中，若学生未获得这一发现，则不进行引导概括，而是把它放到后一节的练习课中，在具体练习中对分数进行分类。

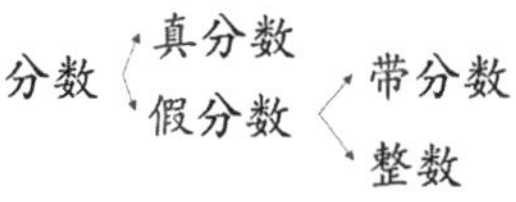

$$分数 \begin{cases} 真分数 \\ 假分数 \begin{cases} 带分数 \\ 整数 \end{cases} \end{cases}$$

图 8－15

（三）数形结合，沟通"量""率"关系

教师最后出示练习（图 8－16），先请学生独立思考，再指名学生回答。填写出结果后，再请学生列式表达。最后一个问题，学生一般会按照平均分成 10 份的思路完成。此时，教师提问：如果把它平均分成 4 份，你能填写吗？学生在表示具体数量时，再一次出现了假分数与带分数。进一步追问：还可以平均分成多少份呢？学生在举出具体份数后，教师提问：如果平均分成 a 份呢？依据回答前面两个问题的经验，学生指出每份是它的 $\dfrac{1}{a}$，每份是 $\dfrac{10}{a}$ 颗。

分一分	填一填
一堆巧克力 	(1) 平均分成2份。 每份是它的（　　），每份是（　　）颗糖。
一堆巧克力 	(2) 平均分成5份。 每份是它的（　　），每份是（　　）颗糖； 2份是它的（　　），2份是（　　）颗糖。
一堆巧克力 	(3) 平均分成（　　）份。 每份是它的（　　），每份是（　　）颗糖。

图 8－16

　　总之,本节课让学生感受到分数的学习过程就是解释生活现象或解决现实问题的过程。围绕平均分物产生分数这一主题,通过观察、分析与归纳平均分物时的相同点,学习分数"率"的含义,这是解释生活现象的过程;经历两次不同的平均分物过程,学习分数"量"的含义,这是解决现实问题的过程。

第三节
"测量产生分数"教学实践

上节课中,学生经历了平均分物产生分数的过程,发现了分数与除法的关系,知道分数既可以表示"数量",还可以表示"关系",并对分数进行了分类。本节课从"测量"的视角,创设"不足一个测量单位的部分"怎样表示的问题情境,在解决问题的过程中,让学生再一次经历分数的产生过程,并在此过程中学习分数的基本性质,感受小数与分数之间的联系。

一、测绳计量,经历分数单位的产生

测量一个物体的长度,实质是单位长度的累加。当用这个长度单位正好完成测量时,就用一个整数加相应单位的形式表示这个物体的长度;当用这个长度单位测量而出现"不足一个测量单位的部分"时,就需要创造新的测量单位。

(一)结合图示,展开估测

课始,教师出示图8-17,请学生说一说从图中看到了什么,可以提出哪些数学问题。学生观察后指出,是在用绳子测量一块长方体石块一条棱的长,长度是2段多一些,并思考剩下部分该怎样记录。

教师追问:你认为可以怎样记录不足1段的部分呢?再次观察图示后,有学生认为应该是$\frac{1}{2}$段,也有学生认为是$\frac{1}{3}$段,还有学生认为是$\frac{1}{4}$段。教师分别板书记录。

图8-17

(二)解释估测,理解单位

学生观察图示并作出估测后,请学生分别说一说估测思路。教师板贴出"1段"与"不足1段的部分"(图8-18),先请估测结果是$\frac{1}{2}$的学生说一说估测思路。

学生指出,先把 1 段平均分成 2 份,每份是 1 段的 $\frac{1}{2}$,就是 $\frac{1}{2}$ 段。教师依据学生的

回答,演示得到 $\frac{1}{2}$ 段的过程,并取出 $\frac{1}{2}$ 段,用它来测量不足 1 段的部分,学生直观地

发现不足 1 段的部分不到 $\frac{1}{2}$ 段(图 8–19)。

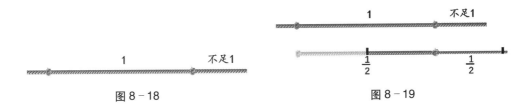

图 8–18　　　　　　　　　　　　图 8–19

接着,请估测结果是 $\frac{1}{3}$ 段的学生说一说估测思路,教师演示。通过比较后发

现,不足部分正好是 $\frac{1}{3}$ 段,从而得到长度是"$2\frac{1}{3}$ 段"(图 8–20)。

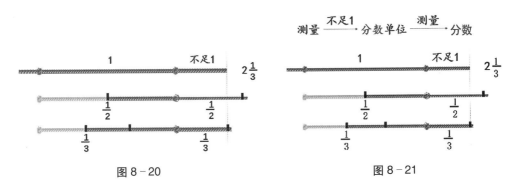

图 8–20　　　　　　　　　　　　图 8–21

最后,教师引导学生回顾是怎样测量出"不足 1 段的部分"的。学生回答后教师

概括:当出现不足 1 段的部分时,先把 1 段平均分成 2 份或 3 份,每份就是 $\frac{1}{2}$ 段或 $\frac{1}{3}$

段,并把它们分别作为一个新的单位去测量不足 1 段的部分。教师指出,这样的

"单位"也称为"分数单位"。结合谈话,形成如图 8–21 所示的板书。

(三) 继续测量,发现规律

教师盖住"不足 1 段的部分"中的一部分,提出问题:不足 1 段的部分如果还

不到 $\frac{1}{3}$ 段,那么需要怎样做才能测量出它的长度呢?

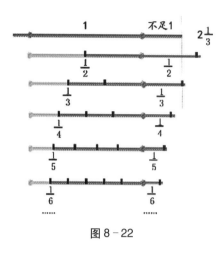

图 8-22

先同桌交流,再指名学生反馈。学生指出,可以把 1 段平均分成 4 份、5 份、6 份……得到新的分数单位 $\frac{1}{4}$、$\frac{1}{5}$、$\frac{1}{6}$……再选择其中一个分数单位去测量不足的部分。教师依据学生的回答依次出示表示分数单位 $\frac{1}{4}$、$\frac{1}{5}$、$\frac{1}{6}$ 的绳子长度,并请学生标注出相应的分数单位,形成如图 8-22 所示的板书。最后请学生观察图 8-22 中的分数单位,说一说有什么发现。学生直观地发现,分子越来越大,也就是平均分的份数越来越多,分数单位就越来越小,且可以一直分下去。

综上所述,由测量产生的分数是为了记录"不足一个测量单位的部分"。为了准确记录,首先需要对原来的测量单位进行等分,创造出新的更小的测量单位,然后用新创造出的测量单位测量出"不足 1 的部分"。

二、数形结合,发现分数的基本性质

利用创造出的测量单位——"分数单位"测量不足的部分时,除了刚好是一个分数单位外,还可能是几个这样的分数单位的累加,形成分数单位相同的同分母分数。结合直观图示可以发现大小相等的分数,在探寻这些大小相等的同分母分数中获得分数的基本性质。

(一)单位累加,积累素材

教师请学生进一步观察分数单位是 $\frac{1}{3}$ 的图示并提出问题:这样的 2 份,可以用什么分数表示?学生指出是 $\frac{2}{3}$。如果是这样的 3 份呢?学生指出是 $\frac{3}{3}$,进一步指出 $\frac{3}{3}$ 就是 1。再增加 1 份,这样的 4 份呢?观察后,有学生指出是 $\frac{4}{3}$,也有学生指出是 $1\frac{1}{3}$。教师结合上节课的学习经验以及图示,构建起两者之间的联系。如果是这样的 5 份呢?6 份呢?学生说出答案后,教师则用省略号表示(图 8-23)。接着,请学生观察这一组分数,说一说有什

$\frac{1}{3}$　$\frac{2}{3}$　$\frac{3}{3}$　$\frac{4}{3}$……

图 8-23

么相同的地方。学生观察后发现它们的分母相同,教师概括得到:这样的分数叫做同分母分数,同分母分数的分数单位相同。

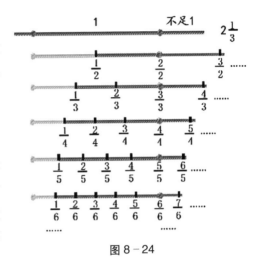

图 8 - 24

依据上述思路,教师在其他测绳的刻度上标注出相应的分数,形成如图 8 - 24 所示的一条条"分数线"。让学生横向观察图 8 - 24,说一说不同行的分数之间有什么不同的地方。学生发现不同行的分数,它们的分数单位不相同。

(二)纵向比较,发现规律

教师进一步请学生观察图 8 - 24,指出 $\frac{1}{2}$ 是其中最大的分数单位后,再让学生竖着观察,找一找与 $\frac{1}{2}$ 大小相等的分数,并把它们用等号连接起来,想一想有什么规律。学生结合图示说出具体的发现,并总结发现的规律(图 8 - 25)。教师依据学生的回答作进一步概括,得出分数的基本性质:分数的分子和分母同时乘或除以相同的数(0 除外),分数的大小不变。

图 8 - 25

教师请学生观察图 8 - 25 中的两个等式,说一说还可以得到哪两个分数也相等。学生依据等式的传递性,得到 $\frac{2}{4}=\frac{3}{6}$。教师提问:这个等式是否可以用刚才总结得到的分数的基本性质进行说明呢?学生通过思考后发现,此时的分子与分母是同时乘或除以 1.5。让学生结合例子认识到,这里的"相同的数"既可以是整数,也可以是小数,甚至是分数。

接着,教师把这三个分数用连等形式表示: $\frac{1}{2}=\frac{2}{4}=\frac{3}{6}$,并在图 8 - 24 的第 2、4、6 幅图中分别标出 $\frac{1}{2}$、$\frac{2}{4}$ 和 $\frac{3}{6}$,让学生思考:这三个分数大小相等,但又有什么不同?学生结合图示发现,它们的分数单位不相同。教师进一步总结:分数单位不同,就是这三个分数的意义不同。

（三）多元表征，体验简化

依据这样的思路请学生思考：古人测量出的长度"$2\frac{1}{3}$段"还可以用哪一个分数表示？学生指出还可以用$2\frac{2}{6}$表示。教师追问：还可以用哪一个分数表示？学生发现，还有$2\frac{3}{9}$、$2\frac{4}{12}$……教师依次板书等式：$2\frac{1}{3}=2\frac{2}{6}=2\frac{3}{9}=2\frac{4}{12}=$……请学生进一步观察这些分数，说一说用哪一个分数表示最合理，并说明理由。学生交流后指出，$2\frac{1}{3}$最合理，因为它的分子、分母最小，这样记录最方便。教师进一步引导学生思考：这个分数中的分子与分母有什么特点？依据学生的回答总结得到：分子、分母的最大公因数是1时，这个分数叫做最简分数。接着请学生列举最简分数，进一步指出像"$\frac{1}{2}$"这样既是最简分数又是真分数的分数称为最简真分数。

通过测绳构建起一条条"分数线"。对"分数线"作横向观察，让学生体会到分数单位的累加可以产生具有相同分数单位的分数；对"分数线"作纵向比较，又可以发现大小相等的分数，进而概括出分数的基本性质。很显然，基于测量经历分数的产生，与上节课中经历平均分物产生分数的现实情境不同，且研究分数的视角也不同。

三、卷尺计量，体验分数的优化

古人在测绳计量"不足一个测量单位的部分"时，依据实际需要把测量单位平均分，得到新的测量单位，再用累加新的测量单位的方法记录不足一个测量单位的部分。联系我们现代的卷尺，测量的结果往往不用分数记录，而是用复名数或小数记录，这样的记录正体现了分数记录的优化过程。

（一）比较工具，揭示本质

教师出示图8-26，引导学生逐步比较。先请学生认一认，上面是古人使用的测绳，下面是我们现在使用的卷尺；接着请学生边观察边比较，思考测绳与卷尺有什么相同的地方，又有什么不同的地方。学生独立思考后小组交流，然后集体反馈评析。

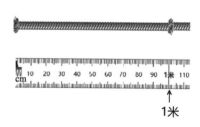

1米

图8-26

学生发现,两种尺子中都有单位。但是,测绳上只有一个单位,而卷尺上有多个单位。教师追问:为什么认为卷尺上有多个单位?学生指出有"米""分米""厘米",教师进一步追问:如果把"1 米"作为单位"1",那么 1 分米是多少米?1 厘米又是多少米?1 毫米呢?学生分别用分数与小数记录用"米"作单位时的数,教师课件演示(图 8-27),并指出图中的 $\frac{1}{10}$、$\frac{1}{100}$、$\frac{1}{1000}$……就是用"米"作单位时的分数单位。

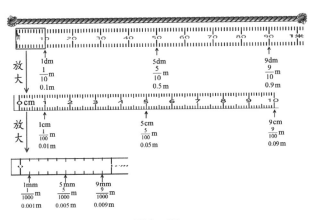

图 8-27

接着,教师请学生观察图 8-24 测绳中的分数单位与图 8-27 卷尺中的分数单位,说一说有什么不同。学生发现,图 8-24 中分数单位的分母是 2、3、4、5……是连续的。而卷尺中用"米"作单位时分数单位的分母是 10、100、1000……教师让学生思考卷尺中为什么会选择这样的分数单位,但仅作短暂停顿,不组织讨论,而是在下一个解决问题后结合具体体验进行解释。

(二)多元记录,体会异同

教师出示借助卷尺测量小黑板长度的图示(图 8-28),请学生观察图示,要求用多种方式记录小黑板的长度。学生独立思考后报出答案,教师有意识地按照整数、小数与分数的形式分类记录,形成如图 8-29 所示的板书。接着,请学生说一说每一个数量分别用什么作为最小测量单位。学生回答后,发现第④种与第⑥种、第③种与第⑤种的最小测量单位相同,分别是"$\frac{1}{100}$ 米"和"$\frac{1}{10}$ 分米"。进一步追问:在日常生活中,你喜欢用哪一种数记录?为什么?在回答上述问题的过程中,让学生认识到测量单位是"$\frac{1}{100}$ 米"和"$\frac{1}{10}$ 米"等时,可以直接转化成小数记录,进一步揭示了小数与分数之间的关系。

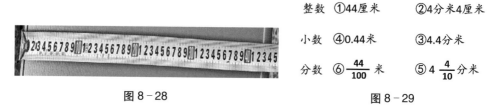

整数　①44厘米　　②4分米4厘米

小数　④0.44米　　③4.4分米

分数　⑥$\frac{44}{100}$米　　⑤$4\frac{4}{10}$分米

图8-28　　　　　　　　　　　图8-29

（三）利用进率进行单位的换算

由测量产生分数,可以看成测量单位间换算的结果。

教师出示题组(图8-30)请学生完成,要求先写出算式,再计算。其中,前面两题可以直接把分数转化成小数;第(3)题由于"时"与"分"之间的进率是60,所以不能直接转化成小数,要利用分数的基本性质进行化简。

1.按要求在括号里填上合适的分数与小数。

　　　　　　　　　分数　　　　小数

(1) 800g=（　　　　）kg=（　　　　）kg

(2) 8m³80dm³=（　　　　）m³=（　　　　）m³

(3) 80分=（　　　　）时

图8-30

回顾本节课的学习过程,从测量的视角经历分数的产生,体现了数学表达的多样性。即:既可以创造新的测量单位以及名称,并仍旧用整数记录;也可以用新的测量单位——分数单位,用分数来表示。而现代卷尺所测量出的结果,可以利用分数单位与小数计数单位之间的联系,直接用小数表示。不论哪一种表示,都是在用原来的单位不能完成测量时,把原来的测量单位细分,得到新的单位后再测量。

第四节

"'除法比'①产生分数"教学实践

在之前的两节课中,学生分别由平均分物和测量长度这两个活动经历了分数的产生过程,学习了分数的意义、分数的分类、分数与除法的关系、分数的基本性质等。顺应这样的教学思路,还可以在两个数的"除法比"中再次经历分数的产生过程,认识分数中"除法比"的含义,学习利用分数的基本性质约分。基于这样的思考,我们尝试让学生依据信息提出关于"减法比"与"除法比"的问题,并在解决问题的过程中,利用迁移与类比,经历"除法比"中产生分数的过程。

一、创设情境,提出问题并归类

两个同类量进行比较,有"减法比"与"除法比"两类。"减法比"中有"多多少"与"少多少"这样两种表达形式,且学生在二年级时已经学习了相应的数量关系;"除法比"包括"几倍"与"几分之几","几倍"在三年级时已经学习,而"几分之几"则是本节课学习的重点。因此,本环节从学生已有的学习经验出发,结合具体情境与数学信息,让学生自己提出两个量进行比较的问题,并在分类比较的过程中发现新问题。

(一) 阅读信息,提出数学问题

教师出示如下情境与信息:

小新家养了 20 只鸡、10 只鸭和 6 只鹅。

让学生选择其中两个信息进行比较,并提出数学问题。学生先选信息,发现有三种选择。教师首先组织学生依据"鸡的只数"与"鸭的只数"这两个信息提出问题并板书;再分别依据"鸡的只数"与"鹅的只数"、"鸭的只数"与"鹅的只

---

① 本节中的"减法比""除法比"是指两个同类量进行比较,是依据解决问题时的不同运算而进行的分类。"减法比"包括"一个数比另一个数多多少"与"一个数比另一个数少多少",也称为"相差关系"。"除法比"包括"一个数是另一个数的几倍""一个数是另一个数的几分之几"以及"一个数比另一个数多的是另一个数的几分之几(或几倍)""一个数比另一个数少的是另一个数的几分之几"。

数"提出相应的问题,完成后集体反馈。教师选择典型例子,并将其板贴到黑板上(图8-31、图8-32)。

(1)鸡的只数比鸭多几只?　　(4)鸭的只数比鸡少几只?

(2)鸡的只数比鹅多几只?　　(5)鹅的只数比鸡少几只?

(3)鸭的只数比鹅多几只?　　(6)鹅的只数比鸭少几只?

图8-31

(7)鸡的只数是鸭的几倍?　　(10)鸭的只数是鸡的几分之几?

(8)鸡的只数是鹅的几倍?　　(11)鹅的只数是鸡的几分之几?

(9)鸭的只数是鹅的几倍?　　(12)鹅的只数是鸭的几分之几?

图8-32

以上信息来自人教版《数学》"分数的意义和性质"单元中"分数与除法"的例4,并作了适当调整。首先把鹅的只数从7只改为6只,更有利于揭示分数的基本性质;其次把三个信息从原来的由小到大出示改为由大到小出示,使得问题提出的序列更有利于从旧知引出新知。由于在三年级上册"分数的初步认识"单元整体设计中,学生已经认识了"一个数是另一个数的'几'倍"就是"另一个数是这个数的'几'分之一",因此学生可以由问题(7)"鸡的只数是鸭的几倍"联想到"鸭的只数是鸡的几分之几",也为提出问题(11)与问题(12)提供思维模型,即"大的数"比"小的数"可提出求"倍"问题,"小的数"比"大的数"可提出求"几分之几"问题。

(二)解决问题,体会标准的异同

展示了这12个问题后,引导学生观察图8-31中的这两列问题,说一说这些问题有什么相同点。学生观察后指出,这些问题都是求一个数比另一个数多几或少几。依据学生的回答,教师在两列问题的上方分别板书"(　　)比(　　)多几?"和"(　　)比(　　)少几?"。

教师肯定学生的回答,并指出这些问题都是之前学过的。请学生先快速口头解答问题(1),学生集体回答,教师板书:20-10=10(只)。教师请学生继续解答问题(4),发现算式和前面的一样,都是用"鸡的只数-鸭的只数"。教师在算式上方板书数量关系后提问:能不能只写一个算式?学生认同后教师追问:真的完全一样吗? 学生指出表示的意义不一样。

结合图示,让学生感受这两个问题的意义和标准量的不同。教师课件出示表示鸡和鸭的点子图,提问:"鸡的只数比鸭多几只"中的标准量是什么? 学生回答是鸭,教师相应地在图示中圈出标准量,再动态显示鸡和鸭比较的过程,并在图示中标出问题(图8-33)。同理,分析"鸭的只数比鸡少几只"的问题,形成如图8-34所示的图示。通过图示的对比,体会标准量不同,算式表示的含义也不同。

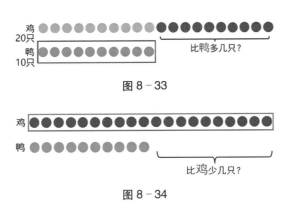

图 8-33

图 8-34

(三) 同类分析,铺垫"除法比"问题

接着完成图8-31中余下的两行问题,板书如图8-35所示。请学生观察图8-35,说一说它们有什么相同的地方。从整体的视角,让学生关注"减法比"中两种不同问题的相同思路,即确定标准量,让另一个量与标准量进行比较,为接下来"除法比"的学习提供完整的学习背景与学习策略。

(1) 鸡的只数比鸭多几只?   (4) 鸭的只数比鸡少几只?

鸡-鸭=?

20-10=10(只)

(2) 鸡的只数比鹅多几只?   (5) 鹅的只数比鸡少几只?

鸡-鹅=?

20-6=14(只)

(3) 鸭的只数比鹅多几只?   (6) 鹅的只数比鸭少几只?

鸭-鹅=?

10-6=4(只)

图 8-35

二、迁移类比,解决"除法比"问题

在迁移类比、优化表达的过程中,让学生依据原来解决"求一个数是另一个的几倍"的经验,结合直观图示自主尝试解答图8-32中的两列问题,并在交流评析商的不同结果时学习约分,巩固将假分数化为带分数的方法。

(一)自主尝试,经历探究过程

教师请学生观察图8-32中的两列问题,提问:哪一列是之前学过的?学生依据经验指出,左边的"求一个数是另一个数的几倍"是原来已经学过的,用除法计算。教师追问:"求一个数是另一个数的几分之几"是今天提出的新问题,猜一猜可以用什么方法解决?学生猜测与左边一列一样,用除法计算。依据学生的回答,教师在这两列问题的上方分别板书"(　　　)是(　　　)的几倍?"和"(　　　)是(　　　)的几分之几?"。

整体分析与辨析后,学生尝试独立解决问题(7)和问题(10)。教师巡视,挑选几位学生板演,然后组织全班交流讨论。先讨论问题(7),请学生说一说"20÷10=2"这个算式所表示的意思。学生回答时,教师结合图8-36,让学生认识到是把鸭的只数看成1份,鸡有这样的2份,然后框出单位"1"——鸭的只数,请学生依据图示与算式的意思概括出数量关系(图8-37)。

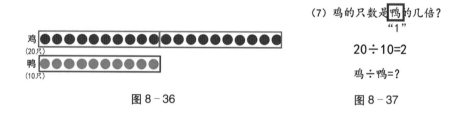

(7) 鸡的只数是鸭的几倍?
　　　　　　　　"1"

20÷10=2

鸡÷鸭=?

图8-36　　　　　　　　　　　图8-37

理解问题(10)中的数量关系是本节课的难点。依据学生完成的作业"10÷20=$\frac{10}{20}$"以及商化简后的结果$\frac{1}{2}$,让学生从分数的意义、分数与除法的关系,以及类比问题(7)中的数量关系等多个视角展开讨论。先请学生审题,明确比较时以什么作为标准。学生回答是鸡的只数后,教师顺势用红框将"鸡"框出并标注"1",提问:这里的结果$\frac{10}{20}$是怎么想到的?学生用分数的意义进行解释:把鸡的只数看成单位"1",平均分成20份,鸭的只数相当于有这样的10份,所以是$\frac{10}{20}$。教师依据学生的回答借助课件进行演示(图8-38),把表示鸭数量的10个小圆点移到表示鸡的这一行中,将其与鸡同样多的10只重叠,从而把两个并列的同类量的比较转化成部分与整体的比较,以此理解商$\frac{10}{20}$的含义。在验证了商的正确性之后,教师进一步提出问题:那么"10÷20"又是什么意思呢? 有学生依据分数与除法的关系,由商 $\frac{10}{20}$ 推导出相应的除法算式;也有学生指出,这里是把鸡的只数作为标准,鸭的只数与鸡的只数进行比较,所以关系式是"鸭÷鸡=?",这显然是将解决问题(7)时的活动经验迁移到了问题(10)的解决过程中。教师补充关系式,形成如图 8−39 所示的板书,实现了问题(10)与问题(7)在分析思路与数量关系上的一致性。

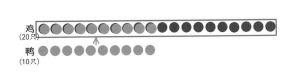

鸡
(20只)

鸭
(10只)

图 8−38

( ) 是 ( ) 的几分之几?

(10)鸭的只数是鸡的几分之几?

鸭÷鸡 =?

$10 \div 20 = \frac{10}{20} = \frac{1}{2}$

图 8−39

(二) 依据经验,学习约分

上节课中结合测量产生分数,发现了分数的基本性质。因此,在解决问题(10)时,有学生用"$\frac{1}{2}$"表示商。教师请学生说一说对 $\frac{1}{2}$ 的理解,学生指出,把 10 只鸭看成 1 份,20 只鸡有这样的 2 份,所以 10 只鸭相当于鸡的只数的 $\frac{1}{2}$。教师随着学生的回答板书 $\frac{10}{20}$ 的分子和分母同时除以 10 等于 $\frac{1}{2}$ 的过程,指出这个过程称为约分,并板书约分的规范表达过程(图 8−40)。

$$\frac{10}{20} = \frac{10 \div 10}{20 \div 10} = \frac{1}{2}$$

$$\frac{\overset{1}{\cancel{10}}}{\underset{2}{\cancel{20}}} = \frac{1}{2}$$

图 8−40

教师请学生进一步概括问题(7)与问题(10)在解题思路上的相同点,讨论后形成统一的解题思路,即"一找"(依据关键句找到单位"1"),"二列"(列出数量关系并代入信息列出算式),"三解答"(计算出结果,能够约分的要约分)。这是利用数量关系解决问题的一般思路,其中"一找"(依据关键句找到单位"1")是解决这一类问题的关键。接着,教师把全班学生分成两组,一组完成问题(8)、问题(11),一组完成问题(9)、问题(12),然后反馈评析。最后,形成如图 8−41 所示的完整板书。

(三) 整体对比,明晰联系与区别

首先依据信息,让学生自主提出两个量进行比较的四种问题;然后以题组的形

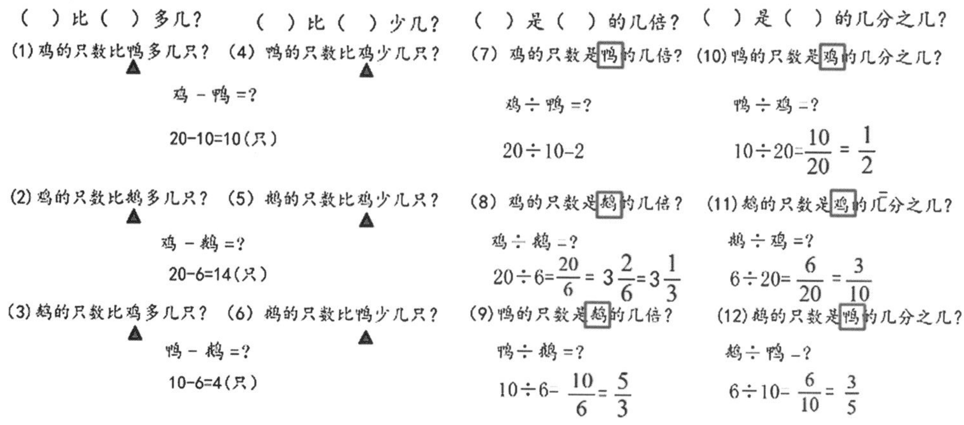

（　）比（　）多几？　　（　）比（　）少几？　　（　）是（　）的几倍？　（　）是（　）的几分之几？

(1)鸡的只数比鸭多几只？　(4)鸭的只数比鸡少几只？　(7)鸡的只数是鸭的几倍？　(10)鸭的只数是鸡的几分之几？

$$鸡-鸭=?$$
$$20-10=10（只）$$

$$鸡÷鸭=?$$
$$20÷10=2$$

$$鸭÷鸡=?$$
$$10÷20=\frac{10}{20}=\frac{1}{2}$$

(2)鸡的只数比鹅多几只？　(5)鹅的只数比鸡少几只？　(8)鸡的只数是鹅的几倍？　(11)鹅的只数是鸡的几分之几？

$$鸡-鹅=?$$
$$20-6=14（只）$$

$$鸡÷鹅=?$$
$$20÷6=\frac{20}{6}=3\frac{2}{6}=3\frac{1}{3}$$

$$鹅÷鸡=?$$
$$6÷20=\frac{6}{20}=\frac{3}{10}$$

(3)鹅的只数比鸭多几只？　(6)鹅的只数比鸭少几只？　(9)鸭的只数是鹅的几倍？　(12)鹅的只数是鸭的几分之几？

$$鸭-鹅=?$$
$$10-6=4（只）$$

$$鸭÷鹅=?$$
$$10÷6=\frac{10}{6}=\frac{5}{3}$$

$$鹅÷鸭=?$$
$$6÷10=\frac{6}{10}=\frac{3}{5}$$

图8-41

式把它们分成两类,分别进行解答与评析,并把新的数量关系"求一个数是另一个数的几分之几"纳入旧知的学习之中;最后形成用减法解答"求（　）比（　）多（或少)多少"与用除法解答"（　）是（　）的几倍(或几分之几)"这两类问题。

教师引导学生观察图8-41,提问:这四列数量关系,如果把它们分成两类,应该怎样分? 为什么? 学生观察后,把左边的两列看成一类,它们都是相差关系,都用减法计算;把右边的两列看成一类,它们都用除法计算。教师追问:继续观察,这两类问题又有什么共同的地方呢? 引导学生发现都是两个量的比。依据学生的回答,教师在图8-41的上方添上如图8-42所示的板书。

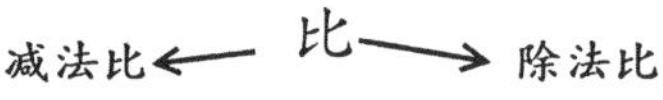

减法比 ←—— 比 ——→ 除法比

图8-42

分类后,教师继续引导学生思考:"减法比"中的"求多几"与"求少几"用一个算式就可以表示,那么"除法比"中的"求几倍"与"求几分之几"是不是也可以用一个式子表示呢? 为什么? 学生讨论后发现,不能用一个算式表示。因为它们的标准量不同,关系式不同,所以计算的结果也不同,不能用一个算式表示。

三、适度延伸,综合辨析两类比

通过前面的学习,在"减法比"和"除法比"这两类问题中,学生已经明晰了两者的联系与区别,对标准量的确定、数量关系的表达以及运算方法的选择也已经有了一定的经验。下面,在"减法比"和"除法比"两类问题的基础上提出新的问题,以丰富"一个数是另一个数的几分之几"的表达形式。

（一）合理组合,分析新问题

教师请学生思考:有没有一种可能,让"减法比"和"除法比"两类问题融合在一起呢？随后出示问题：鸭的只数比鹅多的是鹅的几分之几？这是六年级上册较复杂的分数乘法或除法解决问题中的关键句，但是以简写形式表述的，如上述问题表达为"鸭的只数比鹅多几分之几"。显然，如果要分析其中的数量关系，需要进行还原。因此，在本环节的学习中我们用完整的句式呈现，并请学生进行辨析。

学生依据学习经验，从新问题中找到了"减法比"（鸭比鹅多）和"除法比"（是鹅的几分之几）。再请学生分别找出"减法比"和"除法比"中的标准量，发现都是鹅的只数（图 8－43）。教师请学生把标准量重读，将问题再读一遍，并追问：这个新的问题到底属于哪类问题？学生指出属于"除法比"，即多的部分是鹅的几分之几。

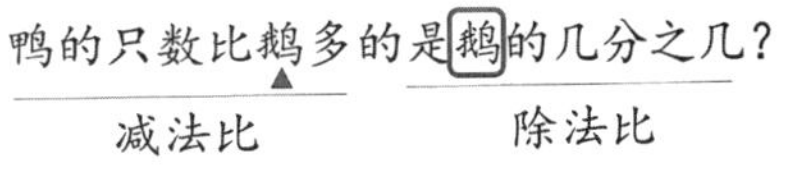

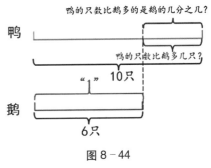

图 8－43

（二）利用经验，解决新问题

从关键句入手展开分析，发现这是一道"除法比"问题。接着请学生依据"除法比"解决问题的思路列出数量关系，再代入信息列出算式并计算出结果，即：鸭比鹅多的只数÷鹅＝?，$(10-6)÷6=\frac{4}{10}=\frac{2}{5}$。评析时，结合线段图说明数量关系（图 8－44）。

教师进一步让学生思考：如果还是鹅的只数与鸭的只数进行比较，还可以提出什么类似的问题？实际教学时，第一位学生提出：鹅的只数比鸭少的是鹅的几分之几？教师板书问题后，请学生按照"一找""二列"的方法列出关系式与算式，但不解答，得到：少的只数÷鹅的只数＝?，$(10-6)÷6$。追问：与前面一个问题比较，算式是相同的，这是为什么？学生发现，两个数进行比较，"多几"与"少几"的量是一样的，且两个"除法比"问题中的单位"1"也是一样的。

图 8－44

教师进一步提问：如果要与前一个问题有所区别，应该怎样改？学生思考后指出：鹅的只数比鸭少的是鸭的几分之几？教师请学生思考：这个问题与"鹅的只数比鸭少几只"有什么相同的地方？学生发现，"减法比"中的标准量与"除法比"中的单位"1"是一样的。最后，请学生独立按三个步骤解答这一新问题。

（三）整体回顾，统整解题思路

在丰富了"除法比"的表达形式后，教师进一步引导学生结合板书观察"减法比"与"除法比",说一说在解决问题时都可以怎样思考,又有什么发现。学生发现,都可以依据关键句,采用"一找""二列""三解答"的思路解决问题;在"减法比"中,"多几"与"少几"的量是相同的;在"除法比"中,"几倍"与"几分之几"是不一样的,且有学生发现两者正好反过来了。

很显然,从"除法比"中产生的分数,实质上表示的是两个数之间的一种关系。因此,不论得到的商是整数、小数还是分数,都表示一种关系,但当商用分数表示时,却可以很好地保留这种关系。这样,在后续学习中,直接用"比"表示两个数相除的关系就变得十分自然了。本节课中的"除法比"虽然不能等同于六年级上册学习的"比",但为后续学习"比"做好了铺垫。

第九章
分数除法

　　人教版《数学》六年级上册"分数除法"是小学阶段除法学习的最后一个阶段。分数除法的意义及其数量关系,既有与整数除法相同的部分,又有自己独有的部分,即分数除法的意义有"已知一个数的几分之几,求这个数",相应的数量关系有"对应量÷对应分率＝单位'1'的量"。显然,这样的意义与数量关系是基于对本册分数乘法中的意义与数量关系进行逆运算或逆向思考而得来的。因此在解决问题时,可以直接依据分数乘法中的数量关系"单位'1'的量×分率＝分率的对应量",用方程解决问题。另外,在利用数量关系解决问题中还有一类特殊的问题,即分数工程问题,人教版教材用"工作总量(看成'1')÷工作效率(对应分率)＝工作时间"这一数量关系来解决问题,即用算术方法解决。为了实现分数除法解决问题的统一性,我们也依据"工作效率×工作时间＝工作总量"这一数量关系列方程解决。

　　计算方面,分数除法的计算法则则与整数除法和小数除法的计算法则完全不同,把分数除法转化成分数乘法后再计算。转化的法则很简单——除以一个数就是乘它的倒数。但是,采用什么策略概括出这一法则呢? 我们采用乘法与除法的关系——除法是乘法的逆运算,用逻辑推理的方法推导出分数除法的计算法则。

第一节
"分数除法"整体设计

人教版《数学》六年级上册"分数除法"是小学除法教学的最后阶段。前期学习的除法的意义在这里既得到了应用,又得到了拓展,形成了新的意义——已知一个数的几分之几是多少,求这个数。分数除法计算方法则依据转化的思想,与分数乘法进行了沟通;利用除法新的意义解决问题也是基于原有的分数乘法中的数量关系。因此,我们以单元整体设计为思路,系统梳理单元知识点,沟通单元与单元之间、单元内部知识之间的联系。并且,在教学过程中借助符号,带领学生体验演绎推理,提升学生的逻辑思维水平;精心编排题组练习,通过类比迁移,帮助学生突破相似题型中的困惑点。

一、梳理——理清教材的编排特点

单元整体设计并不是完全打乱教材原来的编排顺序,重新制订教学计划;应在充分考量教材编写的科学性的基础上,通过对教材的梳理、钻研,明确知识间的逻辑关系及可迁移性。

（一）知识点的梳理：新知与旧知相互交织

依据教材章节编排,"分数除法"单元分成"倒数的认识"与"分数除法"两个部分。其中,"倒数的认识"是为总结分数除法计算法则而设置的内容,只安排了 1 个例题;而"分数除法"则包含相应的运算意义、运算规则与解决问题,教材编排的 7 个例题也可以从这 3 个方面进行梳理,发现本单元新知与旧知相互交织(下表)。

章节	例题	课　题	意　义	学 习 内 容	解决问题
倒数的认识	例 1	倒数的认识	乘积是 1 的两个数互为倒数	求一个数的倒数	

（续表）

章节	例题	课　题	意　义	学　习　内　容	解决问题
分数除法	例1	分数除以整数	等分除	分数除以几就是乘几分之一	用原有数量关系解决问题
	例2	一个数除以分数	速度模型	除以一个数,就是乘这个数的倒数	
	例3	有分数除法的四则混合运算与解决问题	包含除,几个几	有分数除法的四则混合运算的运算顺序,乘法的运算定律,除法的运算性质	
	例4	已知一个数的几分之几是多少,求这个数	除法是乘法的逆运算,分率的意义	解方程,四则运算中各部分之间的关系	用分数乘法中的数量关系列方程解决问题
	例5	已知比一个数多(或少)几分之几的数是多少,求这个数			
	例6	和率问题			
	例7	分数工程问题	工作效率模型	分数除法计算法则	分数工程问题

　　上表中,阴影部分的内容是在学习本课之前学生已经有的学习基础。"倒数"虽然是一个新概念,但只是两个数相乘后,把积是1的这一类乘法算式中的两个因数的特征进行了概括。

　　"分数除法"单元没有新学习的意义。分数除法的计算法则是本单元的新知,是在"等分除""求速度"的分数除法解决问题中,分别推导出"分数除以整数""一个数除以分数"这两类分数除法的计算法则。另外,解决问题也可以分成两个部分:第一部分是利用原有数量关系解决有关分数除法的问题;第二部分则是新知,即用方程解决分数除法问题,其中的数量关系又是旧知——分数乘法解决问题中的数量关系。

（二）学习过程的梳理：激发已有的学习经验组织学习

　　要组织有效的学习,需要创设好的学习情境,组织有效的学习活动,选择合适的思维方式。因此,对于学习过程,我们从学习情境、数量关系、操作活动、思维方式四个方面进行梳理,具体如下页表。

章节	例题	学习情境	数量关系	操作活动	思维方式	学习的新知
倒数的认识	例1	乘法计算		寻找相同点	猜想、归纳	倒数与找倒数
分数除法	例1	平均分纸	总数÷份数=每份数	列式、画图、分数乘法计算	几何直观、转化	一个数除以整数的意义及其计算
	例2	行程问题	路程÷时间=速度			一个数除以分数的计算
	例3	吃药片	总数÷每份数=份数 每份数×份数=总数	列数量关系、列式计算	迁移与应用	分数乘除四则计算
	例4	体重与水分	单位"1"的量×分率=分率的对应量	画图、列数量关系、列方程解决问题	几何直观、迁移	已知一个数的几分之几是多少,求这个数
	例5	体重比较	单位"1"的量×(1±相差分率)=分率的对应量 标准量±相差数=比较量			较复杂的分数除法解决问题
	例6	篮球得分	部分数+部分数=总数 单位"1"的量×分率=分率的对应量	列数量关系、列方程解决问题	迁移、类比	和倍问题的变式
	例7	合修道路	工作总量÷工作效率=工作时间	列数量关系、假设法	抽象、归纳	分数工程问题

从表格中发现,每一个例题中都在学习新知识,但其情境、数量关系、操作活动与思维方式却都是原有的,因此可以很好地激发学生已有的学习经验,为学生的自主探究提供扎实的学习基础。

(三)学习序列的梳理:由简到繁,逐步完善新知学习

本单元的第二个学习板块——分数除法,一共安排了7个例题,可以分成两个学习层级,分别是分数除法计算与分数除法解决问题,且这两个层级都是按照由易到难的逻辑设计的,逐步完善学习内容。

分数除法计算中,首先安排分数除以整数,结合"等分除"的例子,借助对直观图示的操作概括出计算法则。接着安排一个数除以分数,相对于分数除以整数,它的算理更难理解,教材为此创设了"求速度,比谁快"的情境,结合线段图让学生推算并概括出计算法则。最后是含有分数除法的四则混合运算,这一内容可以看成是分数除法计算的综合应用,从而从数的角度完善了四则混合运算的题型,包括运用运算律和运算性质进行简便计算。

这里的分数除法解决问题不包括在分数除法计算学习时,利用整数除法中的数量关系解决问题的部分;而专门指由本册第一单元"分数乘法"中的数量关系转化而来的分数除法解决问题,以及分别由和倍问题和工程问题变化而来的和率问题和分数工程问题。这样的编排,体现了分数除法解决问题的学习是由一般到特殊,从单一到综合这样一个学习过程。

二、反思——发现可以改进之处

从梳理得到的三个编排特点中可以看出,教材对于分数除法已经作了精心的安排。但是,从整体设计的视角,我们发现了一些可以改进之处。

(一)可以赋予倒数的学习更多的思维价值

从应用的价值上来说,倒数是专门为概括分数除法计算法则而得到的一个概念。但是,从思维的价值上来说,倒数也可以成为探究计算规律、进行逻辑推理的一个载体。

首先,通过比较让学生感受到倒数的独特性。怎样概括出倒数的特征?人教版教材安排了一组乘积是1的乘法计算题,通过计算这四个题目,学生自然地发现倒数的特征(图9-1)。但是,从四则运算的视角分析,两个数相加、相减、相乘与相除均可以出现得数是1的算式,但为什么其他三种运算中不对其总结规律并概括出概念,唯独对乘积是1的两个数概括出概念,且被称为倒数呢?通过举例可以发现,其他三种运算结果是1的情况,要么规律太简单,如商是1的两个数相等,用

图9-1

字母概括为 $a \div a = 1 (a \neq 0)$；要么不能够概括出明显的规律，如两个数的和或差等于 1。唯独乘积是 1 的两个数却有着十分有趣的特征，即 $\frac{a}{b} \times \frac{b}{a} = 1 (a \neq 0, b \neq 0)$，乘积是 1 的两个分数，分子与分母交换了位置，用"倒数"来形容是最形象的。从计算结果是 1 的四种运算中探究它们各自的规律，可以让学生更充分地体会乘积是 1 的两个数的独特性。

其次，通过归纳求一个数的倒数的方法，让学生经历逻辑推理的过程。求一个数的倒数不是一种计算，而是依据倒数的定义或互为倒数的分数特征推导而来的。特别是求一个整数或小数的倒数，一般先要把它们化成分数，再依据互为倒数的分数特征，交换这个分数分子、分母的位置从而求出倒数。以上过程不能像计算那样以递等式的形式呈现，而是要一步一步地进行推理，这个过程可以看成小学阶段难得的逻辑推理的例子，在教学中可以充分地展开，并引入"∵""∴"这两个表示因果关系的数学符号串联说理过程。

（二）更好地体现分数除法计算法则推导的一致性

教材把"分数除法"分成两类，一类是分数除以整数（例 1），一类是一个数除以分数（例 2）。例 1（图 9-2）创设了平均分一张长方形纸的情境，结合图示概括出"分数除以整数就是分数乘这个整数的倒数"，或者说"除以几就是乘几分之一"。其中，长方形是一个很好的几何直观图示，表示第一个因数时把长方形纵向平均分，而表示"除以几"时，又进行了横向平均分，从直观图示中就可以看出平均分成了几份，每份就是它的几分之一。

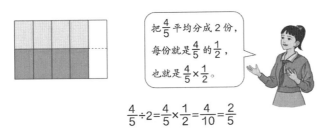

$$\frac{4}{5} \div 2 = \frac{4}{5} \times \frac{1}{2} = \frac{4}{10} = \frac{2}{5}$$

如果把这张纸的 $\frac{4}{5}$ 平均分成 3 份，每份是这张纸的几分之几？

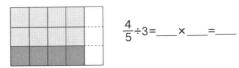

根据上面的折纸实验和算式，你能发现什么规律？

图 9-2

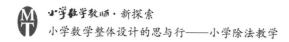
例2创设了"求速度,比谁快"的问题情境:

小明 $\dfrac{2}{3}$ 小时走了 2 km,小红 $\dfrac{5}{12}$ 小时走了 $\dfrac{5}{6}$ km。谁走得快些?

当学生列出式子 $2\div\dfrac{2}{3}$ 和 $\dfrac{5}{6}\div\dfrac{5}{12}$ 来分别求小明和小红的速度时,引导学生依据这两个算式的共同特征概括出课题"一个数除以分数",并思考该如何计算。教材以 $2\div\dfrac{2}{3}$ 为例,通过画线段图与说思考过程相结合的形式形成算理,从而发现转化的规律(图9-3),并在计算 $\dfrac{5}{6}\div\dfrac{5}{12}$ 时应用这一规律,进而概括出计算法则。

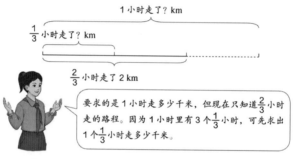

小明平均每小时走: $2\div\dfrac{2}{3}$

怎样计算呢? 画个图试试吧。

可以分两步想:

(1) 求 $\dfrac{1}{3}$ 小时走多少千米。

因为2个 $\dfrac{1}{3}$ 小时走了 2 km,所以1个 $\dfrac{1}{3}$ 小时走的路程是 2 km 的 $\dfrac{1}{2}$,即 $2\times\dfrac{1}{2}$。

(2) 求 1 小时走多少千米。

因为1小时是 3 个 $\dfrac{1}{3}$ 小时,所以 1 小时走的路程就是 $\dfrac{1}{3}$ 小时走的3倍,即 $2\times\dfrac{1}{2}\times3$。

$$2\div\dfrac{2}{3}=2\times\dfrac{1}{2}\times3=2\times\dfrac{\overset{1}{3}}{\underset{1}{2}}=3\,(\text{km})$$

图9-3

很显然,两次法则的推导是相互独立的,创设的问题情境不同,推导的思路也不同。我们思考:能否找到一种策略使这两种推导思路相一致?即:将推导分数除以整数计算法则时的思路应用到推导一个数除以分数的计算法则中?并且,倒数概念的学习策略也能否纳入这一思路中来,实现分数除法计算法则推导的一致性?

（三）更加全面地体现分数除法解决问题策略的一致性

从梳理得到的第三个编排特点中可以知道,分数除法解决问题中的数量关系与分数乘法中的数量关系一致,且为了充分展现这种一致性,例 4 至例 6 的解决问题策略都是采用列方程解决问题,但例 7 分数工程问题却采用了算术策略(图 9-4)。那么,此题能否也列成"工作效率×工作时间＝工作总量"这一基本关系式,采用列方程解决问题的策略来解答,从而实现分数除法解决问题策略的一致性呢?显然是可行的,且本题也可以从求工作总量的解决问题中转化而来,实现与相应的分数乘法解决问题中工程问题的衔接,避免学生片面地认为分数工程问题就只有如例 7 那样的一种形式。

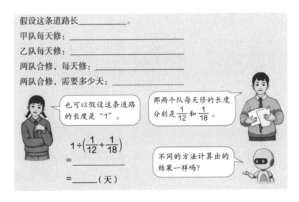

图 9-4

同时,为了更好地体现分数除法解决问题中的数量关系与分数乘法中的数量关系一致,可以从分数乘法解决问题中选择例子,对其中的关键句进行分析,再改变条件与信息,从而引出分数除法解决问题。

指出以上三个方面的改进之处,并不是否定本单元教材的编写意图,而是从整体设计的视角更好地体现在不同课时的学习中,同一个学习内容系列在思维方式、学习策略等方面的一致性。并且在课时设计时,要更好地体现本单元的学习特色,让新知从旧知中生长出来。

三、重构——沟通知识间的联系,体会数学的生长

结合对本单元内容的梳理与反思,从整体设计的视角对本单元的学习路径进行重构。在教学的序列上,七节新授课完全按照教材中的编排顺序与课时安排组织教学,只是依据反思中指出的三个方面,从学习板块的改进、学习材料的选择与解决问题策略的运用等几方面进行重构,以更好地体现本单元的研究主题——沟

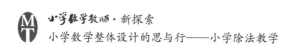

通新旧知识的联系,感受数学的生长。

(一)单元学习板块的重构

教材把本单元分成"倒数的认识"与"分数除法"这两个板块。其中,"倒数的认识"虽然从原来"分数乘法"单元的最后一节新授课后移为"分数除法"单元的起始课,但这样的板块设计还是不能很好地融入"分数除法"中。另外,"分数除法"的内容过多,按学习内容可以分成分数除法计算(例1、例2)、含有分数除法的四则混合运算与解决问题(例3)、分数除法解决问题(例4~例7)这样三个部分。因此,我们对本单元的板块进行了重新组合,把单元中独立成为一个板块的"倒数的认识"纳入"分数除法计算"中,形成了三个板块,具体如下表。

板　块	例题	课　题	主要学习内容	问题解决策略
分数除法计算	例1	倒数的认识	倒数的认识;求一个数的倒数;利用倒数的知识进行简单的应用	逻辑推理
	例2	分数除以整数	分数除以整数的计算法则;利用法则计算分数除法;解决相应的问题	
	例3	一个数除以分数	一个数除以分数的计算法则;利用法则计算分数除法;解决相应的问题	
含有分数除法的四则混合运算与解决问题	例1	含有分数除法的四则混合运算与解决问题	利用整数四则混合运算的运算顺序、运算律、运算性质等计算含有分数除法的四则混合运算;能利用整数四则运算解决问题中的关系式解决含有分数除法的解决问题	类比、迁移
分数除法解决问题	例1	较简单的分数除法解决问题	利用分数乘法解决问题中的数量关系,列方程解决分数除法解决问题	列方程解决问题
	例2	较复杂的分数除法解决问题		
	例3	和率问题	利用和倍问题的学习经验解决和率问题	
	例4	分数工程问题	利用整数工程问题中的数量关系解决分数工程问题	

第一个学习板块是分数除法计算,从解决反思中提出的第二个改进之处"实现分数除法法则推导的一致性"出发,把"倒数的认识"纳入"分数除法计算"中,并采

用逻辑推理的方式把它融入其中。

第二个学习板块是含有分数除法的四则混合运算与解决问题。这部分的学习内容较多,主要是把前面三课时的分数除法计算融入原来学习的四则混合运算中,用已经学习的四则混合运算中的运算顺序、运算律、运算性质等进行计算或简便计算,并结合具体例子体会含有分数除法的四则混合运算的基本思路——把除法转化成乘法后再计算或简算。这里的含有分数除法的解决问题是指一般复合应用问题,其中用分数表示的信息是具体的量,可以用原来解决复合应用问题的数量关系来解决。通过这样的问题解决,让学生体会把具体信息中的量抽象成意义的作用,如把"每次吃$\frac{1}{2}$片"概括成"每次吃的片数",更有利于数量关系的迁移与应用。另外,解决图形面积计算问题时,可以依据分数除法法则,把三角形与梯形面积公式中的"÷2"改为"$\times\frac{1}{2}$",使得这两个图形面积公式的记录更简捷、计算更便捷,也与

六年级下册圆锥的体积公式 $V_{圆锥}=\frac{1}{3}Sh$ 保持一致。

第三个板块是分数除法解决问题,主要是指本单元例4~例7。主要学习内容没有变化,但学习材料的选择、解决问题的策略会有一定的变化。

(二)部分学习材料的调整

随着学习板块的重构,教材中的部分例题也需要进行适当调整,以更好地实现板块内学习材料的互补性以及学习策略的结构化。

1. 从四则运算的视角学习倒数

把"倒数的认识"由单一的乘法中积是 1 的两个因数特征的探究,拓展为两个数相加、相减、相乘、相除中结果是 1 的各类运算中两个数特征的分析,体会乘积是 1 的两个数特征的独特性。因此,为学生增添如下探究倒数的学习材料(图9-5)。

$$\frac{3}{4}+\frac{1}{4}= \qquad 25\div25= \qquad \frac{7}{6}-\frac{1}{6}= \qquad \frac{3}{8}\times\frac{8}{3}=$$

$$5\times\frac{1}{5}= \qquad 79-78= \qquad 4.7\div4.7= \qquad \frac{13}{10}-\frac{3}{10}=$$

$$\frac{3}{4}\div\frac{3}{4}= \qquad \frac{3}{7}+\frac{4}{7}= \qquad 8.6-7.6=$$

$$\frac{7}{15}\times\frac{15}{7}= \qquad 0.2+\frac{4}{5}= \qquad 0.5\times2=$$

图9-5

先请学生计算后指出它们共同的特征,再按照运算的不同进行分类,最后找出各自特征,在特征的比较中体会乘积是 1 的两个数特征的独特性。

2. 用"包含除"学习"一个数除以分数"

按照除数的不同,把分数除法分成分数除以整数和一个数除以分数这样两类。教材所提供的材料,前一类是"等分除"的学习材料,后一类是"求速度"的学习材料,都是为了有利于用画图的方法,结合具体例子推算出计算结果。但是,重构后的分数除法计算法则的推导主要采用逻辑推理的方式展开,用"画一画"的方法"画出"计算过程或"验证"计算结果是否正确,以凸显采用逻辑推理的方式得到的结论更具有一般性。因此,为了与分数除以整数的学习材料形成互补,一个数除以分数采用"包含除"的学习材料,具体如下:

(1) 一个玻璃杯的容量是 $\frac{2}{5}$ L。现有牛奶 2 L,可以装多少个玻璃杯?

(2) 一个玻璃杯的容量是 $\frac{2}{5}$ L。现有牛奶 $\frac{3}{4}$ L,可以装多少个玻璃杯?

先后出示两个问题,让学生逐题完成。学生依据上一题的经验转化成分数乘法后计算,但在用"画一画"进行验证时,发现第(2)题画图较麻烦,教师于是引导学生用上节课中"推一推"的方法进行验证,具体策略在下文阐述。

3. 由分数乘法解决问题引出分数除法解决问题

分数除法解决问题中的数量关系来源于相应的分数乘法解决问题。通过对分数乘法解决问题过程的回顾,理清利用关键句列出数量关系从而解决问题的思路,再交换其中的条件与问题,使其变为分数除法解决问题,并在不改变原有数量关系的情况下列方程解决问题,真正构建起分数除法解决问题与分数乘法解决问题在数量关系以及解决问题策略上的一致性。教材中的例 4 和例 5 也有这样的设计意图,但两个单元相对应的学习材料并没有进行统一。为此,我们在教学"较复杂的分数除法解决问题"时,把第一单元"分数乘法"中的例 9 作为本节课的例题:

人心脏每分钟跳动的次数因年龄而不同。青少年每分钟心跳约 75 次,婴儿每分钟心跳的次数比青少年多 $\frac{4}{5}$。婴儿每分钟心跳约多少次?

先请学生回顾本题的解题思路,特别是依据关键句列出两种数量关系。接着请学生思考:如果把"青少年每分钟的心跳次数"变为问题,那么可以把什么作为信息?又该怎样解答?引导学生用列方程解决问题的方式完成。

（三）学习板块内解决问题策略实现结构化

重构后，把本单元分成了三个学习板块。这三个板块除了学习内容相通，学习策略也相同，并且在具体教学时，板块内不同课时解决问题的策略，或者同一课时不同内容解决问题的策略也实现了结构化。

1. 采用逻辑推理的方式学习分数除法计算

把逻辑推理作为分数除法计算板块的学习策略，并在三个课时的学习过程中形成一个逐步提升、层层深入的结构。具体地，在倒数的认识时渗透逻辑推理的基本依据；在分数除以整数中学习逻辑推理；在一个数除以分数的学习中运用逻辑推理。

把倒数的认识直接纳入分数除法计算的学习板块，不仅因为它是为提炼分数除法法则做准备，还为符号化的分数除法计算法则的逻辑推理做准备。例如，在用"$\frac{a}{b}\times\frac{b}{a}=1,a\times\frac{1}{a}=1$"概括倒数的特征时，让学生体会符号的一般性。如图 9-6，在说明左边一列的括号里要填几时，感受等式的传递性；在推算"$1\div\frac{2}{5}$"的商是几时，回顾乘除法的可逆性。

$$\frac{3}{8}\times(\quad)=\frac{7}{3}\times(\quad)$$

$$\because\frac{3}{8}\times\frac{8}{3}=1\qquad\frac{7}{3}\times\frac{3}{7}=1$$

$$\therefore\frac{3}{8}\times\frac{8}{3}=\frac{7}{3}\times\frac{3}{7}$$

$$1\div\frac{2}{5}=(\quad)$$

$$\frac{2}{5}\times(\quad)=1$$

$$\because\frac{2}{5}\times\frac{5}{2}=1$$

$$\therefore 1\div\frac{2}{5}=\frac{5}{2}$$

图 9-6

学习分数除以整数时，学生用"画一画"的方法画出了"$\frac{4}{5}\div2$"和"$\frac{4}{5}\div3$"的商，归纳出计算法则后，教师追问：这一法则对所有的分数除以整数都适用吗？学生认为可以再举例。教师进一步追问：这样的例子举得完吗？学生认为举不完。那应该怎么办呢？由此引出用字母表示计算法则，再利用符号化推理进行验证(图 9-7)。

学习一个数除以分数时，学生感受到用画图的方法验证"$\frac{3}{4}\div\frac{2}{5}=\frac{3}{4}\times\frac{5}{2}=$

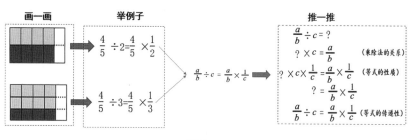

图 9-7

$\dfrac{15}{8}$（杯）"的结果是否正确比较困难,由此想到上节课中"推一推"的方法,尝试用如图 9-8 的形式进行推理验证。进而用字母表示一个数除以分数的两种形式,即"$a \div \dfrac{c}{b}$"和"$\dfrac{a}{b} \div \dfrac{c}{d}$",并进行计算法则的推理。

$$\dfrac{3}{4} \div \dfrac{2}{5} = ?$$
$$? \times \dfrac{2}{5} = \dfrac{3}{4}$$
$$? \times \left(\dfrac{2}{5} \times \dfrac{5}{2}\right) = \dfrac{3}{4} \times \dfrac{5}{2}$$
$$? = \dfrac{3}{4} \times \dfrac{5}{2}$$
$$\dfrac{3}{4} \div \dfrac{2}{5} = \dfrac{3}{4} \times \dfrac{5}{2}$$

诚然,在之前推导四则运算的计算法则时,都是通过一个或几个具体的例子归纳所得,这是一种不完全归纳法。而符号化的逻辑推理则可以弥补这样的缺点,并能培养学生的符号意识。

图 9-8

2. 运用迁移类比,学习"含有分数除法的四则混合运算与解决问题"

"含有分数除法的四则混合运算与解决问题"这一课时容易被教师忽视,因为内容大多是一些旧的数学知识的组合。甚至有教师认为,这节课上与不上都差不多。但是,正是因为这样的特点,更可以结合学习内容培养学生迁移类比的能力,即把原有的学习经验充分迁移到新的学习情境中,用类比的策略解决问题,并对旧知进行优化。从课题中就可以知道本节课包括"含有分数除法的四则混合运算"和"含有分数除法的解决问题"两部分内容,都可以采用迁移类比的策略,让学生在自主尝试的基础上完善并优化计算与解决问题中的策略。

教学含有分数除法的解决问题时,通过提炼信息与题组比较等形式,让学生感受到用分数表示量时会感到这样的信息比较陌生,所以需要通过对题意的提炼,认识到它与原来用整数或小数表示的量是一样的。如例 3 中的三个信息:一盒药共 12 片,每次吃半片,每天吃 3 次。通过对这三个信息的提炼,可以认识到"$\dfrac{1}{2}$ 片"就是"每次吃的片数"（图 9-9）。也可以通过题组比较来实现"分数量"与"整数（或小数）量"在题意上的沟通,进而采用迁移、

一盒药共12片,每天吃半片,每天吃3次。
（药片总数）　（每次吃的片数）　（每天吃的次数）
$\dfrac{1}{2}$ 片,

图 9-9

类比的策略,用画思路图(图 9 - 10)的方式分析原有四则运算中的数量关系,以帮助学生思考并解决问题。

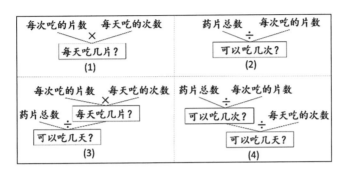

图 9 - 10

还可以进一步进行题组比较,感受两种信息在数据上的差异性和在数量关系上的一致性。例如,教师出示如下两个解决问题:

(1) 20 吨小麦可磨面粉 16 吨。照这样计算,80 吨面粉需要小麦多少吨?

(2) $\frac{4}{5}$ 吨小麦可磨面粉 $\frac{16}{25}$ 吨。照这样计算,$\frac{3}{4}$ 吨面粉需要小麦多少吨?

请学生比较这两个问题有什么相同的地方与不同的地方,学生比较后形成相同的解决问题思路图(图 9 - 11)。

图 9 - 11

(1) $\frac{7}{9} \div \frac{11}{5} + \frac{2}{9} \times \frac{5}{11}$ (2) $15\frac{5}{21} \div 5$

图 9 - 12

含有分数除法的四则混合运算的计算特点是把运算中的除法转化成乘法后再计算,可以把这样的含有分数除法的四则混合运算类比成含有分数乘法的四则混合运算。因此,在审题确定了运算顺序,判断哪些可以进行简便计算后,就可以把含有分数乘法的四则混合运算中的解题策略迁移类比于此。教师出示两道计算题(图 9 - 12),请学生思考这两道题目是否可以简便计算。在交流讨论中,逐步提炼出含有分数除法的四则混合运算的解题思路。

3. 列方程解决问题,学习分数除法解决问题

教材中,分数除法解决问题学习板块的例 4~例 6 均是用列方程解决问题,但

例7分数工程问题却选择用算术方法解决问题。这样的编排,使得学生会误以为分数工程问题就只有例7这一种类型,用"$1÷\left(\dfrac{1}{a}+\dfrac{1}{b}\right)$"这样的模型解决即可,从而形成了相对单一的关系式"工作总量÷工作效率和=合修的工作时间"。所以当出现如下问题时,学生一时不知所措。

　　修一条公路,如果甲队单独修,12天修完。如果乙队单独修,18天修完。两队合修6天可以完成全部的几分之几?

　　这一题的数量关系是"甲队与乙队的工作效率和×两队合修的工作时间=完成全部的几分之几"。如果用具体量来解决问题,显然"工作效率和×合修的工作时间=工作总量"是基本数量关系,"工作总量÷工作效率和=合修的工作时间"是推导所得的数量关系。但是,在分数工程问题中,"工作总量÷工作效率和=合修的工作时间"却成了基本数量关系,再加之是抽象的"率"代替了具体的"量",学生觉得分数工程问题中的数量关系与原来学习的工程问题相比,结构形式不同了(注:在我们的单元整体设计中,四年级上册"三位数乘两位数"单元中安排了工程问题)。

　　因此,在本节课的设计中,我们还是以"工作效率×工作时间=工作总量"为基本数量关系,采用题组比较的形式,问题情境由具体到抽象,由简单到复杂,引导学生形成分数工程问题数量关系体系。

　　我们设计了如图9-13所示的题组。先出示第(1)题,要求学生读题、审题后列出数量关系,再代入信息求出结果。接着出示第(2)题,请学生与第(1)题比较,并在第(1)题的关系式中用"√"表示已知信息,用"?"表示所求问题。发现联系后,请学生列方程解决。以上过程采用指名学生口答的形式完成。

　　(1)修一条公路,甲队每天修3千米,乙队每天修2千米,两队合修,7.2天修完,这条公路一共有多少千米?

　　(2)修一条长36千米的公路,甲队每天修3千米,乙队每天修2千米,两队合修,多少天可以修完?

图9-13

　　(3)修一条公路,如果甲队单独修,12天修完。如果乙队单独修,18天修完。两队合修,几天修完?

图9-14

　　接着,再出示图9-14中的问题,请学生与前面两个问题进行比较,说一说与哪一题相同。学生指出与第(2)题相同后,请学生对照数量关系寻找已知信息。学生发现没有一个信息是知道的(图9-15),进而引导学生思考:怎样利用题目中的已知信息,把数量关系中的未知信息变成已知信息?引导学生在列举具体总量并用方程解决问题的基础上,用"1"表示工作总量,再列方程解决(图9-16)。

解：两队合修，x天修完。

（工作效率_甲+工作效率_乙）×工作时间=工作总量

	（工作效率_甲+工作效率_乙）	×工作时间	=工作总量	
(1)	√	√	√	（？）
(2)	√	√	（？）	√
(3)	？	？	（？）	？

图 9-15

$$(\frac{1}{12}+\frac{1}{18})\,x=1$$
$$x=1\div(\frac{1}{12}+\frac{1}{18})$$
$$x=7.2$$

答：两队合修，7.2天修完。

图 9-16

于是,分数除法解决问题中的四个例题都采用了列方程解决问题的策略,形成了统一的解决问题策略。

本单元的整体设计给我们如下启示：数学学习是一个不断积累、丰富并完善数学学习知识体系的过程。在学习某一单元知识时,要思考它与前面学习的哪些知识有联系,可以通过怎样的途径沟通这一联系,让学生感受到新知的学习其实就是对旧知的再学习,从而实现"温故而知新"。

第二节
"分数除法的运算"教学实践

依据教材编排,分数除法算理是基于直观图示中的运算意义概括得出的。这样总结得到的法则属于不完全归纳,是一种合情推理。教学后,再列举其他例子,让学生边画图边说明算理就会显得很困难。六年级学生在解方程、推导图形面积公式等活动中已经有了一定的逻辑推理能力,那么,能否在逐步采用符号进行抽象概括的基础上,采用逻辑推理的方式来理解算理、总结法则呢? 依据这样的思路,我们把"倒数的认识""分数除以整数""一个数除以分数"这三节课作为分数除法计算教学的一个整体,在"倒数的认识"中渗透基本的逻辑推理依据,后两节的分数除法计算教学则在通过画图获得结论、验证假设的基础上,采用逻辑推理的方式进行验证。

一、在"倒数的认识"的教学中渗透推理依据

很显然,倒数的学习是为后续总结分数除法计算法则而服务的。但是,在基于符号化和逻辑推理的分数除法计算整体设计中,倒数的学习还承载着符号化概括与推理的目标,因此在倒数教学中,需要渗透如下几方面的内容。

（一）感知符号的概括性

乘积为1的两个数互为倒数。如果其中一个数是分数或整数,那么它的倒数依次是分数或单位分数,这时可分别表示为: $\dfrac{a}{b} \times \dfrac{b}{a} = 1$, $a \times \dfrac{1}{a} = 1$。依据这一个规律,可以直接推算出一个分数或整数的倒数。而如果求一个小数的倒数,那么可以把小数化成分数后再用上述方法推算。

（二）感受等式的传递性

"等于同量的量彼此相等"是《几何原本》五条公理中的公理1,体现了等式的传递性。公理不需要证明,理解它的含义之后即可以直接应用。在分数除法计算法则的逻辑推理中,则需要应用这一公理,因此可在倒数的教学过程中进行合理渗

透。例如,出示如下练习:

在下面的括号里填上不同的数,使等式成立。

$$\frac{3}{8}\times(\qquad)=\frac{7}{3}\times(\qquad)$$

这是一个开放题,学生会有多种填法,但不论如何填,都要符合等式的传递性。其中,结合倒数的含义进行填写是最合理的。如图 9 - 6 左边一列,在说明理由时,让学生学习用"∵""∴"来表示说理过程,可以简化表述形式。

(三) 回顾乘除的互逆性

在后续推导分数除法计算法则时,需要经历如图 9 - 17 的步骤,而在倒数教学中,也可以设置类似的练习:

$$\frac{a}{b}\div c=?$$
$$?\times c=\frac{a}{b}$$

图 9 - 17

在括号里填上合适的数或字母。

$$1\div\frac{2}{5}=(\qquad)\qquad 1\div 7=(\qquad)\qquad 1\div a=(\qquad)$$

对于第 1 题,可以按照图 9 - 6 右边一列的形式说出思路,其中的第一步就是应用了乘除法的互逆关系而进行的等式转化。后面两题也可以用同样的思路进行思考。

乘除法的互逆关系不仅在推导分数除法计算法则中需要运用,分数除法解决问题中的数量关系也是由分数乘法解决问题推导而来的,也需要用到乘除法的互逆关系。因此,在倒数教学时,可结合倒数的练习进行相关复习。

为什么要学习倒数? 最直接的原因是为了概括分数除法计算法则。然而,从上述环节中还可以发现,倒数教学也可以培养学生的抽象概括能力,渗透逻辑推理的思考方法,为后续推导分数除法计算法则做好了概念上的铺垫、推理依据上的准备与推理方式上的建构。

二、在"分数除以整数"的教学中学习逻辑推理

教材将分数除法的计算分成"分数除以整数"和"一个数除以分数"这样两个板块。前者采用平均分的数量关系列出分数除以整数的算式,再用平均分的图示得到两种思路,接着分别概括出它们的计算方法。很显然,这样得到的计算方法只是一个结论,或者说是一个假设,还需要进行验证。一般地,通过再举一些例子的方式进行验证,但这还是一种合情推理,需要更为严谨的逻辑推理。因此,我们在改编学习材料的基础上,用"画一画"的方法归纳出计算方法后,对于第二种更为一般的计算方法(分数除以整数,就是乘这个整数的倒数),用举例和字母表达两种形式加以说理。

（一）变换情境，由表示"率"的平均分转化成"量"的平均分

教材中的情境是：

把一张纸的 $\frac{4}{5}$ 平均分成 2 份或 3 份，求每份是这张纸的几分之几。

这里的 $\frac{4}{5}$ 是一个分率，在操作与表达时，都要说明谁是单位"1"。因此，实际教学时把它改编成具体的量，改编后的题目如下：

一块长方形蛋糕重 $\frac{4}{5}$ kg，平均分给 2 位（或 3 位）小朋友，每位小朋友得到多少千克？

这样改编后，更有利于学生进行表达与图示操作。同时，也与之后"一个数除以分数"的教学中用"包含除"作为情境形成互补。

（二）由具体数的运算过渡到字母的运算

依据教材的思路，在解决" $\frac{4}{5} \div 2$ "和" $\frac{4}{5} \div 3$ "时，借助画图概括出算理，并从比较中发现"平均分成几份"就是"求这个分数的几分之一"，从而总结出计算法则并进行应用。这是典型的不完全归纳法，是一种合情推理。进一步地，教师把问题改为"一块长方形蛋糕重 $\frac{4}{5}$ kg，平均分给 c 位小朋友，每位小朋友得到多少千克"，并列出算式" $\frac{4}{5} \div c$ "，让学生思考除数变成了字母后该如何计算。

上述过程，是一个从具体例子到一般化的过程。对于前面的两个算式，可以通过具体的图示帮助解决；但对于" $\frac{4}{5} \div c$ "，则无法直接画图。

（三）算理由画图记录到逻辑推理

" $\frac{4}{5} \div c$ "中，虽然除数变成了字母，但依据学生原有的经验，从前面两个例子中可以实现策略上的迁移，得到转化的方法： $\frac{4}{5} \div c = \frac{4}{5} \times \frac{1}{c}$ 。这时，教师提问：这样一定正确吗？理由是什么？学生自然地以前面两个算式的计算作为依据来说理。教师进一步追问：这样的例子举得完吗？通过追问，让学生体会到" $\frac{4}{5} \div 2 = \frac{4}{5} \times \frac{1}{2}$ "和" $\frac{4}{5} \div 3 = \frac{4}{5} \times \frac{1}{3}$ "是两个例子，而" $\frac{4}{5} \div c = \frac{4}{5} \times \frac{1}{c}$ "更具一般性，从而感受

到需要用其他方式来加以验证。接着,教师把"$\frac{4}{5} \div c = \frac{4}{5} \times \frac{1}{c}$"改为"$\frac{4}{5} \div c = x$"。学生与旧知进行类比,发现可以把它看成方程,由于这里有两个字母,所以把要求的"x"用"?"表示,引导学生用解方程的基本思路推导出"$\frac{4}{5} \div c = \frac{4}{5} \times \frac{1}{c}$"。

在此基础上,把被除数也用字母表示,即$\frac{a}{b} \div c = \frac{a}{b} \times \frac{1}{c}$,让其更具一般性,同样可以用推导的方式获得验证。

回顾整数、小数的四则运算法则,都是用举例概括的方式获得的。同样地,分数乘法与除法的计算法则,也是用举例和画图的方法帮助学生理解算理,总结法则。我们需要认识到,这种方式有利于得出结论,但如果要验证结论是否正确,显然举例的方式是不完善的,需要用更加一般化的逻辑推理。六年级学生已经有了一定的逻辑思维能力,因此结合具体教学内容,可以让学生适当地进行逻辑推理能力的训练,体会逻辑推理的一般性与严谨性,为后续的数学学习做好准备。

三、在"一个数除以分数"的教学中运用逻辑推理

前一节课获得的新的学习经验,可以成为下一节课的学习基础,这是数学学习连续性与递进性的体现。在上节课中,学生第一次体会到用逻辑推理的方法获得的法则更具一般性,而在推导一个数除以分数的计算法则时,逻辑推理将发挥更大的作用。

(一)把速度模型改编为"包含除"模型

教材采用速度模型进行分数除法的算理分析:

小明$\frac{2}{3}$小时走了 2 km,小红$\frac{5}{12}$小时走了$\frac{5}{6}$ km。谁走得快些?

要比较谁快,就需要求出他们的速度。教材由"$2 \div \frac{2}{3}$"这一例子概括出了一个数除以分数的计算法则,并将其应用在"$\frac{5}{6} \div \frac{5}{12}$"的计算中。为了说明"$2 \div \frac{2}{3}$"的算理,教材采用了画线段图的形式(图 9 - 18)。显然,画出这样的线段图并由此展开思考对学生来说有很大困难。这是因为速度模型下的"$2 \div \frac{2}{3}$"实质上是一个"等分除"模型,由于"总路程"所用的时间不到"1 小时",所以如何平均分得到 1 份,即"1 小时行多少千米"就成了画图的难点。

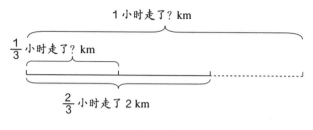

图 9－18

基于这样的考虑，我们把问题情境由速度模型改为"包含除"模型，让学生能更容易地画出图示，并与分数除以整数中的"等分除"形成互补。具体问题如下：

玻璃杯的容量是 $\frac{2}{5}$ L。现有牛奶 2 L，可以装多少个玻璃杯？

由于除数是分数，因此用"等分除"表达不合适，而"包含除"则能够比较容易地表示出整数除以分数时分的过程。

（二）画图验证从容易到困难

依据"包含除"的数量关系列出算式后，学生会依据上节课的学习经验进行类比推理，或由课前预习能够计算得到 $2\div\frac{2}{5}=2\times\frac{5}{2}=5$（个）。此时，画图就成了验证这一计算结果是否正确的依据。教师出示"2 升"与"$\frac{2}{5}$ L"（图 9－19），学生很自然地想到要把每一个 1 升平均分成 5 份，从而验证得到结果正确（图9－20）。

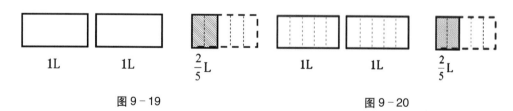

图 9－19　　　　　　　　　　　　图 9－20

在此基础上，教师把问题改为"玻璃杯的容量是 $\frac{2}{5}$ L。现有牛奶 $\frac{3}{4}$ L，可以装多少个玻璃杯"。学生依据猜想的法则计算出结果：$\frac{3}{4}\div\frac{2}{5}=\frac{3}{4}\times\frac{5}{2}=\frac{15}{8}$（个），再画图验证（图 9－21），发现比较困难，从而

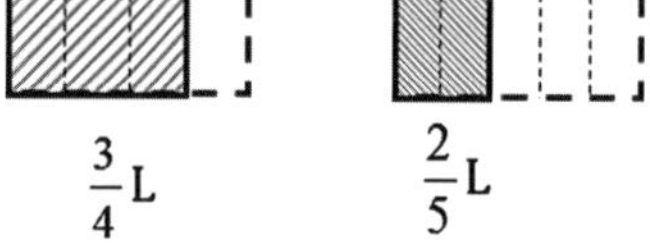

图 9－21

让学生感受到用推理进行验证的重要性。

值得注意的是,在计算时充分利用学生的类比猜想,而在画图验证时关注的是结果的正确性,没有把画图作为推导算理的依据,这样可以让学生更加自主地依据自己的想法进行思考。

(三) 从对数字算式的逻辑推理到字母算式的逻辑推理

由于有前一节课的学习作为经验,当画一画验证计算结果是否正确有困难时,学生自然想到了用逻辑推理的方法。教师让学生自己独立完成,然后反馈交流。当学生形成如图 9-8 所示的推理过程后,教师追问:现在你认为大家的猜测是否正确?如果要说明一定正确,还需要怎样变化后再进行推导?从而得到字母表达式"$a \div \dfrac{c}{b}$"和"$\dfrac{a}{b} \div \dfrac{c}{d}$",并进行推导,以验证猜想的正确性。

显然,用逻辑推理的方式推导分数除法的计算法则是本轮教学研究与实践的亮点。三节课按照铺垫、学习与应用这样三个步骤,逐步让学生感受到采用逻辑推理的思维方式推导计算法则更具一般性。同时,为适应六年级学生的认知特点,在逻辑推理前,先用画一画、举例子等形式得出结论,形成猜想,再逐步引导学生在符号化的基础上进行逻辑推理,验证计算法则,知道使用符号可以进行运算和推理,且得到的结论具有一般性,理解符号的使用是数学表达和数学思考的重要形式。

第三节

"含有分数除法的四则混合运算与解决问题"教学实践

"含有分数除法的四则混合运算与解决问题"包括两个部分,第一部分是利用整数、小数四则混合运算解决问题中的数量关系解决含有分数除法的四则混合运算问题;第二部分是类比整数、小数四则混合运算的运算顺序计算含有分数除法的四则混合运算。显然,这两个部分是有联系的,由解决问题可以引出学习含有分数除法的四则混合运算的必要性,且这一内容又是整数四则混合运算的运算顺序与运算律的推广。因此,本节课的学习既是分数除法计算在新情境下的应用,也是已经学习的四则混合运算与解决问题的再应用。

一、依据信息,提问解答

由解决问题引出含有分数除法的四则混合运算,让学生体会其学习价值。由于有些信息用分数表示,虽然与整数、小数表示的信息具有同样的意义,但学生也会感到陌生,因此需要引导学生更加细致地分析信息,提炼其实际意义,进而提出问题,并用已有的数量关系展开分析、列出算式,最终解决问题。

(一)依据信息,提出问题

课始,教师出示信息:一盒药共 12 片,每次吃半片,每天吃 3 次。请学生独立阅读后说一说图中有哪些数学信息。依据学生的回答,教师依次板贴信息,并进行概括(图 9-9)。

在这些信息中,其中"每天吃半片",用分数"$\frac{1}{2}$片"表示"半片",这是用分数表示数量,但概括成"每次吃的片数"后,含义就与整数或小数的意义相同,利于学生进一步利用已有的经验提出数学问题。

梳理完信息后,教师提问:依据上面的信息,你可以提出哪些问题? 可以三个信息都用上,也可以只用其中两个信息。

思考后指名学生回答,相互补充后,得到如下三个问题:

(1)每天吃几片?

(2)可以吃几次?

(3)可以吃几天?

教师板贴展示这三个问题。

（二）构建关系,解决问题

显然,以上三个问题可以分成两层:前面两个问题都只选择了其中两个有联系的信息,并能很快解决,且它们又是解决最后一个问题的中间问题。这一特征可以让学生在分析解答的过程中逐步体会。

教师请学生说一说分别选择了其中哪些信息,又是怎样提出问题的。在学生回答的过程中,教师把三个信息一层层取下来,与问题一起构建起一个完整的思路图(图9-10)。

（三）代入解答,总结思路

依据思路图,请学生代入具体的数据并列式解答。完成后,请学生说一说这三个问题之间的关系。学生依据思路图与列式解答的过程,发现第1、2幅思路图分别包含在第3、4幅思路图中。接着,让学生进一步思考解决第(3)题时,为什么会有两种不同思路。引导学生分析发现,第3幅思路图中是用"药片总数÷每天吃的片数"求"可以吃几天",第4幅思路图中则是用"可以吃的次数÷每天吃的次数"求"可以吃几天"。也就是说,求"天数"就是求"份数",但是和与它有联系的"总数"与"每份数"有着不同的含义。

总之,以上三个步骤,让学生再一次经历解决复合问题的两种基本思路。过程中,采用自主提问并解答问题串的形式,让学生分析问题之间的联系,从信息出发,寻找信息之间的联系,得到数量关系后解决问题。接着,寻找解决同一个问题的两种思路中的不同点与相同点,让学生学会从问题出发展开分析。

二、分析比较,发现规律

从上述例子中,可以让学生体会到原有的数量关系在含有分数除法的四则混合运算解决问题中同样适用。进一步从计算的角度观察两个算式之间的联系,逐步引导学生把整数中的连除性质推广到分数连除计算中,并把整数四则运算中的运算律与运算顺序等迁移到含有分数除法的四则运算中。

（一）分析评价,推广性质

教师引导学生再一次观察解决问题的两种计算方法(图9-22),说一说有什么发现。学生迁移类比后指出,它与整数除法中的连除相同,可以先把两个除数相乘,再与被除数相除。依据学生的回答,教师把两个算式板书成等式后,再用字母进行概括(图9-23)。教师进一步请学生观察图9-22中的第②、③种计算过程,说一说哪一种计算过程更加简捷。学生比较后指出第③种更好,把连除转化成连乘后,三个因数可以整体先约分、再相乘。

① $12 \div (\frac{1}{2} \times 3)$ ② $12 \div \frac{1}{2} \div 3$ ③ $12 \div \frac{1}{2} \div 3$

$= 12 \div \frac{3}{2}$ $\quad = 12 \times 2 \div 3$ $\quad = 12 \times 2 \times \frac{1}{3}$

$= 12 \times \frac{2}{3}$ $\quad = 24 \div 3$ $\quad = 8$(天)

$= 8$(天) $\quad = 8$(天)

图9-22

$$a \div b \div c = a \div (b \times c)$$

$$12 \div \frac{1}{2} \div 3 = 12 \div (\frac{1}{2} \times 3)$$

图9-23

(二)运用运算律优化计算

运算律指加法与乘法中的运算规律,分数除法中为什么也会有运算律呢?这是因为分数除法一般不直接用除法计算,而是转化成乘法后再计算。因此,整数乘法中的运算律也可以间接地应用到含有分数除法的四则混合运算中,从而优化计算过程。

教师出示两道计算题(图9-12),让学生说一说如果直接计算,分别可以怎样算。学生指出,第(1)题可以先同时计算除法与乘法,再把两个得数相加;第(2)题先把被除数转化成假分数,把除以一个数改成乘这个数的倒数后计算。通过上述提问,回顾了四则混合运算的运算顺序与分数除法的计算法则。

在此基础上,教师继续追问:这两题是否可以进行简便计算呢?依据是什么?先请学生独立思考,然后在小组中交流,交流后独立完成。教师选择典型作业展示评析,总结含有分数除法的简便计算的一般思路是"一转化、二简算"(图9-24)。

(1) $\frac{7}{9} \div \frac{11}{5} + \frac{2}{9} \times \frac{5}{11}$ (2) $15\frac{5}{21} \div 5$

$= \frac{7}{9} \times \frac{5}{11} + \frac{2}{9} \times \frac{5}{11}$ $\quad = (15 + \frac{5}{21}) \times \frac{1}{5}$ 一转化

$= (\frac{7}{9} + \frac{2}{9}) \times \frac{5}{11}$ $\quad = 15 \times \frac{1}{5} + \frac{5}{21} \times \frac{1}{5}$ 二简算

$= 1 \times \frac{5}{11}$ $\quad = 3 + \frac{1}{21}$

$= \frac{5}{11}$ $\quad = 3\frac{1}{21}$

图9-24

（三）辨析判断，学会审题

在四则混合运算中，有一些计算由于受一些特殊形式或特殊数据的影响，导致学生会出现一些错误的"简便计算"，这一现象在含有分数除法的四则混合运算中同样存在。对于这样的计算题，我们用错例辨析的形式让学生发现问题，避免此类错误再次发生。

教师出示两道四则混合运算题（图 9–25），请学生找一找这两题错在哪里，并思考为什么会做错。学生交流后发现，第（1）题受"乘加乘"结构的影响，当成"先乘后除"了；第（2）题则受两个"$\frac{5}{7}$"的影响，以为可以直接逆用乘法分配律进行简便计算。依据学生的说理，教师出示计算思路图（图 9–26），即：先把分数除法转化为分数乘法，再判断是否可以简算；若不能，则按运算顺序从左往右依次计算。

$$(1)\ \frac{9}{14} \times \frac{7}{9} \div \frac{9}{14} \times \frac{7}{9}$$
$$= \frac{1}{2} \div \frac{1}{2}$$
$$= 1$$

$$(2)\ 5 \div \frac{5}{7} + \frac{5}{7} \times \frac{1}{5}$$
$$= \frac{5}{7} \times \left(\frac{1}{5} + \frac{1}{5} \right)$$
$$= \frac{5}{7} \times \frac{2}{5}$$
$$= \frac{2}{7}$$

一转化
↓
二简算 → 计算

图 9–25　　　　　　　　　图 9–26

四则混合运算的计算过程，也是利用运算法则、运算律和运算性质等进行运算推理的过程，一定要让学生养成先审题再计算的习惯，形成规范严谨的审题思路，避免受题目结构与特殊数据的影响而出现各类错误。

三、题组练习，改进表达

从上述两个环节中可以感受到，本节课虽然是一节新授课，但并没有具体的新知识，更多地是把旧知应用到新的情境中。反之，解决旧有的问题时，可以利用分数除法中学习的新知改进表达，实现统一。

（一）化繁为简，统一计算

在学习分数除法计算法则时，"除以一个数就是乘这个数的倒数"这一法则中的"一个数"自然地包含了整数，因此在四则混合运算中也可以灵活应用这一法则，让除法计算走向统一。

教师出示如下三道四则运算题目请学生计算：（1）$\frac{35}{64} \div \left(\frac{3}{4} - \frac{1}{8} \right)$，

（2）$\dfrac{7}{11} \div \left[\dfrac{2}{5} + \left(0.9 - \dfrac{7}{10} \right) \right]$，（3）$486 \div 24 \times 16$。前两题是按运算顺序计算的分数四则混合运算，最后一题是整数乘除混合运算。第（3）题学生首先想到用笔算的方法计算，但发现"$486 \div 24$"的商有余数，得数是"20.25"或"$20\dfrac{1}{4}$"，如果商用小数，接着也要进行乘法笔算，如果商用分数，那么要化成假分数后再计算。有没有更加简捷的方法呢？因此，教师在评析第（3）题时，先展示前面两种思路，然后展示将"÷24"转化为"$\times \dfrac{1}{24}$"的学生作业（如果班级中没有，也可以由教师准备），请学生解释这样做的理由，并说一说和前两种相比，它有哪些优点。学生发现，这种方法由于进行了约分，使得再相乘时数据变得更简单了。教师进一步引导学生回顾含有分数除法的四则混合运算的审题思路，补充道：当除数是整数时，也可以转化成乘法后再计算。

（二）适时转化，统一公式

上述练习环节，结合具体计算让学生体会到把除法统一成乘法后再计算更加简捷。依据这样的思路，之前学习的三角形、梯形面积公式中的"÷2"也可以转化成"$\times \dfrac{1}{2}$"，实现乘除法在表达上的统一。

教师出示教材第32页"做一做"第2题：

一块梯形的玻璃，上底、下底和高分别是$\dfrac{3}{5}$ m、$\dfrac{4}{5}$ m、$\dfrac{3}{4}$ m。这块玻璃的面积是多少？

先请学生依据信息只列式不计算，并指名学生回答。学生依据梯形面积公式列出算式：$\left(\dfrac{3}{5} + \dfrac{4}{5} \right) \times \dfrac{3}{4} \div 2$。教师提问：在具体计算时，这里的"÷2"可以转化成什么再计算？学生指出要转化成"$\times \dfrac{1}{2}$"。教师追问：那么是否可以在列式时直接写成"$\times \dfrac{1}{2}$"呢？引导学生对梯形面积公式进行转化，得到$S = \dfrac{1}{2}(a+b)h$。教师再次追问：还有哪些公式也可以这样改写？引导学生把三角形面积公式改为$S = \dfrac{1}{2}ah$。最后，教师请学生利用改进后的梯形面积公式重新列式计算，并求出它的面积。

（三）题组比较,统一关系

在相同的情境下,数据由整数变成分数,学生在审题时就会感到陌生。在课始的解决问题中,我们通过概括意义的方式"去数据"后再思考。下面结合题组比较,再一次让学生体会这种策略能够实现不同信息在数量关系中的统一。

教师出示如下两个解决问题:

（1）20 吨小麦可磨面粉 16 吨。照这样计算,80 吨面粉需要小麦多少吨?

（2）$\frac{4}{5}$ 吨小麦可磨面粉 $\frac{16}{25}$ 吨。照这样计算,$\frac{3}{4}$ 吨面粉需要小麦多少吨?

请学生比较这两个问题有什么相同的地方与不同的地方。学生比较后发现,都是关于小麦磨面粉的问题,都可以用先求出磨 1 吨面粉需要多少吨小麦。教师依据学生的分析板贴思路图（图 9 - 11）,接着请学生说一说不同之处。学生发现第(1)题的数据都是整数,而第(2)题的数据都是分数。教师进一步请学生谈一谈体会:你认为哪一题的数量关系更好理解? 为什么? 学生一致认为第(1)题更好理解,因为是整数,大小关系很容易看出;第(2)题是分数,感觉看着有点繁。

依据学生的回答,教师进一步总结:正因为有这样的感觉,所以在分析数量关系时,可以先去掉数据,概括出数据的意义,然后提炼数量关系。

总之,本节课的学习过程充分体现了数量关系、运算律、运算性质具有的迁移性。并且,结合新知的学习,又可以对原有的一些表达形式作出改进、统一与优化,以旧知促新知,用新知融旧知。

第四节
"分数除法解决问题（1）"教学实践

人教版《数学》六年级上册"分数除法"单元中的分数除法解决问题大多采用列方程的方法解决，这样的设计可以更好地体现与分数乘法解决问题在数量关系上的一致性。因此，教学中应充分利用题组比较，让学生在寻找相同点与不同点的过程中，依据相同的数量关系，发现不同的解决问题。

一、乘除比较，形成结构

分数乘法解决问题与分数除法解决问题有相同的关键句，即有相同的数量关系。本环节充分利用这一特征，让学生在分类关键句、列出关系式，再依据信息提出问题的过程中，感知分数除法解决问题与分数乘法解决问题在数量关系上的相同点与不同点。

（一）分析具体分数，联想分数的意义

分数乘法与分数除法解决问题中的关键句，实际上是分数意义的现实模型，本质上是把其中一个量看成一个整体，另一个量是它的几分之几。因此，首先从具体分数入手，让学生在解释具体分数的过程中，联想分数的意义。

课始，教师板书分数"$\frac{4}{5}$"，让学生思考如果给这个分数加上单位，可能表示哪些数量？学生回答可能是 $\frac{4}{5}$ 千克、$\frac{4}{5}$ 米……通过举例，让学生感悟分数带单位就代表"具体的量"。接着教师追问：如果它不带单位，又表示什么意思？学生指出，是把单位"1"平均分成 5 份，表示这样的 4 份。很显然，分数的意义是从"份"的表示中，把抽象的分数具体化。教师顺势出示一条 5 等分的线段图，请学生标注单位"1"

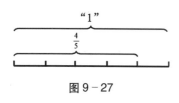

图 9 - 27

与"$\frac{4}{5}$"，结果如图 9 - 27 所示。结合线段图，让学生感

受到表示分率的 $\frac{4}{5}$，它代表两个量之间的一种关系。

（二）赋予分数现实意义，列出数量关系

学生在分数乘法解决问题的学习中，已经经历了依据关键句列出数量关系。

当用线段图表示出 $\frac{4}{5}$ 的意义后，教师出示如下信息：根据测定，儿童体内的水分

约占体重的 $\frac{4}{5}$。请学生思考这里的 $\frac{4}{5}$ 表示什么意

思，并在图 9－27 中进行标注。接着指名学生板演并

说明，讨论修正后形成如图 9－28 所示的板书。在线

段图中，把表示"率"与"量"的分数分别标注在线段

图的上下两边，可以直观地发现它们之间的对应

关系。

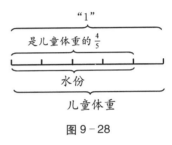

图 9－28

在此基础上，请学生思考：如果用数量关系表示 $\frac{4}{5}$ 的意义，又该怎样表示呢？

依据分数乘法解决问题中的经验，学生口答，教师板书数量关系式：儿童体重×

$\frac{4}{5}$＝儿童体内水分质量。然后请学生回顾刚才的思考过程，在自己的作业本上画

出如图 9－28 的线段图，并列出相应的数量关系。

（三）题组整体呈现，列式比较结构

上述两个环节，由具体分数到关键句，将抽象的分率转化成了具体的关键句，

为进一步提炼信息、提出问题做好了铺垫。

教师同时出示两组信息与问题：

（1）小明体重 35 千克，小明体内水分多少千克？

（2）小明体内水分 28 千克，小明体重多少千克？

请同桌合作完成，各选择其中的一题，并在原有线段图上标注信息与问题，在

数量关系上用"√"标注已知信息，用"?"标注问题。完成后先同桌交流，再集体反

馈，形成如图 9－29 所示的线段图与数量关系。

教师提问：这两个解决问题，分别可以用怎样的方法进行计算呢？学生思考

后指出，第（1）题用算术方法计算，因为要求的问题就是积；第（2）题可以列方程解

答，因为要求的是其中一个因数。有学生指出，第（2）题也可以用除法计算，把关

系式转化为"水分质量÷ $\frac{4}{5}$ ＝小明体重"。教师组织学生辨析第（2）题的这两种思

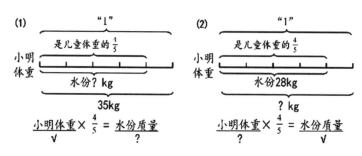

图 9 - 29

路有什么相同的地方与不同的地方,学生发现除法算式实际上渗透在列方程解决问题中,如图 9 - 30 虚线框的部分。

在五年级上册学习解方程时,解方程的依据是等式的性质。但是,本题在解方程时,为了更好地体现分数除法解决问题与分数乘法解决问题在数量关系上的联系,利用了四年级下册学习的"除法是乘法的逆运算"进行转化。

解:设小明的体重是 x kg。

$$\frac{4}{5}x = 28$$
$$x = 28 \div \frac{4}{5}$$
$$x = 28 \times \frac{5}{4}$$
$$x = 35$$

图 9 - 30

接着请学生完成第(1)题,既把它看成对第(2)题的检验,也让学生进一步比较在解决这两个问题时有哪些相同的地方与不同的地方。依据学生的回答,归纳出共同的思考步骤:一找,找关键句;二列,依据关键句列出数量关系;三代入,把信息与问题代入关系式;四解答,用算术法或列方程解答;五检验,检验结果是否正确。在上述思路中,前三个步骤对于用算术法与列方程解决问题而言,思路完全相同,从而统一了算术法与列方程解决问题的思路。

二、"倍""率"比较,延伸结构

在"分数乘法"单元中,分数乘法解决问题"求一个数的几分之几是多少"是从倍数关系解决问题"求一个数的几倍是多少"中延伸而来的。因此,在分数除法解决问题中,也可以把两类问题进行比较,进而发现它们的相同点与不同点,并从之前"份总关系"下的分数除法解决问题延伸到"两个同类量的比"模型下的分数除法解决问题。

(一)进行题组比较,感知"倍""率"异同

教师出示如下两个问题:

(1) 一条裤子的价格是 78 元,是一件上衣的 3 倍,一件上衣需要多少元?

(2) 一条裤子的价格是 78 元,是一件上衣的 $\frac{2}{3}$,一件上衣需要多少元?

请学生整体阅读,说一说这两题有什么相同的地方与不同的地方。学生发现,都是已知一条裤子的单价,求一件上衣的单价;不同的地方是,第(1)题是"一条裤子的价格是一件上衣的 3 倍",第(2)题是"一条裤子的价格是一件上衣的 $\frac{2}{3}$"。

结合阅读审题,感知到"量"与"率"的差异。进一步请学生读题,说一说两句关键句又有什么相同的地方与不同的地方。学生指出,都是把一件上衣看成单位"1",用一条裤子的价钱与它进行比较;不同的地方是价格比较后形成的关系不同。

倍数关系解决问题是三年级上册学习的内容,但并没有出现像第(1)题"已知一个数的几倍是多少,求这个数"这样的解决问题。五年级上册"简易方程"单元中的列方程解决问题出现了"已知比一个数的几倍多(少)几是多少,求这个数"的问题,但那是在相差关系背景下的数量关系。因此,这里可以把第(1)题看成对一个新数量关系的构建。

(二) 图示表征"倍""率",反馈评析解答

通过整体阅读比较与关键句阅读比较后,教师进一步请学生依据题意,分别画出线段图,并按照上一环节中概括的解决问题的思路独立完成解答。教师巡视,选择其中的典型例子让学生板演,最后全班评析,教师修正,形成如图 9 - 31 所示的解决问题过程。

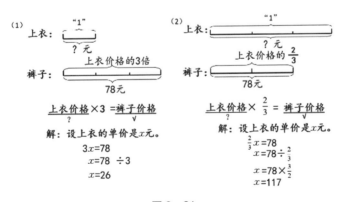

图 9 - 31

在要求学生画线段图时,教师依据题意,出示同样长的两条线段表示一条裤子的价格,而数量关系统一用乘法表示。

(三) 比较辨析,验证商的变化规律

运算能力是数学学科的核心素养之一,应当注重发展学生的运算能力,有助于学生理解算理,寻找合理的运算途径解决问题。并且,充分利用几何直观经历运算过程、理解算理也是"课标 2022 年版"的要求之一。

结合线段图,让学生辨析"已知一个数的几倍是多少,求这个数"与"已知一个数的几分之几是多少,求这个数"虽然都是求一倍数,但可以直观地看出整数倍中的一倍数比几倍数要小,而分率倍中的一倍数比对应量大。线段图形象地验证了解方程中商的变化规律:一个数(0 除外)除以一个大于 1 的数,商比被除数要小;一个数(0 除外)除以一个小于 1 的数,商比被除数要大。具体过程如下:

<table>
<tr>
<td>

上衣的价格×3＝裤子的价格

解:设上衣的单价是 x 元。

$3x = 78$

$x = 78 \div 3$(除以大于 1 的数)

$x = 26$(商<被除数)

</td>
<td>

上衣的价格×$\frac{2}{3}$＝裤子的价格

解:设上衣的单价是 x 元。

$\frac{2}{3}x = 78$

$x = 78 \div \frac{2}{3}$(除以小于 1 的数)

$x = 117$(商>被除数)

</td>
</tr>
</table>

解方程时,没有用等式的性质来解题,而是利用了乘除法各部分之间的关系来求解,有助于在解决问题的过程中,通过数形结合,进一步巩固商的变化规律。

正是基于整数中的倍数关系问题与分数乘除法中的典型问题之间一脉相承的关系,我们在"分数除法解决问题(1)"的教学中以"倍数"为基石,让学生理解"分率"的含义,有效突破了学生在分数除法解决问题中理解困难的问题。

三、综合比较,灵活结构

分数乘除法解决问题是小学六年级教学的重中之重,也是很多学生的难点。在以往的教学中,我们会发现学生对"已知一个数的几分之几是多少,求这个数"的结构模型在学习当天能模仿着应用,而一旦出现综合应用时,学生就会产生两个共性问题:① 分数乘法解决问题与分数除法解决问题相混淆;② 对数量与分率不对应的问题束手无策。因此在本次实践研究中,我们设计了题组让学生综合比较,继线段图的几何直观之后,用符号标注的理性思维方法帮助学生找到分析并理解数量关系的统一结构模型。

(一) 搭建模型,标注各类名称

问题结构不变,但改变其中的部分数据,以题组的形式推进,让学生在变与不变中学会分析,从"率"的本质中抽象出数学模型,更深入地理解分数的本质意义。

教师提供四种类型的分数应用题(图9–32左)。不解答,要求标注各类名称。具体的量标注"____",对象(即标准量,谁的)标注"〇",抽象的"率"标注"△"(图9–32右)。

图 9–32

这四种基本模型分别是"量""率"对应的分数乘法,"量""率"对应的分数除法,"量""率"不对应的分数乘法,以及"量""率"不对应的分数除法。

(二) 运用转化,融合乘除运算

分数除法解决问题的本质是把抽象的"率"转化成对应的具体的量(图9–33),这就是写出"一个数的几分之几是多少"数量关系的最本质依据(图9–34)。

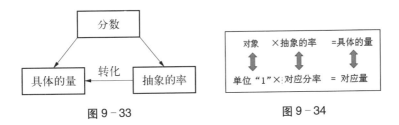

图 9–33   图 9–34

学生根据标注,依次写出如下数量关系:

一袋大米的质量 $\times \dfrac{1}{4}$ = 剩下的质量;

一袋大米的质量 $\times \dfrac{1}{4}$ = 剩下的质量;

一袋大米的质量 $\times \left(1 - \dfrac{3}{4}\right)$ = 剩下的质量,或一袋大米的质量 – 一袋大米的质量$\times\dfrac{3}{4}$=剩下的质量；

一袋大米的质量$\times\left(1-\dfrac{3}{4}\right)$=剩下的质量，或一袋大米的质量－一袋大米的质

量$\times\dfrac{3}{4}$=剩下的质量。

通过把抽象的"率"根据对应的分率转化成具体的量，从而写出数量关系，发现题5、题6是同一个数量关系，只不过已知和要求的量不同。题5已知一袋大米的质量，要求剩下的质量，用分数乘法进行运算；题6已知剩下的质量，要求一袋大米的质量，根据顺向叙述列方程求解。

题7、题8是同一个数量关系，且抽象的"率"与要求的具体的量没有形成对应关系。可以引导学生把已知的分率转化成要求的对应量的对应分率，或根据对应分率先求出对应量，再求出要求的量。

在以往的分数乘除法教学中，往往让学生直接套用公式化的结论，比如，单位"1"已知用乘法，单位"1"未知用除法，由此导致学生对变式或综合题一头雾水。我们通过上述题组练习，用不同符号标注"一个数的几分之几是多少"这一关键句中的各个量，从而建立数量关系，并借助乘法的意义，或用乘法或列方程解答，丰富并统一了知识结构，实现了以一变应万变，真正抓住了知识的本质核心，而不是仅仅停留在贴标签式的公式套用上。

（三）灵活拓展，丰富对应关系

练习是数学教学中非常重要的一个环节，要设计有效的题组，多角度提升学生解题的自主性、实践性和灵活性，让学生建立起分数解决问题的种种思维方法，明确思维方向，逐步形成和开阔解题思路。

教师提供以下题组，要求列出数量关系并解答。

（1）一袋食盐重$\dfrac{3}{5}$千克，第一次用去这袋食盐的$\dfrac{1}{3}$，第二次用去剩下的$\dfrac{1}{2}$，还剩食盐多少千克？

（2）丁丁看一本故事书，第一天看了这本书的$\dfrac{1}{5}$，第二天看了60页，两天正好看了这本书的一半。这本书一共有多少页？

其中，第（1）题涵盖了分数表示具体的量和抽象的"率"，同一题中标准量不同，以及"率"与"量"不对应三种情况，需要学生综合辨析，寻找表示分率的分数，灵活运用不同的标准量建立不同的数量关系，根据具体的量去寻找对应的分率，

围绕"单位'1'(标准量)×对应分率=对应量"列出具体的数量关系。

学起于思,思起于源,针对以往分数除法解决问题这一教学难点,我们努力寻问题根源,觅解题佳径。立足于原有的数量关系,借助题组对比、结合推理与图示,构建起解决问题的结构体系,深化对分数乘除法关系的理解,完善学生的认知结构,发展思维能力和推理能力。

第五节
"分数除法解决问题(2)"教学实践

　　上节课中,围绕分数除法解决问题中的关键句与相应的分数乘法解决问题中的关键句相同这一特征,形成了相同数量关系下不同的解题方式,即分数乘法解决问题用算术方法,而分数除法解决问题列方程解答。本节课与上节课有着相同的结构特征,即解决问题的关键句与分数乘法解决问题中的相同,只是关键句与上节课中的例题相比更加复杂,是"一个数比另一个数多(或少)几分之几",因此可以迁移上节课分析与解决问题的学习经验,让学生在题组比较中活用数量关系。

一、以旧引新,迁移学习经验

　　"分数除法解决问题(2)"是较复杂的分数除法解决问题,它与相应的较复杂的分数乘法解决问题具有统一的数量关系。为了更好地体现一致性,我们仍旧用"分数乘法"单元例9"比较青少年与婴儿每分钟心跳次数"的情境,从分析关键句入手,迁移上节课中的学习经验,并不断增加信息、提出问题。

(一)依据关键句,画出线段图

　　课始,教师出示"分数乘法"单元中的例9,并谈话引入:这是分数乘法解决问题的例9,在解决这个问题时,我们要依据关键句"婴儿每分钟心跳的次数比青少年多$\frac{4}{5}$"进行分析,请把这句话的意思用线段图表示。依据线段图(图9-35),请学生解释"$\frac{4}{5}$"是什么意思。有学生指出,这里把青少年每分钟的心跳次数看成5份,婴儿每分钟的心跳次数比青少年多这样的4份;也有学生指出,婴儿每

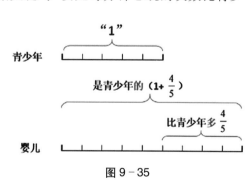

图9-35

分钟的心跳次数有这样的 9 份；还有学生指出，婴儿每分钟的心跳次数是青少年的 $\left(1+\dfrac{4}{5}\right)$。

（二）列出数量关系，体会多重关系

接着，教师提出要求：依据"$\dfrac{4}{5}$"和"$1+\dfrac{4}{5}$"的含义，结合线段图，列出用乘法计算的数量关系。学生独立完成后反馈评析，得到如下两层数量关系：（1）青少年×$\dfrac{4}{5}$=比青少年多的；（2）青少年+青少年×$\dfrac{4}{5}$=婴儿；（3）青少年×$\left(1+\dfrac{4}{5}\right)$=婴儿。教师请学生进一步观察这三个数量关系。

（三）利用信息链，迁移学习经验

以上两个步骤，在例 9 的问题解决中学生已经经历过。教师依据线段图与关系式提问：依据这句关键句，在分数乘法中我们已经解决了已知"青少年每分钟的心跳次数求婴儿每分钟的心跳次数"的问题，现在如果要求"青少年每分钟的心跳次数"，利用这些数量关系，需要已知什么信息？请学生依据分数乘法例 9 的解答过程自主编题，并列方程解答，学生独立完成后反馈评析。

首先展示学生已知"婴儿每分钟的心跳次数"求"青少年每分钟的心跳次数"的过程，比较第（2）（3）种数量关系下的不同解决问题过程，发现用第（2）种数量关系求解不需要改写原来的关系式，但在计算时要把它转化成第（3）种的形式。

接着展示学生已知"婴儿比青少年每分钟多跳的次数"求"青少年每分钟的心跳次数"的过程，并与前一种情况进行比较，思考为什么这种情况只需要一步计算。学生比较后发现，这种情况下的"量"与"$\dfrac{4}{5}$"是直接对应的，而上一种情况下的"量"与"$\dfrac{4}{5}$"不是直接对应的。在比较的过程中，让学生体会到较复杂的分数除法解决问题的复杂之处在于"量"与"率"没有成对应关系。

进一步请学生比较分数乘法的例 9 与新问题之间的关系，巩固解决问题的统一思路，即"一找、二列、三代入、四解答、五检验"。

二、由简及繁，探寻思维路径

在对分数乘法解决问题例 9 作重新思考的过程中，把分数除法解决问题作为分数乘法解决问题的逆思考。下面将换一种思路，再一次让学生经历较复杂的分数除法解决问题的形成过程,即通过改写关键句,将简单的一步分数除法解决问题转化为较复杂的分数除法解决问题,并把关键句从"一个数比另一个数多几分之几"变为"一个数比另一个数少几分之几"。

(一)衔接旧知识,夯实学习基础

教师出示如下问题:

一条裤子的价格是 78 元,是一件上衣的 $\frac{2}{3}$,一件上衣需要多少元?

请学生依据题意画出线段图、列出关系式后,再代入信息与问题列式解答。

这是上节课学习的较简单的分数除法解决问题,把它作为较复杂的分数除法解决问题的学习起点,让学生独立完成后反馈评析,得到如图 9-36 所示的解答过程。

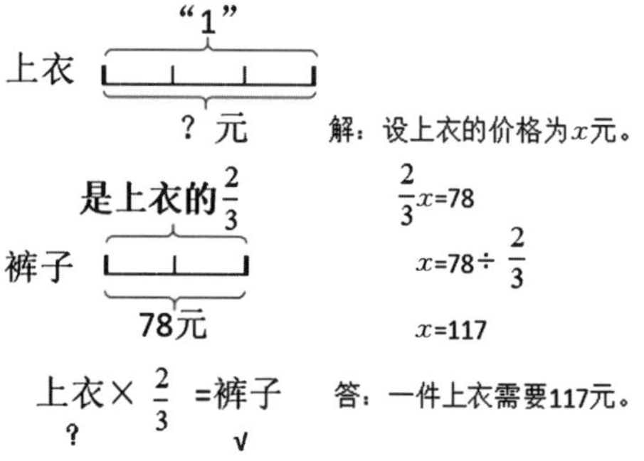

图 9-36 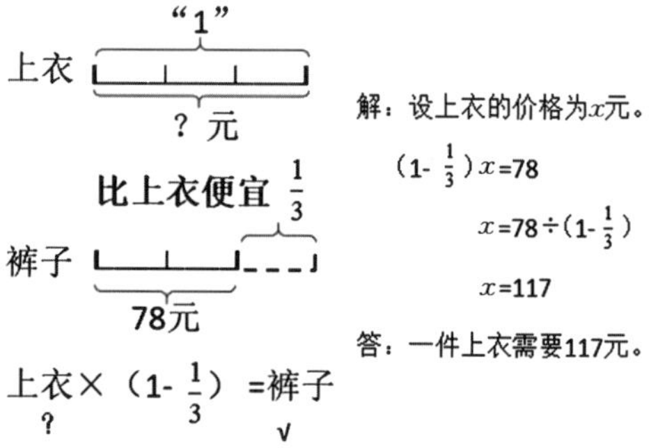   图 9-37

(二)改写关键句,沟通简与繁的联系

接着,教师提出要求:不改变上衣、裤子的单价以及它们之间的关系,改写其中的关键句,使它转化成较复杂的分数除法解决问题。学生观察图 9-36 中的线段图,根据之前的经验,知道要把它变成"量""率"不对应的情况。学生思考后得到如下解决问题:

一条裤子的价格是 78 元,比一件上衣便宜 $\frac{1}{3}$,一件上衣需要多少元?

教师请学生在原来的线段图中标注出新的关键句中的信息,说一说这样改写的理由,以及为什么说它比原来复杂了。学生在回答的过程中逐步体会到解决问题的难点。

学生依据线段图列出关系式,再代入信息后解答(图 9-37),完成后交流评析。教师请学生比较图 9-36 与图 9-37 中的两个解决问题,说一说它们之间有什么联系。引导学生发现,从图 9-36 至图 9-37,把"量"与"率"从对应变成了不对应,如此就变得复杂了;从图9-37至图9-36,把"量"与"率"由不对应变成了对应,如此就变得简单了。教师进一步总结,从图9-37到图9-36,就是解决较复杂的分数除法解决问题的基本思路。

(三)提出新问题,体会简与繁的联系

接着,教师请学生进一步思考图9-36中的解决问题:如果信息不变,还可以提出什么问题?学生思考后指出,还可以求"一套衣服要多少元"以及"一条裤子比一件上衣便宜多少元"。教师请学生在线段图中分别标注所求问题,并说一说解决这两个问题的思路。讨论后发现,解决这两个问题都要先求出一件上衣多少元,再分别与一条裤子的价格相加或相减。教师依据学生的思路补充图9-36,得到图9-38。

进一步引导学生比较图9-38中两个新问题的解答过程与图9-37中的问题解答过程,思考在设未知数时有什么不同的地方。结合问题让学生认识到图9-37中的问题是"直接设",而图9-38中求两个新问题所采用的方法叫"间接设"。

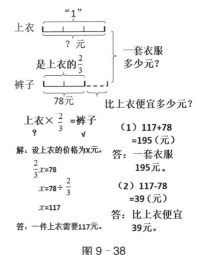

图9-38

解决问题中的简与繁是相对的,是可以互相转化的。解决较复杂的问题时,可以通过分析,把它转化成若干个较简单的解决问题,再把它们有机组合,使问题得到解决。而对于较复杂的分数除法解决问题,可以通过改写关键句,或者在信息不变的情况下提出新的问题,让学生更好地体会较复杂的解决问题的一般求解思路。

三、题组练习,完善知识体系

由较复杂的分数乘法解决问题引出较复杂的分数除法解决问题,再由简单的分数除法解决问题改编得到较复杂的分数除法解决问题,让原有的数学知识与学习经验在学习新知的过程中不断发挥作用,让分数乘法与分数除法解决问题之间建立起共同的思考路径。

(一)比较相差式,区分"量""率"关系

教师出示以下题组:

(1)有一条绳子,用去一段后还剩下2米,剩下的比用去的少$\frac{1}{3}$米,用去了多少米?

（2）有一条绳子,用去一段后还剩下 2 米,剩下的比用去的少 $\frac{1}{3}$,用去了多少米?

请学生按照画一画线段图、列一列关系式,再选择合适的方法代入解答的方式完成这两个解决问题,学生独立完成后校对。整体展示学生作业(图 9-39),然后全班评析,重点分析线段图与数量关系,区别"少 $\frac{1}{3}$ 米"与"少 $\frac{1}{3}$ "。

（1）用去 |————|
剩下 |—?米—|
|—2米—|
比用去的少 $\frac{1}{3}$ 米

（2）用去 |————"1"————|
|—?米—|
比用去的少 $\frac{1}{3}$
剩下 |——2米——|

用去的-比用去的少的=剩下的
解: 设用去了 x 米。
$x-\frac{1}{3}=2$
$x=2+\frac{1}{3}$
$x=2\frac{1}{3}$
答: 用去了 $2\frac{1}{3}$ 米。

用去的-比用去的少的=剩下的
解: 设用去了 x 米。
$x-\frac{1}{3}x=2$
$x=2\div(1-\frac{1}{3})$
$x=3$
答: 用去了 3 米。

图 9-39

请学生观察这两题的解题思路,说一说有哪些相同的地方与不同的地方。学生发现线段图与数量关系都有相同的结构;而第(1)题是相差"量",可以直接求,第(2)题是相差"率",需要依据"率"求出相差的量。

（二）比较"倍""率"式,揭示共同本质

在五上"简易方程"中有一类用方程解决"比一个数的几倍多(或少)几,求这个数"的问题,对应地,在分数除法中也有"比一个数的几分之几多(或少)几,求这个数"的问题,两类问题具有相同的结构与数量关系。

教师出示如下两个解决问题:

（1）农场里养了 32 只黑兔,比白兔的 3 倍多 5 只,农场里养了多少只白兔?

（2）农场里养了 32 只黑兔,比白兔的 $\frac{1}{3}$ 多 5 只,农场里养了多少只白兔?

请学生依据其中的关键句列出关系式,再代入信息自主解答。完成后展示学生作业(图 9-40),说一说两个解决问题有哪些相同的地方与不同的地方。学生发现关键句的结构相同,但第(1)题是与"一个数的几倍"比较,第(2)题是与"一个数的几分之几"比较。

（1）白兔 $\times 3+5=$ 黑兔
$?$　　　√
解: 设农场里养了 x 只白兔。
$3x+5=32$
$x=(32-5)\div 3$
$x=9$
答: 农场里养了 9 只白兔。

（2）白兔 $\times\frac{1}{3}+5=$ 黑兔
$?$　　　√
解: 设农场里养了 x 只白兔。
$\frac{1}{3}x+5=32$
$x=(32-5)\div\frac{1}{3}$
$x=81$
答: 农场里养了 81 只白兔。

图 9-40

（三）比较反叙式,把握结构特征

在相差关系中,两个数进行比较,"多多少"与"少多少"的量是相同的。但是,同样是两个数进行比较,"多几分之几"与"少几分之几"中的"几分之几"却是不一样的。然而在分数除法解决问题中,有学生认为分数除法要用方程求解太麻烦了,所以在把两个数进行比较时会更换单位"1",但"几分之几"却保持不变。

为了让学生能结合例子纠正错误认知，教师出示如下题组：

（1）合唱队里有男生 15 人，比女生少 $\frac{2}{5}$，合唱队里女生有多少人？

（2）合唱队里有男生 15 人，女生比男生多 $\frac{2}{5}$，合唱队里女生有多少人？

请学生依据关键句画出线段图后列出关系式，再代入信息解答。学生独立完成后校对评析，说一说为什么"男生比女生少 $\frac{2}{5}$"与"女生比男生多 $\frac{2}{5}$"的分率相同，结果却不一样。学生讨论后认识到，"少 $\frac{2}{5}$"与"多 $\frac{2}{5}$"的单位"1"不同，因此它们对应的量也不同。教师追问：如果把它们分别反过来比较，又应该怎样表示呢？学生结合图示进行改写，分别得到"女生比男生多 $\frac{2}{3}$"与"男生比女生少 $\frac{2}{7}$"。

从以上学习活动中我们认识到，数学知识之间的许多联系会因为单元的编排而被割裂，而从整体设计的视角可以让数学知识形成板块、组成结构、联成体系，让学生在迁移与类比、分析与概括的过程中学会学习。

第六节
"和率问题"教学实践

"分数除法"单元例6是"已知两个数的和与两个数之间的倍数关系,求这两个数"的问题。其中,"两个数之间的倍数关系"有两类,一类是倍数关系大于1的,这一类解决问题学生在五年级上册"简易方程"单元例4的学习中就已经掌握了;另一类是倍数关系小于1的,这时的倍数关系一般称为"分率",也是本单元例6学习的新知识。所以,为了把这两类问题进行区分,我们把如"简易方程"单元例4的这一类问题称为和倍问题,把本单元例6的这一类问题称为和率问题。显然,这两类解决问题有着密切的联系。因此,在本节课的教学中,需要充分利用新旧知识间的联系,让学生体会数学知识的逐步生长。

一、分析数学信息,提出数学问题

五年级上册"简单方程"的例4与本单元的例6这两个解决问题,实质上是列二元一次方程组解决问题。这类问题中有两个未知数,围绕这两个问题又可以列出两个相互独立的等量关系式。因此,找到两个等量关系式是解决这一类问题的基本思路。

(一)依据信息作出具体解释

教师出示图9-41,请学生说一说图中有哪些信息。学生依据图意说明有两个信息,分别是"六(1)班全场得42分"和"下半场得分是上半场的一半"。教师板贴信息后,请学生说一说其中的"一半"是什么意思。学生指出,表示"下半场得分是上半场的 $\frac{1}{2}$"。

图9-41

358

（二）画出图示，列出数量关系

教师依据学生对第二个信息的解释，请学生用线段图表示两个信息，并列出数量关系。学生完成后，教师反馈学生作业，交流评析后形成如图 9 - 42 所示的线段图与关系式。

本题中的两个信息分别可以概括出两种相等关系。从图 9 - 42 的线段图中还可以直观地发现，"下半场的得分是上半场的 $\frac{1}{2}$" 也就是"上半场的得分是下半场的 2 倍"，因此进一步请学生观察线段图，说一说上半场与下半场得分的关系还可以怎么表示。学生用"2 倍"表示出关系后，教师请学生依据新的关系再次画图，并列出关系式，反馈后评析，形成如图 9 - 43 所示的线段图与关系式。

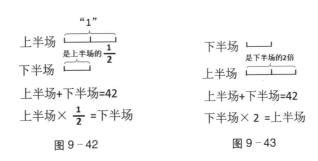

图 9 - 42　　　　　　图 9 - 43

（三）依据信息提出数学问题

教师进一步追问：依据信息、图示与关系式，可以提出什么数学问题？请在线段图和关系式中用问号标注出相应的问题。学生完成后，教师展示学生作品并进行评析。接着，请学生说一说该如何解决这一问题，理由是什么。

学生认为自己能够解决，因为图 9 - 43 就是和倍问题，五年级上册已经学习了；图 9 - 42 就是和率问题，因为两个数的关系用分率表示。教师依据学生的解释，形成如图 9 - 44 所示的板书。

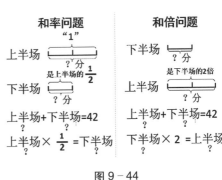

图 9 - 44

从信息梳理到画线段图、列关系式，再到提出数学问题并回顾、衔接旧知，学生经历了从信息出发，发现与提出问题的过程，可以更好地培养学生发现问题、提出问题的能力。

二、自主尝试解答,总结解题思路

由于有五年级上册的和倍问题作为基础,因此在具体解决问题时,让学生利用解决和倍问题的经验自主尝试提炼关系式,总结解题思路。

(一)自主尝试,小组交流

以四人小组为单位,先由组长组织组员分别说一说该怎样解答,然后每两人选择其中的一种关系式进行解答,完成后四人小组交流,说一说各自解决问题的过程。一位同学汇报后,做同一种问题的组员进行补充或订正,另外两位不同解决思路的组员依据自己的理解提出疑问。相互交流后,思考两种问题在解答过程中有什么相同与不同的地方。

(二)反馈评析,总结异同

学生独立完成,交流评析后形成如图 9 - 45 所示的解答过程。接着,请学生说一说有什么相同的思路。学生指出,都用方程求解,根据其中一种相等关系设未知数,并把两个未知数用一个字母表示,再依据另外一种相等关系列方程。

解:设上半场得分为 x 分,则下半场得分为 $\frac{1}{2}x$ 分。

$$x + \frac{1}{2}x = 42$$
$$(1 + \frac{1}{2})x = 42$$
$$x = 42 \div (1 + \frac{1}{2})$$
$$x = 42 \times \frac{2}{3}$$
$$x = 28$$
$$28 \times \frac{1}{2} = 14 \text{(分)}$$

解:设下半场得分为 x 分,则上半场得分为 $2x$ 分。

$$x + 2x = 42$$
$$(1 + 2)x = 42$$
$$x = 42 \div (1 + 2)$$
$$x = 42 \times \frac{1}{3}$$
$$x = 14$$
$$14 \times 2 = 28 \text{(分)}$$

图 9 - 45

让学生把新旧两个解决问题同时进行解答与评析,既是对旧知的复习,也为新知提供了解决问题的思路。

(三)回顾反思,归纳思路

本题是分数除法解决问题的第 3 课时,在完成了本节课的例题教学后,请学生一起回顾之前的两个例题,说一说分数除法解决问题为什么选择列方程解决。学生回顾后指出,是因为要求的未知数在列出的关系式中都要参与运算。教师进一步追问:列方程解决问题可以概括为哪几步? 学生回答后,教师总结概括为:一列

(列关系式),二设(设未知数为 x),三代入(把信息与字母代入关系式列出方程),四解答(解方程),五检验(检验过程是否正确)。

教师进一步引导学生比较例 6 与之前两个例题的不同之处。学生比较后发现,例 6 有两种相等关系,需要用其中一种相等关系设未知数,用另一种相等关系列方程。

与算术方法解决问题相比,列方程解决问题书写的步骤较多,因此在解决较简单的问题时,不能够体现它的优点。而解决和倍问题、和率问题这样的问题时,能充分展现它的优点,只要按照规范的步骤进行思考,就可以消除因数量关系的逆向推导而产生的困难。

三、适度变式,生长知识

例 6 实际上是列二元一次方程组解决问题中的一个例子。如果把二元一次方程组解决问题作为一种类型,那么与本题具有共同思路的还有差率问题、和差问题、鸡兔同笼问题等。因此,在学习了例 6 的解决问题思路后,通过与之前学习的分数除法解决问题的比较,概括这一类列方程解决问题的特征,在此基础上进行变式,让学生从类的视角掌握列二元一次方程组解决问题的"一元一次化"的基本思路。

(一)差率问题,缜密思维

从和率问题展开变式,首先联想到的就是差率问题。教师出示如下问题:

养殖场养殖了一群羊,有山羊和绵羊,已知山羊的只数是绵羊的 $\frac{2}{3}$,且两种羊的只数相差 120 只,山羊和绵羊各有多少只?

请学生按照总结得到的列方程解决问题的步骤独立完成,完成后反馈评析,并概括出它的结构特征——差率问题。

在此基础上,把关键句"山羊的只数是绵羊的 $\frac{2}{3}$"改为"绵羊的只数是山羊的 1.5 倍",请学生思考,不解答。

(二)和差问题,触类旁通

这里的"差"是指"相差分率",也就是已知两个数的和以及这两个数的相差分率,求这两个数。教师出示如下问题:

养殖场有山羊和绵羊共 600 只,其中山羊的只数比绵羊少 $\frac{1}{3}$,山羊和绵羊各有多少只?

首先请学生思考这一个解决问题与上一个解决问题相比,有什么相同的地方与不同的地方。学生比较后发现,求的问题相同,但这里已知的是两种羊的和以及两种羊比较后的"相差分率"。接着,请学生按照列方程解决问题的思路独立完成,然后反馈评析。

(三)改编鸡兔同笼问题,扩大应用

四年级下册"数学广角——鸡兔同笼"的解决策略是假设法,是用算术方法解决的,此题也是列二元一次方程组解决问题的一个典型。同时,为了体现本单元学习内容的特征,我们对鸡兔同笼问题进行了改编,具体如下:

笼子里有若干只鸡和兔,从上面数,兔头的个数是鸡头的 $\frac{1}{2}$,从下面数,共有 36 只脚。鸡和兔各有几只?

先请学生阅读题目,说一说这是什么类型的问题。学生依据经验,认为这是鸡兔同笼问题。教师进一步引导学生回忆,思考与之前做的鸡兔同笼问题相比,有什么区别。学生发现,原来的鸡兔同笼问题是已知头的总个数,而这里变成了"兔头的个数是鸡头的 $\frac{1}{2}$"。教师追问:那么这一题与我们今天学习的和率问题类似吗?学生作出肯定回答后,请学生独立完成,然后反馈评析。

显然,以上三轮对例6的变式练习不是简单地重复例6的问题结构,而是通过不断地变式,让学生丰富对列二元一次方程组解决问题的例子。因此,最后请学生再次回顾本节课中的解决问题,说一说有什么共同的特征,又是怎样解决的。通过回顾与反思,概括本节课中列方程解决问题的基本特征:有两个未知数,需要建立两种不同的相等关系。

总之,本节课的数学学习既有列方程解决和率问题这一新知,又通过回顾与变式,让学生掌握用列一元一次方程解决问题的思路解决用二元一次方程组解答的问题,从而凸显了寻找问题中相等关系的重要性。

对一节课的研究是为了更好地对一类课进行教学,从和率问题到差率问题、和差问题、鸡兔同笼问题,让学生体会到知识点之间是有联系的,是可以延伸的,学习方法是可以借鉴的,学生也逐步从"扶着走"转向了自主学习。因此,在后续学习相关知识时,我们也同样可以迁移相关活动经验进行教学。

第七节
"分数工程问题"教学实践

分数工程问题安排在"分数除法"单元的最后,是教材新增的一类实际问题,也是对之前简单工程问题的拓展。教材在原有数量关系的基础上,让学生经历分数的抽象表达,把以前的"量"与现在的"率"进行统整,以丰富对分数意义的理解。同时我们发现,本单元中关于分数除法解决问题的相关内容——例4、例5、例6,均采用了统一的分数乘除法解决问题结构,通过找出顺向的乘法数量关系,运用方程的方法来解决。但对于本节课的分数工程问题,教材则采用算术方法来解决。对此,我们思考:从单元统整的角度,是否可以采用顺向的结构化思维,也尝试运用方程模型来解决分数工程问题,让学生建立起更加完整的认知结构? 带着这样的思考,我们进行了本节课的教学实践。

一、题组比较,丰富"量""率"结构

在之前的学习中,整数的工程问题并没有单独教学,而是穿插在习题中。四年级上册"三位数乘两位数"单元中学习的是有关单价、数量、总价以及速度、时间、路程的问题,虽然都是从"每份数×份数=总数"这一数量关系中衍生出来的,但对具体问题、具体量的明确还是非常有必要的。因此,出示课题时,让学生联系旧知进一步明确"工作效率×工作时间=工作总量"。并且,设置题组,让学生知道当有多人合作时,还有"工作效率和×工作时间=工作总量"或"工作效率$_1$×工作时间+工作效率$_2$×工作时间=工作总量",从而构建数量关系模型,为后面的解决问题做好铺垫。

(一) 新旧联系,拓展模型结构

课始开门见山,直接出示课题"分数工程问题",让学生回顾已学知识。

接着,呈现题组中的第(1)题:

(1) 修一条公路,甲队每天修 3 千米,乙队每天修 2 千米,两队合修,7.2 天修

完,＿＿＿＿＿＿＿＿＿？

让学生自己提出问题并列式解答。此处需要教师放慢脚步,对"合修"的意思也要作适当的解释。

学生基本上都提出了"这条路全长多少千米"的问题,并列式:(3+2)×7.2＝36(千米)。教师提问:这里的3千米是什么? 2千米呢? 7.2天又表示甲、乙的什么? 教师一边问一边板书(图9-46)。

（工作效率_甲＋工作效率_乙）×工作时间＝工作总量

  √   √   √   ?

（ 3 + 2 ） × 7.2 = 36（千米）

图 9－46

教师追问:还可以怎么算呢? 学生也都能列出 3×7.2+2×7.2＝36(千米),教师同样板书(图9-47)。

工作效率_甲×工作时间＋工作效率_乙×工作时间＝工作总量

  √   √   √   √   ?

  3 × 7.2 + 2 × 7.2 = 36（千米）

图 9－47

通过提问交流,教师引导学生回顾简单的含有工作效率、工作时间和工作总量的实际问题,让学生联系旧知,明确同时工作时,只要知道各自的工作效率和相应的工作时间,可以有两种思路并用乘法求出工作总量,从而拓展了最基本的数量关系模型。

（二）把握结构,乘除思路相融合

接着,教师呈现题组的第(2)题:

(2) 修一条长36千米的公路,甲队每天修3千米,乙队每天修2千米,两队合修,＿＿＿＿＿＿＿＿＿？

这道题目已知工作总量和工作效率,求工作时间。学生以往更喜欢用算术方法来解决问题,因此这里刻意引导学生根据板书中的数量关系模型来寻找已知量。

教师提问:已经知道了什么? 教师根据学生的回答在数量关系所对应的量上打"√",并追问:要求什么? 可以怎么求? 学生回答后,教师在未知量处打"?"(图9-48)。这里的慢,是为了夯实学生对数量关系结构的把握,进而列出等式。

$$（工作效率_甲＋工作效率_乙）×工作时间＝工作总量$$

√ 　　　　√　　　　　？　　　　　√

$$工作效率_甲×工作时间＋工作效率_乙×工作时间＝工作总量$$

√　　　　？　　　　√　　　　？　　　　√

图9－48

上述问题可以用多种思路来解答(图9－49、图9－50)，但变中有不变，即数量关系结构保持不变。接着，让学生通过观察，发现列方程与用算术方法在解决过程中的共同点。

$$(3+2)x=36$$
$$x=\boxed{36÷（3+2）}$$
$$x=7.2$$

图9－49

$$3x+2x=36$$
$$(3+2)x=36$$
$$x=\boxed{36÷（3+2）}$$
$$x=7.2$$

图9－50

比较后，学生体会到运用乘法的数量关系列式是顺向思维，符合题目的叙述顺序；而依据关系式，直接用除法解决是逆向思考。但不管用哪种方法，都需要根据数量关系来列式，进一步认识到数量关系的作用。

（三）数形结合，联系"量""率"变化

这一单元的工程问题与之前最大的区别就是数的不同，即从具体的数量到抽象的分率。对于数学能力较弱的学生来说，肯定会有理解上的困难。因此，我们通过画线段图、列表格等几何直观的方法来帮助学生思考与表达。

教师呈现题组中的第(3)题：

（3）修一条公路，如果甲队单独修，12天修完。如果乙队单独修，18天修完。两队合修，几天能修完？

此处，教师对于"单独修"的意思也要稍作解释，避免有学生因读不懂题意而影响了问题解决。

如果直接呈现此题，由于没有路程数，再加上学生原有认知经验不足，会产生信息不足的困惑。因此，以题组的形式引出新知，为部分学生提供了思路上的借鉴，并点拨"能不能假设公路的总长度"，以帮助学生自主形成用假设法解决问题的思路。

学生独立完成后全班汇报，并展示自己假设的公路总长以及计算结果，教师根据学生的回答，汇总得到下页表。

假设(要修的路)	18 km	36 km	1
甲队每天修的量	$18÷12=1.5$	$36÷12=3$	$1÷12=\dfrac{1}{12}$
乙队每天修的量	$18÷18=1$	$36÷18=2$	$1÷18=\dfrac{1}{18}$
两队合修,需要多少天	$2.5x=18$ $x=18÷2.5$ $x=7.2$	$5x=36$ $x=36÷5$ $x=7.2$	$\dfrac{5}{36}x=1$ $x=1÷\dfrac{5}{36}$ $x=7.2$

有的学生把"要修的路"假设为一个具体数量,有的学生则把"要修的路"抽象成"1",都算出了 7.2 天的结果。这仅仅完成了本题任务的一半,关键是要引导学生理解"为什么假设的总路长不同,最后算出来的总天数却一样"。于是,教师组织学生展开讨论。

对此,学生无法用语言表达清楚,只能达到意义上的理解。为了帮助学生更形象地展开思考,教师用三条原始长度一样、又可伸缩的松紧带分别演示了甲、乙两队单独修路的情况以及两队合修的情况,并将其同时呈现(图 9 - 51)。通过这样特殊的演示,形象而又直观地体现了虽然"要修的路"的长度在假设的过程中不断变化,但甲、乙两队每天修的路与总长的比率却没有变化,从而让学生真正体会到无论"要修的路"长多少,两队合修的天数都一样。并且,比较后清楚地发现把"要修的路"假设为"1"是最简便的。

图 9 - 51

以上设计基于已学的工程问题数量关系模型,并进行了拓展。通过新旧知识间的联系、迁移与比较,引导学生从具体量的理解逐步延伸至分率的表达。同时,也顺应了本单元的整体思路,即在顺向建构数量关系模型的基础之上,采用乘法或列方程来解决实际问题。

二、结构变式,体会方程的优点

在以往的教学中,学生只能通过练习、比较与思考,在数学学习活动中逐步积累解决分数工程问题的数学活动经验。于是,我们有意进行变式,进一步强化数量关系模型,丰富分数工程问题,让学生逐步体会方程的优点。

（一）从"同时"到"先后工作",合理选择模型

在分数除法解决问题中,有的学生一直采用算术方法逆向列式。当然,这样的方法也有其优点,但从顺向思维的结构化角度来看,运用方程思想更容易统整乘法与除法问题的解决方法,便于厘清数量关系。

教师呈现变式题1:

修一条公路,如果甲队单独修,12天修完。如果乙队单独修,18天修完。现在甲队先修了4天,余下的工作由乙队继续完成。乙队要几天修完?

有的学生直接列算式求解,发现遇到了困难,他们在列数量关系式时,发现"（工作效率$_甲$＋工作效率$_乙$）×工作时间＝工作总量"不知如何使用。此题改变了先前"两人合作,同时进行"的条件,使得各自的"工作时间"不一样了。反而是"工作效率$_甲$×工作时间$_甲$＋工作效率$_乙$×工作时间$_乙$＝工作总量"这一结构更适合本题的解答。

教师先让学生说一说甲队的工作效率和乙队的工作效率各是多少,再问学生已知哪几个量,要求哪个量。学生很自然地将已知数据代入"工作效率$_甲$×工作时间$_甲$＋工作效率$_乙$×工作时间$_乙$＝工作总量"中,并列出方程(图9－52)。

$$\text{工作效率}_甲 \times \text{工作时间}_甲 ＋ \text{工作效率}_乙 \times \text{工作时间}_乙 ＝ \text{工作总量}$$

$$\frac{1}{12} \times 4 + \frac{1}{18} \times x = 1$$

图9－52

教学中,也有学生用$\left(1-\dfrac{1}{12}\times4\right)\div\dfrac{1}{18}$来解答,但通过两种方法的比较,更多学生选择列方程解答。

从"同时"到"先后工作",需要学生合理选择模型,这也是课始同时出示两种不同模型的意图。模型本身没有优劣,只有合适与不合适,需要学生根据具体问题,具体分析运用。

（二）从"先后工作"到"先单后合",完善模型认识

在经历了数量关系模型的合理选择后,我们又对数量关系进行了组合,以完善学生对模型的认识。

教师呈现变式题2:

修一条公路,如果甲队单独修,12天修完。如果乙队单独修,18天修完。现

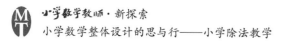

在甲队先修了4天，余下的工作由甲队和乙队继续合作完成。还要几天才能修完？

此类题目对于一般水平的学生而言，会是不小的挑战。考虑到班级学生不同的能力层次，教师需要适时引导学生先建立总量模型"甲先修的工作量+甲、乙合修的工作量＝工作总量"，再让学生思考：甲先修的工作量怎么求？甲、乙合修的工作量又该怎么表示？交流后，让学生独立解答，很多学生都能运用代数的思维列出方程（图9－53）。

$$\underset{\checkmark}{\text{工作效率}_甲} \times \underset{\checkmark}{\text{工作时间}_1} + (\underset{\checkmark}{\text{工作效率}_甲} + \underset{\checkmark}{\text{工作效率}_乙}) \times \underset{?}{\text{工作时间}_2} = \text{工作总量}$$

$$\frac{1}{12} \times 4 + (\frac{1}{12} + \frac{1}{18}) x = 1$$

图9－53

从简单问题入手，层层深入，让学生逐渐接受方程这一代数思维。通过设计丰富的情境，学生经历了方程模型建立与巩固的过程。

（三）从"整体"到"完成部分"，丰富"量""率"表达

我们将变式题3放在变式题1与2之后，主要是为了让学生体会方程的优点，并能主动选择列方程解答。

变式题3：

修一条公路，如果甲队单独修，12天修完。如果乙队单独修，18天修完。两队合修，几天能修完全长的$\frac{1}{3}$？

由于有了前面几题的操作与学习，因此对于本题的解答，大部分学生都能迅速且准确地完成（图9－54）。

$$(\underset{\checkmark}{\text{工作效率}_甲} + \underset{\checkmark}{\text{工作效率}_乙}) \times \underset{?}{\text{工作时间}} = \underset{\checkmark}{\text{工作总量}}$$

$$(\frac{1}{12} + \frac{1}{18}) \times x = \frac{1}{3}$$

图9－54

那么，为什么要在此处设置这一练习呢？从整体设计的角度，前面的总量都是单位"1"，学生容易形成思维定势。现在把总量从"1"变成了"$\frac{1}{3}$"，虽然仅仅是数据上的改变，但有利于学生深入理解数量关系。更重要的是，防止部分学生套用

"$1 \div \left(\dfrac{1}{a} + \dfrac{1}{b} \right)$",故而有意进行了这样的变式。

学生一开始更多习惯于用除法,即用算术方法解答简单的分数工程问题。然而,通过上述题组练习,很多学生渐渐喜欢用总量模型的方程思维来求解。原因很简单,此类题目不管有多复杂,只要建立了总量模型,通过分步思考确定未知量,用代数思维列出方程后解方程,都能顺利解答。与算术方法相比,列方程求解更具有实操性,没有算术逆向思维的高难度。尤其是稍难的问题,方程思维的优势更明显,也更容易被大部分学生所接受。

三、情境变换,统一方程结构

四年级学习有关"单价"和"速度"的数量关系时,还停留在整数的具体数量。分数工程问题之所以是分数除法解决问题中最为抽象的一类,主要在于它需要把总量抽象成"1",并用相应的分率来表示。所以,有必要将有关"单价"和"速度"数量关系的问题再次呈现,并适当变换情境,利于促进方程结构与"量""率"关系的统一。

(一)变化情境,提炼结构原型

"工作效率"与"单价""速度"的数量关系本质上是同一结构。为了通过情境的变换,让学生能更清晰地提炼出结构,教师呈现了以下两道问题,让学生二选一自行解答:

(1)甲车从 A 城市到 B 城市要行驶 2 小时,乙车从 B 城市到 A 城市要行驶 3 小时。两车分别同时从 A 城市和 B 城市出发,几小时后相遇?

(2)一定数量的钱,如果只买 A 商品,可以买 2 千克,如果只买 B 商品,可以买 3 千克。如果用这些钱同时买 A 商品和 B 商品,买的数量一样多且这些钱正好用完,可以各买多少千克?

虽然这里的数量关系与工程问题一致,但情境变化后,很多学生就没了思路。于是,教师请已完成的学生作反馈引导(图 9-55、图 9-56)。通过不同情境的问题比较,学生经历了结构的抽象,较好地感知了"$\left(\dfrac{1}{a} + \dfrac{1}{b} \right) x = 1$"的解决问题模型。

(速度$_甲$＋速度$_乙$)×时间＝A、B间路程

$$\left(\dfrac{1}{2} + \dfrac{1}{3} \right) \quad x \quad = \quad 1$$

图 9-55

(单价A＋单价B)× 数量 ＝ 总价

$$\left(\dfrac{1}{2} + \dfrac{1}{3} \right) \quad x \quad = \quad 1$$

图 9-56

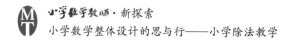

（二）"量""率"综合比较，灵活数量表达

最后，安排了一道综合题：

一共有 320 棵树。甲队单独种，需要 8 天。乙队单独种，需要 10 天。现在两队合种，5 天能种完吗？

让学生独立尝试完成解答，巡视过程中，发现不少学生用具体数量进行解答：$(320÷8+320÷10)×5=360（棵）>320（棵）$。

教师请某位学生说明思路后，追问：这样做可以吗？ 马上有学生回答：这样也可以，但还有更快的方法，即 $\left(\dfrac{1}{8}+\dfrac{1}{10}\right)×5=\dfrac{9}{8}>1$。

通过比较，学生发现"320 棵"只是具体的某一个数量，且不管是哪个具体数量，都可以用单位"1"来表示。这样一来，抽象的单位"1"有了具体数量的支撑，学生理解起来也更加容易了。并且，让学生进一步认识了"量""率"之间的联系，丰富了数量的表达。

总之，有关分数工程问题的学习，要把重点放在对数量关系模型的动态把握与理解上，渗透方程思想，并通过迁移类比，沟通相关数量关系的相同点与不同点，让学生运用顺向的结构化思维建立起更加完整的分数乘除法问题解决的策略体系。

第八节
"分数除法的整理与复习"教学实践

人教版《数学》六年级上册"分数除法"单元是分数计算的最后一部分内容，包括分数除法计算和解决问题两大板块。与整数、小数以及分数加减法的计算方法相比，分数除法没有独特的计算方法，而是转化为分数乘法后再计算，因此分数除法本质上是分数乘法。而分数除法解决问题，又是利用原有的分数乘法中的数量关系列方程解决。基于这样的思考，我们认为"分数除法"单元复习不仅是对分数除法的复习，还需要与分数乘法进行沟通，采用结构化的思维，让学生充分感受到分数除法与分数乘法在计算方法上的一致性，在解决问题中的关联性，以形成模块化的数学知识体系。对此，我们进行了分数除法单元复习课的教学实践。

一、运用线段图，寻找数量关系中的变与不变

分数乘法和除法解决问题中，对关键句的把握与理解是重点，而关键句所体现出的数量关系本质就是"率"背景下分数的意义。为直观、整体地梳理这两类数量关系，我们采用了基于分数意义的线段图，让学生进一步感知分数除法与分数乘法解决问题的结构，深入体会两者的联系与区别，实现两种解决问题在数量关系上的一致性。

（一）利用"份总式"线段图，沟通分数乘除法

"份总关系"下的分数意义是分数的基本意义。教师出示表示"份总关系"的线段图，逐步赋予线段图具体的意义，在数量关系的抽象与应用中，沟通分数的意义与分数乘除法解决问题中的数量关系这两者之间的联系。

课始，教师一边画图标注，一边请学生说一说线段图中所体现出的基本数量关系。教师把一条线段平均分成 5 份，标注出其中的 4 份，请学生说一说 4 份与整条线段之间有怎样的关系，总结得出整条线段表示单位"1"，4 份表示它的" $\frac{4}{5}$ "。接

着,教师在"1""$\frac{4}{5}$""$\frac{1}{5}$"所对应的线段下方分别标注 A、B、C(图 9－57)请学生说一说这三个量所表示的意思。学生观察图示后指出,A 表示一共是多少,B 表示 A 的$\frac{4}{5}$,C 表示 A 的$\frac{1}{5}\left(1-\frac{4}{5}\right)$。依据学生的回答,教师板书其中的关键句。

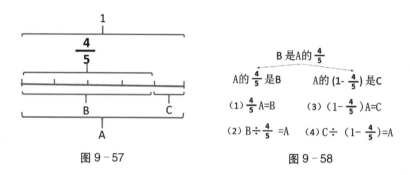

图 9－57   图 9－58

学生在说明 A、B、C 的意思时,不仅沟通了"量"与"率"之间的联系,还为揭示不同的数量关系做好了铺垫。接着,教师请学生依据 A、B、C 的含义写出相应的关系式。先由学生独立思考,然后反馈交流,完成后教师板书学生的关系式:(1) $\frac{4}{5}A=B$,(2) $B\div\frac{4}{5}=A$,(3) $\left(1-\frac{4}{5}\right)A=C$,(4) $C\div\left(1-\frac{4}{5}\right)=A$。请学生把关系式分一分类,有学生按运算的特征进行分类,也有学生按照 A、B、C 的含义进行分类,从而形成如图 9－58 所示的板书。

学生发现,同一个含义下有两种不同的相等关系,进一步引导学生思考:其中哪一种相等关系是基本的数量关系?另一种相等关系与基本关系式之间又有怎样的联系?学生交流后总结:基本关系式分别是(1)和(3),它们与 B 和 C 的含义是顺向的,另外两个则需要推导所得。

结合线段图反映的"量"与"率"的对应关系列出关系式,这是分数乘除法解决问题的关键。在此基础上,教师赋予 A、B、C 以具体意义,请学生选择信息,并把其中的一个信息转化为问题,利用基本关系只列式(列出算式或方程)不解答。基于不同的列式方式,进一步体会分数除法与乘法解决问题的联系。

（二）利用"倍比式"线段图,深化乘除法关系

"倍比关系"下的分数意义,是分数基本意义的延伸。为体现两个量之间的除法关系,一般用两条线段表示,而学生在比较时一般可以得到由单一到综合的两层关系式。依据上一个环节的经验,请学生先列出基本数量关系,再添加信息并提出问题,进一步体会分数乘除法解决问题中的数量关系。

教师出示线段图(图9-59),并说明这是小陈与小王1分钟跳绳个数的关系图,请学生依据关系图说一说两人跳绳个数之间的关系。学生回答,教师记录,得到以下四种关系:

(1) 小王跳绳的个数是小陈的 $\frac{4}{5}$;

(2) 小陈跳绳的个数是小王的 $\frac{5}{4}$;

(3) 小陈跳绳的个数比小王多 $\frac{1}{4}$;

(4) 小王跳绳的个数比小陈少 $\frac{1}{5}$。

小陈跳绳:

小王跳绳:

图9-59

这些实际上是分数乘除法解决问题中的关键句。接着,教师添加信息与问题:

小王跳了160个,小陈跳了多少个?

请学生依据关键句分别列出基本关系式,再列出算式与方程。完成后反馈评析,进一步感受相同数量关系下,列算式与方程解决问题时的相同点与不同点。

(三) 利用"和倍式"线段图,统一解决问题的思路

教师在图9-59的基础上添加一个信息,如图9-60所示,请学生说一说"360个"是什么意思。学生指出"是两人一共跳了多少个"后,教师请学生提出问题。学生依据经验提出"两人各跳了多少个"后,让学生四人小组分工合作,各选择其中的一个关键句列方程解决问题,只列方程不计算。完成后小组交流,再集体反馈,最后总结出相同的解决问题的思路;一列,列出所有的相等关系;二设,依据其中的一种相等关系设未知数;三列,依据另外一种相等关系列出方程。

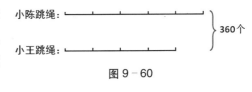

小陈跳绳:

小王跳绳:

360个

图9-60

五年级上册的和倍问题与本单元的和率问题有着相同的问题结构,本节统称为和倍问题。因为有两个未知数,因此至少有两种不同的相等关系,根据其中一种相等关系设未知数,根据另一种相等关系列方程,这样的思路更能体现列方程解决问题的基本思路,以及与算术方法相比的优越性。

采用线段图的形式,沟通分数除法中的三类解决问题与分数乘法解决问题的联系,形成共同的解决问题思路,即:一列,依据关键句列出相等关系;二判,依据信息与问题判断用算术方法还是列方程求解;三代入,把已知信息代入关系式,列出算式或方程;四解答,计算或解方程;五检验,回顾反思,检验过程与结果。

二、体会"量"与"率",发现分数工程问题中的变与不变

分数工程问题是分数除法解决问题中最为抽象的一类,其难点在于如何把已知信息在总量是"1"的基础上进行转化。复习课的目的是要让学生进一步感受到分数工程问题的基本结构是乘法模型或加法模型,除法模型则是它的一种变式。

(一) 分数工程问题,回顾数量关系

在只有两个工作效率的情况下,分数工程问题与相遇问题的线段图是相同的。教师出示线段图(图9-61),请学生根据线段图联想,说一说想到哪些类型的数学问题。由于有前期的学习经验,因而学生能根据图示联想到两类问题:分数工程问题和相遇问题。

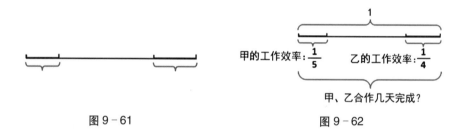

图9-61   图9-62

教师完善线段图中的信息和问题(图9-62),请学生先说一说"$\frac{1}{5}$"和"$\frac{1}{4}$"分别表示什么意思。学生依据经验指出,分别表示"甲独立完成需要5天""乙独立完成需要4天"。接着请学生列出算式或方程,得到算式"$1\div\left(\frac{1}{5}+\frac{1}{4}\right)$"与方程"$\left(\frac{1}{5}+\frac{1}{4}\right)x=1$",再请学生说一说两者之间的联系与区别,巩固分数工程问题的基本结构。

(二) 相遇问题,深化结构模型

下面呈现的相遇问题的基本结构与分数工程问题相同,因此要求学生通过迁移与类比,利用图示构建起两者之间的联系。

教师出示题目:

小明和爷爷一起去操场散步。小明走一圈需要8分钟,爷爷走一圈需要10分钟。如果两人同时同地出发,相背而行,多少分钟两人相遇?

请学生结合题意画出图示,然后列出关系式以及相应的算式或方程。完成后反馈评析,形成如图 9-63 所示的示意图,发现可以把整个操场看成单位"1",依据题意可以得到"小明每分钟走 $\frac{1}{8}$""爷爷每分钟走 $\frac{1}{10}$",进而列出算式"$1 \div \left(\frac{1}{8}+\frac{1}{10}\right)$"和方程"$\left(\frac{1}{8}+\frac{1}{10}\right)x=1$"。有学生进一步发现,在操场上"相背而行",实际上可以把起点"拉开",变为"相向而行"(图 9-64)。

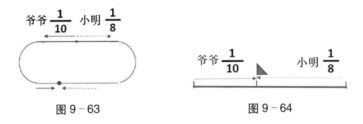

| 图 9-63 | 图 9-64 |

(三) 再次变式,拓展知识结构

把上述问题改为"沿同一个方向散步"(图 9-65),请学生思考会出现怎样的现象。学生指出,出发后小明会走到爷爷的前面。教师追问:如果一直走下去,又会怎样呢? 学生指出,小明会与爷爷相遇。进一步启发学生思考:如果要与爷爷相遇,小明要比爷爷多走多少路呢? 学生讨论后发现,至少要多走一圈。依据学生的回答,教师画出图示(图 9-66)。接着,请学生想一想:可以提出什么问题? 学生思考后提出如下两个问题:

(1) 多少分钟后小明会与爷爷相遇?

(2) 小明至少走几圈后,会与爷爷相遇?

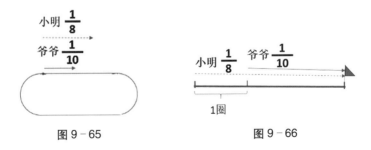

| 图 9-65 | 图 9-66 |

接着,请学生说一说这两题之间的关系。学生指出,第(1)题是第(2)题的解题基础。因此,先请学生独立完成第(1)题后反馈评析,再请率先完成的学生汇报第(2)题。

在复习分数工程问题的基础上解决分数行程问题,让学生感受到两类解决问题在结构与思路上的统一性,体现数学模型的广泛应用。同时,先后展示学生的算式思路与方程思路,可以更好地沟通两类解决问题在方法上的联系。

三、采用比较法,领悟乘除法运算中的变与不变

以上两个环节重点回顾与复习了"分数除法"单元中的两类解决问题,也是本节课单元复习的重点。而分数除法的复习则从四则运算的整体视角,让学生体会到分数除法计算的特点,形成更加灵活的计算思路。

(一)出示题组,自主分类并说理

教师出示八道计算题(图9-67),引导学生审题,按数与运算符号的特点先分一分类,并说一说每一类题的计算思路,学生独立思考后同桌交流。

① $145+271-19=$ ⑤ $\frac{3}{7}+\frac{3}{8}-\frac{3}{16}=$

② $9.18÷0.4-1.08=$ ⑥ $\frac{3}{7}×\frac{8}{3}×\frac{21}{16}=$

③ $15×221=$ ⑦ $\frac{3}{7}÷\frac{3}{8}÷\frac{16}{21}=$

④ $77÷121=$ ⑧ $\left(\frac{3}{7}+\frac{3}{8}\right)÷\frac{3}{16}=$

图9-67

这八道计算题可以有多种分类方法,且每一种分类方法都可以归纳出不同的计算思路。

(二)反馈评析,凸显计算特点

为了提高反馈效率,由教师说出分类方法后,让有同样分类方法的学生进行说理。教师首先指出可以把两列各分成一类,请学生说一说这两类可以分别怎样计算。学生发现,左边一列是整数、小数的四则运算,均可以用笔算的方法计算;右边一列是分数四则运算,但计算方法却各不相同。其中,第⑤题是异分母分数加减法,需要先通分再按同分母分数加减法计算;第⑥题先约分,再把分子相乘的积作为最后的分子,把分母相乘的积作为最后的分母;第⑦题和第⑧题则是分数除法,转化成分数乘法后再计算。通过学生的说理,说明这一列虽然从数的角度来说是同一类,但计算方法却不同。

进一步让学生思考:如果要把右边的四道题分成两类,可以怎么分?为什么?学生思考后发现,分数乘法与分数除法计算可以看成同一类,因为分数除法都要转化成分数乘法后再计算。顺着学生的思路,请学生思考第④题是否也可以用分数除法的计算方法计算。依据第2课时的学习经验,学生认为可以用分数除法的计

算方法计算。

　　（三）自主计算,培养审题意识

　　教师请学生独立计算第④、⑦、⑧题,完成后校对评析。在评析第⑧题时,展示学生两种不同的计算过程,并说一说简便计算的依据,让学生养成计算前先审题的习惯。

　　总之,"分数除法"单元复习不仅是简单地对单元内部知识的整理与复习,而是把它置于分数乘法与除法相同的数量关系与计算思维体系中,结合线段图,在比较分析的过程中真正实现温故而知新,构建起更加完善的认知结构。

第十章

比

　　"比"与"除法"有着密切的联系,不论是比的意义,还是比的基本性质,都可以从除法的意义与商不变的性质中得到验证。"比"与"分数"也十分相似,它们有着相似的表达形式,且比的基本性质与分数的基本性质本质上完全相同。既然有这么多相同的地方,那么学习了"除法"与"分数"之后,为什么还要学习"比"呢?"比"与"除法""分数"相比,又有什么独特的地方呢?带着这些问题,我们从单元整体设计和三节新授课的课堂教学实践两个方面展开研究。

　　"比"单元整体设计经历梳理、反思与重构这样三个步骤。通过梳理,理清教材中比的意义、比的基本性质与比的应用三个板块的设计思路。通过反思,指出三个板块可以改进的地方,即在比的意义的学习中拓展其数学背景;让学生联系实际,自主发现比的基本性质;用比的应用实现旧题新解。通过重构,把改进之处付之于教学实践,更好地揭示"比"与"除法""分数"的异同,丰富"除法""分数"中关系的表达。

　　"比的意义"的学习从比较联合国旗帜长与宽的关系切入,概括"差比"与"倍比"的区别,初步认识"比"与"倍比"的关系;再依据已知路程与时间求速度的式子,丰富比的例子;接着在去情境的过程中概括出比的定义;最后列举有关比的例子,完善并提升对比的认识,会选择合理的方法求比值,并通过连比体会比的简洁性与直观性。

　　把比的基本性质与图形的放大与缩小相联系,在比较两面联合国旗帜长与宽关系的相同点中猜想比的基本性质,并通过举例加以验证;把化简比与比较哪一杯糖水更甜相联系,完善各类比的化简,并通过练习形成化简比的技能;把三个数连比的化简与制作长方体模型相联系,在按要求确定长方体模型的过程中,学会连比的化简。

　　"按比分配"是本单元比的应用解决问题的基本内容。从理解比的含义入手,把按比分配问题转化成归一问题或分数乘法解决问题。在此基础上,进一步回溯旧知,把和倍问题、和率问题转化成按比分配问题重新解决。最后通过题组比较与相互转化,进一步体会比的应用范围之广。

第一节
"比"整体设计

人教版《数学》六年级上册"比"单元内容与"除法""分数"有着十分密切的联系,但比也有其自己的特征。比的本质是比较,是两个量之间的一种倍比关系,也可以通过连比整体表示三个量甚至更多量之间的倍比关系,这是除法与分数含义中所没有的。因此,如何从量与量的比较视角认识比? 如何从比与比的比较中发现比的基本性质? 怎样在比的应用中更好地体现旧题新解的价值? 带着这样的思考,我们进行本单元的整体设计与实践研究。

一、梳理——理清教材的编写思路

"比"单元设置了比的意义、比的基本性质与比的应用这样三个板块。这三个板块的学习均以相关的旧知作为学习基础,即从除法解决问题的数量关系中认识比,从商不变的性质及分数的基本性质类推出比的基本性质,转化成平均分或分数乘法解决问题中的数量关系解决比的应用问题。

(一)丰富关系表达,引出比的意义

在用除法解决问题时,形成了多种数量关系,主要可以分为两类。一类是两个同类量比较后的数量关系,例如,长方形的长与宽进行比较,得到"长÷宽=长是宽的几倍"和"宽÷长=宽是长的几分之几"。另一类是有联系的两个不同类量之间的比较,如行程问题中"路程÷时间=速度"和"路程÷速度=时间"。在解决问题中,往往是通过这样的关系式来列出算式,并求出结果。比则是不求出结果,直接用这个除法算式表示两个量之间的关系。

教材用"有时我们也把这两个数量之间的关系说成……"这样的表述把用除法表示的数量关系用比重新表示。并且,为了使除法与比的关系更加明显,用"15÷10"表示"长是宽的几倍",用"10÷15"表示"宽是长的几分之几","速度"则直接用"路程÷时间"表示。最后结合具体例子,概括比的定义:两个数的比表示两个数相除。

（二）构建新旧联系，推导比的基本性质

把学习比的基本性质与应用比的基本性质分成两个层次，即首先在与商不变的性质的比较中推导出比的基本性质，再结合具体情境，在解决实际问题中学习比的化简。

很显然，比的基本性质与商不变的性质以及分数的基本性质有着密切的联系。教材紧紧围绕这一种联系，学习了比的意义之后，在"做一做"第3题提出问题，让学生带着问题进行回忆，接着再依据除法与比的关系，通过具体例子概括出比的基本性质。

在此基础上，教材直接指出：根据比的基本性质，可以把比化成最简单的整数比。要求学生把上节课中两面联合国旗帜长与宽的比分别化简，总结整数比的化简方法，进一步总结分数或小数比的化简方法。

（三）解决实际问题，学习比的应用

这里指的"比的应用"也可以称为"按比分配解决问题"，因为其数量关系与正比例的含义一致。但是，此处则需要依据比的含义转化成分数乘法解决问题中的数量关系求解。

教材将"比的应用"分成三个层次。第一个层次如例2，已知两个量的比与总量，求这两个量，这是比的应用的基本形式；第二个层次如练习十二中的第2题，学生需要自己依据信息抽象出比，再把总量按比分配；第三个层次则是连比解决问题，包括练习十二中的第10题和第4题这样两类，分别对应于已知连比与需要创造连比后再按比分配。

在分析数量关系时我们发现，按比分配解决问题也是一类平均分问题，且可以使原来的平均分更加公平合理。例如，练习十二中的第4题，如果按照班级平均分，人数多与少的班级分到的任务相同；而按人数分配，人数少的班级就可以少承担任务。

通过梳理我们发现，"比"虽然是一个只有三节新授课的单元，但包含了概念学习、规律探究与解决问题这样三种课型，彼此之间既相互独立，又有着密切联系。在比概念的形成中，渗透着比的基本性质，而比的应用则是对比概念的再认识。

二、反思——发现可以改进之处

通过梳理我们发现，教材十分重视从除法的视角学习比。但我们认为，在比的认识背景、比的基本性质的揭示、比的应用中的旧题新解等方面均可以作出进一步的改进。

（一）拓展数学背景，揭示比的本质

比既是数学术语，也是日常用语。从日常用语的视角，比即"比较"，除了与除法有联系，还应该寻找与减法之间的关系。在之前的学习中，两个同类量进行比较，除了表示除法关系的"几倍"与"几分之几"外，还有表示相差关系的"多几"与"少几"。

因此，在出示同类量长与宽时，可以让学生比较长与宽并自主提出问题，再对提出的问题进行分类，从而让学生在对减法表示的差比关系和除法表示的倍比关系的比较中，认识本单元的比是对除法的新表达，从而更加扎实地构建比的意义。

（二）结合解决问题，发现比的基本性质

通过类比与迁移商不变的性质，推导出比的基本性质，体现了数学知识间的内在联系。并且，利用比的基本性质解释或解决现实问题时，也能发现其他规律，从而更好地培养学生的应用意识。

比的基本性质与正比例关系有着相通之处。创设问题情境，通过观察比值相等的若干个比之间的联系概括出比的基本性质，既复习了比的意义，也可以更好地培养学生的数感与推理意识。例如，直接出示两面联合国旗帜长与宽的信息，请学生进行比较，说一说这两面联合国旗帜长与宽的比有什么联系，逐步引导学生发现比值相等的两个比的前项与后项的变化规律。

（三）回溯和倍问题，凸显比的应用

比的应用采用转化成已经学习的平均分或分数乘法解决问题展开教学。过程中，还可以进一步让学生思考：回溯已经学习的解决问题，是否有哪些数量关系可以转化成比的应用中的形式加以解决？引导学生发现，五年级上册"简易方程"中列方程解决问题的例9（和倍问题）和六年级上册分数除法解决问题的例6（和率问题）均可以把其中的关键句转化成两个量的比，从而构建起"倍""分率"与"比"之间的联系。

三、重构——让学生经历发现数学知识的过程

结合三节课的改进之处，如何在具体教学中将其落实？需要我们提供学习材料，创设问题情境，围绕可改进之处进行重构。

（一）丰富比的素材，深化比的认识

认识同类量的比，可以从学生自主提出问题入手。教师通过谈话引出信息（图10-1），请学生比较联合国旗帜的长与宽，说一说长与宽有怎样的关系。学生提出如下四个问题：（1）长比宽多多少厘米？（2）宽比长少多少厘米？（3）长是宽的

多少倍?(4)宽是长的几分之几?接着请学生口头列算式,不计算。依据算式,请学生把这四个问题分成两类,并说一说分类的理由。学生指出,第(1)(2)题是相差关系,第(3)(4)题是相除关系。进一步引导学生比较第(3)(4)题,说一说它们有什么区别。学生指出,第(3)题是"长比宽",第(4)题则是"宽比长"。教师依据学生的回答,用比号表示出关系。

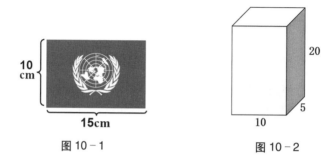

图 10-1　　　　　　　　　图 10-2

虽然说比与除法有着密切的联系,但同类量的连比却不能直接转化成除法,且连比实际上是有联系的三个及以上的比组合而成的。因此,我们在练习中创设情境,让学生经历连比的形成过程。教师先出示长方体(图 10-2),请学生依据长、宽、高的信息,找一找可以组成哪些比。学生组成如"长∶宽=10∶5""宽∶高=5∶20"等不同的比。教师进一步请学生写出"长∶宽∶高"的比,再与前面两个量的比进行比较,说一说有什么联系与区别。在比较的过程中,体会比与连比的关系。

(二)寻找比之间的联系,发现变与不变

教师出示图 10-3,指出上节课中已依据左边联合国旗帜的长与宽认识了比,现在又有一面更大的联合国旗帜,请学生分别写出两面联合国旗帜长与宽的比,再说一说两个比有什么联系。

学生依据上节课的学习经验,分别求出它们的比值,发现比值相等后,教师将其用等号连接。接着,引导学生继续寻找联系,发现从一个比出发,前项与后项同时乘或除以 12,就成为另一个比。教师提出新的要求:从"15∶10"出发,还可以通

图 10-3

过同时乘或除以一个数,转化成与它比值相同的比吗?学生独立完成后全班反馈,在交流比较中概括出比的基本性质和最简整数比。

(三)回顾原有问题,体会数学知识的联系

人教版《数学》对比的应用编排了两种解决问题的思路,即对题目中比的信息

作出新的理解,转化成与平均分或分数乘法解决问题相一致的数量关系。在此基础上,我们重新思考原有列方程解决问题中的和倍(和率)问题,发现可以把"分率"与"倍"转化成"比"后再解决。

结合例2学习了比的应用中的两种解题思路后,教师出示分数除法解决问题的例6:

六年级举行篮球比赛。六(1)班全场得了42分,其中下半场得分是上半场的一半。六(1)班上半场和下半场各得多少分?

展示教材中两种列方程解决问题的方法后,教师提问:这两种解决问题的方法分别把关键句"下半场得分是上半场的一半"进行了怎样的改写?学生指出,分别改写成"下半场得分是上半场的$\frac{1}{2}$"和"上半场得分是下半场的2倍"。教师进一步追问:如果把这题用比的应用的相关知识来解答,关键句又可以怎样改写呢?学生思考后指出,可以改写成"下半场得分和上半场得分的比是$1:2$"或"上半场得分和下半场得分的比是$2:1$",接着用教材例2比的应用中的两种方法进行解答。解答后发现,虽然改写的两个比不同,但解答过程却是一样的。最后,让学生体会"$\frac{1}{2}$""2倍"分别与"$1:2$""$2:1$"的联系与区别,以体现用"比"表示"分率"与"倍"的直观性。

本单元学习的比与除法、分数有着密切的联系。但是,除法是一种运算,分数是一类数,而比是一种关系。因此,要让比与除法与分数相联系,就要结合具体情境,凸显除法中的数量关系和分数中比的含义。

第二节
"比的意义"教学实践

比有两种含义,即差比与倍比。本单元研究的是倍比,它既与除法有着直接的联系,又与除法有着本质的区别,具体表现为除法是一种运算,而比表示一种关系。在教学中,如何结合具体例子让学生自然地从除法中引出比?如何利用比与除法的关系,选择合适的方法求比值?如何结合具体例子理解比值的不同含义?如何结合具体例子让学生从两个数的比中引出三个或更多个数的连比?带着这些问题,我们进行了教学实践。

一、创设情境,积累素材

结合具体情境,在复习旧知"长与宽有哪些关系"的过程中,通过对相差关系与相除关系的比较,发现两种关系在表达上的区别,从而提出新的问题。

(一)出示信息,提出问题

教师出示图 10-4 并提出问题:2003 年 10 月 15 日,我国第一艘载人飞船神舟五号顺利升空。在太空中,执行此次任务的航天员杨利伟在飞船里向人们展示了联合国旗帜和中华人民共和国国旗。请比较联合国旗帜长与宽的关系,你能提出什么问题?

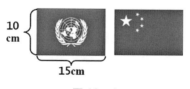

图 10-4

依次指名学生回答,教师板书,得到如下四个问题:(1)长比宽多多少厘米?(2)宽比长少多少厘米?(3)长是宽的多少倍?(4)宽是长的几分之几?

学生依据原有的学习经验提出了两类问题,一类是表示相差关系的问题,一类是表示倍数关系的问题。而这两类问题,均是基于对两个同类量的比较。

（二）列式解答,进行分类

提出问题后,教师指名学生依次列出算式,不计算。完成后,请学生依据问题与算式,把四个问题分成两类。

有学生把第(1)、(3)题分成一类,把第(2)(4)题分成一类,理由是第一类都是长与宽进行比较,把宽看成标准,第二类是宽与长进行比较,把长看成标准。还有学生把第(1)(2)题分成一类,把第(3)(4)题分成一类,理由是第一类用减法计算,第二类用除法计算。

教师肯定学生的两种分类,形成如图 10-5 所示的板书。此环节结合具体情境提出问题,让学生整体回顾两类比,既为概括除法中的比做准备,也与减法中的比进行区别。

	相减	相除
长与宽比较	(1)长比宽多多少厘米？	(3)长是宽的几倍？
	15-10	15÷10
宽与长比较	(2)宽比长少多少厘米？	(4)宽是长的几分之几？
	15-10	10÷15

图 10-5

（三）进行辨析,寻找区别

教师请学生进一步观察图 10-5 并提出问题:仔细观察,相差关系与倍数关系除了运算不同,还有什么不一样的地方？学生观察后发现,相差关系中"长与宽比较"与"宽与长比较"运算相同,结果也一样;而相除关系中两次比较的算式不同,结果也不同。依据学生的发现,教师分别在四个算式后添上计算结果。

两个同类量进行比较,有差比与倍比两种表达形式。如"甲、乙两个足球队的比分是 1∶0"是差比,而"一杯糖水中糖与水的质量比是 1∶100"则是倍比。本单元学习的"比"专门指"倍比"。

二、丰富表达,形成概念

比作为除法的一种特殊表达形式,如果仅从形式上看,比是除法关系的另一种表示方法。于是,教学中可以由相除关系自然地过渡到比,用比表示出这面联合国旗帜长和宽的关系。通过引入比,让学生体会比与除法有一定的联系,但又有本质的区别,即除法是一种运算,而比表示一种关系。

（一）丰富表述，凸显关系

在指出差比与倍比的区别后，教师谈话引入：长与宽比较以及宽与长比较，除了可以用除法表示，还可以用"比"表示。教师在图 10－5 的两个除法算式前面分别添上"15∶10"和"10∶15"，请学生读一读这两个比，并分别与两个除法算式用等号连接起来。

（二）丰富例子，拓展外延

教师接着出示信息：

神舟五号飞船进入运行轨道后，在距地350 km 的高空作圆周运动，平均 90 分钟绕地球一周，大约运行 42300 km。

请学生依据信息提出问题，学生提出"飞船平均每分钟大约飞行多少千米"。教师板书问题后，学生独立列式解答并全班反馈。教师在除法算式前面补充"42300∶90"，最终形成如图 10－6 所示的板书。

比　　相除

长是宽的几倍？

$15:10 = 15 \div 10 = 1.5$

宽是长的几分之几？

$10:15 = 10 \div 15 = \frac{2}{3}$

飞船平均每分钟飞行多少千米？

$42300:90 = 42300 \div 90 = 470$（千米）

图 10－6

比可以分成同类量的比和两个有联系的不同类量的比。如图 10－6，前面两题是同类量的比，最后一题是不同量的比。但在具体教学时，不需要进行讨论与区分，让学生结合例子有所感知即可。

（三）删去情境，抽象概念

"两个数的比表示两个数相除"是人教版教材中关于比的定义。从定义中可以看出，比是对两个数除法关系的新表达。因此，要去掉情境，从表达形式中抽象出比的定义。

教师删去图 10－6 中的三个问题与第 3 题的单位，只留下三个式子。请学生观察三个式子，并基于"比"与"相除"，补充得到比的定义。接着标注出式子中各部分的名称，并写成分数形式，最终形成如图 10－7 所示的板书。

数学概念的形成过程，是一个去情境的过程。在对长与宽、路程与时间等有联系的信息进行除法比较的过程中引出比的具体例子，让"比"与"相除"在具体情境中构建联系。接着删去具体情境，从抽象的两个数的比与两个数相除的联系中概括出比的定义。

两个数比 表示两个数相除

$\frac{15}{10}$　　$15:10 = 15 \div 10 = 1.5$

$\frac{10}{15}$　　$10:15 = 10 \div 15 = \frac{2}{3}$

$\frac{42300}{90}$　$42300:90 = 42300 \div 90 = 470$

前项　后项　被除数　除数　比值（商）

图 10－7

三、利用概念,丰富认识

学生已结合具体例子逐步抽象出比的意义,在练习巩固阶段,还需要结合具体例子完善对比的认识,能正确地求比值,并能结合具体情境解释比与比值的含义。

(一) 联系实际,理解意义

比记录了两个量之间的除法关系,比值体现了比的具体意义。在同类量进行比较时,比值的意义与相应除法中商的意义相同;但在有联系的不同类量进行比较时,得到的比值却与除法中的商有所区别,因为比值体现的是两个数之间的关系,不能加单位,而此时的商则是一个具体的量,需要加单位。因此,需要围绕具体情境进行区分,加深对比的意义的理解。

教师出示如下问题:

小敏和小亮在文具店买同样的练习本。小敏买了6本,共花了1.8元。小亮买了8本,共花了2.4元。

(1) 小敏花的钱数与本数的比是(　　):(　　),比值是(　　);

(2) 小亮花的钱数与本数的比是(　　):(　　),比值是(　　);

(3) 小敏和小亮买的练习本本数之比是(　　):(　　),比值是(　　);

(4) 小敏和小亮花的钱数之比是(　　):(　　),比值是(　　)。

学生独立完成,先按要求写出比,再求出比值,并说一说比与比值的意义。完成后分两轮评析。第一轮评析第(1)(2)题,首先展示学生的解题过程(图10-8),请学生说一说比与比值的意义。接着讨论比值是否需要加单位,讨论后教师总结,即比表示的是两个量之间的一种关系,不需要加单位,于是删去单位,并分别添上"关系"与"运算"(图10-9)。进一步让学生思考:两个比的比值相等,说明了什么? 学生指出,说明单价相等,对应于题目中"同样的练习本"。

(1) $1.8:6 = 1.8 \div 6 = 0.3$(元)

(2) $2.4:8 = 2.4 \div 8 = 0.3$(元)

图 10-8

(1) $1.8:6 = 1.8 \div 6 = 0.3$

(2) $2.4:8 = 2.4 \div 8 = 0.3$

关系　　运算

图 10-9

关系　数

(3) $6:8 = \dfrac{6}{8} = \dfrac{3}{4}$

(4) $1.8:2.4 = \dfrac{1.8}{2.4} = \dfrac{3}{4}$

图 10-10

第二轮评析第(3)(4)题。教师巡视后选择两种算式(图10-10),请学生分别说明比与比值的意义后,思考第一个等号连接的左右两个部分有什么不同。学生指出,比表示"关系",而分数是一个"数"。请学生进一步观察两个比值,思考这两

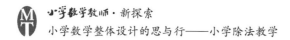
个比值相等又说明了什么。学生讨论后指出,单价一定的情况下,买的本数越多,总价也越高,且同比例增加。

以上过程,结合情境帮助学生理解比与比值的具体意义,并在交流计算比值的过程中总结出求比值的两种基本思路,即把比转化成除法或分数,再计算或约分。

(二)经历辨析,完善意义

在除法中,除数不能为 0,因此在比中,比的后项不能为 0。对此,可以在辨析差比与倍比的过程中完善比的意义。

教师出示如下两个问题:

(1)某次足球比赛,甲队进了两个球,乙队没有进球,那么甲队与乙队的比分是( ):( )。

(2)学校种植树苗,种了 50 棵,全部存活,存活的棵数与种植总棵数的比是( ):( ),比值是( )。

学生独立完成后反馈评析。先对第(1)题进行辨析:这是除法中的比吗?为什么?学生讨论后指出,这是相差关系中的"比",表示甲队比乙队进球多。教师进一步追问:在"减法比"中,"比号"后面的数可以为 0,但在"除法比"中,比的后项可以为 0 吗?为什么?引导学生与除法、分数中除数、分母不能为 0 进行类比,补充说明比的后项不能为 0。接着对第(2)题进行辨析:这里的比值"1"表示什么意思?如果比值是 0 呢?是 0.8 呢?通过辨析,让学生感知比值的大小的具体含义。针对比值是 0.8 的情况,教师分别列出"( ):50 = 0.8""48:( )= 0.8""( ):( )= 0.8"这样三个等式,请学生在括号里填上合适的数,完成后校对。通过前面两题,建立起求前项与后项的数量关系;通过第 3 题,让学生初步感知比的基本性质。

(三)结合情境,认识连比

连比是比的综合表达形式,由相同项数的两个或两个以上的比组合而成,体现了用比表示关系时的简洁与形象。本环节中,先利用长方体长、宽、高的信息构建两个数的比,进而构建长、宽、高的比。

教师出示图 10 - 2(单位:厘米),请学生依据图中的信息填空:

长:宽 = ( ):( );宽:高 = ( ):( );长:宽:高 = ( ):( ):( )。

学生独立填空后校对,并说一说这三个比之间的关系,交流讨论后总结连比的特征。最后依据连比的特征,请学生解释"一种混凝土中水泥、沙子和石子的比是 2:3:5"中连比的意思。

回顾本节课的教学,把对两个量的比较作为学生的学习基础,让学生在差比与倍比的区别中初步认识比,在去情境的过程中概括出比的定义。最后结合具体情境,不断完善与深化对比、比值的认识,学会依据比与除法、分数的联系求比值,并在连比特征的概括中体会比的简洁性与直观性。

第三节
"比的基本性质"教学实践

由于比与除法、分数有联系,因此比的基本性质与商不变的性质、分数的基本性质也有着密切联系。那么,在本节课的教学中,应如何利用这一种联系?是直接构建比与除法的联系,利用商不变的性质推导出比的基本性质?还是基于归纳的经验,自主归纳出比的基本性质?或者是两种策略的综合应用?并且,归纳与推导出比的基本性质后,又该创设怎样的现实情境,让学生在化简比的过程中体会到化简比的内涵与价值?带着这样的思考,我们进行了教学实践。

一、丰富材料,形成猜想

比的基本性质隐含在比值相等的两个比中。因此,创设情境让学生观察两个比值相等的比,从中获得新发现——比值相等的两个比中,前项与后项是同时乘或除以相同的数,在此基础上形成比的基本性质的初步猜想。

(一)观察比较,引发猜想

课始,教师出示图 10-3,谈话引入:神舟五号飞船搭载了两面联合国旗帜,其中小的一面(图 10-3 左)在上节课中已经展示了,还有大的一面(图 10-3 右)。观察这两面联合国旗帜的长与宽,想一想有什么相同的地方?依据上节课的经验,猜想长与宽的比值相等。

(二)计算比值,验证猜想

教师请学生分别写出两面联合国旗帜长与宽的比,并求出比值,以验证猜想。学生独立完成后校对,验证了比值相等,形成如图 10-11 所示的板书(其中箭头及其标注在后面的观察中添加)。本环节,既回顾了上节课求比值的方法,也为进一步观察验证提供了素材。

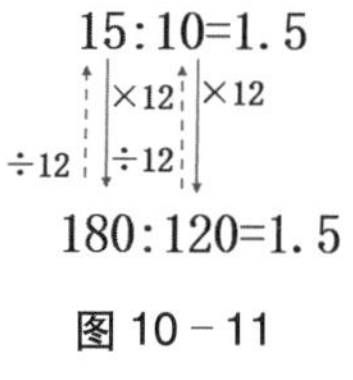

$$15:10=1.5$$
$$\Big\downarrow \times 12 \quad \times 12$$
$$\div 12 \quad \div 12$$
$$180:120=1.5$$

图 10-11

(三)观察验证,再次猜想

进一步观察两个比的前项与后项,说一说比值相等的两个比的前项与后项有

392

什么变化规律。学生观察后发现,前项与后项同时乘或除以 12,并再次猜想:比的前项与后项同时乘或除以一个数,比值不变。

同样的学习材料,从不同的视角或综合地进行思考,就会有新的发现,进一步概括后就形成了新的知识。上述环节中,当学生求出两面不同的联合国旗帜长与宽的比值后,发现两者相等,进一步观察,就发现了比的基本性质。这是一种常见的学习方式。

二、自主探究,交流总结

举例验证是小学阶段最常见的合情推理方式。因此,对于上面的猜想,学生首先想到的是再举一些例子进行验证,发现无法举出反例后,归纳出比的基本性质。教师进一步引导学生思考:还有其他验证方法吗?让学生联想商不变的性质与分数的基本性质,通过相互关联进行类比推导。

(一)讨论方案,举例探究

想要验证"是不是所有比的前项和后项同时乘或除以相同的数,比值不变"这个猜测是否成立,需要先讨论验证的方案。有学生指出,可以再举几个例子;有学生进一步指出,比的前项与后项除了是整数,还需要列举小数或分数的比。交流讨论后,依据前面的例子建立模型(图 10-12),即:一写,任意写出一个比后求出它的比值;二变,把写出的比同时乘或除以相同的数,得到一个新的比后求出它的比值;三比,比较两个比值是否相等。

□ : □ = (　　)

□ : □ = (　　)

图 10-12

讨论得到方案后,四人小组分工合作,各举不同的例子进行验证,然后在小组中交流。

(二)交流反馈,验证猜想

学生小组合作,举例验证后互相交流,教师巡视并选择典型例子全班展示,引导学生反馈评析(图 10-13)。教师追问:在举例的过程中,有没有比值不相等的例子?学生纷纷摇头。教师请学生把猜想的结论齐声读一读,并进一步追问:真的没有反例吗?有学生想到,乘或除以的数要"0 除外",教师进而板书课题"比的基本性质"。

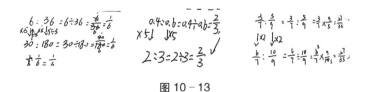

图 10-13

（三）类比推导，沟通性质

在验证比的基本性质时，学生已经感知到比的基本性质与商不变的性质、分数的基本性质的联系。因此，在归纳出比的基本性质后，教师引导学生回顾旧知、展开联想：在验证比的基本性质时，是否有一种似曾相识的感觉？

学生指出，与商不变的性质、分数的基本性质有联系。顺应学生的思维，教师用"$a : b = (a×c) : (b×c)$（b、c 不等于 0）"表示比的基本性质，请学生用同样的字母等式表示出商不变的性质与分数的基本性质，形成如图 10－14 所示的板书。教师进一步把比的基本性质中的"$×c$"改为"$÷c$"，并让学生口头表达相应的商不变的性质与分数的基本性质的字母表达式。

$$\text{商不变的性质} \quad a÷b=(a×c)÷(b×c) \quad (b、c\text{不等于}0)$$

$$\text{比的基本性质} \quad a:b =(a×c):(b×c) \quad (b、c\text{不等于}0)$$

$$\text{分数的基本性质} \quad \frac{a}{b} = \frac{a×c}{b×c} \;(b、c\text{不等于}0)$$

图 10－14

结合比和除法、分数之间的关系，既沟通了前后知识之间的联系，也让学生对比的基本性质有了更深的认识。

三、边做边思，丰富认识

作为规律的探究，比的基本性质是基于对旧知的新思考而得到的。那么，应用比的基本性质，还可以进行哪些探究？可以解决什么问题？带着这样的思考，让学生边练习边思考，进一步深化对比的认识。

（一）化简比，学习新概念

教师再次出示比"$15 : 10$"并提问：能否应用比的基本性质，把这个比变得更简单一些？先请学生独立完成，然后在四人小组中交流。教师选择其中两种典型做法（图 10－15），请学生进行评析。

观点 1 的学生认为，通过比的基本性质，把比的前项与后项转化成互质数。另有学生补充：相当于把分数化成最简分数。

观点1：$15:10=(15÷5):(10÷5)=3:2$
观点2：$15:10=(15÷10):(10÷10)=1.5:1$

图 10－15

观点 2 的学生认为，通过比的基本性质，把后项转化成 1。有学生补充：这样就能很容易地看出两个数之间的关系，如这里就可以看出联合国旗帜的长是宽的 1.5 倍。

教师首先肯定观点 2 的说法：后项为 1，只看前项就可以知道两个数之间的倍数关系,但这样一来,前项的数可能会是小数或分数。观点 1 的方法与分数的化简相似,这样的比叫做"最简单的整数比"。

(二)化简比,体会新应用

利用比的基本性质可以化简比,在概括最简整数比的概念时,形成了把整数比化成最简整数比的方法。那么,前项和后项出现小数或分数时,又该如何化简呢?

教师出示如图 10 - 16 的情境,要求学生分别写出糖与水的比,再把它们化成最简单的整数比。学生操作前,先全班讨论化简步骤,即转化成整数比后再化简,然后让学生按照步骤进行化简,得到如图 10 - 17 所示的化简过程。

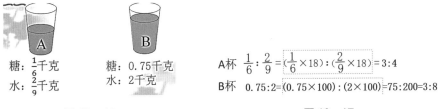

| 图 10 - 16 | 图 10 - 17 |

教师提问:依据最简整数比,能否比较出哪一杯糖水更甜?学生独立完成后小组交流,反馈得到两种方法:第一种方法是直接观察两个比,两个比的前项都是"3",说明在两个杯子里糖的份数同样多的情况下,A 杯中的水比 B 杯少,所以 A 杯更甜;第二种方法是将 A 杯糖和水的比化成"6∶8",与 B 杯水的份数相同,而此时 A 杯糖的份数比 B 杯多,所以 A 杯更甜。

基于现实情境,在解决问题的过程中不断完善化简比的基本思路。接着,进一步出示三个不同类型的比,请学生独立完成,巩固化简比的技能。

(三)化简比,感受新价值

从图形变换的视角化简比,也是对图形进行放大与缩小。基于这样的认识,设计了如下问题:

有一幢长方体形状的大楼,长 24 米、宽 18 米、高 36 米,要把它做成一个高不超过 1 米的长方体建筑模型,模型的长、宽、高可以是多少?你是怎样想的?

这是一个开放性问题,教师让学生独立完成后交流方案。特别交流如下方案:把长、宽、高写成连比后化简,再用"分米"作单位,得到模型的长、宽、高分别是 4 分米、3 分米和 6 分米。

归纳猜想、举例验证和联想类比是学生探究数学规律的重要路径。在学习比的基本性质之前,学生对此已经有了丰富的经验。因此在教学中,教师创设情境,

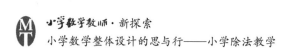

提供有利于学生进行归纳与猜想的学习材料,让他们在解决问题的过程中形成猜想,再引导学生举例验证、联想类比,不仅发现并验证了规律,还进一步积累了数学活动经验。

第四节
"按比分配"教学实践

"按比分配"也叫做"按比例分配",即把一个总量进行分配时,每一部分分到的可能不一样多,但每一份又是一样多,是一种更加合理、科学的平均分。我们思考:教学中如何结合具体情境,帮助学生理解按比分配的基本结构?怎样通过情境变换,让学生认识到按比分配也是一种平均分?怎样通过类比沟通,发现按比分配与和倍问题结构相同,从而把新知按比分配与旧知平均分、归一问题、和倍问题构建起联系?

一、解读文本,提问解答

按比分配是日常生活与生产中常见的一种分配方式,即同样的几种物质,按不同的比可以配出不同性能的产品。我们把教材中例 2 的信息进行分解,逐步出示,让学生在理解不同配比含义的基础上提出问题,并自主解答。

(一)依据情境,解读文本

教师出示图 10-18 并说明:这是某种清洁剂浓缩液的稀释瓶,瓶子上标明的比表示浓缩液和水的体积之比。接着,让学生依据自己的理解,在图 10-19 的三个图示中分别表示出这三个比的意思。

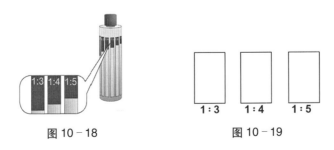

图 10-18　　　　　　　　图 10-19

学生独立完成后,教师展示学生作品。首先展示典型错例(图 10-20),通过错例评析,让学生明确比的前项与后项分别代表的是浓缩液与水这两部分所占的份数,前项与后项的和表示稀释液的总份数,接着展示正确的作品(图 10 - 21)并作具体说明。

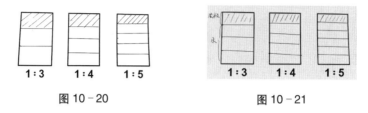

图 10 - 20　　　　　　　　　　图 10 - 21

(二)提出问题,自主解答

教师引导学生观察图 10 - 21,并提出问题:这三种配比中,哪一种浓度最高?哪一种浓度最低?为什么?学生有两种不同的思考方法。第一种是用占的份数来说明:瓶子的容积相同,浓缩液都占 1 份,1 : 3 的配比中是占 4 份中的 1 份,1 : 4 的配比中是占 5 份中的 1 份,1 : 5 的配比中是占 6 份中的 1 份,分的份数越少,每份就越大,分的份数越多,每份就越少,所以 1 : 3 的配比浓度最高,1 : 5 的配比浓度最低。第二种是用求浓度的方法来说明:这三瓶稀释液的浓度大小关系是 $\frac{1}{1+3} > \frac{1}{1+4} > \frac{1}{1+5}$,所以 1 : 3 的配比浓度最高,1 : 5 的配比浓度最低。在回答问题的过程中,学生进一步理解了按比分配中"比"的含义。

教师进一步增加信息:按 1 : 4 的配比制作一瓶容积是 500 mL 的稀释液。请学生依据信息提出问题。学生结合图示提出:浓缩液与水各需要多少毫升?结合学生的回答,教师在图示中分别标注出两个问题(图 10 - 22)。请学生观察图示,选择合适的方法自主解答。

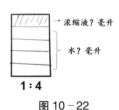

图 10 - 22

(三)交流反馈,形成思路

依据图示表征的数量关系,以及在分析哪一瓶稀释液浓度更高的过程中所获得的经验,学生用两种方法解决问题。第一种是先求出每一份的体积,再分别求出浓缩液和水的体积(图 10 - 23);第二种是把它转化成分数乘法计算(图 10 - 24)。

每份:500÷(1+4)=100(mL)　　　　浓缩液:$500 \times \frac{1}{1+4}$ =100(mL)

浓缩液:100×1=100(mL)

水:100×4=400(mL)　　　　　　　　水:$500 \times \frac{4}{1+4}$ =400(mL)

图 10 - 23　　　　　　　　　　图 10 - 24

教师先展示图 10-23 的做法,请学生说一说每一步含义。接着,教师请学生回忆这与之前学过的哪一类解决问题的思路相同。学生回忆后,教师出示三年级时学习的归一问题,即先求出每份数,再求出总数。

接着出示图 10-24 的做法,请学生思考这种方法又是转化成哪种数量关系计算的,学生联想到是转化成分数乘法解决问题中的数量关系。

最后,总结两种解决问题的策略:都是转化成已经学过的数量关系来解决的。并且,指出其中一个数量关系出现在三年级,另一个出现在本册,所以在两种数量关系均已掌握的情况下,要更多地选择第二种方法。

二、方法迁移,构建模型

按比分配有着明显的结构特征和解决问题的思路。练习环节,在帮助学生巩固解题思路的基础上逐步变式,以更好地构建按比分配的思维模型。

(一) 模仿练习,明晰特征

在对例题的分析与解答中,学生已经掌握了按比分配各部分信息与问题的基本特征,也知道需要通过转化成平均分或分数乘法解决问题中的数量关系来解答。为巩固这一认识,请学生独立完成练习十二的第 1 题:

某妇产医院上月新生婴儿 303 名,男、女婴儿人数之比是 51∶50。上月新生男、女婴儿各有多少名?

上述问题与例题有着相同的结构,让学生用从例题中总结的两种方法分别计算,进一步归纳出两种方法的相同策略,即:一转化,把按比分配问题中的比转化成平均分或分数乘法解决问题中的数量关系;二解答,转化成哪一种数量关系,就用那一种数量关系解答。

(二) 适度变式,构建比例

按比分配问题的一大特征就是把"比"作为关键句,但在一些问题中,需要自己创造比,如练习十二的第 3 题:

一个旅游团坐橡皮艇漂流。每个橡皮艇上有 1 名救生员和 7 名游客,一共有56 人。其中有多少名游客? 多少名救生员?

学生读题后,教师提出问题:这里的比在哪里? 是什么意思? 有学生指出,是"每个橡皮艇上有 1 名救生员和 7 名游客",橡皮艇上救生员和游客的人数之比是 1∶7。教师追问:按照这个比,每个橡皮艇上救生员和游客的人数可以分别是 2 人和 14 人吗? 学生思考后指出:不可以,因为每个橡皮艇上的总人数是 8 人。教师进一步解释:这里的"1∶7"应该是把"56 人"按 1∶7 分配(图10-25)。最后,请学生依据对关键句的理解,用按比分配问题的两种方法分别解答,然后反馈。

（三）丰富信息，理解本质

按比分配可以看成对平均分的再优化。例如，依据"学校六年级 3 个班一共植树 210 棵"，可以求平均每个班植树多少棵。但是，如果这 3 个班的人数不相同，这样的平均分就不是最公平合理的形式了，需要进一步优化。

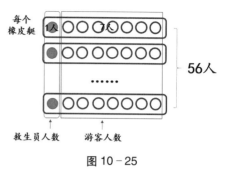

图 10-25

教师首先出示信息：学校六年级 3 个班一共植树 210 棵。请学生依据信息，口头提出问题后解答，教师记录问题与解答过程（图 10-26）。教师接着出示 3 个班的人数：一班 46 人、二班 44 人、三班 50 人，并提出问题：像刚才那样按班级数量平均分，公平吗？怎样分更加公平？学生指出，人数不一样，按班级数量平均分不公平，按人数平均分更加公平。依据学生的回答，要求学生按人数重新分配，完成后反馈评析，形成如图 10-27 所示的解答过程。

平均每班种植多少棵？

$210 \div 3 = 70$（棵）

答：平均每班种植 70 棵。

图 10-26

按人数分，每班各种植多少棵？

$210 \times \dfrac{46}{46+44+50} = 69$（棵）

$210 \times \dfrac{44}{46+44+50} = 66$（棵）

$210 \times \dfrac{50}{46+44+50} = 75$（棵）

答：三个班各种植 69 棵、66 棵和 75 棵。

图 10-27

从按比分配问题的基本结构入手，掌握其基本解题思路。在此基础上，结合具体情境，不断变换问题中比的表达形式，体会比的现实意义。

三、类比思考，沟通模型

把按比分配问题转化为已经学过的平均分或分数乘法解决问题进行解答，构建起新旧知识之间的联系。结合具体例子，让学生认识到有些之前学过的问题也可以转化成按比分配问题来解答，从而更直观地凸显数量之间"比"的关系。

（一）温故知新，类比沟通

从数量关系的相似性展开回溯，按比分配问题与五年级上册"简易方程"单元中的和倍问题（第 77 页例 9）和六年级上册"分数除法"单元中的和率问题（第 39

页例6)这两题,教材均是作为列方程解决问题的例题展开教学的。仔细分析其中的关键句,均可以把它们转化成两个数的比,从而用按比分配问题的方法解决。

教师出示六年级上册"分数除法"单元例6 的和率问题,并展示教材中两种解决问题的方法(图 10 - 28),请学生回顾这两种方法,说一说分别把其中的关键句"下半场得分是上半场的一半"进行了怎样的改写。学生指出,左边的方法是把它改写成"下半场得分

设上半场得 x 分。

$$x + \frac{1}{2}x = 42$$
$$\left(1 + \frac{1}{2}\right)x = 42$$
$$\frac{3}{2}x = 42$$
$$x = 42 \div \frac{3}{2}$$
$$x = 42 \times \frac{2}{3}$$
$$x = 28$$
$$28 \times \frac{1}{2} = 14 \text{ (分)}$$

设下半场得 x 分。

$$2x + x = 42$$
$$3x = 42$$
$$x = 42 \div 3$$
$$x = 14$$
$$42 - 14 = 28 \text{ (分)}$$

图 10 - 28

是上半场的 $\frac{1}{2}$",右边的是改写成"上半场得分是下半场的 2 倍"。

教师进一步追问:如果要求用按比分配的方法解答,那么关键句可以怎么改写?学生指出,可以改写成"下半场得分和上半场得分的比是 1:2"或"上半场得分和下半场得分的比是 2:1"。接着依据改写的关键句,同桌合作,各完成其中一题,然后交流反馈。评析时,让学生说一说改写成比的形式后的两句关键句分别对应于列方程解决问题中的哪一句关键句,并思考按比分配解决问题时,依据两句关键句列出的算式(图 10 - 29)为什么是相同的。过程中,让学生体会到表示分率的"$\frac{1}{2}$"与表示倍数的"2 倍"分别对应于"1:2""2:1",从而感受到比的表达形式的直观性,因为可以直接看到两个数所占的份数。

上半场 $42 \times \dfrac{2}{2+1} = 28 \text{ (分)}$

下半场 $42 \times \dfrac{1}{2+1} = 14 \text{ (分)}$

图 10 - 29

(二) 题组比较,信息变式

在分数乘法与分数除法解决问题中,会出现解决问题的数量关系相同,但计算方法相反的情况。例如,六年级上册练习八第 10 题(部分):

有一组互相咬合的齿轮。

(1) 大齿轮有 140 个齿,小齿轮的齿数是大齿轮的 $\frac{1}{5}$。小齿轮有多少个齿?

(2) 小齿轮有 28 个齿,是大齿轮的 $\frac{1}{5}$。大齿轮有多少个齿?

上述两个问题关键句相同,因此数量关系也相同,都是"大齿轮 $\times \frac{1}{5}$ = 小齿轮"。

但是,第(1)题求小齿轮,可直接用乘法解答;第(2)题求大轮齿,可以列方程或用除法解答。

如果把这两题中的关系句改为比的形式,用按比分配问题中平均分的思路来解答,就可以统一它们的解题思路,也进一步丰富了比的应用的题型结构。

教学时,教师先出示上述两题以及相应的问题解决过程,说明它们是已经学过的内容。接着,出示如下题组:

有一组互相咬合的齿轮。

(1)大齿轮有140个齿,小齿轮的齿数与大齿轮齿数的比是1∶5。小齿轮有多少个齿?

(2)小齿轮有28个齿,与大齿轮齿数的比是1∶5。大齿轮有多少个齿?

请学生按如下步骤独立完成:先用色条图分别表示出其中的信息与问题,再列式解答,最后反馈评析。完成后,请学生比较前后两组题,说一说第2组题的解题方法有什么优点,从而让学生进一步体会比的直观性。

(三)综合应用,优化思路

以上环节,让学生充分感受到按比分配不仅仅是比的应用,还与原来学习的分数乘法、分数除法、平均分、归一问题等解决问题相互联系,体会到"比"中整合了已经学习的多种数量关系,并让这些数量关系趋向融合。下面,进一步结合具体例子,让学生综合应用不同的数量关系,进一步体会用比解决问题的优越性。

教师出示如下问题:

张大伯家里的菜地共800 m^2,他准备用菜地的$\frac{2}{5}$种西红柿,剩下的按2∶1的面积比分别种黄瓜和茄子。三种蔬菜的种植面积分别是多少平方米?

请学生读题、审题,说一说这里有哪两句关键句,一般的解题思路又是怎样的。学生指出,可以先依据"用菜地的$\frac{2}{5}$种西红柿"求出西红柿的种植面积,再由"剩下的按2∶1的面积比分别种黄瓜和茄子",求出黄瓜和茄子的种植面积。教师进一步追问:能否把两句关键句合并,表示出三种蔬菜的面积比?学生交流讨论后,合并成"西红柿、黄瓜和茄子的种植面积比是2∶2∶1",接着用按比分配的方法来解决。

总之,在本节课的学习过程中,让学生体会到解决同一个问题,在不同年级会有不同的表述方式,也产生了不同的解决问题方法。教师要以联系的视角,实现新旧解决问题方法的相互融合,并在此基础上寻找它们的相同点与不同点,沟通各种方法之间的联系,真正实现一题多解。

Ⓜ️ 后　　记

一年之前,《小学数学整体设计的思与行——小学乘法教学》与读者见面后,得到了许多同行的肯定。记得 2022 年 8 月的一天,我把新书送给我的一位好朋友,朋友看了书名后好奇地问:"小学乘法的单元整体设计研究都成书了,接下来是不是要开始研究小学除法的单元整体设计了?"我说:"是的,而且我们的课堂教学研究只剩下'小数除法'这一个单元了,下半年(指 2022 年下半年)会对这一个单元按照计划进行实践研究,其他单元的研究成果已进入文章撰写阶段了。"

与《小学数学整体设计的思与行——小学乘法教学》一样,本书是研究团队基于单元整体设计所形成的共同研究成果,每一个章节的形成都凝聚着团队成员的教学智慧与辛勤付出。下面是每一章节的文章作者与上课教师的汇总表,并标注了每一章节的研究主题。

章	节	主　　题	上课教师	文章作者		
第一章	第 1 节	小学除法的意义		许亚飞　陈　芳　邵汉民		
	第 2 节	小学除法的运算				
	第 3 节	小学除法中的数量关系				
第二章	第 1 节	经历操作过程　抽象数学模型	李　芳	李　芳	陈　芳	
	第 2 节	经历操作比较　规范均分过程	宋怡楠	朱红利	宋怡楠	陈　芳
	第 3 节	基于均分过程　构建除法模型	汪秋霞	李　君	汪秋霞	陈　芳
	第 4 节	依据操作差异　完善除法含义	李嫣红	徐　霞	李嫣红	陈　芳
	第 5 节	结合图示比较　形成关系结构	沈小青	沈佳俊	沈小青	
	第 6 节	结合具体情境　培养问题意识	俞佳利	周伟亮	俞加利	陈　芳
	第 7 节	体会算用结合　综合四则运算	孙全娟	朱冬良	孙全娟	陈　芳

（续表）

章	节	主　　题	上课教师	文章作者
第三章	第1节	经历操作提炼　体会数学生长		钱亚芳　邵汉民
	第2节	结合题组延伸　完善除法认知	来悦峰	李露茜
	第3节	发现周期变化　丰富除法表达	金嘉玮	来　萍
	第4节	沟通运算意义　综合应用除法	李晓铃	陈　芳　李晓铃
第四章	第1节	拓展除法应用　创造新的数系		杨红波　陈　芳
	第2节	基于除法意义　认识几分之一	金国香	钱敏超　金国香
	第3节	多维并进　认识几分之几	倪小红	裴海萍　倪小红　陈　芳
	第4节	拓展分数表达　体会分的过程	瞿仙红	王金叶　瞿仙红
	第5节	基于问题提出　体会知识生长	杨红波	杨红波　陈　芳
	第6节	经历数学应用　区分"量""率"含义	何佩佩	许　娟　何佩佩　陈　芳
第五章	第1节	体现三算融合　体会完善过程		胡玉珍　周丽红
	第2节	运用迁移策略　体现优化过程	金　溢	李婉平　金　溢
	第3节	运用类比迁移　完善除法法则	倪乃忠	韩　斌　倪乃忠
	第4节	结合具体情境　灵活制订策略	陈巨峰	陈巨峰　陈　芳
	第5节	结合具体例子　合理优化笔算	何佩佩	郭小敏　何佩佩　陈　芳
	第6节	合理组织信息　规范估算思路	朱　萍	朱　萍　陈　芳
第六章	第1节	化繁为简　灵活试商		韩　斌　何雪君
	第2节	融合算理与算法　沟通意义与方法	朱燕锋	朱燕锋
	第3节	沟通三算关系　规范笔算方法	何雪君	钱敏超　何雪君
	第4节	规范试商过程　发现调商规律	李　芳	王飞钢　李　芳　何雪君
	第5节	依据数的关系　灵活试商、调商	潘丽丹	潘丽丹　何雪君
	第6节	依据数的特征　优化计算方法	宋怡楠	王飞钢　宋怡楠　何雪君
	第7节	提升运算能力　发展运算思维	倪灿东	孔林炎　倪灿东

（续表）

章	节	主　题	上课教师	文章作者
第七章	第1节	渗透思想方法　感悟内在联系		韩伟珍　孙赵倩
	第2节	利用迁移策略　总结算理、算法	瞿仙红	蔡华君　瞿仙红
	第3节	旧题新做　体会知识生长	杨红波	张建松　杨红波　何雪君
	第4节	利用转化策略　完善计算法则	宋怡楠	蔡华君　宋怡楠　何雪君
	第5节	多元表达　体会现实意义	俞加利	王金叶　俞加利　何雪君
	第6节	结合具体例子　迁移学习经验	沈小青	曹静霞　沈小青　何雪君
	第7节	用好递推策略　探索计算规律	瞿思航	周伟亮　瞿思航　何雪君
	第8节	利用题组比较　沟通乘除关系	曹静霞	曹静霞　何雪君
第八章	第1节	经历分数的产生过程　揭示分数的多元意义		邵汉民　陈　芳　韩伟珍
	第2节	解决分物问题　经历分数的产生	戚彩红　陈　芳	戚彩红　陈　芳
	第3节	解决测量问题　经历分数的产生	李　君　瞿仙红	瞿仙红　李　君
	第4节	解决"除法比"问题　经历分数的产生	孙红利　何雪君	何雪君　朱红利
第九章	第1节	沟通新旧联系　感受知识生长		戚彩红　孙丹镁　陈　芳
	第2节	经历逻辑推理　感受符号魅力	田小红　邵汉民	田小红　邵汉民
	第3节	以旧促新　以新融旧	钱荷英	裘海萍　钱荷英　邵汉民
	第4节	乘除题组对比　沟通数量关系	赵丽丽	赵丽丽　邵汉民
	第5节	迁移学习经验　活用数量关系	周方方	郭小敏　周方方　邵汉民
	第6节	构建新旧联系　体会知识生长	杨丹华	俞继忠　杨丹华　邵汉民
	第7节	统一解题方法　构建基本模型	王　冬	王　冬　张明明　邵汉民
	第8节	运用结构化思维　构建模块化体系	陈　芳	张建松　陈　芳　邵汉民

（续表）

章	节	主　题	上课教师	文章作者
第十章	第1节	揭示关系的异同　丰富关系的表达		周　芳　陈　芳
	第2节	从算式到关系　由"单比"到"连比"	武晓晨	武晓晨　陈　芳
	第3节	由观察到探究　从现象到本质	董链英	董链英　陈　芳
	第4节	由现实到模型　从特殊到一般	虞　捷	虞　捷　陈　芳

　　我们的研究是基于单元整体设计对日常教学进行实践研究,其中的上课教师大多是实践学校的数学教师,或就近邀请其他学校的数学教师参加,且大部分是一线普通教师,这样更有助于检验整体设计思路的可行性与可推广性。

　　上课教师需要经历这样五个步骤:第一步,参加由本单元负责人组织的单元整体设计解读,并参与之后的讨论、修正与完善环节,最后确定整体设计思路;第二步,自主选择其中一个课时进行教学;第三步,严格按照整体设计思路进行备课,并做好其他教学准备;第四步,上完第一轮试教课后,组织讨论与修正(第一轮试教一般在整体设计解读一周后进行);第五步,进行第二轮改进教学(一般安排在第一轮试教课后的第三天,在另一个班级中进行改进后的教学),结束后,本单元负责人与上课教师再一次进行讨论,最终确定本节课的教学流程。

　　本单元负责人在两轮听课过程中,边听课边构思文章的写作,列出提纲与每一个主题下的主要内容。负责总结的教师依据提纲进行写作,尽量还原整个教学过程,完成后交本单元负责人修改,形成相对统一的文章结构与表达形式。

　　以上简要回顾了我们的实践研究历程。当本书到大家手上时,我想有老师会问:"邵老师,接下来是否还要进行小学加法和减法的单元整体设计研究?"在这里预告一下,我们确实已经开始小学加法和减法单元整体设计的探索实践了。

邵汉民

2023 年 3 月 11 日